Exklusiv und kostenlos für Buchkäufer!

Ihre Arbeitshilfen online:

- Kalkulationshilfen für die Wertermittlung
- Gesetzestexte
- Beispielgutachten

Und so geht's:

- Einfach unter www.haufe.de/arbeitshilfen den Buchcode eingeben
- Oder direkt über Ihr Smartphone bzw. Tablet auf die Website gehen

D1735452

Buchcode: 488-LGYR

www.haufe.de/arbeitshilfen

Wertermittlung von Immobilien und Grundstücken

Wertermittlung von Immobilien und Grundstücken

Bernhard Metzger

5. Auflage

Haufe Gruppe
Freiburg · München

Bibliographische Information der Deutschen Nationalbibliothek

Die Deutsche Nationalbibliothek verzeichnet diese Publikation in der Deutschen Nationalbibliographie; detaillierte bibliographische Daten sind im Internet über http://www.dnb.de abrufbar.

Print: ISBN: 978-3-648-03632-7
EPUB: ISBN: 978-3-648-03633-4
EPDF: ISBN: 978-3-648-03634-1

Bestell-Nr.: 06265-0005
Bestell-Nr.: 06265-0100
Bestell-Nr.: 06265-0150

Bernhard Metzger
Wertermittlung von Immobilien und Grundstücken
5. Auflage 2013
© 2013, Haufe-Lexware GmbH & Co. KG, Munzinger Straße 9, 79111 Freiburg

Redaktionsanschrift: Fraunhoferstraße 5, 82152 Planegg/München
Telefon: (089) 89517-0
Telefax: (089) 89517-290
www.haufe.de
online@haufe.de
Produktmanagement: Jasmin Jallad
Lektorat: Cornelia Rüping, 81245 München
Satz: Reemers Publishing Services GmbH, 47799 Krefeld
Umschlag: RED GmbH, 82152 Krailling
Druck: Bosch-Druck GmbH, 84030 Ergolding

Inhaltsverzeichnis

Inhaltsverzeichnis

Vorwort zur fünften Auflage

Da sich die Bedingungen auf dem Grundstücksmarkt seit Erlass der bisherigen Wertermittlungsverordnung (WertV) im Jahr 1988 tiefgreifend geändert haben, wurde diese novelliert und in Immobilienwertermittlungsverordnung (ImmoWertV) umbenannt.

Mit dem Inkrafttreten der ImmoWertV im Juli 2010 steht die Erarbeitung neuer Richtlinien an, die die noch auf der alten Wertermittlungsverordnung basierenden Wertermittlungsrichtlinien ersetzen. Dieser Prozess erfolgt sukzessive durch neue Richtlinien zu einzelnen Teilbereichen. Ein Teil der alten Regelungen ist durch eine neue Sachwertrichtrichtlinie abgelöst worden. Gleichzeitig wurden neue Normalherstellungskosten (NHK 2010) eingeführt.

Die zum Zeitpunkt des Erlasses der ImmoWertV geltende Wertermittlungsrichtlinien 2006 (WertR 2006) ist mit dem Erlass der Verordnung nicht aufgehoben und auch nicht geändert worden und mithin entsprechend anzuwenden. Die Sachwertrichtlinie (SW-RL) ersetzt Nr. 3.1.3, 3.6 sowie die Anlagen 4, 6, 7 und 8 der WertR 2006.

Die ImmoWertV legt die Grundsätze zur Ermittlung der Verkehrswerte von Grundstücken fest und stellt eine einheitliche Vorgehensweise bei der Verkehrswertermittlung in Deutschland sicher. Sie findet überall dort Anwendung, wo der Verkehrswert (Marktwert) von Grundstücken oder Immobilien zu ermitteln ist.

Seit Erlass der Wertermittlungsverordnung im Jahr 1988 hat sich die Wertermittlungspraxis erheblich weiterentwickelt. Die ImmoWertV greift dies auf und erfasst neue für den Grundstücksverkehr wichtige Aspekte. Zudem erhöht sie die internationale Vermittelbarkeit, beispielsweise durch Aufnahme des Discounted-Cashflow-Verfahrens in einer für die Grundstückswertermittlung geeigneten Form, des sogenannte Ertragswertverfahrens auf Grundlage unterschiedlicher Erträge. Sie regelt den Umgang mit künftigen Entwicklungen — beispielsweise absehbare anderweitige Nutzungen, wenn diese mit hinreichender Sicherheit und ohne spekulative Annahmen zu erwarten sind —, da diese den Verkehrswert enorm beeinflussen. Die Forderung besteht darin, dass diese plausibel und nachvollziehbar ermittelt werden müssen.

Vorwort zur fünften Auflage

In der Vergangenheit hat sich gezeigt, dass Portfolios oft falsch und in der Regel zu hoch bewertet wurden. Daher sollen zukünftig spekulative Annahmen minimiert werden, um einer erneuten Finanzkrise bereits auf Ebene der Grundstückswertermittlung wirksam entgegenzutreten. Materiell hat sich mit der ImmoWertV gegenüber der Wertermittlungsverordnung fast nichts geändert. Jedoch ergeben sich bei der Ausarbeitung von Gutachten erhebliche praktische Änderungen, was zum einen aus dem geänderten systematischen Aufbau der ImmoWertV resultiert und zum anderen modifizierte Begriffsbestimmungen und neue Bezeichnungen betrifft.

Das Fachbuch zur Immobilienbewertung möge weiterhin vielen Anwendern eine nützliche Hilfe bieten.

Inning a. A. im Januar 2013

Bernhard Metzger

Vorwort

Es gibt eine Vielzahl von Anlässen, aus denen eine Bewertung von Grundstücken und Gebäuden notwendig ist. In Betracht kommen beispielsweise die Überprüfung von Kaufpreisvorstellungen bei Immobilienangeboten, Vermögensauseinandersetzungen infolge von Ehe- oder Erbstreitigkeiten, die Bewertung von Rechten und Belastungen bei Immobilienfinanzierungen oder einer Beleihung etc.

Die objektiv richtige Werteinschätzung einer Immobilie, insbesondere als Grundlage für Kaufentscheidungen, ist von grundsätzlicher Bedeutung, da häufig hohe Geldbeträge im Spiel sind und Fehlentscheidungen in der Regel sehr teuer bezahlt werden müssen.

Ziel und Gegenstand einer Wertermittlung ist es unter anderem, für bebaute und unbebaute Grundstücke den Verkehrswert (Marktwert) objektiv festzustellen und ihn so darzulegen, dass das Ergebnis und die zum Ergebnis führenden Schritte für einen Laien nachprüfbar und nachvollziehbar sind.

Dieses Haufe-Fachbuch soll dem „Wertermittlungs-Einsteiger" als Leitfaden dienen. Er soll Schritt für Schritt in die Praxis der Wertermittlung einführen und den Einstieg in die Erstellung von Wertermittlungsgutachten erleichtern.

Es wird aufgezeigt, wo welche Informationen für ein fundiertes Gutachten beschafft werden können und welche Anforderungen an ein Gutachten gestellt werden. Neben der Bodenwertermittlung werden die in Deutschland normierten Verfahren (Vergleichswert-, Sachwert- und Ertragswertverfahren) beschrieben.

Darüber hinaus soll der Leser darauf aufmerksam gemacht werden, welche Auswirkungen die einzelnen Eingangsgrößen bei der Wertermittlung auf den Verkehrswert haben.

Mithilfe von Sensibilitätsanalysen und Plausibilitätskontrollen können sowohl das eigene Ergebnis als auch die Ergebnisse bestehender Gutachten kritisch überprüft werden. In Form von Excel-Tabellen werden Ihnen dafür wertvolle Rechenhilfen an die Hand gegeben.

Vorwort

Schließlich finden Sie im Anhang dieses Buches ein Beispielgutachten für ein Einfamilienhaus mit allgemeinen Erläuterungen, das Ihnen als Leitfaden und Basis für ein zu erstellendes Gutachten dienen kann.

Viel Erfolg bei der Gutachtenerstellung wünscht Ihnen

Bernhard Metzger

1 Beschaffung der notwendigen Informationen

1.1 Grundsätzliches zur Wertermittlung

Gegenstand einer Wertermittlung muss nicht immer ein bebautes Grundstück sein. Die Wertermittlung kann sich auch auf ein unbebautes Grundstück, ein bestehendes Gebäude oder auf Rechte und Belastungen, die mit dem Grundstück verbunden sind, beziehen.

Zweck einer Wertermittlung ist es, einen Interessensausgleich zwischen dem „Anbieter" und dem „Nachfrager" herbeizuführen. Häufig haben die beteiligten Parteien unterschiedliche Wertvorstellungen.

Ziel einer Wertermittlung ist in der Regel die Ermittlung des sogenannten Verkehrswerts. Dieser wird in § 194 des Baugesetzbuchs (BauGB) wie folgt definiert.

> **§ 194 BauGB**
>
> „Der Verkehrswert (Marktwert) wird durch den Preis bestimmt, der in dem Zeitpunkt, auf den sich die Ermittlung bezieht, im gewöhnlichen Geschäftsverkehr nach den rechtlichen Gegebenheiten und tatsächlichen Eigenschaften, der sonstigen Beschaffenheit und der Lage des Grundstücks oder des sonstigen Gegenstands der Wertermittlung ohne Rücksicht auf ungewöhnliche oder persönliche Verhältnisse zu erzielen wäre."

Neben dem Verkehrswert gibt es zahlreiche weitere Werte, darunter zum Beispiel Beleihungswert, Versicherungswert, Einheitswert und Grundbesitzwert. Die folgende Tabelle[1] gibt einen Überblick über die für die Immobilienbewertung wesentlichen Werte und die Fälle, in denen sie benötigt werden.

---

[1] www.immobilienbewertung-online.de.

Beschaffung der notwendigen Informationen

Wert	Wird benötigt in folgenden Fällen (Auswahl)	Wird ermittelt von
Verkehrswert	<ul><li>Gerichtsurteile</li><li>Bewertungen von Fonds- und Gesellschafteranteilen</li><li>Vermögensauseinandersetzung (zum Beispiel Erbfall, Scheidung)</li><li>Kauf- bzw. Verkaufsverhandlungen</li><li>Widerlegung der in der steuerlichen Bedarfsbewertung ermittelten Werte</li><li>Enteignungen</li><li>Entschädigungen</li></ul>	<ul><li>Sachverständigen</li><li>Gutachterausschüssen</li></ul>
Beleihungswert	Beleihung von Liegenschaften	Banken
Versicherungswert	Abschluss von Gebäude-versicherungen	Versicherungen
Einheitswert, Grundbesitzwert	Besteuerung von Liegenschaften	Finanzamt

Aus der Tabelle wird ersichtlich, dass der Verkehrswert der Wert ist, der am häufigsten benötigt wird. Lediglich in einigen Spezialfällen, zum Beispiel bei der Beleihung, beim Abschluss von Gebäudeversicherungen und bei der steuerlichen Bewertung, sind andere Werte maßgebend. Auch viele Banken ermitteln heutzutage zunächst den Verkehrswert und leiten daraus den Beleihungswert ab.

Der Grundstücksmarkt ist von so vielen erkennbaren und versteckten, objektiven und subjektiven, vermeintlichen und tatsächlichen Einflussfaktoren geprägt, dass es häufig unmöglich ist, den einzig richtigen Wert zu ermitteln.

Am besten geeignet zur Abbildung eines Grundstücksmarktes und rechtlich vorgeschrieben ist die Anwendung der normierten Verfahren der Immobilienwertermittlungsverordnung.

In der ImmoWertV sind drei Wertermittlungsverfahren definiert:

- Vergleichswertverfahren (§ 15—16 ImmoWertV)
- Ertragswertverfahren (§§ 17—20 ImmoWertV)
- Sachwertverfahren (§§ 21—23 ImmoWertV)

Mit Einführung der ImmoWertV werden beim Ertragswertverfahren drei Methoden geregelt:

1. Allgemeines Ertragswertverfahren [§ 17 Abs. 2 (1) ImmoWertV]
2. Vereinfachtes Ertragswertverfahren [§ 17 Abs. 2 (2) ImmoWertV]
3. Ertragswertverfahren mit periodisch unterschiedlichen Erträgen (§ 17 Abs. 3 ImmoWertV)

Die Erstellung eines Gutachtens vollzieht sich in der Regel in drei Arbeitsschritten:

1. Informationsbeschaffung
2. Wertermittlung
3. Dokumentation

Alle drei Bausteine nehmen sicherlich den gleichen Stellenwert ein, jedoch ist der Zeitaufwand für jeden Arbeitsschritt unterschiedlich hoch.

Den zeitintensivsten Arbeitsschritt stellt mit circa 50 bis 60 Prozent die Informationsbeschaffung dar. Sie hat stets besondere Bedeutung, da ohne eine zuverlässige Grundlage letztendlich kein seriöses Gutachten zu erstellen ist.

Nicht nur der Sachverständige am Beginn seiner Laufbahn, sondern auch erfahrene Sachverständige stehen oftmals vor der Frage, wo im Einzelfall bewertungsrelevante Informationen eingeholt werden können. Die Informationsbeschaffung erstreckt sich in der Regel über einen längeren Zeitraum und beginnt bereits beim Ortstermin. Sämtliche Informationen, die der Sachverständige vor Ort erhält, sind kritisch zu bewerten und auf Plausibilität zu prüfen. Im Gutachten sollten die Quellen der Informationen — schon aus Haftungsgründen — benannt werden.

Im Folgenden erfahren Sie, welche Informationen Sie benötigen und wie Sie bei deren Beschaffung am besten vorgehen.

! **ACHTUNG**

Mangelnde oder gar fehlerhafte Recherchearbeit führt regelmäßig zu falschen Ergebnissen.

1.2 Der erste Schritt: Einsicht nehmen in das Grundbuch

Das Grundbuch ist ein beim Amtsgericht geführtes öffentliches Register, das die Wirtschafts- und Rechtsverhältnisse an Grundstücken darlegt. Das Grundbuch kann bei berechtigtem Interesse von jedermann (zum Beispiel Käufer) eingesehen werden und genießt öffentlichen Glauben, das heißt, dass die dort eingetragenen Tatbestände jedem gutgläubigen Dritten gegenüber als richtig gelten. Das Grundbuch besteht aus dem Bestandsverzeichnis und den Abteilungen I, II und III. Das Bestandsverzeichnis enthält die genauen Grundstücksangaben und sollte mit den Katasterpapieren übereinstimmen. In Abteilung I werden die Eigentumsverhältnisse, in Abteilung II die Lasten und Beschränkungen und in Abteilung III die Belastungen eingetragen. Aufgrund der zahlreichen Informationen, die dem Grundbuch zu entnehmen sind und die in das Gutachten einfließen, ist es notwendig, dass immer die aktuellste Grundbuchabschrift zur Bearbeitung vorliegt. Beim Einblick in das Grundbuch sollten Sie wissen: Was rot unterstrichen ist, gilt als gelöscht.

Das Grundbuchblatt besteht aus

- der Aufschrift (Titelblatt),
- dem Bestandsverzeichnis sowie
- den Abteilungen:
  - erste Abteilung,
  - zweite Abteilung und
  - dritte Abteilung.

Die Aufschrift (das Titelblatt) gibt Ihnen Auskunft darüber, ob es sich zum Beispiel um

- ein normales Grundstück,
- ein Erbbaurecht,
- Wohnungseigentum,
- Teileigentum,
- Wohnungs- und Teilerbbaurecht oder
- eine Heimstätte

handelt.

Im Bestandsverzeichnis finden sich die Katasterangaben, also Gemarkung, Flur, Flurstück, Wirtschaftsart, Lage und Größe des Grundstücks.

> **!** **ACHTUNG: Öffentlicher Glaube des Grundbuchs**
>
> Eintragungen in das Grundbuch müssen nicht zwingend mit der wirklichen Rechtslage übereinstimmen. Damit das Grundbuch dennoch als Grundlage für alle Rechtsgeschäfte mit Grundstücken eingesetzt werden kann, genießt es (nach § 892 Bürgerliches Gesetzbuch [BGB]) „öffentlichen Glauben". Das heißt zugunsten desjenigen, der ein Recht an einem Grundstück oder ein Recht an einem solchen Recht durch ein Rechtsgeschäft erwirbt, gilt der Inhalt des Grundbuchs als richtig, es sei denn, dass ein Widerspruch gegen die Richtigkeit eingetragen oder die Unrichtigkeit dem Erwerber bekannt ist. Der gutgläubige Erwerb eines Rechts wird durch den öffentlichen Glauben geschützt. Wer jedoch die Unrichtigkeit des Grundbuchs kennt, kann nicht den Schutz des öffentlichen Glaubens in Anspruch nehmen.
>
> Der öffentliche Glaube des Grundbuchs umfasst
>
> - die Rechtsvermutung: Es wird bis zum Beweis des Gegenteils angenommen, dass der Nachweis des Grundbuchs richtig ist.
> - den Rechtsschutz des gutgläubigen Erwerbers: Der Erwerber eines Grundstücks genießt besonderen Schutz.
>
> Der öffentliche Glaube erstreckt sich auf alle eingetragenen und gelöschten Rechte und auf die Angaben, von denen das eingetragene Recht abhängt. Deshalb sind folgende Katasterangaben vom öffentlichen Glauben umfasst:
>
> - Flurstücksbezeichnung (Gemarkung, Flur, Flurstücksnummer) und
> - Liegenschaftskarte mit ihren Unterlagen, soweit diese Grenzen der einzelnen Grundstücke (Flurstücke) festlegen.
>
> Der Verfasser eines Gutachtens sollte wissen, dass sich der öffentliche Glaube hingegen nicht auf die tatsächlichen Eigenschaften eines Grundstücks wie
>
> - die Lagebezeichnung,
> - die Flächengröße und
> - die Nutzungsart
>
> erstreckt. Da diese Angaben lediglich nachrichtlich aus dem Liegenschaftskataster übernommen werden, sollten diese — insbesondere die Grundstücksgröße — nochmals mit dem Liegenschaftskataster des zuständigen Katasteramtes verglichen werden.

In der ersten Abteilung des Grundbuchblatts wird der Eigentümer und die Grundlage seiner Eintragung vermerkt. Grundlage können zum Beispiel Auflassung, Erbfolge oder Zuschlagsbeschluss im Versteigerungsverfahren sein. Als Auflassung wird die Einigung zwischen Verkäufer und Käufer über den Übergang des Eigentums bezeichnet. Aufgrund der Eintragung der Auflassung kann nachvollzogen werden, wann ein Eigentumswechsel stattgefunden hat.

In der zweiten Abteilung vermerkt werden Lasten und Beschränkungen des Grundstücks, mit Ausnahme der Grundpfandrechte, die in Abteilung III eingetragen werden. Hierunter fallen zum Beispiel:

- Lasten
  - Grunddienstbarkeiten nach §§ 1018 ff. BGB (Dienstbarkeiten, Grunddienstbarkeiten, persönlich beschränkte Dienstbarkeiten)
  - Dauerwohn- und Dauernutzungsrecht
  - Reallasten
  - Nießbrauch
  - Vorkaufsrechte
  - Auflassungsvormerkung
  - Erbbaurecht

- Beschränkungen
  - Nacherbenvermerk
  - Testamentsvollstreckervermerk
  - Zwangsversteigerungs- und Zwangsverwaltungsvermerk
  - Insolvenzvermerk
  - Sanierungs- und Umlegungsvermerk
  - Verwaltungs- und Benutzungsregelungen bei Miteigentum

In der dritten Abteilung des Grundbuchblatts finden sich schließlich die Hypotheken, Grundschulden etc. Diese sind für die Wertermittlung allerdings in der Regel nicht von Interesse. Auch geht die tatsächliche Höhe der Schulden hieraus nicht hervor.

1.3 Informationen über ein eventuelles Erbbaurecht

Wie bereits erwähnt, ist ein Erbbaurecht als Belastung in der zweiten Abteilung des Grundbuchblatts eingetragen. Um Einsicht in den Erbbauvertrag zu nehmen, wendet man sich an den Eigentümer bzw. Erbbauberechtigten. Der Vertrag regelt unter anderem Folgendes:

- Tragen der öffentlichen und privatrechtlichen Lasten und Abgaben
- Errichtung, Instandhaltung und Verwendung des Baurechts
- Besondere Nutzungen oder Nutzungsbeschränkungen
- Heimfallregelungen

- Eine Verpflichtung des Eigentümers, das Grundstück an den jeweiligen Erbbauberechtigten zu veräußern
- Eine Verpflichtung des Erbbauberechtigten zur Zahlung von Vertragsstrafen oder die Verpflichtung zum Heimfall
- Einräumung eines Vorrechts für den Erbbauberechtigten auf Erneuerung des Erbbaurechts nach dessen Ablauf
- Höhe der Entschädigung für das errichtete Bauwerk bei Beendigung des Erbbaurechts nach Zeitablauf
- Anpassungsklauseln

1.4 Wohnungs- und Teileigentum

Informationen über Wohnungs- oder Teileigentum erhalten Sie, wie bereits erwähnt, ebenfalls aus dem Grundbuch. Für Wohnungs- oder Teileigentum werden besondere Grundbuchblätter angelegt mit der Aufschrift „Wohnungsgrundbuch" bzw. „Teileigentumsgrundbuch", die den gleichen Aufbau wie ein normales Grundbuchblatt aufweisen; allerdings mit dem Unterschied, dass die jeweiligen Miteigentumsanteile und das Sondereigentum aufgeführt sind. In den drei Abteilungen sind dann der jeweilige Eigentümer, Rechte und Lasten sowie Grundpfandrechte verzeichnet.

Bei der Aufteilung eines Grundstücks in Wohnungseigentum wird für jede Wohnung und jedes Teileigentum ein eigenes Grundbuchblatt, das sogenannte Wohnungsgrundbuch bzw. Teileigentumsgrundbuch angelegt. An einer Wohnung bzw. einem Gewerberaum kann man Eigentum nur dann erwerben, wenn die Wohnung bzw. der Gewerberaum in sich abgeschlossen ist und über einen abschließbaren Zugang verfügt. Eine Wohnung bzw. ein Teileigentum muss ferner von den übrigen Wohnungen und den sonstigen Räumen durch Trennwände und Trenndecken abgeschlossen sein, auch von denen, die im gemeinschaftlichen Eigentum stehen.

Die Voraussetzung für die Begründung von Wohnungseigentum und Teileigentum ist in § 3 Abs. 2 Satz 1 Wohnungseigentumsgesetz (WEG) geregelt. Die Abgeschlossenheit wird auf Antrag des Eigentümers von der zuständigen Baubehörde bestätigt. Sie dient ausschließlich der sachenrechtlichen Bestimmtheit in Bezug auf die Abgrenzung von Sondereigentum und gemeinschaftlichem Eigentum und damit der Klarstellung der Eigentums- und Benutzungsverhältnisse innerhalb des in Wohnungseigentum aufgeteilten Gebäudes. Im Folgenden werden die Eigentumsverhältnisse kurz erläutert.

- Sondereigentum: Alleineigentum an einer bestimmten Wohnung (Wohnungseigentum) oder an nicht zu Wohnzwecken dienenden Räumen (Teileigentum).
- Wohnungseigentum: Das Sondereigentum an einer Wohnung in Verbindung mit dem Miteigentumsanteil an dem gemeinschaftlichen Eigentum, zu dem es gehört.[2]
- Teileigentum: Eine Immobilie kann in mehrere Anteile aufgeteilt werden. Diese können einzeln veräußert und belastet werden. Als Teileigentum bezeichnet man das Sondereigentum an nicht zu Wohnzwecken dienenden Räumen eines Gebäudes in Verbindung mit dem Miteigentumsanteil an dem gemeinschaftlichen Eigentum, zu dem es gehört.[3] Das Sondereigentum an einem dieser Anteile nennt man Teileigentum, sofern es sich dabei um nicht zu Wohnzwecken dienende Räume handelt.
- Gemeinschaftseigentum: Dazu gehört das Gebäude, das sind alle tragenden Bauteile, Versorgungsleitungen bis zu den Eigentumswohnungen, Heizungsanlage, Fahrstuhl, Treppenhaus, Fassade und Fenster; außerdem alle Gemeinschaftsanlagen, Gemeinschaftsräume, Außenanlagen und das Grundstück, soweit keine Sondernutzungsrechte bestellt sind. Genaue Angaben hierzu kann man der Teilungserklärung entnehmen.
- Sondernutzungsrecht: Von einem Sondernutzungsrecht spricht man, wenn einem Wohnungseigentümer das alleinige (ausschließliche) Nutzungsrecht an Teilen des Gemeinschaftseigentums (zum Beispiel Gärten, Gemeinschaftsräume, Stellplätze) eingeräumt wird, wodurch zugleich die anderen Wohnungseigentümer vom Mitgebrauch ausgeschlossen werden. Der Gegenstand des Sondernutzungsrechts bleibt im Gemeinschaftseigentum.

Basierend auf dem Wohnungseigentumsgesetz regelt die Teilungserklärung das Verhältnis einzelner Wohnungseigentümer in einem Haus untereinander. Sie bezeichnet die Miteigentumsanteile am Grundstück und das damit verbundene Sondereigentum an bestimmten Räumen. Die Teilungserklärung ist ein wichtiges Dokument und muss stets notariell beurkundet sein. Die Teilungserklärung legt fest, wie das Gebäude aufgeteilt ist, insbesondere

---

[2]   § 1 Abs. 2 WEG.

[3]   § 1 Abs. 3 WEG.

- was zum Gemeinschaftseigentum und was zum Sondereigentum gehört (zum Beispiel welcher Keller oder Stellplatz zu welcher Wohnung gehört). Diese Aufteilung wird neben den schriftlichen Festsetzungen zusätzlich in einem Aufteilungsplan dargestellt,
- die zum Gemeinschaftseigentum gehörenden Miteigentumsanteile der einzelnen Wohnungen,
- eventuelle Sondernutzungsrechte für einzelne Wohnungen (zum Beispiel für Gartenanteile der gemeinschaftlichen Grünfläche),
- Regelungen des Gebrauchs (zum Beispiel „nur für Wohnzwecke"),
- Verteilung der Kosten von Instandhaltungsmaßnahmen am Gemeinschaftseigentum (in der Regel nach Miteigentumsanteilen),
- Stimmrechte einzelner Eigentümer in der Eigentümerversammlung (zum Beispiel nach Miteigentumsanteilen oder nach Anzahl der Wohnungen).

Bei einem Aufteilungsplan handelt es sich um eine von der Baubehörde genehmigte Bauzeichnung, die im Wesentlichen dem genehmigten Eingabeplan entspricht und aus der die Aufteilung des Gebäudes sowie die Lage der im Sondereigentum und der im Gemeinschaftseigentum stehenden Gebäudeteile ersichtlich ist. Die einzelnen Nutzungseinheiten sind in der Regel fortlaufend durchnummeriert, sodass die Einheiten eindeutig identifizierbar sind. Der Aufteilungsplan wird stets bei der Bildung von Wohnungseigentum benötigt, er und die Abgeschlossenheitsbescheinigung sind wichtige Bestandteile der Teilungserklärung.

Weitere bewertungsrelevante Auskünfte kann man aus den Protokollen der Eigentümerversammlungen entnehmen, in denen beispielsweise anfallende Kosten zur Durchführung baulicher Maßnahmen wie Modernisierungen, Instandsetzungen etc. aufgeführt sind.

Im Wirtschaftsplan und in der Jahresabrechnung, die wie die Protokolle der Eigentümerversammlung beim Eigentümer bzw. bei der Hausverwaltung eingesehen werden können, finden sich Informationen über die Bewirtschaftungskosten.

1.5 Weitere wichtige Informationen

1.5.1 Nachbarrechtliche Beschränkungen

Informationen über nachbarrechtliche Beschränkungen zu erhalten ist nicht ganz einfach, weil diese in der Regel nicht ohne Weiteres erkennbar sind. Zu den möglichen Ansatzpunkten zählen unter anderem:

- Gezieltes Nachfragen beim Ortstermin
- Bebauungssituation
- Hinweise in der Bauakte

1.5.2 Planungsrechtliche Nutzungsmöglichkeiten

Der Bebauungsplan informiert Sie beispielsweise über:

- Art und Maß der baulichen Nutzung
- Bauweise
- Überbaubare und nicht überbaubare Grundstücksfläche
- Anordnung der baulichen Anlagen
- Größe, Breite und Tiefe der Baugrundstücke
- Verkehrsflächen

1.5.3 Baulasten

Informationen über vorhandene Baulasten eines Grundstücks, die den Wert des Grundstücks erheblich mindern können, lassen sich (außer in Bayern und Brandenburg) dem Baulastenverzeichnis entnehmen, das in der Regel bei der Bauaufsichtsbehörde geführt wird. Hier einige Beispiele von Baulasten:

- Abstandsflächenbaulast
- Stellplatzbaulast
- Erschließungsbaulast

1.5.4 Öffentlich-rechtliche Abgaben

Die Baubehörden der Stadt- und Gemeindeverwaltungen geben Auskünfte darüber, ob für ein Grundstück noch öffentlich-rechtliche Abgaben zu entrichten sind. Ist das der Fall, so kann dies erheblich den Verkehrswert des Grundstücks beeinflussen. Öffentlich-rechtliche Abgaben sind zum Beispiel:

- Erschließungsbeiträge
- Kanalanschlussbeiträge
- Kostenerstattungsbeiträge nach § 8a Bundesnaturschutzgesetz
- Ablösebeiträge für Stellplatzverpflichtungen
- Ausgleichsbeiträge in Sanierungs- und Entwicklungsgebieten

1.5.5 Das Liegenschaftskataster

Im Katasteramt können Sie die Flurkarte einsehen. Darin sind beispielsweise dargestellt:

- Flurstücke mit Nummern
- Gebäude
- Dauerhaft planungswichtige Topografie und besondere topografische Gegenstände
- Nutzungsarten
- Lagebezeichnungen (Straße und Hausnummer)

Welche Behörden das Kataster zu führen haben, ist von Bundesland zu Bundesland unterschiedlich geregelt.

1.5.6 Altlasten

Informationen über eventuell vorhandene Altlasten sind bei den staatlichen Ämtern für Wasser- und Abfallwirtschaft erhältlich. Dort sind die im Altlastenkataster vorhandenen Daten in Dateien und Karten dargestellt.

Bei folgenden Vornutzungen besteht immer ein Altlastenverdacht:

- Tankstelle
- Kfz-Werkstatt

- Mülldeponie
- Militärische Anlage
- Farben- und lackverarbeitender Betrieb

1.5.7 Baugrundverhältnisse

Ergibt sich beim Ortstermin der Verdacht auf mögliche ungünstige Bodenverhältnisse wie Uferlage, Hanglage etc., können Sie sich weitere Informationen beispielsweise bei Bauämtern, geologischen Ämtern oder Nachbarn einholen. Aufschluss bei schwierigen Baugrundverhältnissen können in der Regel nur spezielle Baugrundgutachten geben.

1.5.8 Erhaltungssatzung

Besteht für ein Grundstück eine Erhaltungssatzung, ist eine höherwertige Nutzung zum Schutz der Bausubstanz und der Wohnbevölkerung in der Regel nicht gestattet. Dies kann sich erheblich wertmindernd auf den Verkehrswert auswirken. Es empfiehlt sich daher, bei der jeweiligen Gemeinde abzuklären, ob für das Grundstück eine Erhaltungssatzung besteht oder in einem Bebauungsplan entsprechende Festsetzungen getroffen wurden.

1.5.9 Behördliche Genehmigungen überprüfen

Bietet sich für die Wertermittlung die Berücksichtigung einer höherwertigen Nutzung als die momentane Wohnnutzung an, so ist stets zu prüfen, ob die Nutzungsänderung nicht einer Zweckentfremdungsgenehmigung bedarf. Die jeweilige Stadtverwaltung weiß, ob eine Zweckentfremdungsverordnung besteht.

Zu klären ist auch, ob eine Baugenehmigung vorliegt und ob der tatsächliche Zustand der zu bewertenden baulichen Anlage mit ihrem genehmigten Zustand identisch ist.

1.5.10 Denkmalschutz

Bei der Denkmalschutzbehörde lässt sich erfragen, ob ein Gebäude unter Denkmalschutz steht. In einem solchen Fall kann man sich über alle mit dem Denkmalschutz verbundenen Vorschriften informieren lassen.

1.5.11 Geeignete Karten

Zur übersichtlichen Darstellung der Lage des Bewertungsgrundstücks eignen sich Karten im Maßstab 1 : 5.000. Diese sind in Buchhandlungen oder bei den jeweiligen Landesvermessungsämtern erhältlich. Eine gute Übersicht über die Infrastruktur in der näheren Umgebung des Bewertungsobjekts liefern Stadtpläne in den Maßstäben 1 : 20.000 oder 1 : 25.000.

1.5.12 Immissionsbelastung

Beim Ortstermin sollte verstärkt auf vorhandene Immissionsquellen geachtet werden, zum Beispiel Verkehr, Flughafen, Gewerbe, Sportanlagen etc. Die Aufmerksamkeit ist dabei nicht nur auf Lärm zu richten, sondern auch auf Abgase, zum Beispiel aus Industriebetrieben oder Kläranlagen, sowie Belastungen durch Elektrosmog. Informationen liefern hierzu insbesondere Anwohner, aber auch ein Blick in den Stadtplan hilft weiter.

1.5.13 Rund um die Miete

Um abschätzen zu können, welche Miete für ein Objekt marktüblich zu erzielen ist, empfiehlt sich zunächst eine Anfrage bei der Stadtverwaltung, ob ein offizieller Mietspiegel existiert. Auch eine Anfrage beim zuständigen Gutachterausschuss könnte sich lohnen.

Der Immobilienverband Deutschland IVD Bundesverband der Immobilienberater, Makler, Verwalter und Sachverständigen e. V. (www.ivd.net), der durch die Verschmelzung des Rings Deutscher Makler (RDM) und des Verbands Deutscher Makler (VDM) entstanden ist und zum zahlenmäßig stärksten Unternehmensverband der Immobilienwirtschaft wurde, gibt Preisspiegel (IVD-Gewerbepreisspiegel und IVD-Wohnimmobilienpreisspiegel) heraus, mit denen Sie sich ebenfalls informieren können. Nicht zuletzt können auch eigene Auswertungen von Immobilienanzeigen in den örtlichen Tageszeitungen durchgeführt werden.

Informationen über bestehende Mietverhältnisse hat der Eigentümer. Die Mietverträge geben Auskunft über die augenblicklich gezahlte Miete und darüber, welche Bewirtschaftungskosten auf den Mieter umgelegt werden.

1.5.14 Wohn- und Nutzfläche

Informationen über die Wohn- und Nutzflächen haben der Eigentümer oder das Bauamt, hier kann man sich die Planunterlagen (Eingabepläne) aus der Baugenehmigung zeigen lassen. Es empfiehlt sich, die aufgestellten Flächenberechnungen stichprobenartig zu überprüfen.

1.5.15 Kosten und Preisindizes

Informationen über die laufenden Bewirtschaftungskosten lassen sich durch Einsichtnahme in die Mietverträge beschaffen. Teilweise veröffentlichen auch Gutachterausschüsse Angaben zu den örtlichen Bewirtschaftungskosten.

Über den Liegenschaftszinssatz informiert der jeweils zuständige Gutachterausschuss.

Baupreissteigerungen werden regelmäßig viermal jährlich vom Statistischen Bundesamt veröffentlicht. Diese Informationen finden sich im Internet unter www.destatis.de.

Die jeweils zuständigen Gutachterausschüsse geben darüber hinaus Auskunft über

- Umrechnungskoeffizienten für unterschiedliche Grundstücksgrößen,
- Umrechnungskoeffizienten für unterschiedliche Geschossflächenzahlen (GFZ),
- Ertragsfaktoren,
- Vergleichswerte,
- Bodenrichtwerte und
- Marktanpassungsfaktoren.

2 Das Gutachten: Aufbau und Anforderungen

Nach § 194 BauGB wird der Verkehrswert (Marktwert) von Grundstücken durch den Preis bestimmt, der

- in dem Zeitpunkt, auf den sich die Ermittlung bezieht (Wertermittlungsstichtag),
- im gewöhnlichen Geschäftsverkehr
- nach den rechtlichen Gegebenheiten und tatsächlichen Eigenschaften, der sonstigen Beschaffenheit und der Lage des Grundstücks oder des sonstigen Gegenstands der Wertermittlung und
- ohne Rücksicht auf ungewöhnliche oder persönliche Verhältnisse

zu erzielen wäre.

Gegenstand der Wertermittlung können sein:

- Das Grundstück
- Ein Grundstücksteil einschließlich seiner Bestandteile[1] wie Gebäude, Außenanlagen und sonstige Anlagen sowie das Zubehör
- Besondere Betriebseinrichtungen[2]
- Belastungen und ihr wertmindernder Einfluss
- Einzelne Bestandteile von Grundstücken

Grundlagen der Wertermittlung (§ 2 ImmoWertV)

Der Wertermittlung sind die allgemeinen Wertverhältnisse auf dem Grundstücksmarkt am Wertermittlungsstichtag (§ 3) und der Grundstückszustand am Qualitätsstichtag (§ 4) zugrunde zu legen. Künftige Entwicklungen, beispielsweise absehbare anderweitige Nutzungen (§ 4 Abs. 3 Nr. 1), sind zu berücksichtigen, wenn sie mit hinreichender Sicherheit aufgrund konkreter Tatsachen zu erwarten sind.

---

[1]   Bestandteile eines Grundstücks sind insbesondere Rechte, die mit dem Eigentum an einem Grundstück verbunden sind, seien sie privatrechtlicher Art wie Dienstbarkeiten oder öffentlich-rechtlicher Art wie zum Beispiel Baulasten.

[2]   Obwohl die besonderen Betriebseinrichtungen in der ImmoWertV nicht mehr gesondert genannt werden, bedeutet dies nicht, dass sie unberücksichtigt bleiben können.

In diesen Fällen ist auch die voraussichtliche Dauer bis zum Eintritt der rechtlichen und tatsächlichen Voraussetzungen für die Realisierbarkeit einer baulichen oder sonstigen Nutzung eines Grundstücks (Wartezeit) einzubeziehen.

> **! WICHTIG**
>
> Jedes Gutachten muss logisch und folgerichtig aufgebaut sein. Die fachbezogenen Inhalte müssen so dargestellt werden, dass auch der Empfänger und interessierte Laie den Denkprozess nachvollziehen kann. Im Gutachten müssen alle Eingangsdaten nachprüfbar und nachvollziehbar begründet werden. Darüber hinaus ist auch immer die Wahl des Wertermittlungsverfahrens zu begründen.

Gestaltung und Aufbau eines Wertermittlungsgutachtens hängen wesentlich von der Art und Zielsetzung des Auftrags ab und bereiten dem Anwender, insbesondere dem Einsteiger, häufig Schwierigkeiten. Obwohl der Aufbau eines Gutachtens in der Regel sehr individuell sein kann, gibt es diverse Möglichkeiten, ein Gutachten zu erstellen, zum Beispiel:

- Formulargutachten
- Frei erstellte Gutachten
- Einsatz von Wertermittlungssoftware

2.1 Formulargutachten

Es gibt eine große Anzahl unterschiedlicher Formulargutachten. In diese Vordrucke sind lediglich die individuellen Daten einzusetzen. In den WertR 2006 sind diverse Vordrucke aufgeführt, die für die Wertermittlung angewandt werden und als Hilfsmittel dienen können. Hierbei handelt es sich um folgende Anlagen:

- Anlage 1: Wertermittlung unbebauter Grundstücke (Bodenwert)
- Anlage 2: Wertermittlung bebauter Grundstücke
- Anlage 2a: Einlageblatt Baubeschreibung
- Anlage 2b: Zusammenstellung der Wertermittlungsergebnisse

Diese Vordrucke bieten sich insbesondere bei einfachen Fällen der Wertermittlung und bei Massenbewertungen an.

Zweck dieser Vordrucke ist es, dass der Bearbeiter alle Einzelheiten erfasst und entsprechend wertet. Nachteilig ist, dass Formulargutachten in der Regel schwer nachvollziehbar sind, da ggf. gerade an jenen Stellen des Vordrucks kein Platz für Erläuterungen vorhanden ist, wo dieser dringend benötigt wird.

Formulargutachten sollten daher nur bei überschlägigen Wertgutachten verwendet werden, bei denen es auf die Größenordnung des Werts ankommt und auf Erläuterungen im Wesentlichen verzichtet werden kann.

2.2   Frei erstellte Gutachten

Eine weitere Möglichkeit, Wertgutachten zu erstellen, ist das freie Gutachten. Wesentlicher Vorteil ist dabei, dass das Gutachten individuell gestaltbar ist und jeder Sachverständige seine persönliche Note einfließen lassen kann.

> **!**   **ACHTUNG**
>
> Achten Sie bei einem freien Gutachten darauf, sämtliche Teilschritte in einer vorher protokollierten Reihenfolge zu bearbeiten. Eine Gliederung ist dabei besonders wichtig.

Es bietet sich daher an, für verschiedene Gutachten, zum Beispiel für die Bewertung von Objekten im Sachwertverfahren, Ertragswertverfahren usw. oder für bestimmte Rechte und Lasten, Mustergliederungen zu erstellen. Die individuelle Gestaltung und Ausarbeitung kann dann mittels Textbausteinen, zum Beispiel aus bisher erstellten Gutachten, erfolgen.

2.3   Einsatz von Wertermittlungssoftware

Weiteres Hilfsmittel können EDV-gestützte Programme zur Immobilienbewertung sein. Die Programme beherrschen die klassischen Bewertungsmethoden nach dem Vergleichs-, Ertrags- und Sachwertverfahren. Darüber hinaus können in der Regel grundstücksbezogene Rechte und Belastungen ermittelt werden.

> **! ACHTUNG**
>
> Die Erstellung von Gutachten mittels Software darf jedoch nicht den eigenen Denkprozess ersetzen; Sie sollten die Ergebnisse stets kritisch überprüfen. Insbesondere Plausibilitätskontrollen können dabei hilfreich sein.

2.4 Aufbau des Gutachtens

Sie können das Gutachten beispielsweise wie folgt aufteilen:

Teil 1:   Deckblatt
Teil 2:   Inhaltsverzeichnis
Teil 3:   Zusammenstellung wesentlicher Daten
Teil 4:   Vorbemerkungen
Teil 5:   Grund- und Bodenbeschreibung
Teil 6:   Beschreibung der Gebäude und Außenanlagen
Teil 7:   Ermittlung des Verkehrswerts
Teil 8:   Anlagen

Abb. 1: Die Bestandteile eines Gutachtens

> **! WICHTIG**
>
> Jeder Gutachtenerstellung muss grundsätzlich eine Ortsbesichtigung vorangehen.

2.5   Anforderungen an ein Gutachten

Nachfolgend werden die wesentlichen Anforderungen aufgeführt, die an ein Gutachten gestellt werden. Mit der Checkliste können Sie anhand der Stichpunkte Ihr Gutachten auf Vollständigkeit überprüfen. Je nach Gegenstand und Verfahren der Wertermittlung können Sie die Checkliste ergänzen und individuell anpassen.

Checkliste: Wesentliche Anforderungen an ein Gutachten	
Anforderungen	Bemerkungen
1 Deckblatt	
Briefkopf	
Gutachtenbezeichnung	
Angabe Seitenzahl und Anzahl der Anlagen	
Angabe Ausfertigungen	
2 Inhaltsverzeichnis	
3 Zusammenstellung der Wertermittlungsergebnisse	
4 Vorbemerkungen (allgemeine Angaben)	
Angaben zum Wertermittlungsobjekt	
Auftraggeber	
Eigentümer	
Grundbuch- und Katasterangaben	
Zweck der Gutachtenerstellung	
Wertermittlungsstichtag	
Tag der Ortsbesichtigung	
Teilnehmer beim Ortstermin	
Dokumente und Informationen, die bei der Wertermittlung zur Verfügung standen	

Checkliste: Wesentliche Anforderungen an ein Gutachten	
5 Grund- und Bodenbeschreibung	
1. Lage	
Großräumige Lage	
▪ Bundesland/Kreis/Ort/Einwohnerzahl	
▪ Überörtliche Anbindungen/Entfernungen	
▪ Nähere Umgebung	
Kleinräumige Lage	
▪ Innerörtliche Lage	
▪ Art der Bebauung sowie Nutzungen in der Straße und im Ortsteil	
▪ Beeinträchtigungen	
▪ Topografische Grundstückslage	
2. Gestalt und Form	
Straßenfront	
Grundstücksgröße	
Bemerkungen	
3. Erschließung	
Straßenart	
Straßenausbau	
Anschlüsse an Versorgungsleitungen und Abwasserbeseitigung	
Grenzverhältnisse, nachbarrechtliche Gemeinsamkeiten	
Baugrund, Grundwasser (soweit augenscheinlich ersichtlich)	
4. Rechtliche Gegebenheiten (wertbeeinflussende Rechte und Belastungen)	
Privatrechtliche Situation	
▪ Grundbuchlich gesicherte Belastungen	
▪ Anmerkung	
▪ Bodenordnungsverfahren	
▪ Nicht eingetragene Rechte und Lasten	

Checkliste: Wesentliche Anforderungen an ein Gutachten

Öffentlich-rechtliche Situation

- Baulasten und Denkmalschutz

- Darstellungen im Flächennutzungsplan

- Festsetzungen im Bebauungsplan

- Bauordnungsrecht

5. Entwicklungszustand inklusive Beitrags- und Abgabesituation

6. Hinweise zu den durchgeführten Erhebungen

7. Derzeitige Nutzung und Vermietsituation

6 Beschreibung der Gebäude und Außenanlagen

Vorbemerkung

Art des Gebäudes

- Baujahr

- Modernisierung

- Außenansicht

Nutzungseinheiten, Raumaufteilung

Gebäudekonstruktion (Keller, Wände, Decken, Treppe, Dach)

Allgemeine technische Gebäudeausstattung

Ausführung und Ausstattung

- Baubeschreibung

- Bauschäden und Baumängel

- Wirtschaftliche Wertminderungen

Nebengebäude

Außenanlagen

Das Gutachten: Aufbau und Anforderungen

Checkliste: Wesentliche Anforderungen an ein Gutachten	
7 Ermittlung des Verkehrswerts	
Verfahrenswahl	
■ Angewandte Wertermittlungsverfahren	
■ Begründung der Verfahrenswahl	
Bodenwertermittlung	
■ Bodenrichtwerte und/oder Vergleichspreise mit ziffernmäßiger Darstellung, Analyse und statistischer Auswertung	
■ Angabe der GRZ/GFZ, erschließungsbeitragspflichtig oder -frei	
■ Umrechnungsmethode	
■ Lagebeurteilung	
■ Berücksichtigung bodenwertbeeinflussender Umstände, zum Beispiel Rechte und Lasten am Grundstück, Kontamination, Immissionen	
■ Gegebenenfalls Zu- und Abschläge	
Beim Sachwertverfahren	
■ Beurteilung der Gebäude, der Grundrisse, der Ausstattung und der Baustoffe	
■ Ermittlung der Normalherstellungskosten zum Bewertungsstichtag	
■ Ermittlung der Außenanlagen	
■ Berücksichtigung der Alterswertminderung	
■ Berücksichtigung der allgemeinen Marktanpassung	
■ Berücksichtigung der besonderen marktspezifischen Grundstücksmerkmale	
■ Berechnung des Sachwerts	
Beim Ertragswertverfahren	
■ Tatsächliche Mieterträge mit Darstellung des Mietbegriffs und Beurteilung ihrer nachhaltigen Erzielbarkeit	
■ Angaben über mietvertragliche Bindungen	
■ Berücksichtigung nicht vermieteter oder eigengenutzter Räume	

Checkliste: Wesentliche Anforderungen an ein Gutachten

- Bewirtschaftungskosten durch Angabe der Betriebskosten (effektiv anfallende Kosten), Instandhaltung, Verwaltung, Mietausfallwagnis
- Berechnung des Reinertrags
- Herleitung des Liegenschaftszinssatzes mit Begründung
- Bodenwertverzinsung
- Ermittlung des Gebäudereinertrags
- Bestimmung der anzusetzenden Restnutzungsdauer mit Begründung
- Berechnung des Vervielfältigers (anhand der Restnutzungsdauer und des Liegenschaftszinssatzes)
- Ermittlung des Ertragswerts der baulichen Anlagen
- Ermittlung des vorläufigen Ertragswerts
- Allgemeine Marktanpassung
- Objektspezifische Marktanpassung
- Berechnung des Ertragswerts

Sonstige Verfahren

- Vergleichswertverfahren (für bebaute Grundstücke, Eigentumswohnungen)
- Verfahren des rentierlichen Bodenwerts
- Andere

Sonderwerte

- Berechnung eventueller Sonderwerte

Plausibilitätskontrollen und Sensitivitätsanalysen zur Untermauerung des ermittelten Ergebnisses

Verkehrswertableitung aus den Verfahrensergebnissen

- Definition des Verkehrswerts
- Berücksichtigung der Marktlage zum Bewertungsstichtag
- Ergebnis
- Datum, Unterschrift, Stempel

Das Gutachten: Aufbau und Anforderungen

Checkliste: Wesentliche Anforderungen an ein Gutachten	
8 Anlagen	
Literaturverzeichnis	
Verwendete Wertermittlungsliteratur	
Rechtsgrundlagen der Verkehrswertermittlung	
Verzeichnis der Anlagen (Nichtzutreffendes streichen!)	
▪ Auszug aus Straßenkarte im Maßstab 1 : …	
▪ Auszug aus Stadtplan im Maßstab 1 : …	
▪ Auszug aus Katasterkarte im Maßstab 1 : 1.000	
▪ Fotos …	
▪ Gebäudeansichten	
▪ Gebäudegrundrisse	
▪ Gebäudeschnitt	
▪ Wohnflächenberechnung/Berechnung des Bruttorauminhalts	
▪ Baupläne	
▪ Mietvertrag	
▪ Teilungserklärung	
▪ Grundbuchauszug	

Die Ergebnisse sowie die wesentlichen Daten der Wertermittlung sollten im Gutachten zusammenfassend dargestellt werden. Passen Sie die Übersicht an die individuellen Gegebenheiten an.

▶	BEISPIEL: Zusammenstellung wesentlicher Daten — Ertragswertverfahren	
Objekt		
Wertermittlungsstichtag		
Ortstermin		
Baujahr des Gebäudes		
Anzahl der Wohnungen		

Wohnlich nutzbare Fläche

Grundstücksgröße

Bodenwert (relativ)

Bodenwert (absolut)

Mietansatz für die Wohnung(en)

Rohertrag

Bewirtschaftungskosten

Liegenschaftszinssatz

Restnutzungsdauer

Allgemeine Marktanpassung

Objektspezifische Marktanpassung

Bodenwert

Ertragswert

Verkehrswert

▶ **BEISPIEL: Zusammenstellung wesentlicher Daten — Sachwertverfahren**

Objekt

Wertermittlungsstichtag

Ortstermin

Baujahr des Gebäudes

Wohnlich nutzbare Fläche

Grundstücksgröße

Bodenwert (relativ)

Bodenwert (absolut)

Herstellungskosten der baulichen Anlagen	
Alterswertminderung	
Vorläufiger Sachwert des Grundstücks	
Allgemeine Marktanpassung	
Objektspezifische Marktanpassung	
Verkehrswert	

 TIPP

ARBEITSHILFE
ONLINE
Im Anhang in der Anlage 4 ist ein Beispielgutachten aufgeführt, das Ihnen als Unterstützung bei Ihrer Arbeit weiterhelfen soll. Es wurde mit der Bewertungssoftware Sprengnetter-ProSa erstellt.

3   Ermittlung des Bodenwerts

Die Ermittlung des unbebauten Bodenwerts ist sowohl beim Ertragswert- als auch beim Sachwertwertverfahren notwendig. Unabhängig vom Bewertungsverfahren sollten Sie den Bodenwert stets vorab ermitteln. Dazu gibt es verschiedene Möglichkeiten.

§ 16 der ImmoWertV regelt, dass der Wert des Bodens ohne Berücksichtigung der vorhandenen baulichen Anlagen auf dem Grundstück vorrangig im Vergleichswertverfahren (§ 15) zu ermitteln ist. Dabei kann der Bodenwert auch auf der Grundlage geeigneter Bodenrichtwerte ermittelt werden. Bodenrichtwerte sind geeignet, wenn die Merkmale des zugrunde gelegten Richtwertgrundstücks hinreichend mit den Grundstücksmerkmalen des zu bewertenden Grundstücks übereinstimmen.

1.   Bestimmung des Bodenwerts unter Zuhilfenahme des Vergleichswertverfahrens[1]

§ 17 Abs. 3 ImmoWertV — Ermittlung des Ertragswerts

(1) Im Vergleichswertverfahren wird der Vergleichswert aus einer ausreichenden Zahl von Vergleichspreisen ermittelt. Für die Ableitung der Vergleichspreise sind die Kaufpreise solcher Grundstücke heranzuziehen, die mit dem zu bewertenden Grundstück hinreichend übereinstimmende Grundstücksmerkmale aufweisen. Finden sich in dem Gebiet, in dem das Grundstück gelegen ist, nicht genügend Vergleichspreise, können auch Vergleichspreise aus anderen vergleichbaren Gebieten herangezogen werden. Änderungen der allgemeinen Wertverhältnisse auf dem Grundstücksmarkt oder Abweichungen einzelner Grundstücksmerkmale sind in der Regel auf der Grundlage von Indexreihen oder Umrechnungskoeffizienten zu berücksichtigen.

(2) Bei bebauten Grundstücken können neben oder anstelle von Vergleichspreisen zur Ermittlung des Vergleichswerts geeignete Vergleichsfaktoren herangezogen werden. Der Vergleichswert ergibt sich dann durch Vervielfachung des jährlichen Ertrags oder der sonstigen Bezugseinheit des zu bewertenden Grundstücks mit dem Vergleichsfaktor. Vergleichsfaktoren sind geeignet, wenn die Grundstücksmerkmale der ihnen zugrunde gelegten Grundstücke hinreichend mit denen des zu bewertenden Grundstücks übereinstimmen.

---

[1]   § 15 ImmoWertV.

Dies ist theoretisch gesehen eine sehr sichere Methode zur Bodenwertermittlung, in der Praxis ist sie jedoch eher selten durchführbar, da die Voraussetzungen für ihre Anwendung in der Regel kaum gegeben sind. Zur regelgerechten Durchführung müssen folgende Kriterien erfüllt sein:

- Es muss eine ausreichend große Anzahl von Vergleichsgrundstücken (mindestens fünf) zur Verfügung stehen.
- Die Vergleichsgrundstücke müssen mit dem Wertermittlungsobjekt wirklich vergleichbar sein. Gegebenenfalls sind die Vergleichskaufpreise mittels Umrechnungsfaktoren zu korrigieren.
- Die Kaufpreise der Vergleichsgrundstücke müssen zeitnah ermittelt worden sein. Gegebenenfalls sind diese mit Bodenpreisindizes umzurechnen.
- Die Vergleichsgrundstücke sollten unbebaut sein.

2. Bestimmung des Bodenrichtwerts unter Zuhilfenahme geeigneter Bodenrichtwerte

Dies stellt in der Praxis den Regelfall dar und wird unter „Bestimmung des Bodenwerts unter Zuhilfenahme geeigneter Bodenrichtwerte" näher beschrieben.

3. Residualwertverfahren

Steht kein Bodenrichtwert zur Verfügung und können keine Kaufpreise von Vergleichsgrundstücken herangezogen werden, kann auf nicht normierte und wenig gesicherte Verfahren zurückgegriffen werden. Beim Residualwertverfahren wird der Bodenwert über den mutmaßlichen Ertrag ermittelt. Dieses Verfahren wird beispielsweise häufig von Projektentwicklern angewandt. Es ist im Sinne der ImmoWertV jedoch kein normiertes Verfahren und kommt bei der Erstellung fundierter Gutachten eher selten zum Einsatz (Näheres dazu unter Punkt „Das Residualwertverfahren").

Im Einzelfall ist jedoch zu überprüfen, ob weitere bewertungsrelevante Umstände vorliegen, die den Bodenwert erhöhen bzw. mindern. Sofern dies der Fall ist, müssen Korrekturen bzw. Anpassungen vorgenommen werden.

Befinden sich auf dem Grundstück bauliche Anlagen und ist alsbald mit deren Abriss zu rechnen, so ist der Bodenwert um die üblichen Freilegungskosten zu mindern, soweit sie im gewöhnlichen Geschäftsverkehr berücksichtigt werden. Von einer alsbaldigen Freilegung kann ausgegangen werden, wenn[2]

- die baulichen Anlagen nicht mehr nutzbar sind oder
- der nicht abgezinste Bodenwert ohne Berücksichtigung der Freilegungskosten den im Ertragswertverfahren (§§ 17–20) ermittelten Ertragswert erreicht oder übersteigt.

Im Folgenden werden die Schritte aufgeführt, die Sie bei der Bodenwertermittlung durchgeführt werden müssen.

3.1 Bestimmung des Bodenwerts unter Zuhilfenahme geeigneter Bodenrichtwerte

Im Folgenden wird die Bestimmung des Bodenwerts mittels geeigneter Bodenrichtwerte näher betrachtet, da dies den häufigsten Praxisfall darstellt. Vergleichspreise können durch Informationen aus der Kaufpreissammlung des Gutachterausschusses für Grundstückswerte ermittelt werden. Der Gutachterausschuss veröffentlicht in der Regel alle zwei Jahre Bodenrichtwerte.

Bodenrichtwerte sind durchschnittliche, aus Verkäufen abgeleitete und auf die jeweilige Lage spezifisch abgeglichene Werte unbebauter Grundstücke mit im Wesentlichen gleichen Lage- und Nutzungsverhältnissen. Sie sind eine Orientierungshilfe für den interessierten Laien und dienen dem Fachmann, der diese Werte modifizieren kann, als Berechnungsgrundlage für Gutachten. Von Bedeutung sind die Bodenrichtwerte auch in steuerlichen Angelegenheiten, insbesondere für die Erbschaft- und Schenkungsteuer.

Bodenrichtwerte können gegen Gebühr beim Gutachterausschuss erfragt oder bestellt werden. Sie sind auch als Kartensatz (Bodenrichtwertkarte) erhältlich.

---

[2] § 16 Abs. 3 ImmoWertV.

Abb. 1: Auszug aus einer Bodenrichtwertkarte (zonale Bodenrichtwertkarte)

Folgende Informationen sind aus der Bodenrichtwertkarte zu entnehmen: 840/0,6 W.

Bodenrichtwert	840 EUR/m^2
Geschossflächenzahl	GFZ 0,6 (W) individuelles Wohngebiet — in der Regel mit maximal zwei Vollgeschossen
Erschließungszustand	ebf (erschließungsbeitragsfrei)[3]
Stichtag des Bodenrichtwerts	31.12.2002

● TIPP

Die Darstellung bzw. Art der Richtwertausweisung der Bodenrichtwertkarten unterscheidet sich zum Teil erheblich, da eine einheitliche Ausweisung der Richtwerte und weiterführende Informationen nicht vorgeschrieben sind. Es ist daher ratsam, bei der jeweiligen Geschäftsstelle des Gutachterausschusses nachzufragen, welche Terminologie der Ihnen vorliegenden Richtwertausweisung zugrunde liegt.

---

[3] Die Bodenrichtwerte beziehen sich in der Regel immer auf den erschließungsbeitragsfreien Zustand (ebf).

Die Richtwerte können in der Regel nicht unmittelbar in die eigene Wertermittlung eingehen, sondern müssen durch diverse Anpassungen vergleichbar gemacht werden. Wesentliche wertbeeinflussende Vergleichsmerkmale (Grundstücksmerkmale) für den Boden sind zum Beispiel:

- Entwicklungszustand
- Art und Maß der baulichen oder sonstigen Nutzung
- Form (Zuschnitt) des Grundstücks
- Größe des Grundstücks
- Lage des Grundstücks
- Erschließungszustand

Zudem sind unter anderem zu berücksichtigen:

- Beschaffenheit des Baugrunds
- Immissionen, Aufwuchs, Einfriedungen
- Wertbeeinflussende Rechte und Belastungen, die auf dem Grundstück herrschen

3.2   Ermittlung des Bodenwerts in sechs Schritten

Wer den Bodenwert bestimmen will, hat in der Regel folgende Schritte vor sich, da der Bodenrichtwert meistens an die tatsächlichen Gegebenheiten des zu bewertenden Grundstücks angepasst werden muss:

1. Die eigenen wertbeeinflussenden Merkmale des zu bewertenden Grundstücks klären
2. Bodenrichtwert beim Gutachterausschuss einholen
3. Auf den Wertermittlungsstichtag umrechnen
4. Die Geschossflächenzahl (GFZ) infolge unterschiedlich zulässiger baulicher Nutzungen umrechnen
5. Weitere mögliche Schritte:
    - Berücksichtigung von Form und Größe des Grundstücks
    - Berücksichtigung des Entwicklungszustands von Grund und Boden
    - Berücksichtigung des Erschließungszustands
    - Berücksichtigung der Bodenbeschaffenheit
    - Berücksichtigung der Umgebungsinfrastruktur
    - Unwirtschaftliche Bebauung, Liquidation
6. Bodenwert bzw. Verkehrswert ermitteln

3.2.1 Die eigenen wertbeeinflussenden Merkmale des zu bewertenden Grundstücks klären

▶ **BEISPIEL**	
Grundstücksgröße: 600 m^2, Quellen, zum Beispiel Liegenschaftskataster oder Grundbuchauszug	
Grundstücksform	Zum Beispiel rechteckig
Grundstückslage	Zum Beispiel Eckgrundstück
Geschossflächenzahl	GFZ 0,5; Quelle, zum Beispiel Bauamt (Bebauungsplan)
Erschließungszustand	ebf (erschließungsbeitragsfrei)
Entwicklungszustand	Baureifes Land

3.2.2 Bodenrichtwert beim Gutachterausschuss einholen

Der zuständige Gutachterausschuss informiert über den Bodenrichtwert, zum Beispiel in Form einer Bodenrichtwertkarte, die in der Regel in Zonen unterteilt ist. Damit steht zum Beispiel folgende Auskunft zur Verfügung:

▶ **BEISPIEL**	
Geschossflächenzahl	GFZ 0,6
Erschließungszustand	ebf (erschließungsbeitragsfrei)
Stichtag des Bodenrichtwerts	31.12.2002
Bodenrichtwert	840 EUR/m^2
Entwicklungszustand	Baureifes Land

Über die Grundstücksgröße, Grundstücksform und Grundstückslage werden in der Regel keine Angaben gemacht.

Die Auskünfte bzw. Angaben der wertbeeinflussenden Merkmale können sehr unterschiedlich sein. Häufig sind Angaben, die vom Gutachterausschuss erteilt werden, in größeren Städten — aufgrund der größeren Anzahl an Verkäufen — umfangreicher als in kleinen Gemeinden.

> **!** **WICHTIG**
>
> Je umfangreicher das zur Verfügung gestellte Zahlenmaterial ist, desto genauer kann der Bodenwert Ihres Grundstücks bestimmt bzw. angepasst werden.

3.2.3 Auf den Wertermittlungsstichtag umrechnen

Die Begutachtung bezieht sich immer auf einen Wertermittlungsstichtag. Das bedeutet, dass die zu diesem Zeitpunkt vorherrschenden Wertverhältnisse maßgeblich sein sollen. In der Regel ist dieser Zeitpunkt die Gegenwart (Datum der Gutachtenerstellung). Die Umrechnung kann mithilfe von Indizes erfolgen.[4]

Der Bodenpreisindex ist die Verhältniszahl, die die Relation von (durchschnittlichen) Bodenpreisen zu verschiedenen Zeitpunkten bestimmt. Dabei wird der recherchierte Wert auf der Grundlage eines Basisjahres (zum Beispiel 1995, 2000 etc.) aktualisiert.

Der Bodenpreisindex kann regional sehr unterschiedlich ausfallen. Es empfiehlt sich daher, jeweils den ortsspezifischen Bodenpreisindex beim zuständigen Gutachterausschuss anzufordern.

> **▶** **BEISPIEL**
>
> Die Stadt München gibt zum Beispiel für Wohnbaugrundstücke[5] folgende Bodenpreisindizes an:

Preisentwicklung bei Bauland Basis: 1980 = 100 % (Jahresmittelwert)			
Jahr	Index	Jahr	Index
1980	100,0	1992	230,8
1981	113,8	1993	233,5
1982	118,4	1994	235,9
1983	131,0	1995	224,1
1984	128,8	1996	215,1
1985	130,2	1997	207,6

---

[4] § 11 ImmoWertV.

[5] Viele Gutachterausschüsse differenzieren bei den Indizes zwischen Wohnbau- und gewerblichen Grundstücken.

Preisentwicklung bei Bauland Basis: 1980 = 100 % (Jahresmittelwert)			
Jahr	Index	Jahr	Index
1986	130,3	1998	214,2
1987	132,6	1999	214,2
1988	144,0	2000	220,6
1989	180,1	2001	237,2
1990	206,6	2002	237,2
1991	219,4	2003	225,3

Es wurde ein Bodenrichtwert in Höhe von 400 EUR/m^2 mit Stichtag des Bodenrichtwerts 31.12.2001 (Indizes 237,2; Basis 1980) recherchiert. Welcher Bodenwert ergibt sich zum 1.1.2004 (Indizes 225,3; Basis 1980)?

	Stichtag des Bodenrichtwerts 31.12.2001	Wertermittlungsstichtag 1.1.2004
Indizes (Basis 1980)	237,2	225,3
Bodenwert EUR/m^2	400 EUR/m^2	400 EUR/m^2 × 225,3 / 237,2 = 380 EUR/m^2

Entsprechend kann auch verfahren werden, wenn der Zeitpunkt des Wertermittlungsstichtags in der Vergangenheit liegt.

Es wurde ein Bodenrichtwert in Höhe von 400 EUR/m^2 mit Stichtag des Bodenrichtwerts 31.12.2001 (Indizes 237,2; Basis 1980) recherchiert. Welcher Bodenwert ergibt sich zum 1.1.1986 (Indizes 130,2; Basis 1980)?

	Stichtag des Bodenrichtwerts 31.12.2001	Wertermittlungsstichtag 1.1.1986
Indizes (Basis 1980)	237,2	130,2
Bodenwert EUR/m^2	400 EUR/m^2	400 EUR/m^2 × 130,2 / 237,2 = 220 EUR/m^2

3.2.4 Die Geschossflächenzahl umrechnen

Die bauliche Nutzung eines Grundstücks wird insbesondere durch die Geschossflächenzahl (GFZ) angegeben. Diese sagt aus, wie viele Quadratmeter Geschossfläche bezogen auf die Grundstücksfläche bebaut werden dürfen. Die GFZ ist in der Regel im Bebauungsplan aufgeführt. Sofern der Bebauungsplan die Geschossfläche ausweist, kann die GFZ über die Grundstücksgröße errechnet werden.

▶ **BEISPIEL**

Grundstücksgröße	600 m^2
Geschossfläche	300 m^2

$$\text{GFZ} = \frac{\text{Geschossfläche}}{\text{Grundstücksgröße}} = \frac{300 \text{ m}^2}{600 \text{ m}^2} = 0,5$$

Sofern das Maß der zulässigen baulichen Nutzbarkeit des Bodenrichtwertgrundstücks gegenüber dem zu bewertenden Grundstück abweicht, kann der dadurch bedingte Wertunterschied mithilfe von Umrechnungskoeffizienten auf Grundlage der zulässigen oder der realisierbaren Geschossflächenzahl umgerechnet werden. Häufig können diese Umrechnungsfaktoren, teilweise sogar mit genauen Umrechnungsformeln zur Anwendung auf das zu bewertende Grundstück, beispielsweise aus den Jahresberichten der Gutachterausschüsse entnommen werden.

▶ **BEISPIEL**

Der Gutachterausschuss für Grundstückswerte im Bereich der Landeshauptstadt München gibt die Formel für den Faktor für „individuelle" Wohnbebauung (W) wie folgt an: Faktor = 0,845 x GFZ + 0,155

Umrechnungsfaktor für

- GFZ 0,5 (Bewertungsgrundstück): Faktor_B = 0,845 x 0,5 + 0,155 = 0,578 (für GFZ_B 0,5)

und

- GFZ 0,6 (Vergleichsgrundstück): Faktor_V = 0,845 x 0,6 + 0,155 = 0,662 (für GFZ_V 0,6)

Der Umrechnungskoeffizient für die Anpassung an das Bewertungsgrundstück ermittelt sich aus den Faktoren wie folgt:

Umrechnungskoeffizient = 0,578 / 0,662 = 0,873

Liegen keine Umrechnungskoeffizienten des örtlichen Gutachterausschusses für Grundstückswerte vor und stehen keine brauchbaren Umrechnungskoeffizienten aus vergleichbaren Gebieten zur Verfügung, können die in Anlage 11 der WertR 2006 benannten Umrechnungskoeffizienten (siehe folgende Abbildung) herangezogen werden.

Die angegebenen Umrechnungskoeffizienten stellen Mittelwerte eines ausgewogenen Marktes dar und sind für Wohnbauland abgeleitet worden. Sie beziehen sich auf Grundstücke im erschließungsbeitragsfreien (ebf) Zustand.[6]

UMRECHNUNGSKOEFFIZIENTEN
FÜR DAS WERTVERHÄLTNIS VON GLEICHARTIGEN GRUNDSTÜCKEN
BEI UNTERSCHIEDLICHER BAULICHER NUTZUNG (GFZ : GFZ)

Die angegebenen Umrechnungskoeffizienten beziehen sich auf Wohnbauland im erschließungsbeitragsfreien (ebf) Zustand

GFZ	Umrechnungs-koeffizient	GFZ	Umrechnungs-koeffizient	GFZ	Umrechnungs-koeffizient
		1,1	1,05	2,1	1,49
		1,2	1,10	2,2	1,53
		1,3	1,14	2,3	1,57
0,4	0,66	1,4	1,19	2,4	1,61
0,5	0,72	1,5	1,24		
0,6	0,78	1,6	1,28		
0,7	0,84	1,7	1,32		
0,8	0,90	1,8	1,36		
0,9	0,95	1,9	1,41		
1,0	1,00	2,0	1,45		

UMRECHNUNGSKOEFFIZIENTEN GFZ : GFZ

	GFZ des Wertermittlungsobjekts																				
	0,4	0,5	0,6	0,7	0,8	0,9	1,0	1,1	1,2	1,3	1,4	1,5	1,6	1,7	1,8	1,9	2,0	2,1	2,2	2,3	2,4
0,4	1,00	1,09	1,18	1,27	1,36	1,44	1,52	1,59	1,67	1,73	1,80	1,88	1,94	2,00	2,06	2,14	2,20	2,26	2,32	2,38	2,44
0,5	0,92	1,00	1,08	1,17	1,25	1,32	1,39	1,46	1,53	1,58	1,65	1,72	1,78	1,83	1,89	1,96	2,01	2,07	2,13	2,18	2,24
0,6	0,85	0,92	1,00	1,08	1,15	1,22	1,28	1,35	1,41	1,46	1,53	1,59	1,64	1,69	1,74	1,81	1,86	1,91	1,96	2,01	2,06
0,7	0,79	0,86	0,93	1,00	1,07	1,13	1,19	1,25	1,31	1,36	1,42	1,48	1,52	1,57	1,62	1,68	1,73	1,77	1,82	1,87	1,92
0,8	0,73	0,80	0,87	0,93	1,00	1,06	1,11	1,17	1,22	1,27	1,32	1,38	1,42	1,47	1,51	1,57	1,61	1,66	1,70	1,74	1,79
0,9	0,69	0,76	0,82	0,88	0,95	1,00	1,05	1,11	1,16	1,20	1,25	1,31	1,35	1,39	1,43	1,48	1,53	1,57	1,61	1,65	1,69
1,0	0,66	0,72	0,78	0,84	0,90	0,95	1,00	1,05	1,10	1,14	1,19	1,24	1,28	1,32	1,36	1,41	1,45	1,49	1,53	1,57	1,61
1,1	0,63	0,69	0,74	0,80	0,86	0,90	0,95	1,00	1,05	1,09	1,13	1,18	1,22	1,26	1,30	1,34	1,38	1,43	1,46	1,50	1,53
1,2	0,60	0,65	0,71	0,76	0,82	0,86	0,91	0,95	1,00	1,04	1,08	1,13	1,16	1,20	1,24	1,28	1,32	1,35	1,39	1,43	1,46
1,3	0,58	0,63	0,68	0,74	0,79	0,83	0,88	0,92	0,96	1,00	1,04	1,09	1,12	1,16	1,19	1,24	1,27	1,31	1,34	1,38	1,41
1,4	0,55	0,61	0,66	0,71	0,76	0,80	0,84	0,88	0,92	0,96	1,00	1,04	1,08	1,11	1,14	1,18	1,22	1,25	1,29	1,32	1,35
1,5	0,53	0,58	0,63	0,68	0,73	0,77	0,81	0,85	0,89	0,92	0,96	1,00	1,03	1,06	1,10	1,14	1,17	1,20	1,23	1,27	1,30
1,6	0,52	0,56	0,61	0,66	0,70	0,74	0,78	0,82	0,86	0,89	0,93	0,97	1,00	1,03	1,06	1,10	1,13	1,16	1,20	1,23	1,26
1,7	0,50	0,55	0,59	0,64	0,68	0,72	0,76	0,80	0,83	0,86	0,90	0,94	0,97	1,00	1,03	1,07	1,10	1,13	1,16	1,19	1,22
1,8	0,49	0,53	0,57	0,62	0,66	0,70	0,74	0,77	0,81	0,84	0,88	0,91	0,94	0,97	1,00	1,04	1,07	1,10	1,13	1,15	1,18
1,9	0,47	0,51	0,55	0,60	0,64	0,67	0,71	0,74	0,78	0,81	0,84	0,88	0,91	0,94	0,96	1,00	1,03	1,06	1,09	1,11	1,14
2,0	0,46	0,50	0,54	0,58	0,62	0,66	0,69	0,72	0,76	0,79	0,82	0,86	0,88	0,91	0,94	0,97	1,00	1,03	1,06	1,08	1,11
2,1	0,44	0,48	0,52	0,56	0,60	0,64	0,67	0,70	0,74	0,77	0,80	0,83	0,86	0,89	0,91	0,95	0,97	1,00	1,03	1,05	1,08
2,2	0,43	0,47	0,51	0,55	0,59	0,62	0,65	0,69	0,72	0,75	0,78	0,81	0,84	0,86	0,89	0,92	0,95	0,97	1,00	1,03	1,05
2,3	0,42	0,46	0,50	0,54	0,57	0,61	0,64	0,67	0,70	0,73	0,76	0,79	0,82	0,84	0,87	0,90	0,92	0,95	0,97	1,00	1,03
2,4	0,41	0,45	0,48	0,52	0,56	0,59	0,62	0,65	0,68	0,71	0,74	0,77	0,80	0,82	0,84	0,88	0,90	0,93	0,95	0,98	1,00

GFZ des Vergleichsobjektes (Zeilenbeschriftung)

Zwischenwerte lassen sich durch Interpolieren berechnen.

Beispiel:

Vergleichspreis von 200,- €/m² bei zulässiger Geschossflächenzahl (GFZ) 0,8 ist vorhanden. Gesucht wird der Wert für ein gleichartiges Grundstück mit zulässiger GFZ 1,2.

Umrechnungskoeffizient für GFZ 1,2 = 1,10
Umrechnungskoeffizient für GFZ 0,8 = 0,9

$$200,\text{- €/m}^2 \times \frac{1,10}{0,9} = \text{rd. } 244,\text{- €/m}^2$$

Abb. 2: Umrechnungskoeffizienten (WertR 2006, Anlage 11)

---

[6] Abschnitt 2.3.4.2 Abs. 3 WertR 2006.

▶ **BEISPIEL**

Das Vergleichsgrundstück hat eine GFZ von 0,6 und kostet 400 EUR/m^2. Welchen Wert hat das Wertermittlungsobjekt bei einer zulässigen GFZ von 0,5?

Aus dem Jahresbericht des zuständigen Gutachterausschusses können Sie folgende Umrechnungsfaktoren entnehmen: 0,662 bei GFZ 0,6 und 0,578 bei GFZ 0,5.

	Vergleichsgrundstück	Bewertungsgrundstück
GFZ	0,6	0,5
Umrechnungsfaktor	0,662	0,578
Bodenwert EUR/m^2	400 EUR/m^2	400 EUR/m^2 × 0,578 / 0,662 = 349 EUR/m^2

In Geschäftslagen kann die Abhängigkeit des Bodenwerts von den höherwertig genutzten Flächen, zum Beispiel ebenerdige Läden, erheblich größer sein als die Abhängigkeit von der GFZ. In diesen Fällen ist eine eingehende Prüfung hinsichtlich der den Bodenwert bestimmenden Wertmerkmale erforderlich.[7]

! **ACHTUNG**

Greifen Sie, wenn möglich, immer auf ortsspezifische Umrechnungsfaktoren zurück, da bei der Umrechnung mithilfe von Umrechnungskoeffizienten aus der Anlage 11 der WertR 2006 erhebliche Unterschiede im Bodenwert festgestellt werden können. Dies resultiert daraus, dass die angegebenen Umrechnungskoeffizienten nur Mittelwerte eines ausgewogenen Marktes darstellen und in hochpreisigeren Wohnlagen eher zu höheren Bodenwerten führen als bei der Berechnung mit ortsspezifischen Umrechnungsfaktoren und umgekehrt!

Ein Beispiel soll dies verdeutlichen.

▶ **BEISPIEL**

Ermittlung nach Anlage 11 der WertR 2006

	Vergleichsgrundstück	Bewertungsgrundstück
GFZ	0,6	0,5
Umrechnungsfaktor	0,78	0,72
Bodenwert EUR/m^2	400 EUR/m^2	400 EUR/m^2 × 0,72 / 0,78 = 369 EUR/m^2

---

[7] Abschnitt 2.3.4.2 Abs. 4 WertR 2006.

Ermittlung anhand ortsspezifischer Umrechnungsfaktoren nach Angabe des Gutachterausschusses (zum Beispiel Landkreis München)

	Vergleichsgrundstück	Bewertungsgrundstück
GFZ	0,6	0,5
Umrechnungsfaktor	0,662	0,578
Bodenwert EUR/m^2	400 EUR/m^2	400 EUR/m^2 × 0,578 / 0,662 = 349 EUR/m^2

Ermittlung anhand ortsspezifischer Umrechnungsfaktoren nach Angabe des Gutachterausschusses (zum Beispiel Landkreis Hildesheim)

	Vergleichsgrundstück	Bewertungsgrundstück
GFZ	0,6	0,5
Umrechnungsfaktor	0,85	0,83
Bodenwert EUR/m2	400 EUR/m2	400 EUR/m2 × 0,83 / 0,85 = 391 EUR/m2

Der Bodenwert ist in diesem Beispiel bei einem fiktiven Bodenwert in Höhe von 400 EUR/m^2 bei der Ermittlung nach Anlage 11 der WertR 2006 im Vergleich zum LK München um etwa sechs Prozent höher bzw. im Vergleich zum LK Hildesheim um sechs Prozent geringer als bei der Ermittlung anhand ortsspezifischer Umrechnungsfaktoren nach Angabe des Gutachterausschusses.

! **WICHTIG**

Je höher die GFZ, desto wertvoller ist der Boden.

3.2.5 Weitere mögliche Schritte

Berücksichtigung von Form und Größe des Grundstücks

Bei ungewöhnlich großen bzw. kleinen Flächen und bei unzweckmäßig geschnittenen Grundstücken können Größe und Gestalt den Bodenwert beeinflussen. Dies ist durch Zu- und Abschläge zu berücksichtigen.

Verhältnismäßig schmale und tief geschnittene Grundstücke dürfen nicht in voller Größe für den Baulandwert angesetzt werden. Solche Grundstücke werden in der Regel wertmäßig in Vorder- und Hinterland aufgeteilt.

- Mit Vorderland wird der Teil eines Baugrundstücks bezeichnet, der unmittelbar an der Hauptzuwegung liegt und in der Regel eine Tiefe von circa 40 Metern hat. Vorderland wird mit 100 Prozent des Bodenrichtwerts angesetzt.
- Mit Hinterland wird der Rest eines Baugrundstücks bezeichnet, der nicht oder nur geringfügig bebaubar ist, obwohl er rechtlich Baulandqualität hat. Zur Ermittlung des Bodenwerts wird das Hinterland in verschiedene Teilbereiche eingeteilt:

Hinterland 1: Bereich circa 40 bis 80 m Tiefe	Wert circa 50 % des Bodenrichtwerts
Hinterland 2: Bereich circa 80 bis 120 m Tiefe	Wert circa 25 % des Bodenrichtwerts
...	

Abb. 3: Prozentuale Aufteilung des Bodenwerts von Bauland auf Vorderland und Hinterland

Hat das Hinterland keine Baulandqualität, sondern ist es Gartenland, sind lediglich circa zehn bis 15 Prozent des Baulandpreises anzusetzen.

In der Regel beziehen sich die Bodenrichtwerte auf eine bestimmte Grundstücksgröße. Häufig geben Gutachterausschüsse individuelle Umrechnungsfaktoren für andere Grundstücksgrößen an. Das Bewertungsgrundstück ist dann mithilfe der Umrechnungsfaktoren an die tatsächliche Grundstücksgröße anzupassen. Die Wertbeeinflussung durch eine andere Grundstücksgröße wird jedoch meist im Rahmen der Anpassung an die bauliche Ausnutzbarkeit mittels der GFZ-Umrechnung berücksichtigt.

Berücksichtigung des Entwicklungszustands von Grund und Boden

Die ImmoWertV unterscheidet vier Entwicklungszustände von Grund und Boden:

- Flächen der Land- und Forstwirtschaft
- Bauerwartungsland
- Rohbauland
- Baureifes Land

---

§ 5 ImmoWertV — Entwicklungszustand

(1) Flächen der Land- oder Forstwirtschaft sind Flächen, die, ohne Bauerwartungsland oder Bauland zu sein, land- oder forstwirtschaftlich nutzbar sind.

(2) Bauerwartungsland sind Flächen, die nach ihren weiteren Grundstücksmerkmalen (§ 6), insbesondere dem Stand der Bauleitplanung und der sonstigen städtebaulichen Entwicklung des Gebiets, eine bauliche Nutzung aufgrund konkreter Tatsachen mit hinreichender Sicherheit erwarten lassen.

(3) Rohbauland sind Flächen, die nach den §§ 30, 33 und 34 des Baugesetzbuchs für eine bauliche Nutzung bestimmt sind, deren Erschließung aber noch nicht gesichert ist, oder die nach Lage, Form oder Größe für eine bauliche Nutzung unzureichend gestaltet sind.

(4) Baureifes Land sind Flächen, die nach öffentlich-rechtlichen Vorschriften und den tatsächlichen Gegebenheiten baulich nutzbar sind.

Bei der Wertermittlung bebauter Grundstücke ist vom Entwicklungszustand „baureifes Land" auszugehen und nach den Gegebenheiten des Einzelfalls zu prüfen, ob nach den zum Wertermittlungsstichtag maßgebenden rechtlichen Umständen die bauliche Nutzung auf Dauer oder nur vorübergehend aufgrund des Bestandsschutzes einer vorhandenen baulichen Anlage gewährleistet ist. Der Entwicklungszustand „baureifes Land" ist auch zugrunde zu legen, soweit eine bauliche Nutzung nach § 35 Abs. 1 BauGB im Außenbereich privilegiert ist.[8]

---

[8]   Abschnitt 2.2.1 WertR 2006.

Neben dem Entwicklungszustand (§ 5 ImmoWertV) ist bei der Wertermittlung insbesondere zu berücksichtigen, ob

„...
1. eine anderweitige Nutzung von Flächen absehbar ist,
2. Flächen aufgrund ihrer Vornutzung nur mit erheblich über dem Üblichen liegenden Aufwand einer baulichen oder sonstigen Nutzung zugeführt werden können,
3. Flächen von städtebaulichen Missständen oder erheblichen städtebaulichen Funktionsverlusten betroffen sind,
4. Flächen einer dauerhaften öffentlichen Zweckbestimmung unterliegen,
5. Flächen für bauliche Anlagen zur Erforschung, Entwicklung oder Nutzung von Erneuerbaren Energien bestimmt sind,
6. Flächen zum Ausgleich für Eingriffe in Natur und Landschaft genutzt werden oder ob sich auf Flächen gesetzlich geschützte Biotope befinden."[9]

Berücksichtigung des Erschließungszustands

Für die Auswirkung des abgabenrechtlichen Zustands eines Grundstücks gilt, dass es Zu- oder Abschlägen auf den Vergleichspreis bedarf, wenn der Erschließungszustand oder die abgabenrechtliche Situation des Grundstücks von dem Zustand des Vergleichsgrundstücks abweicht.

Die Zu- oder Abschläge werden in der Regel nach der Höhe des Beitrags bzw. der Abgabe, zum Beispiel Erschließungsbeitrag, ggf. unter Berücksichtigung der Wartezeit bemessen.

„... Der Erschließungsbeitrag nach dem BauGB bemisst sich nach dem Erschließungsaufwand für Erschließungsanlagen, insbesondere nach dem Wert, der für die Erschließungsanlagen in Anspruch genommenen Flächen, den Kosten des Straßenbaus, der Straßenentwässerung und Straßenbeleuchtung (Erschließungsbeitrag nach dem BauGB).

Weiterhin sind die üblichen Kosten für Maßnahmen der Ver- und Entsorgung (Kommunalabgaben), sonstige Belastungen wie Kostenerstattungsbeträge (§ 135a BauGB), Ausgleichsbeträge (§ 154 und § 166 Abs. 3 Nr. 2 Satz 2 BauGB), Ausgleichsleistungen in der Umlegung und Stellplatzabgaben zu berücksichtigen.

---

[9] § 4 Abs. 3 ImmoWertV.

Bei erschlossenen Grundstücken ist zu prüfen, ob und welche öffentlich-rechtlichen Beiträge und nichtsteuerlichen Abgaben für das Grundstück noch zu entrichten sind."[10]

Hinweise dazu geben die zuständigen Ämter der Kommunen.

- **Fall 1: Bewertungs- und Vergleichsgrundstück sind erschlossen**
Liegt der Richtwert für den erschließungsbeitragsfreien (ebf) Bodenwert vom Gutachterausschuss vor, so sind die Kosten der Erschließung beim Vergleichsgrundstück bereits enthalten. Sofern das zu begutachtende Grundstück (Bewertungsgrundstück) ebenfalls voll erschlossen ist und die Erschließungsbeiträge in voller Höhe bezahlt wurden, kann der bisher ermittelte Bodenwert ohne Korrekturen hinsichtlich der Erschließungsbeiträge übernommen werden.

- **Fall 2: Unterschiedlicher Erschließungszustand des Bewertungs- und des Vergleichsgrundstücks**
Wenn das Bewertungsgrundstück nicht erschlossen ist, dann müssen die Erschließungsbeiträge vom erhaltenen Bodenwert des Vergleichsgrundstücks abgezogen werden, sofern Letzteres erschlossen ist. Ist das zu begutachtende Grundstück erschlossen und liegt als Richtwert der erschließungsbeitragpflichtige (ebp) Bodenwert vor, so sind die Kosten der Erschließung beim Vergleichsgrundstück noch nicht berücksichtigt. Die zu erwartenden Erschließungsbeiträge sind dann hinzuzurechnen. Die Beiträge lassen sich beispielsweise aus der Differenz zwischen dem beitragsfreien und dem beitragspflichtigen Vergleichswert ermitteln.

Berücksichtigung der Bodenbeschaffenheit

Problematische Untergrund- oder Bodenverhältnisse können die Nutzung eines Grundstücks erheblich verteuern. Gegebenenfalls müssen aufwändige Maßnahmen und Vorarbeiten, zum Beispiel Wasserhaltung, Verbauarbeiten oder Bodenaustausch wegen nicht tragfähigen Baugrunds, durchgeführt werden, damit ein Gebäude errichtet werden kann. Gleiches gilt für Bodenverunreinigungen, Altlasten und Verdachtsflächen. Genauen Aufschluss über die Bodenverhältnisse und deren Qualität kann nur ein Bodengutachten geben, das von dafür spezialisierten Sachverständigen erstellt wird.

---

[10] Abschnitt 2.2.4 WertR 2006.

Die Wertminderung orientiert sich an den Kosten, die für Sanierung, Sicherungs-maßnahmen, Bodenuntersuchungen oder andere geeignete Maßnahmen zur Ge-fahrenabwehr erforderlich sind, damit das Grundstück entsprechend der zulässi-gen Nutzung verwendet werden kann.

Berücksichtigung von Auswirkungen grundstücksbezogener Rechte und Belastungen

Grundstücksbezogene Rechte und Belastungen können den Wert des berechtig-ten oder belasteten Grundstücks erhöhen, mindern oder wertneutral sein. Die je-weiligen Werterhöhungen bzw. -minderungen bemessen sich nach dem Vor- bzw. Nachteil, der sich daraus für das berechtigte bzw. belastete Grundstück ergibt. Als Rechte und Belastungen kommen solche privatrechtlicher und solche öffentlich-rechtlicher Art in Betracht.[11]

„Privatrechtliche Rechte und Lasten sind insbesondere dinglich gesicherte Nut-zungsrechte, Erbbaurechte, Vorkaufsrechte sowie langfristige Miet- und Pachtver-träge.

Rechte und Lasten des öffentlichen Rechts können sich unter anderem aus dem Planungs-, Bauordnungs- und Abgabenrecht sowie aus dem Denkmal-, Land-schafts- und Gewässerschutzrecht ergeben."[12]

Hypotheken und Grundschulden sind keine den Verkehrswert beeinflussenden Rechte und Belastungen. Sie beeinflussen regelmäßig nur die Kaufpreiszahlung, und zwar je nachdem, ob dem Käufer das Grundstück belastet oder lastenfrei übertragen werden soll.

Anders verhält es sich mit Leibrenten. Sie können den Verkehrswert eines Grund-stücks beeinflussen. Ausschlaggebend kann dabei der Umstand sein, dass ein Grundstück, das mit einer Leibrente belastet ist, im Gegensatz zu mit Grundpfand-rechten belasteten Grundstücken, gegen den Willen des Berechtigten nicht ent-haftet werden kann. Dieser Umstand wird am Markt häufig als wertmindernd be-trachtet.[13]

---

[11] Abschnitt 2.2.3 Abs. 1 WertR 2006.

[12] Abschnitt 2.2.3 Abs. 3 WertR 2006.

[13] Abschnitt 2.2.3 Abs. 4 WertR 2006.

! **ACHTUNG**

Grundstücksbezogene Rechte und Belastungen sind selten auf Anhieb erkennbar, können sich jedoch auf den Bodenwert erheblich — meist nachteilig — auswirken. Es ist daher zwingend notwendig, Einsicht in das Grundbuch sowie in die Baulasten-, Denkmalschutz- und Altlastenverzeichnisse zu nehmen.

● **TIPP**

Werden Sie als Wertermittlungseinsteiger mit grundstücksbezogenen Rechten und Belastungen konfrontiert, so rate ich Ihnen, sich mit der einschlägigen Fachliteratur zu beschäftigen. Zudem kann es hilfreich sein, einen Sachverständigen bei der Grundstücksbewertung hinzuzuziehen, der Ihnen den Wert des Rechts oder der Belastung, der sich für das Grundstück ergibt, ermittelt.

Berücksichtigung der Umgebungsinfrastruktur

Liegt das Vergleichsgrundstück in einer Gegend, die sich hinsichtlich der Umgebungsinfrastruktur (zum Beispiel Anschluss an öffentliche Verkehrsmittel, Schulen, Kindergärten, Einkaufsmöglichkeiten, kulturelle Einrichtungen) wesentlich von der Gegend des Bewertungsgrundstücks unterscheidet, ist eine entsprechende Anpassung vorzunehmen.

Unwirtschaftliche Bebauung, Liquidation

Geht es darum, den Wert eines Grundstücks zu ermitteln, auf dem ein Gebäude oder Gebäudeteile erstellt sind, die eine wirtschaftliche Nutzung nicht mehr zulassen, oder müssen nicht mehr nutzbare Gebäude beseitigt werden, bevor eine wirtschaftliche Verwendung des Grundstücks beginnen kann, ist eventuell eine sogenannte Baureifmachung oder Freilegung des Grundstücks (Liquidation) notwendig.

▶ **BEISPIEL**

Steht zum Beispiel eine kleine Lagerhalle auf einem Gewerbegrundstück im innerstädtischen Bereich, das mit einem Gebäude mit wesentlich höherer baulicher Nutzung bebaut werden darf, wäre ein Abbruch in der Regel sinnvoll.

Der Bodenwert ist dann um die Kosten, die für eine Baureifmachung erforderlich sind, zu mindern. Diese Kosten können zum Teil sehr hoch sein und setzen sich im Wesentlichen aus den Abbruchkosten einschließlich Sortieren des Abbruchmaterials sowie Transportkosten und Deponiegebühren zusammen.

3.2.6   Bodenwert bzw. Verkehrswert ermitteln

Die Entwicklung des örtlichen Grundstücksmarktes ist sorgfältig zu beobachten und zu berücksichtigen. Nachdem alle oben angegebenen wertbeeinflussenden Umstände bei der Ermittlung des Bodenwerts angemessen berücksichtigt wurden, wird aus dem sich so ergebenden Bodenwert der Verkehrswert abgeleitet. Beim bebauten Grundstück fließt der Bodenwert in die jeweils gewählten Verfahren ein.

3.3   Das Residualwertverfahren

Steht kein Bodenrichtwert zur Verfügung und liegen keine Kaufpreise von Vergleichsgrundstücken vor, kann auf nicht normierte und wenig gesicherte Verfahren zurückgegriffen werden.

Beim Residualwertverfahren erfolgt die Bodenwertermittlung über den mutmaßlichen Ertrag. Dieses Verfahren wird beispielsweise häufig von Projektentwicklern angewandt und stellt im Sinne der ImmoWertV kein normiertes Verfahren dar. Daher ergibt sich in der Regel kein Bodenwert, sondern der für einen Investor maximal tragbare Grundstückspreis.

Dennoch lässt sich das Verfahren anwenden, um die Ergebnisse der in der ImmoWertV beschriebenen Methoden zur Bodenwertermittlung zu stützen. Zu beachten ist allerdings, dass der resultierende Residualwert äußerst sensibel auf kleinste Veränderungen der Eingangsgrößen, insbesondere des Verkaufspreises und der Baukosten, reagiert. Um im Residualwertverfahren einen aussagefähigen Bodenwert zu ermitteln, müssen realistische Baukosten und Verkaufspreise angesetzt werden.

Im Residualwertverfahren wird der Wert eines unbebauten Grundstücks auf der Grundlage von Investitionsüberlegungen ermittelt. Dabei sind folgende Schritte notwendig.

Ermittlung des Bodenwerts

<table>
<tr><td>Ermittlung des realistischen Verkaufspreises</td></tr>
</table>

–

<table>
<tr><td>Ermittlung der Herstellungskosten inklusive Berücksichtigung aller mit dem Bau im Zusammenhang stehenden Kosten einschließlich des Unternehmergewinns</td></tr>
</table>

=

<table>
<tr><td>Residuum
(Differenz zwischen dem prognostizierten Verkaufspreis und den Kosten)</td></tr>
</table>

↓

<table>
<tr><td>Das Residuum wird über die Bauzeit abgezinst und ergibt den maximal tragbaren Bodenpreis</td></tr>
</table>

 BEISPIEL: Bodenwertermittlung mit dem Residualwertverfahren

Objekt:

Wohnwert (Lage plus Ausstattung): gut

1) Ermittlung des Veräußerungserlöses

Art des Teileigentums	Flächengröße m²/Wohnung	Vergleichspreis EUR/m² bzw. EUR/St	Anzahl Stück	Gesamterlös EUR
Eigentumswohnungen (Durchschnittsgröße)	550	3.500	1	1.925.000
Gesamtsumme	550		=	**1.925.000**
Tiefgaragenplätze		15.000	6	90.000
Veräußerungserlös für die Eigentumswohnungen			=	**2.015.000**
Veräußerungserlös für die Eigentumswohnungen (gerundet)				**2.015.000**

Bemerkungen: Der angenommene Vergleichspreis entspricht gegenwärtigen Marktbedingungen

2) Ermittlung der Herstellungskosten und anderer Abzugspositionen

Bauwerksteil	Kubatur m³	Raummeterpreis EUR/m³	Herst.-Kosten EUR
Wohnhaus	3.500	260	910.000
Garage/Tiefgarage	1.050	160	168.000
Herstellungskosten Gebäude		=	1.078.000
Außenanlagen in %	3%	das entspricht +	32.340
Baunebenkosten in %	16%	das entspricht +	172.480
Herstellungskosten		=	**1.282.820**
Vertriebsprovision		+	98.000
Entwicklungsgewinn		+	294.000
Zinsen während der Bauzeit		+	85.000
Sonstige Kosten		+	40.000
Gesamtaufwand		=	**1.799.820**
Gesamtaufwand (gerundet)			**1.800.000**

3) Ermittlung des tragbaren Bodenpreises

	Jahre	Zinssatz (Darlehen)	Abzins.-Faktor	
Differenzgröße (Residuum)				215.000
Abzinsung für die Bauzeit	1,5	6%	0,9163	-17.731
Zwischenwert			=	197.269
Erwerbsnebenkosten (Grundstück) in %	5%		=	-9.863
Maximaler tragbarer Bodenpreis EUR (heute)				**187.406**
Grundstücksfläche im m²	349			
Maximaler Bodenanteil EUR/m²	Bodenwert/Grundstücksfläche			**537**
Maximaler Bodenanteil EUR/m² (gerundet)	Bodenwert/Grundstücksfläche			**535**

Hinweis:

Nur	markierte Felder sind Eingabefelder!

4 Verfahren zur Verkehrswertermittlung bebauter Grundstücke

Der Verkehrswert bebauter Grundstücke lässt sich mithilfe unterschiedlicher Verfahren bestimmen. Dazu können

- überschlägige Berechnungen auf der Grundlage von Herstellungskosten, Beleihungswerten, Feuerversicherungswerten, Maklerformeln etc.,
- nicht normierte Verfahren wie das Residualwertverfahren, die DCF-Methode, das Monte-Carlo-Verfahren, Investmentverfahren etc. oder
- normierte Verfahren der ImmoWertV wie Vergleichs-, Ertrags- und Sachwertverfahren

genutzt werden, die alle zum Verkehrswert führen können.

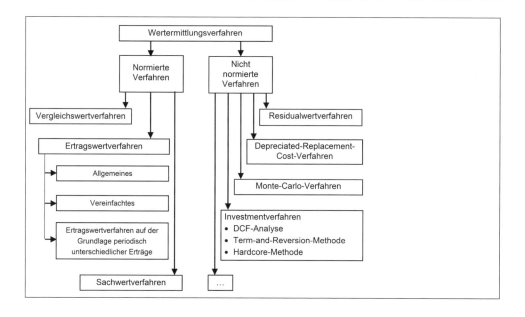

Abb. 1: Übersicht über die Wertermittlungsverfahren

Überschlägige Berechnungen haben den Vorteil, dass bei entsprechender Erfahrung mit ihrer Hilfe sehr schnell die Größenordnung des Verkehrswerts abschätzen lässt. Sie genügen allerdings nicht den Anforderungen, die die Rechtsprechung an Gutachten stellt.

Ein Gutachten muss prüffähig, logisch und folgerichtig gestaltet sein. Aufbau und Inhalt sind deshalb so darzustellen, dass der Empfänger und interessierte Laie das Gutachten versteht und den Denkprozess nachvollziehen kann. Sämtliche Eingangsdaten müssen daher ausreichend begründet und entsprechend fundiert hergeleitet werden.

Der Grundstückssachverständige ist grundsätzlich frei in seiner Wahl des Schätzverfahrens, hat aber bei der Gutachtenerstellung die allgemein angewandten Regeln der Schätzlehre zu beachten. Diese sind in den Regelwerken der ImmoWertV (Rechtsverordnung) und der WertR 2006 (bundesministerielle Verwaltungsanweisung) veröffentlicht.

Die folgenden normierten Verfahren zur Wertermittlung bebauter Grundstücke stehen gemäß ImmoWertV zur Verfügung.

- Vergleichswertverfahren (§ 15—16 ImmoWertV): Hier soll der Verkehrswert aus Kaufpreisen von vergleichbaren Objekten abgeleitet werden (Preisvergleichsrechnung).
- Ertragswertverfahren (§§ 17—20 ImmoWertV): Hier soll der Verkehrswert über eine Renditeberechnung ermittelt werden.
- Sachwertverfahren (§§ 21—23 ImmoWertV): Hier soll der Verkehrswert auf Grundlage von Grundstücks- und Gebäudeherstellungskosten geschätzt werden (Substanzwertberechnung).

Bei den nachfolgend aufgeführten Wertermittlungsverfahren werden die Vorschriften der ImmoWertV und der WertR 2006 berücksichtigt.

4.1 Das Vergleichswertverfahren

Das Vergleichswertverfahren ist das beste und sicherste Wertermittlungsverfahren, da es über den Vergleich mit anderen tatsächlich getätigten Grundstücksverkäufen zu belastbaren Ergebnissen führt. Darüber hinaus kann es auf allen Grundstücksteilmärkten angewandt werden.

Diese Methode kommt bei der Verkehrswertermittlung für bebaute Grundstücke in erster Linie nur bei solchen Grundstücken in Betracht, die mit weitgehend typisierten Gebäuden, insbesondere Wohngebäuden, bebaut sind und bei denen sich der Grundstücksmarkt an Vergleichspreisen orientiert, zum Beispiel bei Einfamilienreihenhäusern, Zweifamilienhäusern, Eigentumswohnungen, einfachen frei stehenden Eigenheimen (Siedlungen) und Garagen.

Voraussetzung für die Anwendung des Vergleichswertverfahrens ist eine ausreichende Anzahl geeigneter Vergleichsgrundstücke. Leider sind oft nicht genug Vergleichsfälle zu finden, sodass die Verkehrswertermittlung bebauter Grundstücke mithilfe des Vergleichswertverfahrens im Hinblick auf die Marktnähe häufig nicht zu einem realistischen Ergebnis führt.

Beim Vergleichswertverfahren wird der Vergleichswert aus einer ausreichenden Zahl von Vergleichspreisen ermittelt. Für die Ableitung der Vergleichspreise sind die Kaufpreise solcher Grundstücke heranzuziehen, die mit dem zu bewertenden Grundstück hinreichend übereinstimmende Grundstücksmerkmale aufweisen (Vergleichsgrundstücke).

Finden sich in dem Gebiet, in dem das Grundstück gelegen ist, nicht genügend Vergleichspreise, können auch Vergleichspreise aus anderen vergleichbaren Gebieten herangezogen werden.

„... Änderungen der allgemeinen Wertverhältnisse auf dem Grundstücksmarkt oder Abweichungen einzelner Grundstücksmerkmale sind in der Regel auf der Grundlage von Indexreihen oder Umrechnungskoeffizienten zu berücksichtigen."[1]

Bei bebauten Grundstücken können neben den oder anstelle der gezahlten Kaufpreise (Vergleichspreise) zur Ermittlung des Vergleichswerts auch Vergleiche mit relativierten Größen, sogenannten Vergleichsfaktoren, vorgenommen werden. Dadurch sind die Möglichkeiten zur Anwendung des Vergleichswertverfahrens erheblich erweitert worden, was das Verfahren für den Wertermittler sicherer macht. Vergleichsfaktoren sind geeignet, wenn die Grundstücksmerkmale der ihnen zugrunde gelegten Grundstücke hinreichend mit den Merkmalen des zu bewertenden Grundstücks übereinstimmen.

„Vergleichsfaktoren (§ 193 Abs. 5 Satz 2 Nr. 4 des Baugesetzbuchs) sollen der Ermittlung von Vergleichswerten für bebaute Grundstücke dienen. Sie sind auf den

---

[1]   § 15 ImmoWertV.

marktüblich erzielbaren jährlichen Ertrag (Ertragsfaktor) oder auf eine sonst geeignete Bezugseinheit, insbesondere auf eine Flächen- oder Raumeinheit der baulichen Anlage (Gebäudefaktor), zu beziehen."[2]

Nachfolgend wird jeweils ein Beispiel für Gebäudefaktoren und Ertragsfaktoren dargestellt. Die Ergebnisse sind nicht allgemeingültig und können regional sehr unterschiedlich ausfallen.

! **WICHTIG**

Je höher der Faktor, desto höher ist der Vergleichswert.

▶ **BEISPIEL: Gebäudefaktoren (EUR/m2 WF)**

Wohnungen

Lage-qualität		Neubauobjekte			Wiederverkaufte Objekte			
		Mittel-wert** EUR/m² WF	Preis-spanne*** ± %		Baujahrs-gruppe		Mittel-wert** EUR/m² WF	Preis-spanne*** ± %
Durch-schnittli-che Lage	(220)	3.300	± 10 %		1850—1949	(101)	2.600	± 20 %
					1950—1959	(35)	2.300	± 20 %
					1960—1969	(193)	2.100	± 15 %
					1970—1979	(148)	2.100	± 15 %
					1980—1989	(178)	2.250	± 15 %
					1990—1999	(100)	2.650	± 15 %
					2000—2005	(43)	2.950	± 10 %
Gute Lage	(206)	3.800	± 15 %		1850—1949	(86)	3.100	± 20 %
					1950—1959	(49)	2.700	± 20 %
					1960—1969	(40)	2.450	± 20 %
					1970—1979	(66)	2.600	± 20 %
					1980—1989	(64)	2.850	± 20 %
					1990—1999	(63)	3.050	± 15 %
					2000—2005	(28)	3.500	± 15 %

---

[2] § 13 ImmoWertV.

Wohnungen							
Lage-qualität		Neubauobjekte		Wiederverkaufte Objekte			
		Mittel-wert** EUR/m² WF	Preis-spanne*** ± %	Baujahrs-gruppe		Mittel-wert** EUR/m² WF	Preis-spanne*** ± %
Beste Lage	(18)	5.500	± 15 %	1970—1979	(14)	2.900	± 20 %
				1980—1989	(24)	3.100	± 20 %
				1990—2004	(19)	4.100	± 30 %

(...) = Anzahl der ausgewählten Objekte
* Wohnfläche < 45 m²

**Arithmetischer Mittelwert

***Standardabweichung

Quelle: Jahresbericht 2007, GAA München

▶ **BEISPIEL: Ertragsfaktoren (als Vielfaches des Jahresrohertrags)**

Vielfaches des Jahresrohertrags

Gebäudeart	Anzahl	Mittelwert**	Standardabweichung	
			±	Spanne
A. Wohnhäuser ohne Gewerbeanteil				
In allen Wohnlagen				
Alle Objekte	19	18	± 2	16—20
Mit Denkmalschutz***	6	19	± 2	17—21
Ohne Denkmalschutz	13	17	± 2	15—19
In guten und besten Wohnlagen (Innenstadtlage, Schwabing, Bogenhausen, Haidhausen, Nymphenburg o. Ä.)				
Alle Objekte	6	20	± 2	18—22
Mit Denkmalschutz***	5	20	± 2	18—22
Ohne Denkmalschutz	1	22	Wertangabe nur zur Information	

Vielfaches des Jahresrohertrags				
B. Wohnhäuser mit Gewerbeanteil bis 60 %				
In allen Wohnlagen				
Alle Objekte	34	18	± 2	16—20
Mit Denkmalschutz***	20	19	± 2	17—21
Ohne Denkmalschutz	14	17	± 2	15—19
In guten und besten Wohnlagen (Innenstadtlage, Schwabing, Bogenhausen, Haidhausen, Nymphenburg o. Ä.)				
Alle Objekte	18	20	± 2	18—22
Mit Denkmalschutz***	14	20	± 2	18—22
Ohne Denkmalschutz	4	19	± 2	17—21

* Ohne 1a-Geschäftslagen

** Arithmetischer Mittelwert

*** Angaben zu Denkmalschutzobjekten beziehen sich in der Regel auf Anwesen, die wegen ihrer attraktiven Eigenart eine erhöhte Nachfrage aufweisen.

Quelle: Auszug aus dem Jahresbericht 2007, GAA München

! WICHTIG

Sofern vom zuständigen Gutachterausschuss entsprechende Faktoren zur Verfügung gestellt werden, geben diese in der Regel keine Auskunft über die Grundstücksmerkmale der Grundstücke, aus denen sie abgeleitet wurden. Eine sichere Wertbeurteilung wird dadurch erschwert.

Der Vergleichswert ergibt sich dann durch Vervielfachung des jährlichen Ertrags oder der sonstigen Bezugseinheit des zu bewertenden Grundstücks mit dem nach den Bestimmungen in § 13 ImmoWertV ermittelten Vergleichsfaktor.

▶ BEISPIEL: Ertragsfaktor

So errechnet sich beispielsweise für ein Büro- und Geschäftshaus in München bei einem Ertragsfaktor „Mittelwert 16 (Spanne 15—17)" und einem „Jahresrohertrag" in Höhe von 135.000 EUR ein Vergleichswert von 2.160.000 EUR (135.000 EUR x 16).

> **BEISPIEL**
>
> So errechnet sich beispielsweise für eine Wohnung Baujahr 1965 in „guter Lage" in München bei einem Gebäudefaktor „Mittelwert 2.450 EUR/m^2" und einer Wohnfläche von 75 m^2 ein Vergleichswert in Höhe von 183.750 EUR (2.450 EUR/m^2 x 75 m^2).

> **ACHTUNG**
>
> Bezieht sich der Vergleichsfaktor lediglich auf das Gebäude, so ist der getrennt vom Gebäudewert zu ermittelnde Bodenwert gesondert zu berücksichtigen.

Die Angaben in den Kaufpreissammlungen der örtlichen Gutachterausschüsse für Grundstückswerte sollten — so weit möglich — genutzt werden.

Stehen keine geeigneten Daten in ausreichender Anzahl und Qualität zur Anwendung des Vergleichswertverfahrens zur Verfügung, so ist ein anderes geeignetes Wertermittlungsverfahren (Ertragswertverfahren oder Sachwertverfahren) vorzuziehen.

4.2 Das Ertragswertverfahren

Das Ertragswertverfahren kommt insbesondere bei Grundstücken in Betracht, bei denen der marktüblich erzielbare Ertrag im Vordergrund steht. Dem Käufer kommt es in erster Linie darauf an, welche Verzinsung ihm das investierte Kapital bringt. Dies ist zum Beispiel bei Miet- und Geschäftsgrundstücken und gemischt genutzten Grundstücken der Fall. Der Ertragswert orientiert sich ausschließlich an den Renditeerwartungen, die mit dem Objekt verbunden sind. Dabei wird ein stichtagsbezogener Wert ermittelt, der eine Aussage über die zukünftige Ertragskraft zulässt.

Nach der Rechtsprechung kann das Ertragswertverfahren für folgende Grundstücke als sachgerechte Methode zur Ermittlung des Verkehrswerts angesehen werden.

- Mietwohngrundstücke: Grundstücke, die zu mehr als 80 Prozent, berechnet nach der Jahresrohmiete, Wohnzwecken dienen
- Geschäftsgrundstücke: Grundstücke, die zu mehr als 80 Prozent, berechnet nach der Jahresrohmiete, eigenen oder fremden gewerblichen, freiberuflichen oder öffentlichen Zwecken dienen

- Gemischt genutzte Grundstücke: Grundstücke, die teils Wohnzwecken, teils eigenen oder fremden gewerblichen oder öffentlichen Zwecken dienen und nicht Mietwohngrundstücke, Geschäftsgrundstücke, Einfamilienhäuser oder Zweifamilienhäuser sind

„(1) Im Ertragswertverfahren wird der Ertragswert auf der Grundlage marktüblich erzielbarer Erträge ermittelt. Soweit die Ertragsverhältnisse absehbar wesentlichen Veränderungen unterliegen oder wesentlich von den marktüblich erzielbaren Erträgen abweichen, kann der Ertragswert auch auf der Grundlage periodisch unterschiedlicher Erträge ermittelt werden."[3]

Mit Einführung der ImmoWertV werden drei Ertragswertverfahren unterschieden.

Abb. 2: Ertragswertverfahren

Allgemeines Ertragswertverfahren [§ 17 Abs. 2 (1) ImmoWertV]

Beim „Allgemeinen Ertragswertverfahren", auch als zweigleisiges Ertragswertverfahren bezeichnet, wird der Grundstücksreinertrag (Jahresreinertrag) um den Bodenwertverzinsungsbetrag gemindert. Der sich ergebende Gebäudeertragsanteil (Reinertragsanteil der baulichen Anlagen) wird dann unter Zuhilfenahme des maßgebenden Liegenschaftszinssatzes über die Laufzeit der Existenz des Gebäudes kapitalisiert, wodurch sich wiederum der Gebäudeertragswert (Ertragswert der baulichen Anlagen) ergibt.

Der Bodenwert und der Gebäudewert (Ertragswert der baulichen Anlagen) ergeben zusammen den vorläufigen Grundstücksertragswert. Dieser ist unter Berücksichtigung der allgemeinen Marktanpassung und anschließend der objektspezifischen Marktanpassung an den Verkehrswert anzupassen.

---

[3] § 17 ImmoWertV.

Bei Anwendung des Ertragswertverfahrens findet die Lage auf dem Grundstücksmarkt insbesondere dadurch Berücksichtigung, dass die Ertragsverhältnisse, der Liegenschaftszinssatz, die Bewirtschaftungskosten und die sonstigen wertbeeinflussenden Umstände in einer angemessenen Weise angesetzt werden. Die erzielbaren Erträge sind auf der Grundlage der marktüblichen Verhältnisse zu ermitteln.

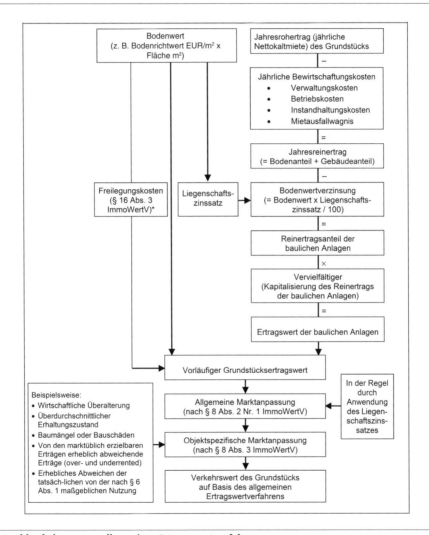

Abb. 3: Ablaufschema zum allgemeinen Ertragswertverfahren

Weil die genannten Größen bei sachgerechter Anwendung des Ertragswertverfahrens aus den grundstücksbezogenen Daten vergleichbarer Grundstücke, also „marktorientiert", in die Wertermittlung übernommen werden, kann das Verfahren als ein vergleichendes Verfahren bezeichnet werden.

§ 16 Abs. 3 ImmoWertV — Ermittlung des Bodenwerts, Freilegungskosten

(3) Ist alsbald mit einem Abriss von baulichen Anlagen zu rechnen, ist der Bodenwert um die üblichen Freilegungskosten zu mindern, soweit sie im gewöhnlichen Geschäftsverkehr berücksichtigt werden. Von einer alsbaldigen Freilegung kann ausgegangen werden, wenn

1. die baulichen Anlagen nicht mehr nutzbar sind oder
2. der nicht abgezinste Bodenwert ohne Berücksichtigung der Freilegungskosten den im Ertragswertverfahren (§§ 17—20) ermittelten Ertragswert erreicht oder übersteigt.

Formel: Allgemeines Ertragswertverfahren

$$EW = (RE - p \times BW) \times V + BW$$

EW = Ertragswert
RE = Reinertrag
p = Liegenschaftszinssatz / 100
BW = Bodenwert
V= Vervielfältiger

! WICHTIG

Das Ergebnis unterscheidet sich nicht von dem Ergebnis des Ertragswertverfahrens in der bis zum 30.6.2010 geltenden Form der Wertermittlungsverordnung. Die zu verwendeten Einflussgrößen können unverändert angesetzt werden.

▶ BEISPIEL: Allgemeines Ertragswertverfahren

Eingabegrößen zur Ermittlung des Ertragswerts
- Allgemeines Ertragswertverfahren (§17 Abs. 2 (1) ImmoWertV) -

Hinweis: $\qquad$ = Eingabefeld

Bodenwert		50.000 EUR

Rohertrag (EUR/Monat)	1.230	14.760 EUR/Jahr

Berechnung der Bewirtschaftungskosten

Verwaltungskosten (% des Rohertrags)	5,00%	738 EUR/Jahr
Betriebskosten (% des Rohertrags)	1,00%	148 EUR/Jahr
Mietausfallwagnis (% des Rohertrags)	2,00%	295 EUR/Jahr
Instandhaltungskosten (% des Rohertrags)	12,00%	1.771 EUR/Jahr
Summe Bewirtschaftungskosten	20,00%	**2.952 EUR/Jahr**

Reinertrag (Rohertrag - Bewirtschaftungskosten)		11.808 EUR/Jahr

Liegenschaftszinssatz (Prozent)	5,00%	
Bodenwertverzinsung (Bodenwert x Liegenschaftszinssatz)		2.500 EUR/Jahr

Gebäudereinertrag (Reinertrag - Bodenwertverzinsung)		9.308 EUR/Jahr

Ermittlung des Vervielfältigers

Restnutzungsdauer (Jahre)	55	
Vervielfältiger		18,6334720
(in Abhängigkeit von Liegenschaftszinssatz und Restnutzungsdauer)		

Gebäudeertragswert (Gebäudereinertrag x Vervielfältiger)		173.440 EUR

Marktanpassung

Allgemeine Marktanpassung [1]	0 EUR
Objektspezifische Marktanpassung	-10.000 EUR

Zusammenfassung "Allgemeines Ertragswertverfahren" (§17 Abs. 2 (1) ImmoWertV)

Rohertrag (EUR/Monat)	1.230	14.760 EUR/Jahr
./. Bewirtschaftungskosten		-2.952 EUR/Jahr
= Reinertrag		11.808 EUR/Jahr
./. Bodenwertverzinsung	5,00%	-2.500 EUR/Jahr
= Gebäudereinertrag		9.308 EUR/Jahr
x Vervielfältiger	18,6334720	
= Gebäudeertragswert		173.440 EUR
+ Bodenwert		50.000 EUR
= vorläufiger Grundstücksertragswert		223.440 EUR
Allgemeine Marktanpassung [1]		0 EUR
Objektspezifische Marktanpassung		-10.000 EUR
= Ertragswert (EUR)		**213.440 EUR**

1) Die Allgemeine Marktanpassung ist i. d. R. durch Anwendung des marktkonformen Liegenschaftszinssatzes erfolgt.

Vereinfachtes Ertragswertverfahren [§ 17 Abs. 2 (2) ImmoWertV]

Beim „Vereinfachten Ertragswertverfahren" wird der Ertragswert auf der Grundlage marktüblich erzielbarer Erträge aus dem kapitalisierten Reinertrag und des über die Restnutzungsdauer des Gebäudes diskontierten Bodenwerts ermittelt.

Formel: Vereinfachtes Ertragswertverfahren

$$EW = RE \times V + BW \times q^{-n}$$

EW = Ertragswert
RE = Reinertrag
V = Vervielfältiger
q = Zinsfaktor $(1 + p)$
p = Liegenschaftszinssatz / 100
n = Restnutzungsdauer des Gebäudes
BW = Bodenwert

▶	BEISPIEL: Vereinfachtes Ertragswertverfahren		
Jahresreinertrag (RE)		11.808 EUR	
Vervielfältiger (V)		18,633471	
Kapitalisierter Jahresreinertrag (RE × V) =			220.024 EUR
Bodenwert (BW)		50.000 EUR	
Diskontierungsfaktor (in Abhängigkeit von Liegenschaftszinssatz 5 % und Restnutzungsdauer 55 Jahre)		0,068326	
Abgezinster Bodenwert: 50.000 × 0,068326 =			3.416 EUR
Vorläufiger Ertragswert (ohne Marktanpassung) =			223.440 EUR

!	WICHTIG

Das Ergebnis des vorläufigen Ertragswerts aus dem vereinfachten Ertragswertverfahren in Höhe von 223.440 EUR ist identisch mit dem Ergebnis des vorläufigen Ertragswerts aus dem allgemeinen Ertragswertverfahren.

Sonderfall: Vereinfachtes Ertragswertverfahren bei langer Restnutzungsdauer

Bei langen Restnutzungsdauern von mehr als circa 40 bis 50 Jahren kann das vereinfachte Ertragswertverfahren ohne Berücksichtigung des Bodenwerts angewandt werden, da hier der abgezinste Bodenwert vernachlässigbar klein wird. In diesem Fall wird der unter Abzug der Bewirtschaftungskosten ermittelte Grundstücksreinertrag mit dem Vervielfältiger multipliziert. Das Ergebnis ist der Grundstücksertragswert, welcher noch an die Marktlage anzupassen ist. Das vereinfachte Ertragswertverfahren versagt jedoch bei kurzen Restnutzungsdauern des Gebäudes, da der Bodenwert ein „Dauerwert" ist und sich auf „unendlich" verzinst, während sich der Wert des Gebäudes nur auf die wirtschaftliche Restnutzungsdauer der baulichen Anlagen verzinst.

Die folgende Formel gilt für den Sonderfall vereinfachtes Ertragswertverfahren bei langer Restnutzungsdauer.

$$EW = RE \times V$$

EW = Ertragswert
RE = Reinertrag
V = Vervielfältiger

▶	BEISPIEL: vereinfachtes Ertragswertverfahren bei langer Restnutzungsdauer	
Jahresreinertrag (RE)	11.808 EUR	
Vervielfältiger (V)	18,633471	
Kapitalisierter Jahresreinertrag (RE x V)		
= vorläufiger Ertragswert (ohne Marktanpassung)		220.024 EUR

❗	WICHTIG

Bei langen Restnutzungsdauern von mehr als 40 bis 50 Jahre spielt der Bodenwert im Hinblick auf die allgemeine Schätzgenauigkeit im Ertragswertverfahren keine Rolle. Sofern dies bei einer Wertermittlung zutrifft, lässt sich der Ertragswert von Objekten, die eine längere Restnutzungsdauer als 40 bis 50 Jahre aufweisen, allein durch die Kapitalisierung des marktüblich erzielbaren Reinertrags ermitteln.

Das vereinfachte Ertragswertverfahren stellt sich wie folgt dar:

Rohertrag

− Bewirtschaftungskosten

= Reinertrag

× Vervielfältiger

= Vorläufiger Grundstücksertragswert

± Marktanpassung

= Ertragswert

Ertragswertverfahren mit periodisch unterschiedlichen Erträgen (§ 17 Abs. 3 ImmoWertV)

Bei der Ermittlung des Ertragswerts auf der Grundlage periodisch unterschiedlicher Erträge wird dieser aus den von gesicherten Daten abgeleiteten periodisch erzielbaren Reinerträgen (§ 18 Abs. 1) innerhalb eines Betrachtungszeitraums und dem Restwert des Grundstücks am Ende des Betrachtungszeitraums ermittelt. Die periodischen Reinerträge sowie der Restwert des Grundstücks sind jeweils auf den Wertermittlungsstichtag nach § 20 abzuzinsen.

Das mehrperiodische Ertragswertverfahren ist auch bei gleichbleibenden Erträgen anwendbar und führt wie das allgemeine Ertragswertverfahren und das vereinfachte Ertragswertverfahren stets zum gleichen Ergebnis.

In der Praxis ist, unter Voraussetzung gleichbleibender Erträge, dem allgemeinen und dem vereinfachten Ertragswertverfahren gegenüber dem mehrperiodischen Ertragswertverfahren der Vorzug zu geben, da der Rechenaufwand beim mehrperiodischen Ertragswertverfahren aufgrund der jährlich zu ermittelnden Gesamterträge um ein Vielfaches höher ist.

Die folgende Formel gilt für das Ertragswertverfahren mit periodisch unterschiedlichen Erträgen.

$$EW = \sum_{1}^{b} RE \times q^{-b} + \underbrace{RE_1 \times \left(V_n - V_b\right) + BW \times q^{-n}}_{\text{Restwert}}$$

$\underbrace{\hphantom{EW = \sum RE \times q^{-b}}}_{\substack{\text{Ertragsteildes} \\ \text{Betrachtungs-} \\ \text{zeitraum}}}$

EW = Ertragswert
b = Betrachtungszeitraum
RE = Reinertrag
V = Vervielfältiger
q = Zinsfaktor (1 + p)
p = Liegenschaftszinssatz / 100
n = Restnutzungsdauer des Gebäudes
BW = Bodenwert

Beim mehrperiodischen Ertragswertverfahren wird das allgemeine Ertragswertverfahren in zwei Phasen aufgeteilt und zwar in

1. einen Betrachtungszeitraum von etwa zehn Jahren, gerechnet ab dem Wertermittlungsstichtag, und
2. eine Restphase bis zum Ablauf der Restnutzungsdauer der baulichen Anlagen.

Während die jährlichen Erträge für den Betrachtungszeitraum jahrgangsweise gesondert ermittelt werden, wird der Restwert zusammen mit den Erträgen aus der verbleibenden Restnutzungsdauer der baulichen Anlagen erfasst.

Grafisch stellt sich das mehrperiodische Ertragswertverfahren mit gleichbleibenden jährlichen Erträgen innerhalb des Betrachtungszeitraums und während der Restphase dar, wie es die folgende Grafik zeigt.

Abb. 4: Mehrperiodisches Ertragswertverfahren mit gleichbleibenden jährlichen Erträgen

▶ **BEISPIEL: Ertragswertverfahren mit periodisch unterschiedlichen Erträgen (§ 13 Abs. 3 ImmoWertV)**

Ertragswertverfahren mit periodisch unterschiedlichen Erträgen (§ 17 Abs. 3 ImmoWertV)

Bodenwert	50.000 Euro	Hinweis:	= Eingabefeld
Liegenschaftszinssatz	5%		
Restnutzungsdauer	55 Jahre		
Betrachtungszeitraum	10 Jahre		

1. Ermittlung der Barwerte aus dem Betrachtungszeitraum:

Jahr	Reinertrag (RE)		Abzinsungs-faktor		Barwerte der Reinerträge
1. Jahr	11.808	x	0,9523810	=	11.246 €
2. Jahr	11.808	x	0,9070295	=	10.710 €
3. Jahr	11.808	x	0,8638376	=	10.200 €
4. Jahr	11.808	x	0,8227025	=	9.714 €
5. Jahr	11.808	x	0,7835262	=	9.252 €
6. Jahr	11.808	x	0,7462154	=	8.811 €
7. Jahr	11.808	x	0,7106813	=	8.392 €
8. Jahr	11.808	x	0,6768394	=	7.992 €
9. Jahr	11.808	x	0,6446089	=	7.612 €
10. Jahr	11.808	x	0,6139133	=	7.249 €
			Summe der Barwerte aus dem Betrachtungszeitraum		**91.178 €**

2. Restwertermittlung:

Anzahl der Jahre (RND ./. Betrachtungszeitr.)	Reinertrag (RE)		Barwertfaktor		RE x V		Abzinsungs-faktor		Barwerte der Reinerträge
45	11.808	x	17,7740698	=	209.876 €	x	0,6139133	=	128.846 €
zuzüglich Bodenwert, abgezinst über die RND der baulichen Anlagen					50.000 €	x	0,0683264	=	3.416 €
							Restwert		**132.262 €**

3. Ermittlung des vorläufigen Ertragswerts:

Der vorläufige Ertragswert errechnet sich aus dem Restwert zuzüglich	132.262 €
der Summe der Barwerte aus dem Betrachtungszeitraum	91.178 €
vorläufiger Ertragswert (ohne Marktanpassung) =	**223.440 €**

ANMERKUNG zur Restwertermittlung

Der Restwert (ohne Bodenwert) kann auch anhand der Differenz der Barwertfaktoren gemäß der nachstehenden Formel ermittelt werden. Dabei sind die entsprechenden Barwertfaktoren mithilfe des Liegenschaftszinssatzes und der gesamten Restnutzungsdauer der baulichen Anlagen sowie des Betrachtungszeitraums zu berechnen. Die Differenz ist mit dem Jahresreinertrag zu multiplizieren und ergibt den auf den Wertermittlungsstichtag bezogenen Barwert.

$RE_i \times (V_n - V_b)$

V_n = Vervielfältiger (55 Jahre und 5 %) = 18,63347

V_b = Vervielfältiger (10 Jahre und 5 %) = 7,72173

RE_i = Reinertrag über den abzuschätzenden Zeitabschnitt i

$V_n - V_b$ = 10,9117 x 11.808 EUR = 128.846 EUR

Das Ergebnis entspricht somit der vorstehenden Berechnung in Höhe von 128.846 EUR.

Der Restwert ergibt sich aus der Addition über die Restwertperiode anfallender marktüblich erzielbarer Erträge, kapitalisiert mit der Vervielfältigerdifferenz [$RE_i \times (V_n - V_b)$] und des über die Laufzeit der baulichen Anlagen abgezinsten Bodenwerts [$BW \times q^{-n}$].

! WICHTIG

Unter Berücksichtigung gleichbleibender jährlicher Erträge ist das Ergebnis des vorläufigen Ertragswerts aus dem Ertragswertverfahren mit periodisch unterschiedlichen Erträgen in Höhe von 223.440 EUR identisch mit den Ergebnissen aus dem vereinfachten Ertragswertverfahren und dem allgemeinen Ertragswertverfahren.

Das mehrperiodische Ertragswertverfahren mit unterschiedlichen jährlichen Erträgen innerhalb des Betrachtungszeitraums lässt sich wie folgt darstellen:

Abb. 5: Mehrperiodisches Ertragswertverfahren mit unterschiedlichen jährlichen Erträgen

Dabei sind die Jahresreinerträge in ihrer Gesamtheit ausgewiesen, einschließlich der Mehr- und Mindererlöse. Die Mehr- und Mindererlöse werden auch als over- und underrented bezeichnet.

▶ BEISPIEL: Ertragswertverfahren mit periodisch unterschiedlichen Erträgen (§ 13 Abs. 3 ImmoWertV)

Jahresreinertrag (RE) mit jährlich unterschiedlichen Erträgen im Betrachtungszeitraum

Jahresreinertrag (RE)	11.808 EUR (nach dem Betrachtungszeitraum)
Liegenschaftszinssatz	5 %
Restnutzungsdauer	55 Jahre
Bodenwert (BW)	50.000 EUR

1. Ermittlung der Barwerte aus dem Betrachtungszeitraum

Jahr	Reinertrag (RE)		Abzinsungs- faktor		Barwerte der Reinerträge
1. Jahr	12.000	x	0,95238	=	11.429 €
2. Jahr	12.500	x	0,90702	=	11.338 €
3. Jahr	13.000	x	0,86383	=	11.230 €
4. Jahr	11.900	x	0,82270	=	9.790 €
5. Jahr	10.000	x	0,78352	=	7.835 €
6. Jahr	9.200	x	0,74621	=	6.865 €
7. Jahr	10.500	x	0,71068	=	7.462 €
8. Jahr	11.600	x	0,67683	=	7.851 €
9. Jahr	10.200	x	0,64460	=	6.575 €
10. Jahr	11.700	x	0,61391	=	7.183 €
			Summe der Barwerte aus dem Betrachtungszeitraum		87.558 €

2. Restwertermittlung

Jahr	Reinertrag (RE)		Barwertfaktor (45 Jahre)		RE x V		Abzinsungs- faktor		Barwerte der Reinerträge
11. bis 55. Jahr	11.808	x	17,77406	=	209.876 €	x	0,61391	=	128.846 €
zuzüglich Bodenwert, abgezinst über 55 Jahre :					50.000 €	x	0,06836	=	3.416 €
							Restwert		132.262 €

3. Ermittlung des vorläufigen Ertragswerts

Der vorläufige Ertragswert errechnet sich aus dem Restwert zuzüglich	132.262 €
der Summe der Barwerte aus dem Betrachtungszeitraum	87.558 €
vorläufiger Ertragswert (ohne Marktanpassung) =	**219.820 €**

Ein weiteres Beispiel hierfür ist im Abschnitt „Berücksichtigung von Über- und Untervermietung" dargestellt.

Aufgrund der drei bestehenden Ertragswertverfahren stellt sich nun die Frage, welches Verfahren das geeignetste ist. Alle drei Verfahren führen zum gleichen Ergebnis, sofern beim Ertragswertverfahren mit periodisch unterschiedlichen Erträgen mit jährlich gleichbleibenden Erträgen gerechnet wird. Der Königsweg ist, aus Sicht des Autors, bei jährlich gleichbleibenden Erträgen das allgemeine Ertragswertverfahren, da es aufgrund der Aufspaltung in einen Boden- und einen Gebäudewertanteil übersichtlicher und weniger fehleranfällig ist.

Bei langen Restnutzungsdauern von mehr als 40 bis 50 Jahren spielt der Bodenwert im Hinblick auf die allgemeine Schätzgenauigkeit im Ertragswertverfahren keine Rolle. Sofern dies bei einer Wertermittlung zutrifft, lässt sich der Ertragswert von Objekten allein durch die Kapitalisierung des marktüblich erzielbaren Reinertrags ermitteln (Sonderfall vereinfachtes Ertragswertverfahren bei langen Restnutzungsdauern).

Das Ertragswertverfahren mit periodisch unterschiedlichen Erträgen sollte nur angewandt werden, sofern die jährlichen Erträge unterschiedlich sind. Ist das nicht der Fall, kann dieses Verfahren genauso eingesetzt werden, jedoch bringt dies für den Anwender unnötigen Rechenaufwand mit sich.

Im Folgenden wird das „Allgemeine Ertragswertverfahren" genauer erläutert.

4.2.1   Der Bodenwert

Beim Ertragswertverfahren wird zuerst, wie im Kapitel „Wie Sie den Bodenwert ermitteln" dargestellt, der Bodenwert festgestellt. Dieser ist getrennt vom Wert der Gebäude und der Außenanlagen grundsätzlich so zu ermitteln, wie er sich ergeben würde, wenn das Grundstück unbebaut wäre. Folgendes Beispiel soll die Auswirkung des Bodenwerts auf den Ertragswert verdeutlichen.

▶ BEISPIEL

	Bodenwert	Prozentuale Veränderung	Ertragswert
Abweichung A	40.000 EUR	− 0,32 %	212.757 EUR
Ursprung	50.000 EUR	± 0,00 %	213.440 EUR
Abweichung B	60.000 EUR	+ 0,32 %	214.124 EUR

Abb. 6: Sensitivitätsanalyse Bodenwert/Ertragswert

Das Beispiel zeigt, dass der Bodenwert bei einer Abweichung in Höhe von plus oder minus 20 Prozent einen unbedeutenden Einfluss auf den Ertragswert hat.

4.2.2 Ermittlung des Gebäudeertragswerts

Bei der Ermittlung des Gebäudeertragswerts ist von dem marktüblich erzielbaren jährlichen Reinertrag des Grundstücks auszugehen. Dieser ergibt sich aus dem jährlichen Rohertrag abzüglich der jährlichen Bewirtschaftungskosten. Die Bewirtschaftungskosten beinhalten die Verwaltungs-, Betriebs- und Instandhaltungskosten sowie das Mietausfallwagnis.

Der Jahresreinertrag ist in einen Boden- und einen Gebäudeanteil aufgeteilt, da die Erwirtschaftung des Reinertrags einerseits durch den Boden und andererseits durch das Gebäude erfolgt. Diese Aufteilung ist auch wegen der unterschiedlichen Nutzungsdauern von Boden und Gebäude notwendig. Während der Boden grundsätzlich als unvergänglich gilt, ist die wirtschaftliche Restnutzungsdauer der baulichen Anlagen zeitlich begrenzt.

Der auf den Boden anfallende Reinertragsanteil wird als angemessener Verzinsungsbetrag des Bodenwerts durch Multiplikation des Bodenwerts mit dem Liegenschaftszinssatz berechnet und stellt die „ewige Rentenrate" des Bodenwerts dar.

Die Differenz aus dem Jahresreinertrag und dem Reinertragsanteil des Bodens ergibt den Reinertragsanteil für das Gebäude. Dieser wird dann als Rente (jährlicher Überschuss bis zum Ende der Restnutzungsdauer) zugunsten des Eigentümers des Gebäudes aufgefasst. Der heutige Wert dieser Rente, finanzmathematisch auch als Barwert bezeichnet, ist dann der Ertragswert des Gebäudes.

Der Reinertrag der baulichen Anlagen wird also mit dem Zeitrentenvervielfältiger multipliziert, dies ergibt den Ertragswert der baulichen Anlagen. Maßgebend ist derjenige Vervielfältiger, der sich nach dem Liegenschaftszinssatz und der zu erwartenden Restnutzungsdauer der baulichen Anlagen ergibt.

Zum Ertragswert des Gebäudes wird der Bodenwert addiert und ergibt den vorläufigen Ertragswert des Wertermittlungsobjekts.

Der Verkehrswert (Marktwert) des Grundstücks berechnet sich sodann aus dem vorläufigen Ertragswert des Grundstücks unter Berücksichtigung der Marktanpassung an die allgemeinen Wertverhältnisse auf dem Grundstücksmarkt und besonderer objektspezifischer Grundstücksmerkmale.

Im Folgenden werden die erforderlichen Schritte aufgeführt, die bei der Ermittlung des Ertragswerts der baulichen Anlagen durchlaufen werden müssen.

Folgende Eingangsgrößen sind bei der Ermittlung des Ertragswerts der baulichen Anlagen zu bestimmen:

- Vermietbare Flächen
- Marktüblich erzielbare Erträge
- Bewirtschaftungskosten
- Liegenschaftszinssatz
- Restnutzungsdauer
- Vervielfältiger
- Reinertragsanteil „Boden"

Abb. 7: Ertragswert der baulichen Anlagen

Ermittlung des Rohertrags/Reinertrags

Der Reinertrag ergibt sich aus dem jährlichen Rohertrag abzüglich der Bewirtschaftungskosten.

Der Rohertrag ergibt sich aus den bei ordnungsgemäßer Bewirtschaftung und zulässiger Nutzung marktüblich erzielbaren Erträgen. Bei Anwendung des Ertragswertverfahrens auf der Grundlage periodisch unterschiedlicher Erträge ergibt sich der Rohertrag insbesondere aus den vertraglichen Vereinbarungen.[4]

Unter „marktüblich erzielbare Erträge" ist nichts anderes zu verstehen als das, was bisher in der Wertermittlungsverordnung als „nachhaltig erzielbar" definiert wurde.

---

[4] § 18 ImmoWertV.

Werden für die Nutzung von Grundstücken oder Teilen eines Grundstücks keine oder vom Üblichen abweichende Entgelte erzielt, sind die bei einer Vermietung oder Verpachtung marktüblich erzielbaren Einnahmen zugrunde zu legen.

Unter „marktüblich" versteht man, dass die Erlöse und Kosten über einen längeren Zeitraum zu erwarten sind. Eine besonders hohe oder eine kurzfristig günstige Vermietung sagt nichts über die Marktüblichkeit aus. Hier sind Entwicklungstendenzen über mehrere Jahre mit einzubeziehen, das heißt, es soll sich um Erlöse und Kosten handeln, deren Höhe in einem überschaubaren Zeitraum ohne Ansatz von Spekulationen geschätzt werden kann.

Es folgen einige Gesetzeshinweise zu Mieterhöhung, ortsüblicher Vergleichsmiete und Kappungsgrenze.

§ 558 BGB Mieterhöhung bis zur ortsüblichen Vergleichsmiete

(1) Der Vermieter kann die Zustimmung zu einer Erhöhung der Miete bis zur ortsüblichen Vergleichsmiete verlangen, wenn die Miete in dem Zeitpunkt, zu dem die Erhöhung eintreten soll, seit 15 Monaten unverändert ist. Das Mieterhöhungsverlangen kann frühestens ein Jahr nach der letzten Mieterhöhung geltend gemacht werden. Erhöhungen nach den §§ 559 bis 560[5] werden nicht berücksichtigt.

(2) Die ortsübliche Vergleichsmiete wird gebildet aus den üblichen Entgelten, die in der Gemeinde oder einer vergleichbaren Gemeinde für Wohnraum vergleichbarer Art, Größe, Ausstattung, Beschaffenheit und Lage in den letzten vier Jahren vereinbart oder, von Erhöhungen nach § 560 abgesehen, geändert worden sind. Ausgenommen ist Wohnraum, bei dem die Miethöhe durch Gesetz oder im Zusammenhang mit einer Förderzusage festgelegt worden ist.

(3) Bei Erhöhungen nach Absatz 1 darf sich die Miete innerhalb von drei Jahren, von Erhöhungen nach den §§ 559 bis 560 abgesehen, nicht um mehr als 20 vom Hundert erhöhen (Kappungsgrenze).

(4) Die Kappungsgrenze gilt nicht,

1. wenn eine Verpflichtung des Mieters zur Ausgleichszahlung nach den Vorschriften über den Abbau der Fehlsubventionierung im Wohnungswesen wegen des Wegfalls der öffentlichen Bindung erloschen ist und
2. soweit die Erhöhung den Betrag der zuletzt zu entrichtenden Ausgleichszahlung nicht übersteigt.

---

[5] § 559 Mieterhöhung bei Modernisierung; § 559a Anrechnung von Drittmitteln; § 559b Geltendmachung der Erhöhung, Wirkung der Erhöhungserklärung; § 560 Veränderungen von Betriebskosten.

Der Vermieter kann vom Mieter frühestens vier Monate vor dem Wegfall der öffentlichen Bindung verlangen, ihm innerhalb eines Monats über die Verpflichtung zur Ausgleichszahlung und über deren Höhe Auskunft zu erteilen. Satz 1 gilt entsprechend, wenn die Verpflichtung des Mieters zur Leistung einer Ausgleichszahlung nach den §§ 34 bis 37 des Wohnraumförderungsgesetzes und den hierzu ergangenen landesrechtlichen Vorschriften wegen Wegfalls der Mietbindung erloschen ist.

(5) Von dem Jahresbetrag, der sich bei einer Erhöhung auf die ortsübliche Vergleichsmiete ergäbe, sind Drittmittel im Sinne des § 559a abzuziehen, im Fall des § 559a Absatz 1 mit 11 vom Hundert des Zuschusses.

(6) Eine zum Nachteil des Mieters abweichende Vereinbarung ist unwirksam.

---

§ 558c Mietspiegel

(1) Ein Mietspiegel ist eine Übersicht über die ortsübliche Vergleichsmiete, soweit die Übersicht von der Gemeinde oder von Interessenvertretern der Vermieter und der Mieter gemeinsam erstellt oder anerkannt worden ist.

(2) Mietspiegel können für das Gebiet einer Gemeinde oder mehrerer Gemeinden oder für Teile von Gemeinden erstellt werden.

(3) Mietspiegel sollen im Abstand von zwei Jahren der Marktentwicklung angepasst werden.

(4) Gemeinden sollen Mietspiegel erstellen, wenn hierfür ein Bedürfnis besteht und dies mit einem vertretbaren Aufwand möglich ist. Die Mietspiegel und ihre Änderungen sollen veröffentlicht werden.

(5) Die Bundesregierung wird ermächtigt, durch Rechtsverordnung mit Zustimmung des Bundesrates Vorschriften über den näheren Inhalt und das Verfahren zur Aufstellung und Anpassung von Mietspiegeln zu erlassen.

Für die Ermittlung des Rohertrags sind die vermietbare Fläche und die marktüblich erzielbare Miete anzusetzen. Die vermietbare Fläche lässt sich aus dem Mietvertrag, Plänen oder einer Wohnflächenberechnung entnehmen. Die Angabe der Flächen sollte jedoch immer stichprobenartig überprüft werden, da häufig verschiedenartige Ansätze bei der Flächenberechnung zugrunde liegen. Insbesondere ist bei Dachgeschossen darauf zu achten, ob zum Beispiel Flächen unter Dachschrägen

- zwischen einem und zwei Metern Höhe zu 50 Prozent,
- Flächen unter einem Meter Höhe nicht und
- Flächen über zwei Metern Höhe voll angesetzt sind.

Auch auf den Ansatz der Flächenberechnung bei Terrassen und Balkonen ist besonders zu achten.

Die tatsächliche Nettokaltmiete ist im Mietvertrag ausgewiesen. Dabei muss jedoch immer deren Nachhaltigkeit bzw. „Marktüblichkeit" überprüft werden. Das bedeutet, es ist abzuschätzen, ob die erzielbaren Erträge dauerhaft erwirtschaftet werden können.

Weicht die tatsächliche Nettokaltmiete von den Mieten des entsprechenden ortsspezifischen Mietspiegels ab, besteht Handlungsbedarf. Ist zum Beispiel die tatsächliche Miete für eine Wohnung wesentlich höher als die Miete im entsprechenden ortsspezifischen Mietspiegel, wird das Ergebnis insbesondere bei langen Restnutzungsdauern erheblich verfälscht, wenn dieser verhältnismäßig hohe Mietertrag über die gesamte Restnutzungsdauer angesetzt wird. Da Wohnraummietverträge auch kurzfristig gekündigt werden können, sollte der hohe Mietansatz nur temporär, also maximal über die Mietdauer, angesetzt werden.

Bei entsprechenden Überlegungen zum Ansatz des marktüblichen Ertrags sollte abgewogen werden, ob es nach Ablauf des Mietvertrags realistischer ist, eine Miete in der Höhe anzusetzen, die der ortsspezifische Mietspiegel in vergleichbarer Lage aufweist, oder ob nach Ablauf des Mietverhältnisses der hohe Mietansatz weiter gerechtfertigt ist. Die Entscheidung für den gewählten Ansatz sollte im Gutachten kurz begründet werden.

Bei Gewerbeobjekten sind häufig Untervermietungen festzustellen. Nämlich dann, wenn zu Zeiten eines hohen Leerstands an Gewerbeflächen dem Mietinteressenten Zugeständnisse beim Mietpreis über einen festgeschriebenen Zeitraum gemacht werden.

Wie diese Anomalien fachgerecht berücksichtigt werden können, erfahren Sie im Abschnitt „Berücksichtigung von Über- und Untervermietung".

Ist im näheren Umkreis zum Bewertungsobjekt zum Beispiel der Leerstand an Gewerbeflächen sehr hoch, so sollten auch hier die Mieterträge nach Ablauf des Mietverhältnisses entsprechend angepasst und angesetzt werden.

! **WICHTIG**

Basis für die Ermittlung des Rohertrags ist stets die aus dem Grundstück marktüblich erzielbare Nettokaltmiete. Diese entspricht der jährlichen Gesamtmiete ohne sämtliche auf den Mieter zusätzlich zur Grundmiete umlagefähigen Bewirtschaftungskosten. Die jährliche Gesamtmiete wird aus Vergleichsmieten für mit dem Bewertungsgrundstück vergleichbar genutzte Grundstücke als mittelfristiger Durchschnittswert abgeleitet. Angaben hierzu finden sich in der Mietpreissammlung des Sachverständigen und ggf. in den Mietspiegeln der Gemeinde oder vergleichbarer Gemeinden.

> **!** **ACHTUNG**
>
> Der Begriff „Rohertrag" stellt in der Ertragswertermittlung eine häufige Fehlerquelle dar. Dieser ist in Ziffer 3.5.1 WertR 2006 definiert als der Betrag, der sämtliche bei ordnungsgemäßer Bewirtschaftung und zulässiger Nutzung nachhaltig erzielbaren Einnahmen aus dem Grundstück umfasst.
>
> Umlagen, die zur Deckung von Betriebskosten gezahlt werden, sind nicht zu berücksichtigen. Deshalb sind die herangezogenen Vergleichsmieten daraufhin zu überprüfen, ob es sich um Nettokaltmieten handelt, die die umlagefähigen Betriebskosten nicht enthalten.
>
> Der Rohertrag ist also der Jahresertrag, der sich nach Abzug der auf die Mieter umlagefähigen Nebenkosten (Betriebskosten) von den Gesamteinnahmen pro Jahr ergibt. Dieser Ertrag wird auch als Nettokaltmiete pro Jahr (per annum, p. a.) bezeichnet.
>
> Der Reinertrag ergibt sich wiederum nach Abzug der nicht umlagefähigen Bewirtschaftungskosten vom Rohertrag.

Jahresmieteinnahmen		
Jahresrohertrag oder Nettokaltmiete p. a.		Umlagefähige Bewirtschaftungskosten (Betriebskosten)
Jahresreinertrag	Nicht umlagefähige Bewirtschaftungskosten (Verwaltungskosten, Instandhaltungskosten, Mietausfallwagnis)	Grundsteuer Gebäudeversicherungen Müllabfuhr Straßenreinigung Gehwegreinigung Hausstrom Hausmeister Gärtner ...

Abb. 8: Jahresrohertrag oder Nettokaltmiete p. a. und Jahresreinertrag

> **▶** **BEISPIEL: Ermittlung des jährlichen Rohertrags für ein Vierfamilienhaus**
>
> | | | |
> |---|---|---|
> | EG | circa 85 m² × 8,75 EUR/m² = | 743,75 EUR/Monat |
> | 1. OG | circa 80 m² × 9,00 EUR/m² = | 720,00 EUR/Monat |
> | 2. OG | circa 80 m² × 9,50 EUR/m² = | 760,00 EUR/Monat |
> | DG | circa 65 m² × 9,00 EUR/m² = | 585,00 EUR/Monat |
> | Monatlicher Rohertrag Wohnungen | | 2.808,75 EUR/Monat |
> | Monatlicher Rohertrag Garagen | | 200,00 EUR/Monat |
> | Monatlicher Rohertrag gesamt | | 3.008,75 EUR/Monat |
> | × 12 Monate = jährlicher Rohertrag | | 36.105,00 EUR/Jahr |

Ein weiteres Beispiel soll den Einfluss des Jahresrohertrags auf den Ertragswert verdeutlichen.

BEISPIEL

	Jahresrohertrag	Prozentuale Veränderung	Ertragswert
Abweichung A	14.022 EUR	- 5,15 %	202.439 EUR
Ursprung	14.760 EUR	± 0,00 %	213.440 EUR
Abweichung B	15.498 EUR	+ 5,15 %	224.442 EUR

Abb. 9: Sensitivitätsanalyse Rohertrag/Ertragswert

Das Beispiel zeigt, dass der Jahresrohertrag bei einer Abweichung in Höhe von plus oder minus fünf Prozent eine Abweichung des Ertragswerts in Höhe von rund fünf Prozent zur Folge hat. Die marktüblich erzielbare Miete sollte daher immer gewissenhaft recherchiert werden.

Berücksichtigung von Über- und Untervermietung

Bei der Ermittlung der Erträge sind grundsätzlich stets

- der marktüblich erzielbare Reinertrag und
- der tatsächlich erzielbare Reinertrag

zu ermitteln, damit vorhandene Abweichungen berücksichtigt werden können. Das ist immer dann erforderlich, wenn die Abweichungen nachhaltig die Ertragsverhältnisse beeinflussen. Man unterscheidet hier zwei Arten von Abweichungen.

- Overrented Objekt: Die Erträge überschreiten die marktüblich erzielbare Miete.
- Underrented Objekt: Die Erträge unterschreiten die marktüblich erzielbare Miete.

Erträge, die über der ortsüblichen Miete liegen, können, sofern sie vertraglich gesichert sind, wertsteigernd als Overrented-Zuschläge berücksichtigt werden.

Dabei wird der Mehrertrag für die Restlaufzeit des Mietverhältnisses kapitalisiert und zu den über die gesamte Restnutzungsdauer kapitalisierten orts- und objektüblichen Mieterträgen hinzugerechnet.

Bei einem underrented vermieteten Objekt, bei dem die vertraglich vereinbarte Miete unter der orts- und objektüblichen Miete liegt, wird der Minderertrag für die Restlaufzeit des Mietverhältnisses kapitalisiert und von den über die gesamte Restnutzungsdauer kapitalisierten orts- und objektüblichen Mieterträgen abgezogen.

Abb. 10: Fiktive Mietentwicklung durch einen Minder- und einen Mehrertrag

 BEISPIEL: Berücksichtigung einer Unter- bzw. einer Übervermietung bei der Ertragswertermittlung

Für ein mehrgeschossiges vermietetes Bürogebäude ist der Ertragswert mit folgenden Vorgabewerten zu ermitteln:

- Vermietbare Bürofläche 1.000 m² NF
- Die am Wertermittlungsstichtag ortsüblich erzielbare Nettokaltmiete beträgt 30 EUR/m² Nutzfläche
- Nicht umlegbare Bewirtschaftungskosten: 18 Prozent

Es besteht ein langfristiger Mietvertrag, der folgende Reinerträge vorsieht:

- Während der ersten 4 Jahre 25 EUR/m² NF
- Anschließend 10 Jahre 40 EUR/m² NF
- Restnutzungsdauer (RND): 60 Jahre
- Bodenwert: 250.000 EUR
- Marktüblicher Liegenschaftszinssatz p = 6 %

In einer Grafik stellt sich vorgenannte Situation wie folgt dar:

Der Ertragswert auf Grundlage der marktüblichen Erträge ermittelt sich wie folgt:

1. Ermittlung des Ertragswerts auf Grundlage des marktüblich erzielbaren Ertrags

$$EW = (RE - BW \times p) \times V + BW = RE \times V + BW \times q^{-n}$$

EW = Ertragswert
RE = jährlicher Reinertrag des Grundstücks (Rohertrag — Bewirtschaftungskosten)
BW = Bodenwert
p = Liegenschaftszinssatz / 100
V = Vervielfältiger
n = Restnutzungsdauer
q = Zinsfaktor = 1 + p

Marktüblich erzielbarer jährlicher Ertrag: RE = 1.000 m² NF x 30 EUR / m² NF x 0,82 x 12 Monate = 295.200 EUR p. a.

Kapitalisierung: Laufzeit n = 60 Jahre; Liegenschaftszinssatz p = 6 %; Vervielfältiger V = 16,161

Ertragswert (vorläufig) aus marktüblich erzielbarem Ertrag: EW = 295.200 EUR x 16,161 + 250.000 x $1,06^{-60}$ = 4.778.010 EUR

2. Ertragswert aus temporärem Minderertrag (Untervermietung, underrented)

Temporärer Minderertrag: 1.000 m² NF x 5 EUR/m² NF x 12 Monate = 60.000 EUR p. a.

Kapitalisierung: Laufzeit n = 4 Jahre; Liegenschaftszinssatz p = 6 %; Vervielfältiger V = 3,4651

Ertragswert aus temporärem Minderertrag: 60.000 EUR x 3,4651 = 207.906 EUR

3. Ertragswert aus temporärem Mehrertrag (Übervermietung, overrented)

Temporärer Mehrertrag: 1.000 m² NF x 10 EUR / m² NF x 12 Monate = 120.000 EUR p. a.

Kapitalisierung: Laufzeit n = 10 Jahre; Liegenschaftszinssatz p = 6 %; Vervielfältiger V = 7,3600

Ertragswert aus temporärem Minderertrag: 120.000 EUR x 7,3600 = 883.200 EUR

Diskontiert über 4 Jahre: 883.200 EUR x 0,7920 = 699.494 EUR

! **WICHTIG**

Der mithilfe des Vervielfältigers ermittelte Barwert von 883.200 EUR (kapitalisiert auf zehn Jahre) führt zunächst nur zu dem in vier Jahren zur Verfügung stehenden Barwert und muss deshalb noch in einem gesonderten Rechenschritt auf den Wertermittlungstag diskontiert werden.

Zusammenstellung

Ermittlung des marktüblichen erzielbaren Ertrags	4.778.010 EUR
Ertragswert aus temporärem Minderertrag	— 207.906 EUR
Ertragswert aus temporärem Mehrertrag	+ 699.494 EUR
Ertragswert der Liegenschaft zum Stichtag	5.269.598 EUR
gerundet	5.270.000 EUR

Die Höhe der Bewirtschaftungskosten hängt in aller Regel nicht davon ab, ob Mehr- oder Mindereinnahmen erzielt werden. Grundsätzlich ist deshalb auch in diesen Fällen von den marktüblich bei ordnungsgemäßer Bewirtschaftung anfallenden Erfahrungssätzen auszugehen.

Werden die Bewirtschaftungskosten in einem Vomhundertsatz zum Beispiel der Nettokaltmiete angesetzt, so ist dieser Vomhundertsatz stets nur auf die marktüblich erzielbare Nettokaltmiete und nicht auf den Mehr- oder Minderertrag anzuwenden. Denn die Bewirtschaftungskosten vermindern sich nicht alleine deshalb, weil die Mieteinnahmen weit hinter dem zurückbleiben, was sonst zu erzielen wäre. Umgekehrt beruhen die Vomhundertsätze der nicht umlegbaren Bewirtschaftungskosten in der Regel auf Erfahrungssätzen von Objekten, die zu ortsüblichem Nutzungsentgelt vermietet sind.[6]

Ermittlung der jährlichen Bewirtschaftungskosten

Die Ermittlung der Bewirtschaftungskosten ist notwendig, um den Reinertrag des Wertermittlungsobjekts bestimmen zu können.

„Der Reinertrag ergibt sich aus dem jährlichen Rohertrag abzüglich der Bewirtschaftungskosten ...“[7]

Reinertrag = Rohertrag — Bewirtschaftungskosten

---

[6] *Kleiber, Simon*, Verkehrswertermittlung von Grundstücken, Kommentar und Handbuch, Bundesanzeiger Verlag, 5. Auflage 2007.

[7] § 18 Abs. 1 ImmoWertV.

Bewirtschaftungskosten

Die Bewirtschaftungskosten beinhalten

- die Abschreibung,
- die bei gewöhnlicher Bewirtschaftung nachhaltig entstehenden Verwaltungs-, Betriebs- und Instandhaltungskosten,
- das Mietausfallwagnis.

Die durch Umlagen gedeckten Betriebskosten bleiben unberücksichtigt. Die Abschreibung ist durch Einrechnung in den Vervielfältiger berücksichtigt.

Lassen sich die tatsächlichen bei normaler Bewirtschaftung regelmäßig entstehenden Kosten eines Objekts zum Beispiel aufgrund fehlender Unterlagen des Vermieters nicht genau ermitteln, regelt § 19 Abs. 2 ImmoWertV, dass bezüglich der Bewirtschaftungskosten von Erfahrungssätzen auszugehen ist.

„Als Bewirtschaftungskosten sind die für eine ordnungsgemäße Bewirtschaftung und zulässige Nutzung marktüblich entstehenden jährlichen Aufwendungen zu berücksichtigen, die nicht durch Umlagen oder sonstige Kostenübernahmen gedeckt sind."[8]

Im wohnwirtschaftlichen Bereich ist mittels der Zweiten Berechnungsverordnung (II. BV) geregelt, dass die Verwaltungskosten, die Instandhaltungskosten und das Mietausfallwagnis vom Vermieter aus der Jahresnettokaltmiete zu decken sind. Dies ist im gewerblichen Bereich Verhandlungssache. In der Praxis werden die Betriebskosten wie im wohnwirtschaftlichen Bereich auf den Mieter umgelegt. Bei der Instandsetzung werden die Kosten, die „Dach und Fach" betreffen, in der Regel dem Vermieter zugeordnet.

---

[8]   § 19 Abs. 1 ImmoWertV.

Verwaltungskosten

Die Verwaltungskosten[9] umfassen

- die Kosten der zur Verwaltung des Grundstücks erforderlichen Arbeitskräfte und Einrichtungen,
- die Kosten der Aufsicht,
- den Wert der vom Eigentümer persönlich geleisteten Verwaltungsarbeit sowie
- die Kosten der Geschäftsführung.

Detaillierte Erfahrungssätze für die Verwaltungskosten sind in der folgenden Tabelle zusammengestellt.[10]

Erfahrungssätze für die Verwaltungskosten

Verwaltungskosten in vom Hundert (v. H.) des Rohertrags nach Rössler

Einwohner in der Gemeinde	Einfamilienhäuser			Zweifamilienhäuser			Mietwohngrundstücke			Gemischt genutzte Grundstücke mit einem gewerblichen Anteil am Jahresrohertrag bis 50 v. H.			Gemischt genutzte Grundstücke mit einem gewerblichen Anteil am Jahresrohertrag mehr als 50 v. H.			Geschäftsgrundstücke		
	Bis 31.3.1924	1.4.1924 bis 20.6.1948	Nach dem 20.6.1948	Bis 31.3.1924	1.4.1924 bis 20.6.1948	Nach dem 20.6.1948	Bis 31.3.1924	1.4.1924 bis 20.6.1948	Nach dem 20.6.1948	Bis 31.3.1924	1.4.1924 bis 20.6.1948	Nach dem 20.6.1948	Bis 31.3.1924	1.4.1924 bis 20.6.1948	Nach dem 20.6.1948	Bis 31.3.1924	1.4.1924 bis 20.6.1948	Nach dem 20.6.1948
Bis 5.000	2	2	2	2	2	2	3	3	3	3	3	3	3	3	3	3	3	3
Über 5.000 bis 50.000	2	2	2	2	2	2	3	3	3	3	3	3	3	3	3	4	4	4
Über 50.000	2	2	2	2	2	2	4	4	4	4	4	4	4	4	4	5	5	5

(Spalten-Gruppenüberschrift: Bezugsfertig)

---

[9] § 19 Abs. 2 ImmoWertV.

[10] *Sommer/Piehler*, Grundstücks- und Gebäudewertermittlung aus der Praxis, Rudolf Haufe Verlag, Freiburg, Gruppe 5, S. 223.

Anhaltspunkte für den Ansatz der Verwaltungskosten ergeben sich auch aus Anlage 3 der WertR 2006 wie folgt: Die Verwaltungskosten zu Nr. 3.5.2.3 WertR nach § 26 Abs. 2 und 3 sowie § 41 Abs. 2 II. BV[11] betragen:

- Bis 264,31 EUR jährlich je Wohnung bei Eigenheimen, bei Kaufeigenheimen und Kleinsiedlungen je Wohngebäude
- Bis 316,02 EUR jährlich je Eigentumswohnung, Kaufeigentumswohnung und Wohnung in der Rechtsform eines eigentumsähnlichen Dauerwohnrechts nach § 41 Abs. 2 II. BV
- Bis 34,47 EUR jährlich für Garagen oder ähnliche Einstellplätze

Die nach § 26 Abs. 4 II. BV vorgesehene Anpassung zum 1.1.2011 ist berücksichtigt. Die genannten Beträge verändern sich ab dem 1. Januar eines jeden dem 1.1.2005 folgenden dritten Jahres um den Prozentsatz, um den sich der vom Statistischen Bundesamt festgestellte Verbraucherpreisindex für Deutschland für den der Veränderung vorausgehenden Monat Oktober gegenüber dem Verbraucherpreisindex für Deutschland für den der letzten Veränderung vorausgehenden Monat Oktober erhöht oder verringert hat. Die nächste Anpassung steht am 1.1.2014 an.

HINWEIS zur Berechnung

Der Verbraucherpreisindex für Oktober 2010 [2005 = 100] beträgt 108,4, für Oktober 2007 [2005 = 100] 104,5. Die Veränderung des Verbraucherpreisindex zwischen Oktober 2007 und Oktober 2010 liegt bei rund 3,73 Prozent. Die bislang gültigen Bewirtschaftungskosten vom 1.1.2008 erhöhen sich um rund 3,73 Prozent (Multiplikator 1,0373).

Betriebskosten

Zu den Betriebskosten zählen die Kosten, die durch das Eigentum am Grundstück oder durch den bestimmungsgemäßen Gebrauch des Grundstücks sowie seiner baulichen und sonstigen Anlagen laufend entstehen.

Sach- und Arbeitsleistungen des Eigentümers dürfen mit dem Betrag angesetzt werden, der für eine gleichwertige Leistung eines Dritten, insbesondere eines Un-

---

[11] II. BV vom 17.10.1957, in der Fassung der Bekanntmachung vom 12.10.1990 (BGBl. I, S. 2178), zuletzt geändert durch Artikel 3 der Verordnung vom 25.11.2003 (BGBl. I, S. 2346).

ternehmers, aufzubringen wäre; die Umsatzsteuer des Dritten darf nicht angesetzt werden.[12]

Betriebskosten sind nur anzusetzen, wenn sie üblicherweise vom Eigentümer nicht auf den Mieter umgelegt werden können. Zu den Betriebskosten gehören nicht:[13]

- Die Kosten der zur Verwaltung des Gebäudes erforderlichen Arbeitskräfte und Einrichtungen, die Kosten der Aufsicht, der Wert der vom Vermieter persönlich geleisteten Verwaltungsarbeit, die Kosten für die gesetzlichen oder freiwilligen Prüfungen des Jahresabschlusses und die Kosten für die Geschäftsführung (Verwaltungskosten)
- Die Kosten, die während der Nutzungsdauer zur Erhaltung des bestimmungsmäßigen Gebrauchs aufgewendet werden müssen, um die durch Abnutzung, Alterung und Witterungseinwirkung entstehenden baulichen oder sonstigen Mängel ordnungsgemäß zu beseitigen (Instandhaltungs- und Instandsetzungskosten)

Unter die Betriebskosten im Sinne von § 1 Betriebskostenverordnung (BetrKV) fallen:[14]

1. Die laufenden öffentlichen Lasten des Grundstücks, hierzu gehört namentlich die Grundsteuer
2. Die Kosten der Wasserversorgung
3. Die Kosten der Entwässerung
4. Die Kosten
   a) des Betriebs der zentralen Heizungsanlage einschließlich der Abgasanlage
      oder
   b) des Betriebs der zentralen Brennstoffversorgungsanlage
      oder
   c) der eigenständig gewerblichen Lieferung von Wärme, auch aus Anlagen im Sinne des Buchstabens a,
      oder
   d) der Reinigung und Wartung von Etagenheizungen und Gaseinzelfeuerstätten

---

[12] § 1 Abs. 1 BetrKV.
[13] § 1 Abs. 2 BetrKV.
[14] § 2 BetrKV (Aufstellung der Betriebskosten).

5. Die Kosten
   a) des Betriebs der zentralen Warmwasserversorgungsanlage
      oder
   b) der eigenständig gewerblichen Lieferung von Warmwasser, auch aus Anlagen im Sinne des Buchstabens a
      oder
   c) der Reinigung und Wartung von Warmwassergeräten
6. Die Kosten verbundener Heizungs- und Warmwasserversorgungsanlagen
7. Die Kosten des Betriebs des Personen- oder Lastenaufzugs
8. Die Kosten der Straßenreinigung und Müllbeseitigung
9. Die Kosten der Gebäudereinigung und Ungezieferbekämpfung
10. Die Kosten der Gartenpflege
11. Die Kosten der Beleuchtung
12. Die Kosten der Schornsteinreinigung
13. Die Kosten der Sach- und Haftpflichtversicherung
14. Die Kosten für den Hauswart
15. Die Kosten
    a) des Betriebs der Gemeinschafts-Antennenanlage
       oder
    b) des Betriebs der mit einem Breitbandkabelnetz verbundenen privaten Verteilanlage
16. Die Kosten des Betriebs der Einrichtungen für die Wäschepflege
17. Sonstige Betriebskosten, hierzu gehören Betriebskosten im Sinne des § 1, die von Nr. 1 bis 16 nicht erfasst sind

Detaillierte Erfahrungssätze (Durchschnittssätze) für die Betriebskosten sind in der folgenden Tabelle zusammengestellt.[15]

---

[15] *Sommer/Piehler*, Grundstücks- und Gebäudewertermittlung aus der Praxis, Rudolf Haufe Verlag, Freiburg, Gruppe 5, S. 225.

Erfahrungswerte für Betriebskosten-Pauschsätze

Betriebskosten in vom Hundert (v. H.) des Rohertrags (ohne Grundsteuer) nach Rössler

Bezugsfertig

| Einwohner in der Gemeinde | Einfamilienhäuser und Zweifamilienhäuser | | | Mietwohngrundstücke | | | Gemischt genutzte Grundstücke mit einem gewerblichen Anteil am Jahresrohertrag | | | | | | | | | Geschäftsgrundstücke | | |
| | | | | | | | bis 40 v. H. | | | 40 bis 60 v. H. | | | mehr als 60 v. H. | | | | | |
	Bis 31.3.1924	1.4.1924 bis 20.6.1948	Nach dem 20.6.1948	Bis 31.3.1924	1.4.1924 bis 20.6.1948	Nach dem 20.6.1948	Bis 31.3.1924	1.4.1924 bis 20.6.1948	Nach dem 20.6.1948	Bis 31.3.1924	1.4.1924 bis 20.6.1948	Nach dem 20.6.1948	Bis 31.3.1924	1.4.1924 bis 20.6.1948	Nach dem 20.6.1948	Bis 31.3.1924	1.4.1924 bis 20.6.1948	Nach dem 20.6.1948
Bis 2.000	5	5	5	5	5	5	5	5	5	5	5	5	5	5	5	5	5	5
Über 2.000 bis 5.000	6	6	6	6	6	6	6	6	6	6	6	6	7	7	6	7	7	6
Über 5.000 bis 10.000	8	7	7	8	7	7	8	7	7	8	7	7	9	8	7	9	8	7
Über 10.000 bis 50.000	10	9	8	10	9	9	10	9	8	8	7	7	9	8	7	9	8	7
Über 50.000 bis 100.000	10	10	8	11	10	10	10	9	8	9	8	8	9	8	7	9	8	7
Über 100.000 bis 200.000	10	10	8	11	10	10	11	10	8	9	8	8	9	8	7	9	8	7
Über 200.000 bis 500.000	10	10	8	12	11	10	12	11	8	9	8	8	9	8	7	9	8	7
Über 500.000	10	10	8	12	11	10	12	11	8	9	8	8	9	8	7	9	8	7

Die Grundsteuer muss diesen Sätzen in einem Vomhundertsatz des Rohertrags hinzugerechnet werden.

Instandhaltungskosten

Instandhaltungskosten[16] umfassen die Kosten, die infolge von Abnutzung oder Alterung zur Erhaltung des der Wertermittlung zugrunde gelegten Ertragsniveaus der baulichen Anlage während ihrer Restnutzungsdauer aufgewendet werden müssen.

Erfahrungswerte für Instandhaltungskosten-Pauschsätze[17] sind in der folgenden Tabelle zusammengestellt:

Erfahrungswerte für Instandhaltungskosten-Pauschsätze

Instandhaltungskosten in vom Hundert (v. H.) des Rohertrags nach Rössler

| Einwohner in der Gemeinde | Einfamilienhäuser | | | Zweifamilienhäuser | | | Mietwohngrundstücke | | | Gemischt genutzte Grundstücke mit einem gewerblichen Anteil am Jahresrohertrag | | | | | | | | | Geschäftsgrundstücke | | |
| | | | | | | | | | | bis 40 v. H. | | | 40 bis 60 v. H. | | | mehr als 60 v. H. | | | | | |
	Bis 31.3.1924	1.4.1924 bis 20.6.1948	Nach dem 20.6.1948	Bis 31.3.1924	1.4.1924 bis 20.6.1948	Nach dem 20.6.1948	Bis 31.3.1924	1.4.1924 bis 20.6.1948	Nach dem 20.6.1948	Bis 31.3.1924	1.4.1924 bis 20.6.1948	Nach dem 20.6.1948	Bis 31.3.1924	1.4.1924 bis 20.6.1948	Nach dem 20.6.1948	Bis 31.3.1924	1.4.1924 bis 20.6.1948	Nach dem 20.6.1948	Bis 31.3.1924	1.4.1924 bis 20.6.1948	Nach dem 20.6.1948
										Bezugsfertig											
Bis 2.000	17	11	7	18	12	9	18	11	11	14	9	8	11	7	6	9	6	5	7	7	6
Über 2.000 bis 5.000	18	12	8	19	13	10	19	13	12	15	10	9	13	9	7	9	7	6	8	8	6
Über 5.000 bis 50.000	19	13	9	22	16	13	23	17	15	19	13	13	17	12	10	14	11	10	11	11	9
Über 50.000 bis 100.000	19	13	9	22	16	13	24	17	15	21	14	13	18	12	10	15	11	10	12	11	9

---

[16] § 19 Abs. 2 ImmoWertV.

[17] *Sommer/Piehler*, Grundstücks- und Gebäudewertermittlung aus der Praxis, Rudolf Haufe Verlag, Freiburg, Gruppe 5, S. 227.

Erfahrungswerte für Instandhaltungskosten-Pauschsätze

	Bis 31.3.1924	1.4.1924 bis 20.6.1948	Nach dem 20.6.1948	Bis 31.3.1924	1.4.1924 bis 20.6.1948	Nach dem 20.6.1948	Bis 31.3.1924	1.4.1924 bis 20.6.1948	Nach dem 20.6.1948	Bis 31.3.1924	1.4.1924 bis 20.6.1948	Nach dem 20.6.1948	Bis 31.3.1924	1.4.1924 bis 20.6.1948	Nach dem 20.6.1948	Bis 31.3.1924	1.4.1924 bis 20.6.1948	Nach dem 20.6.1948	Bis 31.3.1924	1.4.1924 bis 20.6.1948	Nach dem 20.6.1948
Über 100.000 bis 500.000	19	13	9	22	16	13	25	18	15	21	14	13	18	12	10	15	11	10	12	11	9
Über 500.000	19	13	9	22	16	13	26	19	15	22	15	13	18	12	10	15	11	10	12	11	9

Die Kosten für Schönheitsreparaturen sind in den Durchschnittssätzen enthalten.

Instandhaltungskosten können auch mithilfe von Erfahrungssätzen je Quadratmeter Wohnfläche, Geschossfläche oder Nutzfläche ermittelt werden. Anhaltspunkte für den Ansatz der Instandhaltungskosten in Abhängigkeit vom Alter des Gebäudes ergeben sich aus Anlage 3 der WertR 2006 wie folgt. Die Instandhaltungskosten zu Nr. 3.5.2.4 WertR nach § 28 Abs. 2 bis 5 II. BV[18] betragen:

- Bis 8,16 EUR/m² Wohnfläche je Jahr für Wohnungen, deren Bezugsfertigkeit am Ende des Kalenderjahres weniger als 22 Jahre zurückliegt
- Bis 10,34 EUR/m² Wohnfläche je Jahr für Wohnungen, deren Bezugsfertigkeit am Ende des Kalenderjahres mindestens 22 Jahre zurückliegt
- Bis 13,22 EUR/m² Wohnfläche je Jahr für Wohnungen, deren Bezugsfertigkeit am Ende des Kalenderjahres mindestens 32 Jahre zurückliegt
- Bis 78,15 EUR je Jahr für Garagen- oder Einstellplätze einschließlich der Kosten für die Schönheitsreparatur

Weiterhin berücksichtigt werden müssen folgende Zu- und Abschläge:

- Abzüglich 0,23 EUR jährlich je Quadratmeter Wohnung bei eigenständiger gewerblicher Leistung von Wärme im Sinne des § 1 Abs. 2 Nr. 2 der HeizkostenV
- Abzüglich 1,21 EUR jährlich je Quadratmeter Wohnung, wenn der Mieter die Kosten der kleinen Instandhaltung trägt

---

[18] II. BV vom 17.10.1957 in der Fassung der Bekanntmachung vom 12.10.1990 (BGBl. I, S. 2178), zuletzt geändert durch Artikel 3 der Verordnung vom 25.11.2003 (BGBl. I, S. 2346).

- Zuzüglich 1,15 EUR jährlich je Quadratmeter Wohnung, wenn ein maschinell betriebener Aufzug vorhanden ist
- Zuzüglich bis 9,76 EUR jährlich je Quadratmeter Wohnung, wenn der Vermieter die Kosten der Schönheitsreparaturen trägt

Die nach § 26 Abs. 4 II. BV erstmals vorgesehene Anpassung zum 1.1.2011 ist berücksichtigt. Die genannten Beträge verändern sich am 1. Januar eines jeden darauffolgenden dritten Jahres um den Prozentsatz, um den sich der vom Statistischen Bundesamt festgestellte Verbraucherpreisindex für Deutschland für den der Veränderung vorausgehenden Monat Oktober gegenüber dem Wert für den der letzten Veränderung vorausgehenden Monat Oktober erhöht oder verringert hat. Die nächste Anpassung steht am 1.1.2014 an.

HINWEISE zur Berechnung

Der Verbraucherpreisindex für Oktober 2010 [2005 = 100] beträgt 108,4, für Oktober 2007 [2005 = 100] beträgt 104,5. Die Veränderung des Verbraucherpreisindex zwischen Oktober 2007 und Oktober 2010 liegt bei rund 3,73 Prozent. Die bislang gültigen Bewirtschaftungskosten vom 1.1.2008 erhöhen sich um rund 3,73 Prozent (Multiplikator 1,0373).

Mietausfallwagnis

Das Mietausfallwagnis[19] umfasst das Risiko von Ertragsminderungen, die durch uneinbringliche Rückstände von Mieten, Pachten und sonstigen Einnahmen oder durch vorübergehenden Leerstand von Raum entstehen, der zur Vermietung, Verpachtung oder sonstigen Nutzung bestimmt ist. Es umfasst auch das Risiko von uneinbringlichen Kosten einer Rechtsverfolgung auf Zahlung, Aufhebung eines Mietverhältnisses oder Räumung.

Erfahrungswerte für Mietausfallwagnis (aus Anlage 3 der WertR 2006 nach § 29 II. BV[20]):

- Zwei Prozent der Nettokaltmiete bei Mietwohn- und gemischt genutzten Grundstücken
- Vier Prozent der Nettokaltmiete (Jahresrohertrag) bei Geschäftsgrundstücken

---

[19] § 19 Abs. 2 ImmoWertV.

[20] II. BV vom 17.10.1957 in der Fassung der Bekanntmachung vom 12.10.1990 (BGBl. I, S. 2178), zuletzt geändert durch Artikel 3 der Verordnung vom 25.11.2003 (BGBl. I, S. 2346).

TIPP

Für Gewerbeobjekte außerhalb der Ballungsräume sollten Sie zu Zeiten hoher Leerstände, Insolvenzen etc. das Mietausfallwagnis in Höhe von circa vier bis acht Prozent berücksichtigen. Das Mietausfallwagnis von acht Prozent ist bei einem Gewerbeobjekt mit besonders hohem Risiko anzusetzen.

BEISPIEL

Ein Mietausfallwagnis von zwei Prozent bedeutet, dass nach einer Mietzeit von 100 Monaten mit einem Leerstand von zwei Monaten gerechnet wird.

Auswirkung der Bewirtschaftungskosten auf den Ertragswert

Das folgende Beispiel soll die Auswirkung der Bewirtschaftungskosten auf den Ertragswert verdeutlichen.

BEISPIEL

	Bewirtschaftungskosten	Prozentuale Veränderung	Ertragswert
Abweichung A	15,00 %	+ 6,44 %	227.192 EUR
Ursprung	20,00 %	± 0,00 %	213.440 EUR
Abweichung B	25,00 %	- 6,44 %	199.689 EUR

Abb. 11: Sensitivitätsanalyse Bewirtschaftungskosten/Ertragswert

Das Beispiel zeigt, dass die Bewirtschaftungskosten bei einer Abweichung in Höhe von plus oder minus fünf Prozent eine Änderung des Ertragswerts von circa plus oder minus 6,5 Prozent zur Folge haben. Die Bewirtschaftungskosten sind mit großer Sorgfalt zu ermitteln, da sie eine entscheidende Eingangsgröße im Ertragswertverfahren sind.

4.2.3 Die Ermittlung des Liegenschaftszinssatzes

Liegenschaftszinssätze (Kapitalisierungszinssätze, § 193 Abs. 5 Satz 2 Nr. 1 des BauGB) sind die Zinssätze, mit denen Verkehrswerte von Grundstücken je nach Grundstücksart im Durchschnitt marktüblich verzinst werden. Sie sind auf der Grundlage geeigneter Kaufpreise und der ihnen entsprechenden Reinerträge für gleichartig bebaute und genutzte Grundstücke unter Berücksichtigung der Restnutzungsdauer der Gebäude nach den Grundsätzen des Ertragswertverfahrens (§§ 17 bis 20) abzuleiten.[21]

Der Liegenschaftszinssatz ist nicht mit dem Zinssatz am Kapitalmarkt zu verwechseln bzw. gleichzusetzen. Er ist immer geringer als der langfristige Kapitalmarktzinssatz. Der wesentliche Grund hierfür liegt in der höheren Wertbeständigkeit des Bodens gegenüber dem Geldvermögen.

! | **WICHTIG**

Je geringer der Liegenschaftszinssatz, desto wertvoller ist der Boden bzw. die Immobilie. Immobilien mit geringerem wirtschaftlichem Risiko haben einen niedrigeren Liegenschaftszinssatz — sind also wertbeständiger — als risikoreichere Objekte.

Der Liegenschaftszins errechnet sich wie folgt:

$$\text{Liegenschaftszins (LZ)} = \frac{\text{Jahresmiete x 100}}{\text{Kaufpreis}}$$

---

[21] § 14 Abs. 3 ImmoWertV.

Variiert man den Liegenschaftszinssatz zum Beispiel um 0,5 Prozent, können sich im Ertragswert (bei längerer Restnutzungsdauer) bereits Abweichungen von circa zehn Prozent ergeben. Das folgende Beispiel soll die Auswirkung des Liegenschaftszinssatzes auf den Ertragswert verdeutlichen.

▶ **BEISPIEL**

	Liegenschaftszinssatz	Prozentuale Veränderung	Ertragswert
Abweichung A	4,5 %	+ 9,41 %	233.531 EUR
Ursprung	5,0 %	± 0,00 %	213.440 EUR
Abweichung B	5,5 %	− 8,16 %	196.026 EUR

Abb. 12: Sensitivitätsanalyse Liegenschaftszinssatz/Ertragswert

Das Beispiel zeigt, dass der Liegenschaftszinssatz bei einer Abweichung in Höhe von plus oder minus 0,5 Prozent einen erheblichen Einfluss auf den Ertragswert hat. Der Einfluss des Liegenschaftszinssatzes auf den Ertragswert ist umso größer, je länger die Restnutzungsdauer ist.

! **WICHTIG**

Je höher der Liegenschaftszinssatz ist, desto geringer fällt der Ertragswert aus.

Der Liegenschaftszinssatz kann zum Beispiel beim Gutachterausschuss für Grundstückswerte erfragt werden. In den Jahresberichten der Gutacherausschüsse für Grundstückswerte werden häufig Bandbreiten angegeben, in denen der Liegenschaftszinssatz bei Renditeobjekten in Abhängigkeit zum Beispiel vom Gewerbeanteil, vom Bodenrichtwert (Lage), von der Restnutzungsdauer, von der Nettokaltmiete etc. variiert. In der Regel wird der Liegenschaftszinssatz in

- Wohnhäuser mit keinem bis geringem Gewerbeanteil,
- Wohnhäuser mit höherem Gewerbeanteil und
- Gewerbe (Büro- und Geschäftshäuser)

unterteilt.

In der Literatur werden häufig Liegenschaftszinssätze angegeben, die jedoch nur als grobe Richtwerte dienen. Die Liegenschaftszinssätze, die der örtliche Gutachterausschuss ermittelt, sind den allgemeinen Angaben aus der Literatur vorzuziehen. Die einschlägige Fachliteratur gibt als grobe Richtschnur zum Beispiel folgende Liegenschaftszinssätze an:

Autor	Wohnungs-eigentum	Ein- bzw. Zweifami-lienhäuser	Mehr-familienhäuser/ Mietwohn-grundstücke	Gemischt genutzte Gebäude	Geschäfts- und Bürogrund-stücke
Sprengnetter	2,75—4,0	2,0—3,25	3,0—4,00	4,25—5,75	5,50—6,50
Kleiber/ Simon	3,5	2,0—4,0	4,0—5,0	4,5—5,5	6,0—9,0
Vogels		2,5—3,5	3,5—4,5	4,5—5,5	6,5—7,0
Ross		2,5—3,5	4,0—4,5	5,0—5,5	5,0—6,0
Sommer		2,5—4,5	4,0—5,5	5,0—6,5	6,0—7,0
WertR 2006			5,0	5,5—6,0	6,5

Liegenschaftszinssätze werden in der Regel in Form einer gegebenen Zinsspanne veröffentlicht.

Mithilfe der folgenden Tabelle können Sie aus einer gegebenen Zinsspanne nach Benotung und Gewichtung verschiedener Risikofaktoren einen „objektspezifischen Liegenschaftszins" für verschiedene Gewerbeimmobilien ermitteln.

Eingabefelder
bitte markieren

Liegenschaftszins-Spanne
Minimaler Zins: 4,60
Maximaler Zins: 5,40

Risikofaktor	Ausprägung			Gewicht (W)
R 1.1) Lage für Büro- und Geschäfts- häuser	Sehr gute repräsentative Lagen, oder Lagen in Fußgängerzonen in den Zentren von Großstädten (Landeshauptstädten) oder größeren Städten mit wirtschaftlich überregionaler Bedeutung ○	Gute bis schlechte Lagen in den Zentren oder zentrumsnahe Randlagen von Großstädten (Landeshauptstädten) oder in größeren oder mittelgroßen Städten mit wirtschaftlich überregionaler Bedeutung oder sehr gute bis mittlere Lage in kleineren Städten oder in Märkten mit wirtschaftlich überregionaler Bedeutung ◉	Lagen in Zentren dörflicher Siedlungen oder Einzellagen ○	0,25
R 1.2) Lage für Einkaufs- zentren und Gewerbe- parks	Sehr gute bis gute Lage in Großstädten (Landeshauptstädten) oder in größeren Städten mit wirtschaftlich überregionaler Bedeutung. Lagen am Rande derartiger Städte in sehr guter Verkehrslage (sehr gute Erreichbarkeit mit dem Kraftfahrzeug oder öffentlichen Verkehrsmitteln). ○	Gute bis mittlere Lagen in Großstädten (Landeshauptstädten) oder in mittelgroßen Städten. Lagen im Nahbereich derartiger Städte. Sehr gute bis mittlere Lagen in Kleinstädten oder Märkten mit wirtschaftlich regionaler Bedeutung. Lage in Kleinstädten. ○	Schlechte bis sehr schlechte Lagen in allen Städten oder Orten. ○	
R 2) Gestaltung der Mietverträge	Indexierte, langfristige, vermieterfreundliche Mietverträge ○	Indexierte Mietverträge ○	Kurzfristige Mietverträge ◉	0,2
R 3) Bonität der Mieter	Zweifelsfreie Bonität der Mieter. ○	Normale Verhältnisse ○	Bonität der Mieter über nicht jeden Zweifel erhaben. ◉	0,15
R 4) Gebäudekund- liche Konzeption	Überzeugend ○	Mittel ◉	Weniger überzeugend ○	0,1
R 5) Restnutzungs- dauer	< 30 Jahre ○	30 bis 50 Jahre ○	> 50 Jahre ◉	0,1
R 6) Marktsituation	Steigende Mieten und damit steigende Erträge oder die Immobiliennachfrage in der zu bewertenden Gruppe ist größer als das Angebot. ○	Stabile Mieten und Erträge oder das Immobilienangebot in der zu bewertenden Gruppe ist gleich der Nachfrage. ◉	Sinkende Mieten und damit sinkende Erträge oder das Immobilienangebot in der zu bewertenden Gruppe ist größer als die Nachfrage. ○	0,1
R 7) Größe des Objekts	Für die zu bewertende Objektart typische Gebäudegröße ○	Kleiner als die für diese Objektart typische Gebäudegröße ○	Größer als die für diese Objektart typische Gebäudegröße ◉	0,1

© Zeißler 2001

Summe: 1

Objektspezifischer Zins: **5,2%**

Abb. 13: Ermittlung des objektspezifischen Liegenschaftszinses

4.2.4 Ermittlung der Restnutzungsdauer

Die Ermittlung der Restnutzungsdauer ist im Ertragswertverfahren notwendig, um mithilfe des Liegenschaftszinssatzes den Vervielfältiger bestimmen zu können. Beim Sachwertverfahren wird insbesondere mit der Restnutzungsdauer die Alterswertminderung für das Gebäude bestimmt.

Die Restnutzungsdauer ist der Zeitraum, in dem die baulichen Anlagen bei ordnungsgemäßer Unterhaltung und Bewirtschaftung voraussichtlich noch wirtschaftlich genutzt werden können. Wurden an den baulichen Anlagen Instandsetzungs- oder Modernisierungsmaßnahmen durchgeführt oder unterlassen, muss die Restnutzungsdauer entsprechend verlängert bzw. verkürzt werden.

Die Instandhaltung unterscheidet sich von der Modernisierung wie folgt:

- Modernisierung (§ 16 Abs. 3 Wohnraumförderungsgesetz [WoFG]): Modernisierung sind bauliche Maßnahmen, die
  - den Gebrauchswert des Wohnraums oder des Wohngebäudes nachhaltig erhöhen,
  - die allgemeinen Wohnverhältnisse auf Dauer verbessern oder
  - nachhaltig Einsparungen von Energie oder Wasser bewirken.
  - Instandsetzungen, die durch Maßnahmen der Modernisierung verursacht werden, fallen ebenfalls unter Modernisierung.
- Instandhaltung (§ 28 Abs. 1, II. BV): Instandhaltungskosten sind die Kosten, die während der Nutzungsdauer zur Erhaltung des bestimmungsmäßigen Gebrauchs aufgewendet werden müssen, um die durch Abnutzung, Alterung und Witterungseinwirkung entstehenden baulichen oder sonstigen Mängel ordnungsgemäß zu beseitigen. Der Ansatz der Instandhaltungskosten dient auch zur Deckung der Kosten von Instandsetzungen, nicht jedoch der Kosten von Baumaßnahmen, soweit durch sie eine Modernisierung vorgenommen wird oder Wohnraum oder anderer auf die Dauer benutzbarer Raum neu geschaffen wird. Der Ansatz dient nicht zur Deckung der Kosten einer Erneuerung von Anlagen und Einrichtungen, für die eine besondere Abschreibung nach § 25 Abs. 3 zulässig ist.

Die Ertragswertermittlung geht grundsätzlich von einer ordnungsgemäßen Instandhaltung aus.

Die Restnutzungsdauer wird im Allgemeinen durch Abzug des Alters von der wirtschaftlichen Gesamtnutzungsdauer der baulichen Anlagen ermittelt.

Abb. 14: Ermittlung der Restnutzungsdauer

Die wirtschaftliche Gesamtnutzungsdauer hängt im Wesentlichen von der Gebäudeart und deren Nutzung ab. Anhaltswerte gibt Anlage 4 der WertR 2006 „Durchschnittliche wirtschaftliche Gesamtnutzungsdauer bei ordnungsgemäßer Instandhaltung (ohne Modernisierung)".

▶ BEISPIELE: GND	
Einfamilienhäuser (entsprechend ihrer Qualität)	60—80 Jahre[22]
Frei stehende Einfamilienhäuser (auch mit Einliegerwohnung)	
Zwei- und Dreifamilienhäuser	
Reihenhäuser (bei leichter Bauweise kürzer)	60—80 Jahre
Fertighäuser in Massiv-, Fachwerk- und Tafelbauweise	60—80 Jahre
Siedlungshäuser	60—70 Jahre
Wohn- und Geschäftshäuser	60—80 Jahre
Mehrfamilienhäuser (Mietwohngebäude)	60—80 Jahre
Gemischt genutzte Wohn- und Geschäftshäuser mit gewerblichem Mietertragsanteil bis 80 Prozent	50—70 Jahre
Verwaltungs- und Bürogebäude	50—80 Jahre
Verwaltungs- und Bankgebäude	
Gerichtsgebäude	60—80 Jahre

---

[22] Bis vor einiger Zeit wurde die Gesamtnutzungsdauer von Gebäuden häufig mit 100 Jahren angesetzt. Solche Ansätze sind nicht mehr marktüblich und werden in den Sachwertermittlungen nicht mehr angewandt. Marktüblich ist eine Gesamtnutzungsdauer von circa 80 Jahren.

▶ **BEISPIEL**

In unserem Beispiel geht es um ein Mehrfamilienhaus mit Baujahr 1965. Wertermittlungsstichtag ist der 1.6.2004. Wie hoch ist die Restnutzungsdauer? Aus der Übersicht kann man für Mehrfamilienhäuser als Gesamtnutzungsdauer 60 bis 80 Jahre ablesen. Unter der Voraussetzung, dass das Mietobjekt ordnungsgemäß unterhalten und bewirtschaftet wurde, wird eine Gesamtnutzungsdauer von 70 Jahren zugrunde gelegt. Das Gebäude ist zum Wertermittlungsstichtag 39 Jahre alt. Somit ergibt sich eine Restnutzungsdauer von 31 Jahren.

Wäre das Gebäude durchgreifend modernisiert worden, würde sich die Restnutzungsdauer entsprechend verlängern bzw. bei einer unterlassenen Instandhaltung verkürzen.

Bei einer Verlängerung der Restnutzungsdauer im Fall einer durchgreifenden Modernisierung um beispielsweise 15 Jahre verjüngt sich das Gebäude um die gleiche Anzahl von Jahren.[23] Das Gebäude entspricht dann einem vergleichbaren Gebäude, das 15 Jahre später, also im Jahr 1980, gebaut wurde. Dieses Baujahr wird auch als fiktives Baujahr bezeichnet.

---

[23] *Sommer/Piehler*, Grundstücks- und Gebäudewertermittlung aus der Praxis, Rudolf Haufe Verlag, Freiburg, Gruppe 3.3.

Bei einer Verkürzung der Restnutzungsdauer infolge einer unterlassenen Instandhaltung um beispielsweise 15 Jahre altert das Gebäude um die gleiche Anzahl von Jahren. Es entspricht dann einem vergleichbaren Gebäude, das 15 Jahre früher, also 1950, gebaut wurde. Dieses Baujahr wird wieder als fiktives Baujahr bezeichnet.

Wie Sie das fiktive Baujahr bestimmen

Dem Wertermittlungsanfänger bereitet es häufig Schwierigkeiten, das fiktive Baujahr modernisierter Gebäude zu bestimmen. Es bieten sich die im Folgenden beschriebenen Methoden an.

Ermittlung des Gebäudealters bei vollständiger Entkernung und Erneuerung[24]

    Jahr der Entkernung und Erneuerung
- 10 % der üblichen Gesamtnutzungsdauer[25]
= fiktives Baujahr

▶ **BEISPIEL: Ermittlung des fiktiven Baujahres und Gebäudealters eines entkernten und erneuerten Fachwerkgebäudes**

Jahr des Wertermittlungsstichtags	1998
Ursprüngliches Baujahr (geht nicht in die Berechnung ein)	1902
Entkernung und Erneuerung	1979
Gesamtnutzungsdauer	70 Jahre

---

[24] Vgl. *Sprengnetter*, Immobilienbewertung – Marktdaten und Praxishilfen, Sinzig 2010, Kapitel 3.02.4, Abschnitt 2.1.

[25] Der Abzug von zehn Prozent wird vorgeschlagen, wenn nur die Fundamente, die Fassaden und höchstens noch die Dachkonstruktion erhalten bleiben. Dieser Prozentsatz sollte sachverständig erhöht werden, wenn weitere Gebäudeteile (zum Beispiel Decken) hinzukommen.

Fiktives Baujahr = 1979 — 10 % von 70 Jahren = 1979 — 7 Jahre = 1972
Fiktives Gebäudealter = 1998 — 1972 = 26 Jahre

Ermittlung des Gebäudealters bzw. der Restnutzungsdauer bei erweiterten Gebäuden[26]

Oftmals ist die Restnutzungsdauer für Gebäude mit Gebäudeteilen aus verschiedenen Baujahren zu bestimmen. Beispiele:

- Wiederaufbau eines Gebäudes unter Verwendung alter Gebäudeteile (zum Beispiel nach Kriegs- oder Brandzerstörung)
- Erweiterungsanbau an ein bereits bestehendes Gebäude (zum Beispiel Bad-, Treppenhaus- oder Wohnraumanbau)
- Erweiterungsauf- und -ausbau bei bestehenden Gebäuden (zum Beispiel Dachauf- oder -ausbau)
- Erneuerung von wesentlichen Gebäudeteilen (zum Beispiel von Dachstuhl und -eindeckungen oder des Treppenhauses)

In solchen Fällen lässt sich als Vorüberlegung zur Bestimmung der Restnutzungsdauer eine gewogene Restnutzungsdauer (Ø RND) bzw. ein gewogenes fiktives Gebäudealter (Ø GA) nach folgenden Formeln berechnen (BGF = Brutto-Grundfläche in m^2; GT = Gebäudeteil in Prozent; der Index n bezieht sich jeweils auf das Gebäudeteil n).

$$\text{Ø RND} = \frac{RND_1 \times BGF_1 + \ldots + RND_1 \times BGF_n}{BGF_1 + \ldots + BGF_n}$$

oder

$$\text{Ø RND} = \frac{RND_1 \times GT_1 + \ldots + RND_n \times GT_n}{GT_1 + \ldots + GT_n}$$

▶ **BEISPIEL: Ermittlung der Restnutzungsdauer für ein erweitertes Gebäude**

$$\text{Ø GA} = \frac{GA_1 \times BGF_1 + \ldots + GA_n \times BGF_n}{BGF_1 + \ldots + BGF_n}$$

---

[26] Vgl. *Sprengnetter*, Immobilienbewertung – Marktdaten und Praxishilfen, Sinzig 2010, Kapitel 3.02.4, Abschnitt 2.2.

An ein Zweifamilienhaus (BGF = 400 m^2) aus dem Jahr 1948 wird im Jahr 1993 ein Anbau (BGF = 80 m^2) errichtet. Jahr des Wertermittlungsstichtags: 2003.

	Übliche Gesamtnutzungsdauer	Restnutzungsdauer
Wohngebäude	80 Jahre	25 Jahre
Anbau	80 Jahre	70 Jahre

$$\varnothing \, RND = \frac{RND_1 \times BGF_1 + ... + RND_n \times BGF_n}{BGF_1 + ... + BGF_n}$$

$$\varnothing \, RND = \frac{25 \text{ Jahre} \times 400 m^2 + 70 \text{ Jahre} \times 80 \ m^2}{400 m^2 + 80 \ m^2} = \text{rd. 33 Jahre}$$

Ermittlung des Gebäudealters bei modernisierten Gebäuden[27]

Zur Ermittlung der wirtschaftlichen Restnutzungsdauer für Wohn-, Verwaltungs-, Büro- und Geschäftsgebäude kann das nachfolgende „Modell zur Ableitung der wirtschaftlichen Restnutzungsdauer für Wohngebäude unter Berücksichtigung von Modernisierungen" angewandt werden.

Bei modernisierten Gebäuden lässt sich zum Beispiel unter Verwendung der nachstehenden Tabelle anhand eines Punkterasters entsprechend der durchgeführten Modernisierungsmaßnahmen der Modernisierungsgrad zum Bewertungsstichtag in Abhängigkeit von der Gesamtpunktezahl bestimmen.

Liegen die Modernisierungsmaßnahmen weiter zurück, ist zu prüfen, ob nicht ein geringerer als der maximale Tabellenwert anzusetzen ist. Sofern nicht modernisierte Bauelemente noch zeitgemäßen Ansprüchen genügen, sind entsprechend Punkte zu vergeben.

Modernisierungselemente	Maximale Punkte
Dacherneuerung inklusive Verbesserung der Wärmedämmung	4
Modernisierung der Fenster und Außentüren	2
Modernisierung der Leitungssysteme (Strom, Gas, Wasser, Abwasser)	2
Modernisierung der Heizungsanlage	2

---

[27] Vgl. Anlage 4, SW-RL

Modernisierungselemente	Maximale Punkte
Wärmedämmung der Außenwände	4
Modernisierung von Bädern	2
Modernisierung des Innenausbaus, zum Beispiel Decken, Fußböden, Treppen	2
Wesentliche Verbesserung der Grundrissgestaltung	2

Der Modernisierungsgrad wird entsprechend der jeweils ermittelten Gesamtpunktezahl anhand der nachfolgenden Tabelle wie folgt zugeordnet:

Modernisierungsgrad	
≤ 1 Punkt	Nicht modernisiert
4 Punkte	Kleine Modernisierungen im Rahmen der Instandhaltung
8 Punkte	Mittlerer Modernisierungsgrad
13 Punkte	Überwiegend modernisiert
≥ 18 Punkte	Umfassend modernisiert

Aus einer der nachfolgenden Tabellen lässt sich dann in Abhängigkeit von der üblichen Gesamtnutzungsdauer, des Gebäudealters und der ermittelten Gesamtpunktezahl (Modernisierungsgrad) die (modifizierte) Restnutzungsdauer bestimmen.

Modifizierte Restnutzungsdauer bei einer üblichen Gesamtnutzungsdauer von 80 Jahren

Gebäudealter in Jahren	Modernisierungsgrad				
	≤ 1 Punkt	4 Punkte	8 Punkte	13 Punkte	≥ 18 Punkte
	Modifizierte Restnutzungsdauer				
0	80	80	80	80	80
5	75	75	75	75	75
10	70	70	70	70	71
15	65	65	65	66	69
20	60	60	61	63	68

Gebäudealter in Jahren	Modernisierungsgrad				
	≤ 1 Punkt	4 Punkte	8 Punkte	13 Punkte	≥ 18 Punkte
	Modifizierte Restnutzungsdauer				
25	55	55	56	60	66
30	50	50	53	58	64
35	45	45	49	56	63
40	40	41	46	53	62
45	35	37	43	52	61
50	30	33	41	50	60
55	25	30	38	48	59
60	21	27	37	47	58
65	17	25	35	46	57
70	15	23	34	45	57
75	13	22	33	44	56
≥ 80	12	21	32	44	56

Modifizierte Restnutzungsdauer bei einer üblichen Gesamtnutzungsdauer von 70 Jahren

Gebäudealter in Jahren	Modernisierungsgrad				
	≤ 1 Punkt	4 Punkte	8 Punkte	13 Punkte	≥ 18 Punkte
	Modifizierte Restnutzungsdauer				
0	70	70	70	70	70
5	65	65	65	65	65
10	60	60	60	60	62
15	55	55	55	57	60
20	50	50	51	54	58
25	45	45	47	51	57
30	40	40	43	49	55
35	35	36	40	47	54
40	30	32	37	45	53

Gebäudealter in Jahren	Modernisierungsgrad				
	≤ 1 Punkt	4 Punkte	8 Punkte	13 Punkte	≥ 18 Punkte
	Modifizierte Restnutzungsdauer				
45	25	28	35	43	52
50	20	25	33	42	51
55	16	23	31	41	50
60	14	21	30	40	50
65	12	19	29	39	49
≥ 70	11	19	28	38	49

Modifizierte Restnutzungsdauer bei einer üblichen Gesamtnutzungsdauer von 60 Jahren

Gebäudealter in Jahren	Modernisierungsgrad				
	≤ 1 Punkt	4 Punkte	8 Punkte	13 Punkte	≥ 18 Punkte
	Modifizierte Restnutzungsdauer				
0	60	60	60	60	60
5	55	55	55	55	55
10	50	50	50	50	52
15	45	45	45	47	51
20	40	40	41	45	49
25	35	35	38	42	48
30	30	30	35	40	46
35	25	27	32	38	45
40	20	23	29	37	44
45	16	20	27	35	43
50	12	18	26	34	43
55	10	17	25	33	42
≥ 60	9	16	24	33	42

Modifizierte Restnutzungsdauer bei einer üblichen Gesamtnutzungsdauer von 50 Jahren

Gebäudealter in Jahren	Modernisierungsgrad				
	≤ 1 Punkt	4 Punkte	8 Punkte	13 Punkte	≥ 18 Punkte
	Modifizierte Restnutzungsdauer				
0	50	50	50	50	50
5	45	45	45	45	45
10	40	40	40	41	43
15	35	35	36	38	41
20	30	30	32	36	40
25	25	25	29	33	39
30	20	21	26	32	38
35	15	18	24	30	37
40	11	16	22	29	36
45	9	14	21	28	35
≥ 50	8	13	20	27	35

Weitere Tabellen über modifizierte Restnutzungsdauern bei einer üblichen Gesamtnutzungsdauer von 30, 40, 50, 60, 65, 70, 75 und 80 Jahre finden Sie in Anlage 4 der Sachwertrichtlinie.

▶ **BEISPIEL: Ermittlung des Gebäudealters bei modernisierten Gebäuden**

Bei einem Gebäude (Mehrfamilienhaus, Baujahr 1964) wurden folgende Modernisierungsmaßnahmen durchgeführt:

Modernisierungselemente	
Dacherneuerung inklusive Verbesserung der Wärmedämmung	4 Punkte
Modernisierung der Fenster mit Außentüren	2 Punkte
Modernisierung der Außenwände	4 Punkte
Modernisierung der Bäder	2 Punkte
Modernisierung des Innenausbaus	2 Punkte
Gesamtpunktzahl	13 Punkte

Entsprechend der ermittelten Gesamtzahl von 13 Punkten entspricht dies dem Modernisierungsgrad „überwiegend modernisiert". Das Gebäude befindet sich also in einem „überwiegend modernisierten" Zustand.

Jahr des Wertermittlungsstichtags: 2012

Die Gesamtnutzungsdauer bei Mehrfamilienhäusern (Mietwohngebäuden) beträgt circa 60 bis 80 Jahre. Zur weiteren Berechnung werden 70 Jahre angesetzt. Das Gebäudealter errechnet sich mit 48 Jahren (2012 — 1964). Die Restnutzungsdauer beträgt somit 22 Jahre (70 — 48 Jahre).

Aus der Tabelle „Modifizierte Restnutzungsdauer bei einer üblichen Gesamtnutzungsdauer von 70 Jahren", einem Gebäudealter von 48 Jahren und dem ermittelten Modernisierungsstandard (13 Punkte) entnimmt man den Wert (modifizierte Restnutzungsdauer) etwa 42 Jahre.

Die Modernisierungsmaßnahmen bewirken also eine Verlängerung der Restnutzungsdauer um 20 Jahre (42 — 22 Jahre). Das fiktive Baujahr errechnet sich somit wie folgt:

1984 = 2012 + 42 Jahre (modifizierte RND) — 70 Jahre (GND)

Abb. 15: Darstellung ohne Modernisierungsmaßnahmen

Durch die Modernisierungsmaßnahmen verlängert sich die Restnutzungsdauer, das bedeutet, das Gebäude präsentiert sich in einem jüngeren Zustand. Bei einer Verlängerung der Restnutzungsdauer um 20 Jahre verjüngt sich das Gebäude um die gleiche Anzahl von Jahren.[28] Das Gebäude entspricht dann einem vergleichbaren Gebäude, das 20 Jahre später, also im Jahr 1984, gebaut wurde (fiktives Baujahr).

---

[28] *Sommer/Piehler,* Grundstücks- und Gebäudewertermittlung aus der Praxis, Rudolf Haufe Verlag, Freiburg, Gruppe 3.3.

Verfahren zur Verkehrswertermittlung bebauter Grundstücke

Abb. 16: Darstellung mit durchgeführten Modernisierungsmaßnahmen

---

Das folgende Beispiel soll die Auswirkung der Restnutzungsdauer auf den Ertragswert verdeutlichen.

BEISPIEL

	Restnutzungsdauer	Prozentuale Veränderung	Ertragswert
Abweichung A	50 Jahre	– 1,65 %	209.926 EUR
Ursprung	55 Jahre	± 0,00 %	213.440 EUR
Abweichung B	60 Jahre	+ 1,29 %	216.194 EUR

Abb. 17: Sensitivitätsanalyse Restnutzungsdauer/Ertragswert

Das Beispiel zeigt, dass sich bei einer Änderung der Restnutzungsdauer um fünf
Jahre nach oben oder unten der Ertragswert nicht wesentlich verändert.

4.2.5 Ermittlung des Vervielfältigers

Der Vervielfältiger hängt vom Liegenschaftszinssatz und der Restnutzungsdauer der baulichen Anlagen ab. Er lässt sich zum Beispiel aus der Anlage 5, WertR 2006 entnehmen, aber auch mit folgender Formel ermitteln (p = Liegenschaftszinssatz, n = Restnutzungsdauer):

$$\text{Vervielfältiger} = \frac{q^n - 1}{q^n \times (q - 1)}, \text{ wobei } q = 1 + \frac{p}{100}$$

▶ **BEISPIEL**

Liegenschaftszinssatz = 5 %
Restnutzungsdauer = 55 Jahre
Der Vervielfältiger wird wie folgt ermittelt.

Möglichkeit 1: Ablesewert aus Anlage 5, WertR 2006, in Abhängigkeit vom Liegenschaftszinssatz und der Restnutzungsdauer der baulichen Anlagen. Dieser Weg ergibt als Vervielfältiger 18,63.

Möglichkeit 2: Unter Verwendung vorgenannter Formel ergibt sich als Wert des Vervielfältigers:

$$\text{Vervielfältiger} = \frac{(1 + 0,05)^{55} - 1}{(1 + 0,05)^{55} \times 0,05}$$

4.2.6 Ermittlung des Ertragswerts bzw. Verkehrswerts (Marktwerts) des Grundstücks

Der Verkehrswert (Marktwert) des Grundstücks berechnet sich sodann aus dem vorläufigen Ertragswert des Grundstücks unter Berücksichtigung der Marktanpassung an die allgemeinen Wertverhältnisse auf dem Grundstücksmarkt und besonderer objektspezifischer Grundstücksmerkmale.

Marktanpassung

Mit der ImmoWertV neu eingeführt wurde eine zweistufige Marktanpassung, die bei der Wertermittlung zwingend in folgender Reihenfolge gesondert zu berücksichtigen ist.

1. Marktanpassung an die allgemeinen Wertverhältnisse auf dem Grundstücks-markt[29]
2. Berücksichtigung besonderer objektspezifischer Grundstücksmerkmale[30]

Ziel der Marktanpassung ist es, aus dem vorläufigen Ertragswert des Grundstücks einen Verkehrswert abzuleiten, der als wahrscheinlichster Kaufpreis auch erzielbar ist.

Marktanpassung an die allgemeinen Wertverhältnisse auf dem Grundstücksmarkt

Die Marktanpassung an die allgemeinen Wertverhältnisse auf dem Grundstücks-markt ist in der Regel durch die Anwendung des Liegenschaftszinssatzes erfolgt.

Berücksichtigung besonderer objektspezifischer Grundstücksmerkmale

Bei der Berücksichtigung der besonderen objektspezifischen Grundstücksmerk-male werden wertbeeinflussende Umstände erfasst, sofern diese nicht bereits an anderer Stelle der Berechnung berücksichtigt wurden.

---

§ 8 Abs. 3 ImmoWertV — Ermittlung des Verkehrswerts

(3) Besondere objektspezifische Grundstücksmerkmale wie beispielsweise eine wirtschaftliche Überalterung, ein überdurchschnittlicher Erhaltungszu-stand, Baumängel oder Bauschäden, von den marktüblich erzielbaren Erträgen erheblich abweichende Erträge sowie ein erhebliches Abweichen der tatsächli-chen von der nach § 6 Abs. 1 maßgeblichen Nutzung können, soweit dies dem gewöhnlichen Geschäftsverkehr entspricht, durch marktgerechte Zu- oder Ab-schläge oder in anderer geeigneter Weise berücksichtigt werden.

Zweck der Regelung ist es sicherzustellen, dass zum Beispiel Baumängel und Bauschäden (nur) in marktkonformer Weise berücksichtigt werden. Im Sinne einer weiteren Verdeutlichung des Marktbezugs sowie zur Präzisierung der Begrifflich-keiten wird weiter bestimmt, dass die Wertminderung durch marktgerechte Ab-schläge (statt Erfahrungssätze) oder in anderer geeigneter Weise (dies kann bei

---

[29] § 8 Abs. 2 Nr. 1 ImmoWertV.

[30] § 8 Abs. 3 ImmoWertV.

Bauschäden zum Beispiel auf Grundlage der Instandsetzungskosten geschehen) zu berücksichtigen ist.

	Jahresrohertrag
-	Bewirtschaftungskosten
=	Jahresreinertrag (= Bodenanteil + Gebäudeanteil)
-	Bodenwertverzinsung[31]
=	Reinertrag (Gebäudeanteil)
x	Vervielfältiger
=	Ertragswert (bauliche Anlagen)
+	Bodenwert[32]
=	vorläufiger Grundstücksertragswert
±	objektspezifische Marktanpassung
=	Ertragswert

Abschließend werden nochmals die Berechnungsgrößen zur Ermittlung des Ertragswerts anhand eines Beispiels mithilfe einer Excel-Tabelle dargestellt.

---

[31] Beim Teileigentum, zum Beispiel Wohnungen, spricht man von der „Bodenwertanteilsverzinsung". Hier ist der entsprechende Bodenwertanteil (Wert des Gesamtgrundstücks x Miteigentumsanteil) anzusetzen.

[32] Beim Teileigentum spricht man vom „Bodenwertanteil".

Eingabegrößen zur Ermittlung des Ertragswerts
- Allgemeines Ertragswertverfahren (§17 Abs. 2 (1) ImmoWertV) -

	Hinweis:	= Eingabefeld

Bodenwert		50.000 EUR

Rohertrag (EUR/Monat)	1.230	14.760 EUR/Jahr

Berechnung der Bewirtschaftungskosten		
Verwaltungskosten (% des Rohertrags)	5,00%	738 EUR/Jahr
Betriebskosten (% des Rohertrags)	1,00%	148 EUR/Jahr
Mietausfallwagnis (% des Rohertrags)	2,00%	295 EUR/Jahr
Instandhaltungskosten (% des Rohertrags)	12,00%	1.771 EUR/Jahr
Summe Bewirtschaftungskosten	20,00%	**2.952 EUR/Jahr**

Reinertrag (Rohertrag - Bewirtschaftungskosten)		11.808 EUR/Jahr

Liegenschaftszinssatz (Prozent)	5,00%	
Bodenwertverzinsung (Bodenwert x Liegenschaftszinssatz)		2.500 EUR/Jahr

Gebäudereinertrag (Reinertrag - Bodenwertverzinsung)		9.308 EUR/Jahr

Ermittlung des Vervielfältigers		
Restnutzungsdauer (Jahre)	55	
Vervielfältiger		18,6334720
(in Abhängigkeit von Liegenschaftszinssatz und Restnutzungsdauer)		

Gebäudeertragswert (Gebäudereinertrag x Vervielfältiger)		173.440 EUR

Marktanpassung		
Allgemeine Marktanpassung [1]		0 EUR
Objektspezifische Marktanpassung		-10.000 EUR

Zusammenfassung "Allgemeines Ertragswertverfahren" (§17 Abs. 2 (1) ImmoWertV)		
Rohertrag (EUR/Monat)	1.230	14.760 EUR/Jahr
./. Bewirtschaftungskosten		-2.952 EUR/Jahr
= Reinertrag		11.808 EUR/Jahr
./. Bodenwertverzinsung	5,00%	-2.500 EUR/Jahr
= Gebäudereinertrag		9.308 EUR/Jahr
x Vervielfältiger	18,6334720	
= Gebäudeertragswert		173.440 EUR
+ Bodenwert		50.000 EUR
= vorläufiger Grundstücksertragswert		223.440 EUR
Allgemeine Marktanpassung [1]		0 EUR
Objektspezifische Marktanpassung		-10.000 EUR
= Ertragswert (EUR)		**213.440 EUR**

1) Die Allgemeine Marktanpassung ist i. d. R. durch Anwendung des marktkonformen Liegenschaftszinssatzes erfolgt¶

4.3   Das Sachwertverfahren

Das Sachwertverfahren ist in den §§ 21 bis 23 ImmoWertV geregelt. Bei der Ermittlung des Verkehrswerts eines Wertermittlungsobjekts sind auch die allgemeinen Verfahrensgrundsätze (§§ 1–8 ImmoWertV) heranzuziehen.

Das Sachwertverfahren findet insbesondere bei bebauten Grundstücken Anwendung, bei denen die Eigennutzung im Vordergrund steht. Das bedeutet, es ist in der Regel dann einzusetzen, wenn es für die Werteinschätzung am Markt nicht vorrangig auf den Ertrag ankommt, sondern die Herstellungskosten im gewöhnlichen Geschäftsverkehr wertbestimmend sind.

Dies ist in erster Linie bei Ein- und Zweifamilienhäusern der Fall, insbesondere wegen der vorherrschenden Eigennutzung der Eigentümer. Ein Ertragsdenken ist vor allem beim Kauf von Einfamilienhäusern weitgehend ausgeschaltet. Der Eigentümer eines Einfamilienhauses rechnet nicht wie beim Ertragswertverfahren mit einer hohen Verzinsung des beim Kauf des Objekts investierten Kapitals. Hier stehen vielmehr persönliche Gesichtspunkte im Vordergrund. Das Sachwertverfahren wird also immer dann angewandt, wenn die Sache im Vordergrund steht und nicht der Ertrag.

Auch bei gewerblichen Produktionsgebäuden oder Industriebauwerken, Werkhallen und Gebäuden mit Sondernutzungen wie Sporthallen, Schulen, Krankenhäusern und Einkaufszentren wird das Verfahren angewandt. Das ist jedoch nach derzeitiger Erkenntnis falsch. Nach den herrschenden Marktgepflogenheiten werden die Verkehrswerte dieser Nutzungsarten eher auf Grundlage des Ertragswertverfahrens ermittelt, zum Beispiel bei Lagerhaus- und bestimmten Fabrikgrundstücken.[33]

Das Sachwertverfahren kann auch zur Überprüfung anderer Verfahren in Betracht kommen. Nicht anzuwenden ist es auf Wertermittlungsobjekte, die nicht mehr wirtschaftlich nutzbar sind (§ 21 Abs. 1 ImmoWertV), zum Beispiel auf abbruchreife oder funktionslose bauliche Anlagen oder Teile von diesen. Wirtschaftlich nutzbar sind nur solche baulichen und sonstigen Anlagen, die eine wirtschaftliche Restnutzungsdauer aufweisen.[34]

---

[33]   Vgl. *Simon, Cors, Troll,* Wertermittlung bei Geschäfts- und Fabrikgrundstücken, Verlag Vahlen, München 1997, 1.1, Rn. 11.

[34]   Abschnitt 2.2 SW-RL.

Auch bei der Auswahl des Sachwertverfahrens ist marktorientiert festzustellen, ob der Grundstückswert von der Substanz oder dem Ertrag geprägt ist. Gelegentlich ist es nur sehr schwer möglich, eine eindeutige Zuordnung zu treffen, sodass beide Wertermittlungsverfahren (Sachwertverfahren und Ertragswertverfahren) angewandt werden. Die Entscheidung darüber, welches Verfahren angewandt wird, ist sachverständig und hinreichend zu begründen.

Das Sachwertverfahren geht von dem theoretischen Modell aus, dass jedes Gebäude zum Zeitpunkt der Errichtung einen Wert hatte, der aus dem Bodenwert des unbebauten Grundstücks und den Baukosten des Gebäudes besteht. Mit zunehmendem Gebäudealter wird die Substanz des Gebäudes schlechter, somit vermindert sich der Wert aus der Zeit des Neubaus.

Bei der Ermittlung der Herstellungskosten eines Gebäudes wird daher von folgender Modellannahme ausgegangen:

- Alle Gebäude werden zum Zeitpunkt des Wertermittlungsstichtags errichtet. Die Baukosten werden mithilfe der Normalherstellungskosten ermittelt. Dabei handelt es sich um durchschnittliche Kosten, wie sie anfielen, wenn das bereits erstellte Gebäude zum Wertermittlungsstichtag nochmals errichtet werden würde (Neubaukosten).
- Die Alterswertminderung für den Substanzverbrauch für den Zeitraum seit der Gebäudeerrichtung bis zum Wertermittlungsstichtag ist zu berücksichtigen.

Verfahrensgang analog Sachwertrichtlinie[35]

Im Sachwertverfahren ist

1. der **Sachwert der baulichen Anlagen** (ohne Außenanlagen) ausgehend von den Herstellungskosten unter Berücksichtigung der Alterswertminderung zu ermitteln (§ 21 Abs. 2 ImmoWertV).
2. der Sachwert der **baulichen Außenanlagen** und der **sonstigen Anlagen** nach Erfahrungssätzen oder nach gewöhnlichen Herstellungskosten (ggf. unter Berücksichtigung der Alterswertminderung, § 21 Abs. 3 ImmoWertV) zu ermitteln, soweit sie nicht als besondere objektspezifische Grundstücksmerkmale zu berücksichtigen sind.

---

[35] Abschnitt 3 Abs. 1 und 2 SW-RL.

3. der **Bodenwert** nach § 16 ImmoWertV vorrangig im Vergleichswertverfahren zu ermitteln; dabei kann auf geeignete Bodenrichtwerte zurückgegriffen werden. Selbstständig nutzbare Teilflächen sind gesondert zu berücksichtigen.

4. Die Summe aus den Sachwerten der baulichen Anlagen einschließlich der baulichen Außenanlagen, der sonstigen Anlagen und des Bodenwerts ergibt einen **vorläufigen Sachwert des Grundstücks**,

5. der an die allgemeinen Wertverhältnisse auf dem Grundstücksmarkt anzupassen ist (marktangepasster vorläufiger Sachwert); die **Marktanpassung** ist in der Regel durch Multiplikation mit dem zutreffenden Sachwertfaktor (§ 8 Abs. 2 Nr. 1, § 14 Abs. 2 Nr. 1 ImmoWertV) vorzunehmen und

6. bei dem nach der Marktanpassung **ggf. besondere objektspezifische Grundstücksmerkmale**, zum Beispiel mit Zu- oder Abschlägen, zu berücksichtigen sind (§ 8 Abs. 2 Nr. 2, Abs. 3 ImmoWertV), um zum **Sachwert** des Grundstücks zu gelangen.

Die Sachwertermittlung erfolgt nach folgendem Ablaufschema.

Abb. 18: Ablaufschema zur Sachwertermittlung

HINWEIS

Zur Ermittlung des Sachwerts wird empfohlen, die Sachwertrichtlinie anzuwenden. Da aber von der Mehrzahl der Gutachterausschüsse noch keine Sachwertfaktoren auf Basis der NHK 2010 vorliegen bzw. abgeleitet worden sind,
sollte bei der Informationsbeschaffung vorab beim Gutachterausschuss nach-
gefragt werden, ob es hierzu überhaupt schon Festlegungen gibt.

Außerdem muss sich der Sachverständige stets Klarheit darüber verschaffen,
wie der örtliche Gutachterausschuss bei der Ableitung der Sachwertfaktoren
den Sachwert ermittelt hat. Sachwertfaktoren können nur sachgerecht an-
gewandt werden, wenn der vom Gutachterausschuss ermittelte vorläufige
Sachwert genau in der Weise ermittelt wurde, wie der Gutachterausschuss für
Grundstückswerte bei der Ableitung der Sachwertfaktoren vorgegangen ist.
Nur dann wird die Sachwertrichtlinie richtig angewandt und es besteht der
Grundsatz der Modellkonformität.

Falls der Gutachterausschuss noch keine Sachwertfaktoren auf Basis der NHK
2010 zur Verfügung stellen kann, ist das Sachwertverfahren (Stand vor Einführung der SW-RL) wie gehabt anzuwenden, also insbesondere nicht mit den
NHK 2010, sondern nach wie vor mit den indexierten Normalherstellungskosten gemäß NHK 2000.

Im Folgenden werden die erforderlichen Schritte, die bei der Ermittlung des Sach-
verhalts zu durchlaufen sind, einzeln erläutert. Sie sollen an einem einfachen Beispiel innerhalb der einzelnen Unterpunkte praxisnah verdeutlicht werden.

4.3.1 Ermittlung des Bodenwerts

Beim Sachwertverfahren ist der Bodenwert des unbebauten Grundstücks zu ermitteln, auch wenn es in der Regel tatsächlich bebaut ist. Analog dem Ertragswertverfahren ist das Grundstück so zu betrachten, als ob es zu bebauen sei. Eine
Dämpfung wegen Bebauung findet nicht statt.

Die ImmoWertV geht von der Anwendung des Vergleichswertverfahrens für die Bodenwertermittlung aus. Sie lässt aber auch die Anwendung der Bodenrichtwerte
zu, wenn nicht ausreichend Vergleichswerte vorhanden sind.

Bei der Anwendung der Bodenrichtwerte darf nicht einfach der zum Wertermittlungsstichtag aktuelle Bodenwert verwendet werden, sondern es ist ein Bodenrichtwert zu ermitteln, der der Nutzung und dem Maß der baulichen Gestaltung
entspricht. Weichen die Nutzungsarten des Bewertungsgrundstücks von den An-

gaben zum Bodenrichtwert ab, muss der Bodenrichtwert angepasst werden. (Alles Wichtige hierzu finden Sie im Kapitel „Wie Sie den Bodenwert ermitteln".)

4.3.2 Ermittlung der Herstellungskosten der baulichen Anlagen

Zur Ermittlung des Sachwerts der baulichen Anlagen (ohne Außenanlagen) ist von den Herstellungskosten auszugehen, die unter Beachtung wirtschaftlicher Gesichtspunkte für die Errichtung eines dem Wertermittlungsobjekt in vergleichbarer Weise nutzbaren Neubaus am Wertermittlungsstichtag (ggf. unter Berücksichtigung abweichender Qualitäten am Qualitätsstichtag) unter Zugrundelegung neuzeitlicher, wirtschaftlicher Bauweisen aufzuwenden wären, und nicht von Rekonstruktionskosten[36].

Der Ermittlung der Herstellungskosten eines Gebäudes können zugrunde gelegt werden[37]:

- Vorrangig die NHK 2010 (siehe Anlage 1 der SW-RL), das heißt die gewöhnlichen Herstellungskosten, die für die jeweilige Gebäudeart unter Berücksichtigung des Gebäudestandards je Flächeneinheit angegeben sind
- Soweit die entsprechende Gebäudeart in den NHK 2010 nicht erfasst ist, geeignete andere Datensammlungen
- Ausnahmsweise Einzelkosten, das heißt die gewöhnlichen Herstellungskosten einzelner Bauleistungen

Die **vorläufigen Herstellungskosten der baulichen Anlagen** ermitteln sich aus den NHK 2010 multipliziert mit der reduzierten BGF (Flächenanteile a und b), das heißt ohne Berücksichtigung der Flächenanteile c.

Mit diesen Kosten nicht erfasste „**einzelne Bauteile, Einrichtungen oder sonstige Vorrichtungen**" sind nach Maßgabe des § 22 Abs. 2 ImmoWertV durch Zu- oder Abschläge zu berücksichtigen, soweit dies dem gewöhnlichen Geschäftsverkehr entspricht.

---

[36] Abschnitt 4.1 Abs. 1 SW-RL.
[37] Abschnitt 4.1 Abs. 2 SW-RL.

Bei entsprechender Anwendung des § 22 Abs. 2 ImmoWertV sind die sogenannten c-Flächen anteilig mit einzubeziehen, soweit sie den für die Gebäudeart üblichen Umfang über- bzw. unterschreiten. Als üblicher Umfang an c-Flächen bei Häusern (Einfamilienhaus, Reihenhaus, Doppelhaus etc.) und Wohnanlagen kann ein Anteil von circa zwei Prozent auf die BGF angesehen werden. Das Einbeziehen der c-Flächen wird dahingehend begründet, dass sich die Kostenkennwerte der NHK 2010 auf die BGF in ihrer Gesamtheit einschließlich der c-Flächenanteile beziehen, während für die zu bewertende bauliche Anlage lediglich die reduzierte BGF ohne c-Flächen zu ermitteln ist. So gehen mit Anwendung der NHK 2010 auf die reduzierte BGF die auf die c-Flächen entfallenden Herstellungskosten automatisch in das Ergebnis ein, jedoch nur in dem für die jeweilige Gebäudeart üblichen Umfang. Einen Hinweis, mit welchem Anteil die c-Flächen in den Ansätzen der NHK 2010 enthalten sind, gibt die Sachwerterichtlinie nicht.

Aufgrund der konsequenten Beachtung des Grundsatzes der Modellkonformität sind die mit den herangezogenen Normalherstellungskosten nicht berücksichtigten **„einzelnen Bauteile, Einrichtungen oder sonstigen Vorrichtungen"** sowie die für die jeweilige Gebäudeart vom üblichen Umfang abweichenden c-Flächen erst bei der Anpassung der **„objektspezifischen Grundstücksmerkmale"** (nach § 8 Abs. 3 ImmoWertV) zu berücksichtigen, also erst nachdem die „allgemeinen Verhältnisse auf dem Grundstücksmarkt (Marktanpassung)" durch Anwendung des Sachwertfaktors einbezogen wurden.

Abb. 19: Faktoren zur Ermittlung der Normalherstellungskosten der baulichen Anlage

4.3.2.1 **Ermittlung der Brutto-Grundfläche**

Die Brutto-Grundfläche ist in der DIN 277-1:2005-02 definiert. Welche Flächen eines Gebäudes zur BGF gehören, wird in der nachfolgenden Abbildung dargestellt. In der Skizze sind drei Flächenarten mit den Buchstaben a, b und c gekennzeichnet.

- Flächenanteil a: überdeckt und allseitig in voller Höhe umschlossen
- Flächenanteil b: überdeckt, jedoch nicht allseitig in voller Höhe umschlossen
- Flächenanteil c: nicht überdeckt

Abb. 20: Zuordnung der Grundflächen zu den Bereichen a, b, c[38]

---

[38] Abschnitt 4.1.1.4 SW-RL.

Für die Ermittlung der BGF gilt:

- Alle Flächen der Kategorie a werden übernommen.
- Flächen aus der Kategorie b werden nur übernommen, soweit sie überdeckt sind, andere Flächen der Kategorie ohne Überdeckung sind ausgeschlossen. Balkone, auch wenn sie überdeckt sind, gehören in den Bereich c.
- Flächen der Kategorie c bleiben unberücksichtigt.

Nicht zur BGF gehören zum Beispiel Flächen von Spitzböden und Kriechkellern, Flächen, die ausschließlich der Wartung, Inspektion und Instandsetzung von Baukonstruktionen und technischen Anlagen dienen, sowie Flächen unter konstruktiven Hohlräumen, zum Beispiel über abgehängten Decken.[39] Die BGF ermittelt sich nach den Außenmaßen eines Bauteils einschließlich Bekleidung, zum Beispiel wird der Putz in Fußbodenhöhe (ab Bodenbelagsoberkante) gemessen.

Bei den freistehenden Ein- und Zweifamilienhäusern, Doppelhäusern und Reihenhäusern der NHK 2010 erfolgt unter anderem eine Unterteilung in Gebäudearten mit ausgebautem bzw. nicht ausgebautem Dachgeschoss und Gebäudearten mit Flachdach bzw. flach geneigtem Dach. Dabei ist für die Zuordnung zu einer Gebäudeart die Anrechenbarkeit der jeweiligen Grundflächen entscheidend.[40]

Entscheidend für die Anrechenbarkeit der Grundflächen in Dachgeschossen ist ihre Nutzbarkeit. Dabei genügt es gemäß Sachwertrichtlinie, dass nur eine untergeordnete Nutzung (vgl. DIN 277-2:2005-02), zum Beispiel als Lager- und Abstellraum oder Raum für betriebstechnische Anlagen, möglich ist (eingeschränkte Nutzbarkeit). Als nutzbar können Dachgeschosse ab einer lichten Höhe von circa 1,25 Meter behandelt werden, soweit sie begehbar sind. Eine Begehbarkeit setzt eine feste Decke und die Zugänglichkeit voraus.[41]

Da bei Gebäuden mit Flachdach bzw. flach geneigtem Dach aufgrund der Dachkonstruktion eine Dachgeschossnutzung nicht möglich ist, ist bei freistehenden Ein- und Zweifamilienhäusern, Doppelhäusern und Reihenhäusern eine Anrechnung der Grundfläche des Dachgeschosses bei der Berechnung der BGF nicht vorzunehmen.

---

[39] Abschnitt 4.1.1.4 Abs. 4 SW-RL.

[40] Abschnitt 4.1.1.4 Abs. 5 SW-RL.

[41] Abschnitt 4.1.1.4 Abs. 6 SW-RL.

Abb. 21: Anrechenbarkeit der Grundfläche im Dachgeschoss[42]

Der Einfluss des Dachgeschosses auf die Anrechenbarkeit der BGF kann erheblich sein. So können sich trotz gleicher BGF bei freistehenden Ein- und Zweifamilienhäusern, Doppelhäusern und Reihenhäusern mit ausgebauten bzw. nicht ausgebauten Dachgeschossen Unterschiede hinsichtlich des Grades der wirtschaftlichen Nutzbarkeit des Dachgeschosses ergeben, die insbesondere auf Unterschiede bei der Dachkonstruktion, der Gebäudegeometrie und der Giebelhöhe beruhen.

Bei Gebäuden mit nicht ausgebautem Dachgeschoss ist zu unterscheiden zwischen

- Gebäuden mit Dachgeschossen, die nur eine **eingeschränkte Nutzung** zulassen (nicht ausbaufähig) und
- Gebäuden mit Dachgeschossen, die für die **Hauptnutzung „Wohnen" ausbaubar** sind.

Im Fall einer nur eingeschränkten Nutzbarkeit des Dachgeschosses (nicht ausbaufähig) ist in der Regel ein Abschlag vom Kostenkennwert für die Gebäudeart mit

---

[42] Abschnitt 4.1.1.4 Abs. 7 SW-RL.

nicht ausgebautem Dachgeschoss anzusetzen. Die Höhe des Abschlags ist zu begründen.[43]

Bei Gebäuden mit ausgebautem Dachgeschoss bestimmt sich der Grad der wirtschaftlichen Nutzbarkeit des Dachgeschosses insbesondere nach der vorhandenen Wohnfläche. Diese ist im Wesentlichen abhängig von Dachneigung, Giebelbreite und Drempelhöhe. Deshalb ist zum Beispiel zu prüfen, ob im Dachgeschoss ein Drempel vorhanden ist. Ein fehlender Drempel verringert die Wohnfläche und ist deshalb in der Regel wertmindernd zu berücksichtigen. Ein ausgebauter Spitzboden (zusätzliche Ebene im Dachgeschoss) ist durch Zuschläge zu berücksichtigen. Die Höhe des entsprechenden Abschlags bzw. Zuschlags ist zu begründen.[44]

HINWEIS

Als Drempel wird der im Dachgeschoss über den Fußboden hinausragende Teil der Außenmauern bis zum Dachansatz bezeichnet (auch Kniestock genannt). Je höher diese Wand ist, desto mehr Platz bietet das Dachgeschoss zum aufrechten Gehen und umso komfortabler wird der Wohnbereich.

Bei der Übernahme von Flächenangaben aus Bauunterlagen oder Bauakten sind diese immer auf Plausibilität zu prüfen und entsprechend den Vorgaben der Sachwertrichtlinie anzupassen. Das heißt, dass insbesondere die c-Flächen wieder herausgerechnet werden müssen.

---

[43] Abschnitt 4.1.1.5 Abs. 2 SW-RL.
[44] Abschnitt 4.1.1.5 Abs. 3 SW-RL.

> **!** **WICHTIG**
>
> Werthaltige, bei der BGF-Berechnung nicht erfasste Bauteile, zum Beispiel Dachgauben, Balkone und Vordächer, sind bei der Wertermittlung zu erfassen, soweit sie erheblich vom Üblichen abweichen. Diese Bauteile sind als besondere objektspezifische Grundstücksmerkmale nach der Marktanpassung zu berücksichtigen.

4.3.2.2 Die Normalherstellungskosten 2010

Mit Einführung der Sachwertrichtlinie wurde mit den NHK 2010 ein vollständig neues Zahlenwerk für die Immobilienbewertung geschaffen. Anders als bei Einführung der NHK 1995 und der NHK 2000 war es bei der aktuellen Umstellung nicht mehr mit einer reinen Umrechnung der Kostenkennwerte mittels Baupreisindex getan.

Das Tabellenwerk der NHK 2010 ist in 18 Gebäudearten unterteilt, angefangen bei „Ein und Zweifamilienhäusern" bis hin zu „Landwirtschaftlichen Betriebsgebäuden" sowie zahlreichen Untergruppen. Bei den Gebäudearten Ein und Zweifamilienhäuser, Doppel- und Reihenendhäuser sowie Reihenmittelhäuser wird weiter nach Dachkonstruktion (Flachdach bzw. Steildach) und Dachausbau (voll ausgebaut bzw. nicht ausgebaut) unterschieden.

Die NHK 2010 unterscheiden bei den einzelnen Gebäudearten zwischen bis zu fünf Gebäudestandards (bislang Ausstattungsstandard), die nun als Standardstufen 1 bis 5 bezeichnet werden.

Die Aktualisierung der den NHK zugrunde liegenden Ausstattungsstandards ist schon deshalb sinnvoll, weil die bis heute angewandten Tabellen ihren Ursprung in den 1980er-Jahren hatten. Dies führt in der Praxis immer wieder zu Problemen bei der Bewertung neuzeitlicher Bauweisen. Die neuen Standardbeschreibungen stellen auf aktuelle Bauweisen ab und enthalten zusätzliche Hinweise zur Einordnung älterer Gebäude.

Die Kostenkennwerte der NHK 2010 sind in Euro pro Quadratmeter Brutto-Grundfläche (EUR/m² BGF) angegeben. Sie erfassen die Kostengruppen 300 (Bauwerk — Baukonstruktionen) und 400 (Bauwerk — technische Anlagen) der DIN 276-11:2006, ohne diese im Einzelnen nach deren Kostengruppen aufzuschlüsseln. Des Weiteren erfolgt keine Differenzierung mehr in Gebäudebaujahrsklassen.

In den Kostenkennwerten der NHK 2010 sind die Umsatzsteuer und die üblichen Baunebenkosten (Kostengruppen 730 [Architekten und Ingenieurleistungen] und 771 [Prüfungen, Genehmigungen, Abnahmen] der DIN 276) eingerechnet. Sie sind bezogen auf den Kostenstand des Jahres 2010 (Jahresdurchschnitt). Damit kann eine auf die Jahresmitte 2010 bezogene Baupreisindexreihe angewandt werden, um die Herstellungskosten auf den Wertermittlungsstichtag zu ermitteln.

Die Baunebenkosten sowie die Mehrwertsteuer in Höhe von derzeit 19 Prozent sind in den NHK 2010 enthalten. Im Fall einer Änderung der Umsatz- bzw. Mehrwertsteuer verlieren die ausgewiesenen NHK nicht ihre Gültigkeit, da sich eine Änderung des Mehrwertsteuersatzes über den Baupreisindex niederschlägt (Anpassung).

Auf eine Regionalisierung der Herstellungskosten wurde verzichtet. Diese erfolgt über die Marktanpassung.

Bestimmung des Kostenkennwerts

Um den entsprechenden Kostenkennwert aus der Tabelle der NHK 2010 entnehmen zu können, ist zunächst die entsprechende Gebäudeart mit dem entsprechenden Gebäudestandard anhand der Standardstufen zu bestimmen. Die Herstellungskosten werden wesentlich durch den Gebäudestandard, der mittels Standardstufen einer jeweiligen Gebäudeart zugeordnet ist, bestimmt.

Für die Gebäudetypen 1.01 bis 3.33, also freistehende Ein- und Zweifamilienhäuser, Doppelhäuser und Reihenhäuser, gibt es fünf Standardstufen. Diese werden mit den Ziffern 1 bis 5 bezeichnet, wobei die Standardstufe 1 einen „einfachen" und die Stufe 5 einen „exklusiven" Ausstattungsstandard zugrunde legen. Bei allen anderen Gebäudearten werden die Herstellungskosten in drei Standardstufen unterteilt. Es ist immer der Kostenkennwert zugrunde zu legen, der dem Wertermittlungsobjekt nach Gebäudeart und Gebäudestandard hinreichend entspricht.

Bei einer nachhaltigen Umnutzung eines Gebäudes ist darauf zu achten, dass bei der Zuordnung zu einem Kostenkennwert auf die aktuelle Nutzung Rücksicht genommen wird. Weist ein Gebäude in Teilbereichen erheblich voneinander abweichende Standardmerkmale oder unterschiedliche Nutzungen auf, so kann es sinnvoll sein, die Herstellungskosten getrennt nach Teilbereichen zu ermitteln. Beispiele hierfür sind:

- Teilunterkellerung
- Anbauten
- Teilweiser Ausbau eines Dachgeschosses

Abb. 22: Faktoren, die den Kostenkennwert (NHK) beeinflussen

▶ **BEISPIEL: Ermittlung des Kostenkennwerts eines unterkellerten Doppelhauses**

Gebäudedaten: Doppelhaus, unterkellert, mit Erdgeschoss, Obergeschoss und ausgebautem Dachgeschoss, Gebäudestandard: Standardstufe 2

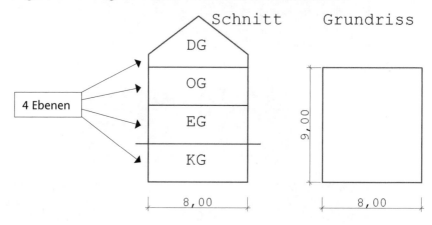

Gebäudeart und Kostenkennwert der NHK 2010

Gebäudeart: Doppelhaus, unterkellert, DG voll ausgebaut	2.11	685 EUR/m² BGF (bei Standardstufe 2)

Berechnung

Grundfläche: 8 m x 9 m = 72 m²
BGF: 4 Ebenen x 72 m² = 288 m²
288 m² BGF x 685 EUR/m² BGF = 197.280 EUR
=> Herstellungskosten: rd. 197.000 EUR

Anmerkung: In den Herstellungskosten von rund 197.000 EUR ist die Mehrwertsteuer in Höhe von 19 Prozent enthalten, das gilt auch für die Baunebenkosten in Höhe von 17 Prozent. Mehrwertsteuererhöhungen werden über den Baupreisindex berücksichtigt. Der Ansatz der Baunebenkosten ist auf dem jeweiligen Gebäudetypenblatt im Tabellenwerk der NHK 2010 angegeben.

> **⚠ ACHTUNG**
>
> Den ermittelten Herstellungskosten liegt ein Kostenkennwert bezogen auf die Jahresmitte 2010 zugrunde. Das bedeutet, dass noch eine Umrechnung der Herstellungskosten vom Stichjahr der Normalherstellungskosten (2010) auf den Wertermittlungsstichtag erfolgen muss.
>
> Bei einem teilweisen Ausbau des Dachgeschosses oder einer teilweisen Unterkellerung eines Gebäudes können die Herstellungskosten durch anteilige Heranziehung der jeweiligen Kostenkennwerte für die verschiedenen Gebäudearten ermittelt werden (Mischkalkulation).

> **▶ BEISPIEL 1: Mischkalkulation zur Ermittlung des Kostenkennwerts eines Einfamilienhauses bei teilweiser Unterkellerung**

Gebäudedaten: Einfamilienhaus, teilweise unterkellert, mit Erdgeschoss, Obergeschoss und ausgebautem Dachgeschoss, Gebäudestandard: Standardstufe 3

Gebäudeart und Kostenkennwert der NHK 2010

Gebäudeart: EFH, unterkellert, DG voll ausgebaut 1.11	835 EUR/m² BGF (bei Standardstufe 3)	Gebäudeart: EFH, nicht unterkellert, DG voll ausgebaut 1.31	920 EUR/m² BGF (bei Standardstufe 3)

Berechnung
Unterkellerter Gebäudeteil
Grundfläche: 5 m x 9 m = 45 m²
BGF: 4 Ebenen x 45 m² = 180 m²

Nicht unterkellerter Gebäudeteil
Grundfläche: 3 m x 9 m = 27 m²
BGF: 3 Ebenen x 27 m² = 81 m²

Variante 1
180 m² BGF x 835 EUR/m² BGF + 81 m² BGF x 920 EUR/m² BGF = 224.820 EUR
=> Herstellungskosten: rd. 225.000 EUR

Variante 2
1. Schritt: Berechnung des Kellers

	Typ 1.11: 4 Ebenen x 835 EUR/m² BGF =	3.340 EUR/m² BGF
-	Typ 1.31: 3 Ebenen x 920 EUR/m² BGF =	2.760 EUR/m² BGF
=	Differenz (Keller)	580 EUR/m² BGF

2. Schritt: Berechnung der Herstellungskosten des EFH mit Teilunterkellerung
(Möglichkeit 1: Typ 1.31 zuzüglich anteilige Kellerfläche)

	Typ 1.31: 3 Ebenen x 8 m x 9 m x 920 EUR/m² BGF =	198.720 EUR
+	anteiliger Keller: 5 m x 9 m x 580 EUR/m² BGF =	26.100 EUR
=	Herstellungskosten des EFH mit Teilunterkellerung	224.820 EUR
		rd. 225.000 EUR

(Möglichkeit 2: Typ 1.11 abzüglich nicht vorhandener Kellerfläche)

	Typ 1.11: 4 Ebenen x 8 m x 9 m x 835 EUR/m² BGF =	240.480 EUR
-	fehlender Kelleranteil: 3 m x 9 m x 580 EUR/m² BGF =	15.660 EUR
=	Herstellungskosten des EFH mit Teilunterkellerung	224.820 EUR
		rd. 225.000 EUR

Hinweis: Die Normalherstellungskosten je Quadratmeter BGF Kellergeschoss eines zweigeschossigen Einfamilienhauses mit voll ausgebautem Dachgeschoss betragen 580 EUR/m² BGF. Dieser Kostenkennwert gilt jedoch nicht allgemein für andere Gebäudetypen, sondern muss im konkreten Einzelfall stets neu ermittelt werden, da er insbesondere von der Anzahl der Geschosse und der Ausbildung des Daches (Flachdach bzw. Steildach) sowie dem Ausbau des Dachgeschosses abhängt.

Nachfolgendes Beispiel soll dies anhand eines Doppelhauses, bestehend aus EG und ausgebautem DG, verdeutlichen.

Gebäudeart und Kostenkennwert der NHK 2010

Gebäudeart: Doppelhaus, unterkellert, DG ausgebaut 2.01		785 EUR/m² BGF (bei Standardstufe 3)	Gebäudeart: Doppelhaus, nicht unterkellert, DG ausgebaut 2.21		945 EUR/m² BGF (bei Standardstufe 3)

Berechnung

Kosten des Kellers je m² BGF für ein Doppelhaus, EG mit voll ausgebautem DG

	Typ 2.01: 3 Ebenen x 785 EUR/m² BGF =	2.355 EUR/m² BGF
-	Typ 2.21: 2 Ebenen x 945 EUR/m² BGF =	1.890 EUR/m² BGF
=	Differenz (Keller)	465 EUR/m² BGF

▶ **BEISPIEL 2: Mischkalkulation zur Ermittlung des Kostenkennwerts eines Einfamilienhauses mit einem nicht unterkellerten Anbau**

Gebäudedaten: Einfamilienhaus, unterkellert, mit Erdgeschoss, Obergeschoss und ausgebautem Dachgeschoss, Gebäudestandard: Standardstufe 4; Anbau, nicht unterkellert, mit Flachdach, Gebäudestandard: Standardstufe 4

Gebäudeart und Kostenkennwert der NHK 2010

Gebäudeart: EFH, DG voll ausgebaut, unterkellert 1.11		1.005 EUR/m² BGF (bei Standardstufe 4)	Gebäudeart: EFH, nicht unterkellert, Flachdach 1.23		1.420 EUR/m² BGF (bei Standardstufe 4)

Berechnung

Gebäude (ohne Anbau)

Grundfläche: 8 m x 9 m = 72 m²

BGF: 4 Ebenen x 72 m² = 288 m²

Nicht unterkellerter Gebäudeteil

Grundfläche: 3 m x 5 m = 15 m²

BGF: 1 Ebene x 15 m² = 15 m²

288 m² BGF x 1.005 EUR/m² BGF + 15 m² BGF x 1.420 EUR/m² BGF = 310.740 EUR

=> Herstellungskosten: rd. 311.000 EUR

▶ **BEISPIEL 3: Mischkalkulation zur Ermittlung des Kostenkennwerts eines freistehenden Einfamilienhauses mit nur teilweise ausgebautem Dachgeschoss**

Gebäudedaten: Einfamilienhaus, unterkellert, mit Erdgeschoss, Obergeschoss und zu 50 Prozent ausgebautem Dachgeschoss, Gebäudestandard: Standardstufe 3

Gebäudeart und Kostenkennwert der NHK 2010

Gebäudeart: EFH, unterkellert, DG ausgebaut	1.11	835 EUR/m² BGF (bei Standardstufe 3)	Gebäudeart: EFH, unterkellert, DG nicht ausgebaut	1.12	730 EUR/m² BGF (bei Standardstufe 3)

Berechnung

Gebäude (DG ausgebaut zu 50 %)

Grundfläche: 4 m x 9 m = 36 m²

BGF: 4 Ebenen x 36 m² = 144 m²

Gebäude (DG nicht ausgebaut zu 50 %)

Grundfläche: 4 m x 9 m = 36 m²

BGF: 4 Ebenen x 36 m² = 144 m²

Variante 1

144 m² BGF x 835 EUR/m² BGF + 144 m² BGF x 730 EUR/m² BGF = 225.360 EUR

=> Herstellungskosten: rd. 225.000 EUR

Variante 2

1. Schritt: Berechnung der Dachausbaukosten

Typ 1.11: 4 Ebenen x 835 EUR/m² BGF =	3.340 EUR/m² BGF
- Typ 1.12: 4 Ebenen x 730 EUR/m² BGF =	2.920 EUR/m² BGF
= Differenz (Dachgeschossausbau)	420 EUR/m² BGF

2. Schritt: Berechnung der Herstellungskosten des EFH mit 50 % Anteil DG-Ausbau

(Möglichkeit 1: Typ 1.11 abzüglich Flächenanteil für nicht vorhandenen DG-Ausbau)

Typ 1.11: 4 Ebenen x 8 m x 9 m x 835 EUR/m² BGF =	240.480 EUR
- Dachgeschossausbau: 50 % x 8 m x 9 x 420 EUR/m² BGF =	15.120 EUR
= Herstellungskosten des EFH mit 50 % Anteil DG-Ausbau	225.360 EUR
	rd. 225.000 EUR

(Möglichkeit 2: Typ 1.12 zuzüglich Flächenanteil für vorhandenen DG-Ausbau)

Typ 1.12: 4 Ebenen x 8 m x 9 m x 730 EUR/m² BGF =	210.240 EUR
+ Dachgeschossausbau: 50 % x 8 m x 9 m x 420 EUR/m² BGF =	15.120 EUR
= Herstellungskosten des EFH mit 50 % Anteil DB-Ausbau	225.360 EUR
	rd. 225.000 EUR

Hinweis: Die Normalherstellungskosten je Quadratmeter BGF Dachausbau eines zweigeschossigen, unterkellerten Einfamilienhauses betragen 420 EUR/m² BGF. Dieser Kostenkennwert gilt jedoch nicht allgemein für andere Gebäudetypen, sondern muss im konkreten Einzelfall stets neu ermittelt werden, da er insbesondere von der Anzahl der Geschosse und dem Vorhandensein eines Kellergeschosses abhängt.

1 – 3 freistehende Ein- und Zweifamilienhäuser, Doppelhäuser, Reihenhäuser²

Keller-, Erdgeschoss

Standardstufe	Dachgeschoss voll ausgebaut						Dachgeschoss nicht ausgebaut						Flachdach oder flach geneigtes Dach				
	1	2	3	4	5		1	2	3	4	5		1	2	3	4	5
freistehende Einfamilienhäuser³	1.01	655	725	835	1 005	1 260	1.02	545	605	695	840	1 050	1.03	705	785	900	1 085	1 360
Doppel- und Reihenendhäuser	2.01	615	685	785	945	1 180	2.02	515	570	655	790	985	2.03	665	735	845	1 020	1 275
Reihenmittelhäuser	3.01	575	640	735	885	1 105	3.02	480	535	615	740	925	3.03	620	690	795	955	1 195

Keller-, Erd-, Obergeschoss

Standardstufe	Dachgeschoss voll ausgebaut						Dachgeschoss nicht ausgebaut						Flachdach oder flach geneigtes Dach				
	1	2	3	4	5		1	2	3	4	5		1	2	3	4	5
freistehende Einfamilienhäuser³	1.11	655	725	835	1 005	1 260	1.12	570	635	730	880	1 100	1.13	665	740	850	1 025	1 285
Doppel- und Reihenendhäuser	2.11	615	685	785	945	1 180	2.12	535	595	685	825	1 035	2.13	625	695	800	965	1 205
Reihenmittelhäuser	3.11	575	640	735	885	1 105	3.12	505	560	640	775	965	3.13	585	650	750	905	1 130

Erdgeschoss, nicht unterkellert

Standardstufe	Dachgeschoss voll ausgebaut						Dachgeschoss nicht ausgebaut						Flachdach oder flach geneigtes Dach				
	1	2	3	4	5		1	2	3	4	5		1	2	3	4	5
freistehende Einfamilienhäuser³	1.21	790	875	1 005	1 215	1 515	1.22	585	650	745	900	1 125	1.23	920	1 025	1 180	1 420	1 775
Doppel- und Reihenendhäuser	2.21	740	825	945	1 140	1 425	2.22	550	610	700	845	1 055	2.23	865	965	1 105	1 335	1 670
Reihenmittelhäuser	3.21	695	770	885	1 065	1 335	3.22	515	570	655	790	990	3.23	810	900	1 035	1 250	1 560

Erd-, Obergeschoss, nicht unterkellert

Standardstufe	Dachgeschoss voll ausgebaut						Dachgeschoss nicht ausgebaut						Flachdach oder flach geneigtes Dach				
	1	2	3	4	5		1	2	3	4	5		1	2	3	4	5
freistehende Einfamilienhäuser³	1.31	720	800	920	1 105	1 385	1.32	620	690	790	955	1 190	1.33	785	870	1 000	1 205	1 510
Doppel- und Reihenendhäuser	2.31	675	750	865	1 040	1 300	2.32	580	645	745	895	1 120	2.33	735	820	940	1 135	1 415
Reihenmittelhäuser	3.31	635	705	810	975	1 215	3.32	545	605	695	840	1 050	3.33	690	765	880	1 060	1 325

² einschließlich Baunebenkosten in Höhe von 17 %
³ Korrekturfaktor für freistehende Zweifamilienhäuser: 1,05

Abb. 23: Auszug aus den NHK 2010 für die Gebäudetypen 1.01 bis 3.33 „Freistehende Ein- und Zweifamilienhäuser, Doppelhäuser und Reihenhäuser"

4.3.2.3 Bestimmung des Gebäudestandards

Die objektspezifischen Normalherstellungskosten zu dem Wertermittlungsobjekt sollen unter Berücksichtigung des jeweiligen Gebäudestandards ermittelt werden. Die NHK 2010 unterscheiden bei den einzelnen Gebäudearten zwischen drei, bei freistehenden Ein- und Zweifamilienhäusern, Doppelhäusern und Reihenhäusern (Gebäudearten 1.01 bis 3.33) zwischen fünf verschiedenen Standardstufen. Das Wertermittlungsobjekt muss daher auf Grundlage seiner Standardmerkmale angepasst werden.

Die Einordnung zu einer Standardstufe hängt insbesondere vom Stand der technischen Entwicklung und den bestehenden rechtlichen Anforderungen am Wertermittlungsstichtag ab. Sie hat unter Berücksichtigung der für das jeweilige Wertermittlungsobjekt am Wertermittlungsstichtag relevanten Marktverhältnisse zu erfolgen. Dafür sind die Qualität der verwendeten Materialien und der Bauausführung, die energetischen Eigenschaften sowie Standardmerkmale, die für die jeweilige Nutzungs- und Gebäudeart besonders relevant sind, zum Beispiel Schallschutz oder Aufzugsanlagen in Mehrfamilienhäusern, von Bedeutung. Bei den freistehenden Ein- und Zweifamilienhäusern, Doppelhäusern und Reihenhäusern (Gebäudearten Nr. 1.01 bis 3.33) enthalten die NHK 2010 zwei weitere Standardstufen (1 und 2) mit Kostenkennwerten für Gebäude, deren Standardmerkmale zwar nicht mehr zeitgemäß sind, aber dennoch eine zweckentsprechende Nutzung des Gebäudes erlauben. Bei den übrigen Gebäudearten ist bei nicht mehr zeitgemäßen Standardmerkmalen ein entsprechender Abschlag sachverständig vorzunehmen.[45]

Das Folgende beruht auf den den Kurzbeschreibungen der Gebäudestandards für „freistehende Ein- und Zweifamilienhäuser, Doppelhäuser, Reihenhäuser", die den NHK 2010 als Anlage 2 der Sachwertrichtlinie beigefügt sind. Für alle weiteren Gebäudearten (Mehrfamilienhäuser, Bürogebäude etc.) werden die Gebäudestandards mit den Tabellen 2 bis 15 in den NHK 2010, Anlage 2 der Sachwertrichtlinie dargestellt.

Die Beschreibungen der Gebäudestandards sind beispielhaft und können nicht alle in der Praxis vorkommenden Standardmerkmale berücksichtigen. Alle wertrelevanten Standardmerkmale eines Objektes, auch wenn sie nicht in den spezifischen Tabellen beschrieben sind, sind sachverständig einzustufen.

---

[45] Abschnitt 4.1.1.2 Abs. 2 SW-RL.

	Standardstufe					Wägungs-anteil
	1	2	3	4	5	
Außen-wände	Holzfachwerk, Ziegelmauerwerk; Fugenglattstrich, Putz, Verkleidung mit Faserzementplatten, Bitumenschindeln oder einfachen Kunststoffplatten; kein oder deutlich nicht zeitgemäßer Wärmeschutz (vor ca. 1980)	ein-/zweischaliges Mauerwerk, z. B. Gitterziegel oder Hohlblocksteine; verputzt und gestrichen oder Holzverkleidung; nicht zeitgemäßer Wärmeschutz (vor ca. 1995)	ein-/zweischaliges Mauerwerk, z. B. aus Leichtziegeln, Kalksandsteinen, Gasbetonsteinen; Edelputz; Wärmedämmverbundsystem oder Wärmedämmputz (nach ca. 1995)	Verblendmauerwerk, zweischalig, hinterlüftet, Vorhangfassade (z. B. Naturschiefer); Wärmedämmung (nach ca. 2005)	aufwendig gestaltete Fassaden mit konstruktiver Gliederung (Säulenstellungen, Erker etc.), Sichtbeton-Fertigteile, Natursteinfassade, Elemente aus Kupfer-/Eloxalblech, mehrgeschossige Glasfassaden; Dämmung im Passivhausstandard	23
Dach	Dachpappe, Faserzementplatten/Wellplatten; keine bis geringe Dachdämmung	einfache Betondachsteine oder Tondachziegel, Bitumenschindeln; nicht zeitgemäße Dachdämmung (vor ca. 1995)	Faserzement-Schindeln, beschichtete Betondachsteine und Tondachziegel, Folienabdichtung; Rinnen und Fallrohre aus Zinkblech; Dachdämmung (nach ca. 1995)	glasierte Tondachziegel, Flachdachausbildung tlw. als Dachterrassen; Konstruktion in Brettschichtholz, schweres Massivflachdach; besondere Dachformen, z. B. Mansarden-, Walmdach; Aufsparrendämmung, überdurchschnittliche Dämmung (nach ca. 2005)	hochwertige Eindeckung z. B. aus Schiefer oder Kupfer, Dachbegrünung, befahrbares Flachdach; aufwendig gegliederte Dachlandschaft, sichtbare Bogendachkonstruktionen; Rinnen und Fallrohre aus Kupfer; Dämmung im Passivhausstandard	15
Fenster und Au-ßentüren	Einfachverglasung; einfache Holztüren	Zweifachverglasung (vor ca. 1995); Haustür mit nicht zeitgemäßem Wärmeschutz (vor ca. 1995)	Zweifachverglasung (nach ca. 1995), Rollläden (manuell); Haustür mit zeitgemäßem Wärmeschutz (nach ca. 1995)	Dreifachverglasung, Sonnenschutzglas, aufwendigere Rahmen, Rollläden (elektr.); höherwertige Türanlage z. B. mit Seitenteil, besonderer Einbruchschutz	große feststehende Fensterflächen, Spezialverglasung (Schall- und Sonnenschutz); Außentüren in hochwertigen Materialien	11
Innen-wände und -türen	Fachwerkwände, einfache Putze/Lehmputze, einfache Kalkanstriche; Füllungstüren, gestrichen, mit einfachen Beschlägen ohne Dichtungen	massive tragende Innenwände, nicht tragende Wände in Leichtbauweise (z. B. Holzständerwände mit Gipskarton), Gipsdielen; leichte Türen, Stahlzargen	nicht tragende Innenwände in massiver Ausführung bzw. mit Dämmmaterial gefüllte Ständerkonstruktionen; schwere Türen, Holzzargen	Sichtmauerwerk, Wandvertäfelungen (Holzpaneele); Massivholztüren, Schiebetürelemente, Glastüren, strukturierte Türblätter	gestaltete Wandabläufe (z. B. Pfeilervorlagen, abgesetzte oder geschwungene Wandpartien); Vertäfelungen (Edelholz, Metall), Akustikputz, Brandschutzverkleidung; raumhohe aufwendige Türelemente	11

Deckenkonstruktionen und Treppen	Holzbalkendecken ohne Füllung, Spalierputz; Weichholztreppen in einfacher Art und Ausführung; kein Trittschallschutz	Holzbalkendecken mit Füllung, Kappendecken; Stahl- oder Hartholztreppen in einfacher Art und Ausführung	Beton- und Holzbalkendecken mit Tritt- und Luftschallschutz (z. B. schwimmender Estrich); geradläufige Treppen aus Stahlbeton oder Stahl, Harfentreppe, Trittschallschutz	Decken mit größerer Spannweite, Deckenverkleidung (Holzpaneele/ Kassetten); gewendelte Treppen aus Stahlbeton oder Stahl, Hartholztreppenanlage in besserer Art und Ausführung	Decken mit großen Spannweiten, gegliedert, Deckenvertäfelungen (Edelholz, Metall); breite Stahlbeton-, Metall- oder Hartholztreppenanlage mit hochwertigem Geländer	11
Fußböden	ohne Belag	Linoleum-, Teppich-, Laminat- und PVC-Böden einfacher Art und Ausführung	Linoleum-, Teppich-, Laminat- und PVC-Böden besserer Art und Ausführung, Fliesen, Kunststeinplatten	Natursteinplatten, Fertigparkett, hochwertige Fliesen, Terrazzobelag, hochwertige Massivholzböden auf gedämmter Unterkonstruktion	hochwertiges Parkett, hochwertige Natursteinplatten, hochwertige Edelholzböden auf gedämmter Unterkonstruktion	5
Sanitäreinrichtungen	einfaches Bad mit Standard-WC, Installation auf Putz, Ölfarbenanstrich, einfache PVC-Bodenbeläge	1 Bad mit WC, Dusche oder Badewanne; einfache Wand- und Bodenfliesen, teilweise gefliest	1 Bad mit WC, Dusche und Badewanne, Gäste-WC; Wand- und Bodenfliesen, raumhoch gefliest	1– 2 Bäder mit tlw. zwei Waschbecken, tlw. Bidet/ Urinal, Gäste-WC, bodengleiche Dusche; Wand- und Bodenfliesen; jeweils in gehobener Qualität	mehrere großzügige, hochwertige Bäder, Gäste-WC; hochwertige Wand- und Bodenplatten (oberflächenstrukturiert, Einzel- und Flächendekors)	9
Heizung	Einzelöfen, Schwerkraftheizung	Fern- oder Zentralheizung, einfache Warmluftheizung, einzelne Gasaußenwandthermen, Nachtstromspeicher-, Fußbodenheizung (vor ca. 1995)	elektronisch gesteuerte Fern- oder Zentralheizung, Niedertemperatur- oder Brennwertkessel	Fußbodenheizung, Solarkollektoren für Warmwassererzeugung, zusätzlicher Kaminanschluss	Solarkollektoren für Warmwassererzeugung und Heizung, Blockheizkraftwerk, Wärmepumpe, Hybrid-Systeme; aufwendige zusätzliche Kaminanlage	9
Sonstige technische Ausstattung	sehr wenige Steckdosen, Schalter und Sicherungen, kein Fehlerstromschutzschalter (FI-Schalter), Leitungen teilweise auf Putz	wenige Steckdosen, Schalter und Sicherungen	zeitgemäße Anzahl an Steckdosen und Lichtauslässen, Zählerschrank (ab ca. 1985) mit Unterverteilung und Kippsicherungen	zahlreiche Steckdosen und Lichtauslässe, hochwertige Abdeckungen, dezentrale Lüftung mit Wärmetauscher, mehrere LAN- und Fernsehanschlüsse	Video- und zentrale Alarmanlage, zentrale Lüftung mit Wärmetauscher, Klimaanlage, Bussystem	6

Tab. 1: **Beschreibung der Gebäudestandards für freistehende Ein- und Zweifamilienhäuser, Doppelhäuser und Reihenhäuser** Die Beschreibung der Gebäudestandards ist beispielhaft und dient der Orientierung. Sie kann nicht alle in der Praxis auftretenden Standardmerkmale aufführen. Merkmale, die die Tabelle nicht beschreibt, sind zusätzlich sachverständig zu berücksichtigen. Es müssen nicht alle aufgeführten Merkmale zutreffen. Die in der Tabelle angegebenen Jahreszahlen beziehen sich auf die im jeweiligen Zeitraum gültigen Wärmeschutzanforderungen; in Bezug auf das konkrete Bewertungsobjekt ist zu prüfen, ob von diesen Wärmeschutzanforderungen abgewichen wird. Die Beschreibung der Gebäudestandards basiert auf dem Bezugsjahr der NHK (Jahr 2010).

Die Beschreibung der Gebäudestandards für „freistehende Ein- und Zweifamilienhäuser, Doppelhäuser, Reihenhäuser" ist in neun Bauteile samt ihrem entsprechenden Wägungsanteil wie folgt untergliedert.

	Bauteil	Wägungsanteil (%)
1	Außenwände	23
2	Dächer	15
3	Außentüren und Fenster	11
4	Innenwände und -türen	11
5	Deckenkonstruktion und Treppen	11
6	Fußböden	5
7	Sanitäreinrichtungen	9
8	Heizung	9
9	Sonstige technische Ausstattung	6
	Summe	100

Die Summe aller Wägungsanteile muss über alle Bauteilgruppen 100 % sein.

Da in der Praxis eher selten Wertermittlungsobjekte angetroffen werden, die exakt in eine Standardstufe eingegliedert werden können, muss für das zu bewertende Objekt der jeweilige Gebäudestandard als gewichtetes Mittel ermittelt werden.

Die Wägungsanteile zu den angegebenen Bauteilgruppen dürfen jedoch nicht zu der Annahme verleiten, dass sich der jeweilige Gebäudestandard mathematisch exakt berechnen lässt. Mit diesem Verfahren lässt sich jedoch ein gewogener Gebäudestandard ermitteln, mit dem unter Heranziehung der jeweiligen Kostenanteile und der unterschiedlichen Standardstufen die Ausstattung eines Gebäudes hinreichend genau festgestellt werden kann. Dies geschieht, indem beispielsweise unterschiedliche Belagsarten, Dacheindeckungen, sanitäre Einrichtungen oder

Wandbekleidungen bei der Bestimmung des objektspezifischen Kostenkennwerts berücksichtigt werden. Eine Mehrfachnennung ist immer dann möglich, wenn die verwendeten Bauteile Merkmale mehrerer Standardstufen aufweisen, zum Beispiel beim Bauteil „Fußböden" 30 Prozent Teppichbelag und 70 Prozent Parkett.

▶ **BEISPIEL: Berechnungsschema zur Ermittlung eines gewichteten objektspezifischen Standards und zugehöriger Normalherstellungskosten**

Gebäudedaten: Doppelhaus, unterkellert, mit Erdgeschoss, Obergeschoss und ausgebautem Dachgeschoss, aus den Gebäudedaten ergibt sich die Gebäudeart 2.11

Die Bewertungen des Gebäudestandards für die jeweiligen Bauteile lassen sich wie folgt zuordnen:

- Dächer: 50 Prozent Standardstufe 3 und 50 Prozent Standardstufe 4
- Innenwände und -türen: 50 Prozent Standardstufe 3 und 50 Prozent Standardstufe 4
- Fußböden: 50 Prozent Standardstufe 3 und 50 Prozent Standardstufe 4
- Sanitäreinrichtungen: 60 Prozent Standardstufe 2 und 40 Prozent Standardstufe 3
- Heizung: 60 Prozent Standardstufe 3 und 40 Prozent Standardstufe 4
- Sonstige technische Ausstattung: 50 Prozent Standardstufe 2 und 50 Prozent Standardstufe 3

Bauteil	Standardstufe					Wägungsanteil (%)	Objektspezifischer Kostenkennwert (gewogen)
	1	2	3	4	5		
1 Außenwände				1		23	217,35 €/m² BGF
2 Dächer			0,5	0,5		15	129,75 €/m² BGF
3 Außentüren und Fenster			1			11	86,35 €/m² BGF
4 Innenwände und -türen			0,5	0,5		11	95,15 €/m² BGF
5 Deckenkonstruktion und Treppen			1			11	86,35 €/m² BGF
6 Fußböden			0,5	0,5		5	43,25 €/m² BGF
7 Sanitäreinrichtungen		0,6	0,4			9	65,25 €/m² BGF
8 Heizung			0,6	0,4		9	76,41 €/m² BGF
9 Sonstige technische Ausstattung		0,5	0,5			6	44,10 €/m² BGF
Kostenkennwerte für Gebäudeart 2.11	615	685	785	945	1180	100	**843,96 €/m² BGF**
	€/m² BGF	€/m² BGF	€/m² BGF	€/m² BGF	€/m² BGF	(%)	

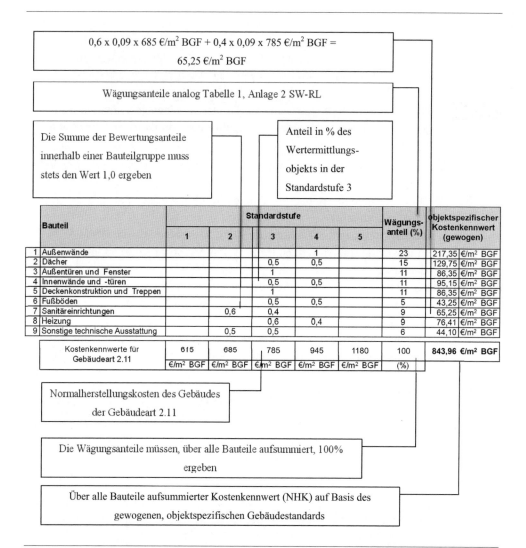

Abb. 24: Anmerkungen zur Ermittlung eines gewichteten objektspezifischen Standards und der zugehörigen Normalherstellungskosten

4.3.2.4 Berücksichtigung der Umsatzsteuer und der Baunebenkosten

In den Kostenkennwerten der NHK 2010 sind die Umsatzsteuer und die üblichen Baunebenkosten (Kostengruppen 730 [Architekten und Ingenieurleistungen] und 771 [Prüfungen, Genehmigungen, Abnahmen] der DIN 276) eingerechnet. Sie sind bezogen auf den Kostenstand des Jahres 2010 (Jahresdurchschnitt). Damit kann eine auf die Jahresmitte 2010 bezogene Baupreisindexreihe angewandt werden, um die Herstellungskosten auf den Wertermittlungsstichtag zu ermitteln.

Die Baunebenkosten sowie die Mehrwertsteuer in Höhe von derzeit 19 Prozent sind in den NHK 2010 enthalten. Im Fall einer Änderung der Umsatz- bzw. Mehrwertsteuer verlieren die ausgewiesenen NHK nicht ihre Gültigkeit, da sich eine Änderung des Mehrwertsteuersatzes über den Baupreisindex niederschlägt (Anpassung).

Eine Berücksichtigung abweichender Baunebenkosten kommt nur ausnahmsweise in Betracht, wenn die im speziellen Fall üblicherweise anfallenden Bauebenkosten erheblich von den bereits in den Normalherstellungskosten berücksichtigten Baunebenkosten abweichen. Der abweichende Baunebenkostenanteil ist dann nach Maßgabe des § 8 Abs. 3 ImmoWertV bei den „besonderen objektspezifischen Grundstücksmerkmalen", beispielsweise als eine wirtschaftliche Überalterung, ein überdurchschnittlicher Erhaltungszustand, Baumängel oder Bauschäden, zu berücksichtigen, soweit dies dem gewöhnlichen Geschäftsverkehr entspricht.

4.3.2.5 Korrekturfaktoren

Korrekturfaktoren für Ortsgröße und Regionen

Eine Anpassung an regionale Verhältnisse mittels Regionalfaktoren, beispielsweise nach Bundesländern, oder eine Anpassung an die Ortsgröße mittels Ortsgrößenfaktoren findet nicht mehr statt, da die Sachwertfaktoren das regionale Wertniveau berücksichtigen.

Durch den Vergleich des Kaufpreises mit dem über das Sachwertmodell des Gutachterausschusses ermittelten vorläufigen Sachwert wird der Sachwertfaktor ermittelt. Er beinhaltet das regionale Wertniveau. Preise spielen hier keine Rolle mehr, da der vorläufige Sachwert nicht über ortsübliche Baukosten, sondern über „synthetische" Kostenkennwerte ermittelt wird, die nichts mehr mit tatsächlichen Baukosten zu tun haben.

In den NHK 2010 sind für diverse Gebäudearten teilweise Korrekturfaktoren angegeben, mit denen eine Anpassung des jeweiligen Kostenkennwerts wegen der speziellen Merkmale des Bewertungsobjekts erlaubt ist.

Korrekturfaktoren bei Zweifamilienhäusern

Die NHK 2010 sehen für freistehende Zweifamilienhäuser einen Korrekturfaktor in Höhe von 1,05 vor.

Korrekturfaktoren bei Mehrfamilienhäusern, Wohnhäuser mit Mischnutzung, Banken/Geschäftshäusern

Bei Mehrfamilienwohnhäusern (Gebäudeart 4.1 bis 4.3), Wohnhäusern mit Mischnutzung, Banken/Geschäftshäusern (Gebäudeart 5.1 bis 5.3) sind weitere Korrekturfaktoren bezüglich der Grundrissart und der Wohnungsgröße vorzunehmen.

Grundrissart	Korrekturfaktor
Einspänner (eine Wohnung je Geschoss)	1,05
Zweispänner (zwei Wohnungen je Geschoss)	1,00
Dreispänner (drei Wohnungen je Geschoss)	0,97
Vierspänner (vier Wohnungen je Geschoss)	0,95

Wohnungsgröße	Korrekturfaktor
Circa 35 m² WF/WE	1,10
Circa 50 m² WF/WE	1,00
Circa 135 m² WF/WE	0,85

> **BEISPIEL**

Gebäudedaten: Mehrfamilienhaus 16 WE, als Dreispänner mit jeweils 35 m² großen Wohnungen, Gebäudestandard: Standardstufe 4
Auf Basis der Gebäudeart und der Standardstufe ergeben sich Normalherstellungskosten für die Gebäudeart 4.2 in Höhe von 915 EUR/m² BGF.

Die an Grundrissart und Wohnungsgröße angepassten Herstellungskosten errechnen sich wie folgt:

Anpassung Grundrissart (Dreispänner) => Korrekturfaktor 0,97

Anpassung Wohnungsgröße (35 m²) => Korrekturfaktor 1,10
915 EUR/m² × 0,97 × 1,10 = 976,31 EUR/m² BGF; rd. 976 EUR/m² BGF

Weitere Korrekturfaktoren bestehen bei den „Landwirtschaftlichen Betriebsgebäuden" (Gebäudeart 18), diese orientieren sich an der Gebäudegröße und zum
Teil weiteren Ausstattungsmerkmalen. Sie können aus den Datenblättern der NHK
2010 entnommen werden.

4.3.2.6 Baupreisindex – Ermittlung der Herstellungskosten zum Wertermittlungsstichtag

Die aus den Kostenkennwerten der NHK 2010 ermittelten Herstellungskosten beziehen sich auf den Jahresdurchschnitt 2010 und müssen auf den Wertermittlungsstichtag umgerechnet werden. Für diese Umrechnung der Herstellungskosten vom
Stichjahr der Normalherstellungskosten ist der für den Wertermittlungsstichtag
aktuelle und für die jeweilige Gebäudeart zutreffende Preisindex für die Bauwirtschaft des Statistischen Bundesamtes (Baupreisindex) mit dem entsprechenden
Basisjahr zu verwenden. Die Umrechnung erfolgt mit den Indizes für die Kosten
von Bauleistungen (Baupreisindex), die vom Statistischen Bundesamt regelmäßig
veröffentlicht werden. Im Internet können Sie die Indizes zum Beispiel unter www.
destatis.de (Statistisches Bundesamt) oder www.gug-aktuell.de (Grundstücksmarkt und Grundstückswert) kostenlos einsehen.

Hier werden unterschiedliche Baupreisindexreihen zur Verfügung gestellt. Es ist
darauf zu achten, dass stets solche Baupreisindexreihen verwendet werden, die
der jeweiligen Gebäudeart des zu bewertenden Objekts entsprechen. Das Statis-
tische Bundesamt stellt Baupreisindexreihen für Wohngebäude und Nichtwohn-
gebäude zur Verfügung. Zudem werden Baupreisindexreihen für den Neubau von

Wohn- und Mehrfamiliengebäuden, Einfamilienhäusern, gemischt genutzten Gebäuden, gewerblichen Betriebsgebäuden und Bürogebäuden abgeleitet.

Die Veröffentlichungen erfolgen in der Regel für das gesamte Jahr als Jahreswerte sowie zum Teil für die Monate Februar, Mai, August und November.

Jahr/Monat	Preisindizes für Gebäude (Neubau in konventioneller Bauart und Instandhaltung) Deutschland Originalwert einschl. Umsatzsteuer 2005 = 100			
	Wohngebäude		Nichtwohngebäude	
	Einfamilien-gebäude	Mehrfamilien-gebäude	Büro-gebäude	Gewerbliche Betriebsgebäude
2010 D[46]	113,7	114,7	115,0	116,0
2009 D	112,6	113,5	113,8	114,9
2008 D	111,6	112,7	112,6	113,6
2007 D	108,6	109,1	109,2	109,6
2006 D	101,9	102,1	102,1	102,3
2005 D	100,0	100,0	100,0	100,0
2012 August	120,2	121,5	121,5	123,0
2012 Mai	119,6	120,9	120,9	122,4
2012 Februar	118,9	120,3	120,3	121,8
2011 November	117,6	119,0	119,0	120,5
2011 August	117,2	118,6	118,6	120,2
2011 Mai	116,5	117,9	117,9	119,4
2011 Februar	115,6	117,0	117,1	118,4
2010 November	114,4	115,5	115,7	116,9
2010 August	114,0	115,0	115,3	116,4
2010 Mai	113,5	114,6	114,8	115,7
2010 Februar	112,8	113,7	114,1	114,8
Quelle: GuG aktuell; www.gug-aktuell.de				

---

[46] Die Bezeichnung „D" bedeutet Durchschnittswert, dieser errechnet sich aus dem Mittel der vier Quartalswerte der Monate Februar, Mai, August und November.

Bei der Anwendung von Indizes im Sachwertverfahren müssen immer die Werte herangezogen werden, die dem zu bewertenden Objekt in seiner Nutzung am nächsten kommen (zum Beispiel Einfamiliengebäude, Mehrfamiliengebäude). Zudem ist immer derjenige Indexwert heranzuziehen, der dem Wertermittlungsstichtag am nächsten liegt. Liegen die Vierteljahreswerte vor, sind diese zu bevorzugen.

! **ACHTUNG**

Die Kostenkennwerte der NHK 2010 liegen auf der Preisbasis 2010 vor. Der für den Wertermittlungsstichtag veröffentlichte Baupreisindex des Statistischen Bundesamtes basiert auf der Preisbasis 2005. Da eine direkte Anwendung des Baupreisindex somit nicht möglich ist, müssen alle in den NHK 2010 angegebenen Baupreise über zwei Indexpunkte auf den Wertermittlungsstichtag indexiert werden.

Die Umrechnung ist nach folgender Formel möglich:

$$\frac{\text{Index zum Stichtag (2005 = 100)}}{\text{Durchschnittlicher Index für das Jahr 2010 (2005 = 100)}} \times \text{NHK 2010}$$

▶ **BEISPIEL**

Gebäudedaten: Doppelhaus, Baujahr 1965, unterkellert, mit Erdgeschoss, Obergeschoss und ausgebautem Dachgeschoss, Gebäudestandard: Standardstufe 3, Wertermittlungsstichtag: 31.7.2012

Als Kostenkennwert aus den Tabellen der NHK 2010 Gebäudeart 2.11, Standardstufe 3 erhält man 785 EUR/m² BGF.

Der durchschnittliche Baupreisindex des Statistischen Bundesamtes für das Jahr 2010 für Einfamiliengebäude (Basisjahr = 2005) beträgt 113,7. Der Baupreisindex des Statistischen Bundesamtes zum Wertermittlungsstichtag 31.7.2012 für Einfamiliengebäude (Basisjahr = 2005) beträgt 119,6.

$$\frac{119,6}{113,7} \times 785 \text{ EUR/m}^2 \text{ BGF} = 825,73 \text{ EUR/m}^2 \text{ BGB, rd. 826 EUR/m}^2 \text{ BGF}$$

Anbei werden die Schritte zur Herleitung des indexierten Kostenkennwerts zum Wertermittlungsstichtag zusammenfassend dargestellt:

Ablauf		Bemerkung
1.	Berechnung der BGF	Berücksichtigung nur Flächenanteile a und b
2.	Bestimmung der Gebäudeart nach dem Katalog der NHK 2010 unter Berücksichtigung des Kellergeschosses und des Dachgeschossausbaus	Nach dem Katalog der NHK 2010
3.	Bestimmung der Standardstufe	
4.	Bestimmung des Kostenkennwerts (Normalherstellungskosten) in Abhängigkeit der Standardstufe und der Gebäudeart	Gegebenenfalls Anpassung des objektspezifischen Gebäudestandards aus mehreren Standardstufen
5.	Gegebenenfalls Anpassung des Kostenkennwerts durch Korrekturfaktoren	Beispielsweise bei Mehrfamilienhäusern für die Wohnungsgröße und Grundrissart etc.
6.	Hochrechnung der ermittelten Normalherstellungskosten mittels geeigneter Baupreisindizes auf den Wertermittlungsstichtag	Indexierung

Die Gebäudeherstellungskosten zum Wertermittlungsstichtag errechnen sich durch Multiplikation der angepassten Normalherstellungskosten mit der BGF.

▶ **BEISPIEL**

Gebäudeherstellungskosten der baulichen Anlage = 826 EUR/m^2 BGF × 288 m^2 BGF = 237.888 EUR

Anmerkung: Die Alterswertminderung ist hier noch nicht berücksichtigt!

4.3.3 Ermittlung der Herstellungskosten der Außenanlagen

Außenanlagen sind außerhalb der Gebäude befindliche, mit dem Grundstück fest verbundene **bauliche Anlagen** (insbesondere Ver- und Entsorgungsanlagen von der Gebäudeaußenwand bis zur Grundstücksgrenze, Einfriedungen, Wegebefestigungen) **und sonstige Anlagen.** Zu den sonstigen Anlagen (nicht bauliche Anlagen) zählen insbesondere Gartenanlagen.

Die Sachwerte der für die jeweilige Gebäudeart üblichen baulichen Außenanlagen und sonstigen Anlagen können zum einen über ihre gewöhnlichen Herstellungskosten oder über Erfahrungssätze ermittelt werden. In der Praxis können folgende Erfahrungssätze für die Herstellungskosten der Außenanlagen als Prozentsatz der Gebäudeherstellungskosten angewandt werden:

- Bei Außenanlagen einfacherer Ausführung drei Prozent
- Bei Außenanlagen mittlerer Ausführung vier Prozent
- Bei Außenanlagen gehobener Ausführung fünf Prozent

Werden die gewöhnlichen Herstellungskosten zugrunde gelegt, ist gemäß Abschnitt 4.2 Abs. 2 SW-RL eine Alterswertminderung anzusetzen, wobei sich die Restnutzungsdauer in der Regel an der der baulichen Anlage orientiert. Soweit diese Anlagen erheblich vom Üblichen abweichen, ist ggf. ihr Werteinfluss als besonderes objektspezifisches Grundstücksmerkmal nach der Marktanpassung zu berücksichtigen.

▶ **BEISPIEL**

Der Sachwert der baulichen Außenanlagen berechnet sich bei Außenanlagen mit mittlerer Ausführung so: 4 % von 237.888 EUR = 9.515,15 EUR, rd. 9.500 EUR.

Anmerkung: Die Alterswertminderung ist hier noch nicht berücksichtigt!

4.3.4 Alterswertminderung

Zwischen dem Zeitpunkt der Bauwerksfertigstellung und dem Wertermittlungsstichtag verliert das Gebäude an Wert. Je älter ein Gebäude wird, desto höher ist der Wertverlust. Dieser Wertverlust ergibt sich aus der Tatsache, dass ein Gebäude im Lauf der Zeit einer ständigen Abnutzung unterliegt. Darüber hinaus wird die Nutzung eines älteren Gebäudes im Vergleich zur Nutzung eines neuen Gebäudes mit zunehmendem Alter immer unwirtschaftlicher.

Bei der Berücksichtigung der Alterswertminderung werden zuerst die Gesamtnutzungsdauer sowie die Restnutzungsdauer des Bewertungsobjekts ermittelt.

Die Restnutzungsdauer ergibt sich aus der Differenz zwischen Gesamtnutzungsdauer und dem Gebäudealter am Wertermittlungsstichtag. Anschließend muss die Restnutzungsdauer dahingehend überprüft werden, ob sie dem Zeitraum entspricht, in dem das Gebäude bei ordnungsgemäßer Bewirtschaftung voraussichtlich noch wirtschaftlich genutzt werden kann (wirtschaftliche Restnutzungsdauer). Die rechtliche Zulässigkeit der angesetzten Nutzung wird dabei vorausgesetzt. Die Ermittlung der Restnutzungsdauer und der Gesamtnutzungsdauer wurde bereits im Abschnitt „Das Ertragswertverfahren" erläutert.

Bei einer durchgreifenden Modernisierung kann sich die Restnutzungsdauer verlängern. Eine durchgreifende Modernisierung ist immer dann gegeben, wenn die wesentlichen Bestandteile eines Gebäudes erneuert wurden, dazu zählen zum Beispiel Dach, Fassade, Decken, Treppen etc. Die Erneuerung von Ausbauelementen wie Heizung, Sanitärinstallation etc. fällt unter die normale Instandhaltung und bewirkt in der Regel keine Verlängerung der Restnutzungsdauer.

Bei einer Verlängerung der wirtschaftlichen Restnutzungsdauer, präsentiert sich das Gebäude in einem jüngeren Zustand. Bei einer entsprechend längeren wirtschaftlichen (modifizierten) Restnutzungsdauer um beispielsweise zehn Jahre verjüngt sich das Gebäude um die gleiche Anzahl von Jahren. Das Gebäude entspricht dann einem vergleichbaren Gebäude, das zehn Jahre später errichtet wurde. Die Ermittlung des Gebäudealters bei modernisierten Gebäuden wird im Abschnitt „Ermittlung der Restnutzungsdauer" aufgezeigt.

Eine unterlassene Instandhaltung kann hingegen die wirtschaftliche Restnutzungsdauer verringern. Es gilt jedoch stets zu beachten, dass eine längere oder verringerte wirtschaftliche Restnutzungsdauer nicht die Gesamtnutzungsdauer des Gebäudes verändert.

Lineare Alterswertminderung

Mit Einführung der ImmoWertV hat die Alterswertminderung eine deutliche Vereinfachung dahingehend erfahren, dass von den zahlreichen Abschreibungsmodellen (insbesondere die dynamische Alterswertminderung nach „Ross") jetzt nur noch die **lineare Abschreibung für alle Gebäudetypen** zur Anwendung kommt.

Bei der linearen Abschreibung wird unterstellt, dass alle Gebäude im Lauf ihrer Lebensdauer (Gesamtnutzungsdauer) in jedem Jahr den gleichen Anteil an Wertverlust erfahren. Somit lässt sich aus der Gesamtnutzungsdauer des Bewertungsobjekts und seinem Alter die Wertminderung wegen Alters wie folgt errechnen:

$$\text{Minderung (\%)} = \frac{\text{Gesamtnutzungsdauer} - \text{Restnutzungsdauer}}{\text{Gesamtnutzungsdauer}} \times 100$$

Orientierungswerte zur Gesamtnutzungsdauer gibt Anlage 3 der Sachwertrichtlinie „Orientierungswerte für die übliche Gesamtnutzungsdauer bei ordnungsgemäßer

Instandhaltung". Die anzusetzende Gesamtnutzungsdauer ist je nach Situation auf dem Grundstücksmarkt sachverständig zu bestimmen und zu begründen.

Orientierungswerte für die übliche Gesamtnutzungsdauer bei ordnungsgemäßer Instandhaltung[47]		
Freistehende Ein-/Zweifamilienhäuser, Doppelhäuser, Reihenhäuser		
Standardstufe 1	60 Jahre	
Standardstufe 2	65 Jahre	
Standardstufe 3	70 Jahre	
Standardstufe 4	75 Jahre	
Standardstufe 5	80 Jahre	
Mehrfamilienhäuser	70 Jahre	±10
Wohnhäuser mit Mischnutzung	70 Jahre	±10
Geschäftshäuser	60 Jahre	±10
Bürogebäude, Banken	60 Jahre	±10
Gemeindezentren, Saalbauten/Veranstaltungsgebäude	40 Jahre	±10
Kindergärten, Schulen	50 Jahre	±10
Wohnheime, Alten-/Pflegeheime	50 Jahre	±10
Krankenhäuser, Tageskliniken	40 Jahre	±10
Beherbergungsstätten, Verpflegungseinrichtungen	40 Jahre	±10
Sporthallen, Freizeitbäder/Heilbäder	40 Jahre	±10
Verbrauchermärkte, Autohäuser	30 Jahre	±10
Kauf-/Warenhäuser	50 Jahre	±10
Einzelgaragen	60 Jahre	±10
Tief- und Hochgaragen als Einzelbauwerk	40 Jahre	±10
Betriebs-/Werkstätten, Produktionsgebäude	40 Jahre	±10
Lager-/Versandgebäude	40 Jahre	±10
Landwirtschaftliche Betriebsgebäude	30 Jahre	±10

---

[47] Anlage 3 SW-RL.

▶ **BEISPIEL: Bestimmung der Alterswertminderung**

Gebäudedaten: Einfamilienhaus, Standardstufe 3, Baujahr 1965, Wertermittlungsstichtag: 31.7.2012

Schritt 1: Bestimmung der Gesamtnutzungsdauer
Ansatz: 70 Jahre Gesamtnutzungsdauer für das Einfamilienhaus

Schritt 2: Bestimmung der Restnutzungsdauer
1965 (Baujahr) + 70 Jahre (GND) = 2035
2035 — 2012 (Jahr des Wertermittlungsstichtags) = 23 Jahre RND
Die Alterswertminderung errechnet sich wie folgt:

$$\text{Minderung (\%)} = \frac{\text{GND} - \text{RND}}{\text{GND}} \times 100 = \frac{70 - 23}{70} \times 100 = \text{rd. 67 \%}$$

Der „Sachwert der baulichen Anlagen" berechnet sich auf Basis der „Herstellungskosten der baulichen Anlagen" zum Wertermittlungsstichtag in Höhe von 237.888 EUR und einer linearen Abschreibung in Höhe von 67 % wie folgt:

	Herstellungskosten der baulichen Anlagen zum Wertermittlungsstichtag	237.888 EUR
-	lineare Alterswertminderung 67 % von 237.888 EUR =	159.385 EUR
=	Sachwert der baulichen Anlagen	78.503 EUR

4.3.5 Ermittlung des vorläufigen Sachwerts des Grundstücks

Der vorläufige Sachwert des Grundstücks errechnet ist die Summe aus

- dem **Sachwert der baulichen Anlagen** (ohne Außenanlagen), ausgehend von den Herstellungskosten unter Berücksichtigung der Alterswertminderung,
- dem **Sachwert der baulichen Außenanlagen und der sonstigen Anlagen** nach Erfahrungssätzen oder nach gewöhnlichen Herstellungskosten (ggf. unter Berücksichtigung der Alterswertminderung), soweit sie nicht als besondere objektspezifische Grundstücksmerkmale zu berücksichtigen sind, und
- dem **Bodenwert**, der vorrangig im Vergleichswertverfahren zu ermitteln ist; dabei kann auf geeignete Bodenrichtwerte zurückgegriffen werden.

Abb. 25: Ablauf bei der Berechnung des vorläufigen Sachwerts

4.3.6 Verkehrswert (Marktwert) des Grundstücks

Mit der ImmoWertV neu eingeführt wurde eine zweistufige Marktanpassung, die bei der Wertermittlung zwingend in nachstehender Reihenfolge gesondert zu berücksichtigen ist.

1. Marktanpassung an die allgemeinen Wertverhältnisse auf dem Grundstücksmarkt[48]
2. Berücksichtigung besonderer objektspezifischer Grundstücksmerkmale[49]

Der Verkehrswert (Marktwert) des Grundstücks berechnet sich somit aus dem „vorläufigen Sachwert des Grundstücks",

- der zuerst durch Multiplikation mit dem zutreffenden **Sachwertfaktor** an die **allgemeinen Wertverhältnisse auf dem Grundstücksmarkt anzupassen** ist (marktangepasster vorläufiger Sachwert) und
- bei dem anschließend ggf. **besondere objektspezifische Grundstücksmerkmale**, beispielsweise durch Zu- oder Abschläge, zu berücksichtigen sind.

---

[48] § 8 Abs. 2 Nr. 1 ImmoWertV.

[49] § 8 Abs. 3 ImmoWertV.

Ziel der Marktanpassung ist es, aus dem vorläufigen Sachwert des Grundstücks einen Verkehrswert abzuleiten, der als wahrscheinlichster Kaufpreis auch erzielbar ist.

> **!** **WICHTIG**
>
> Die Marktanpassung ist ausschließlich in der vorgenannten Reihenfolge vorzunehmen. Nur dann ist die Berechnung marktkonform.

Abb. 26: Ablauf bei der Berechnung des Verkehrswerts

Marktanpassung an die allgemeinen Wertverhältnisse auf dem Grundstücksmarkt

Im ersten Schritt ist die Marktlage mittels der von den Gutachterausschüssen abgeleiteten **Sachwertfaktoren** zu berücksichtigen. Die Sachwertfaktoren sind definiert, als Faktoren, die sich aus dem Verhältnis geeigneter Kaufpreise bebauter Grundstücke zu den dafür nach Maßgabe von §§ 21 bis 23 ImmoWertV abgeleiteten (vorläufigen) Sachwerten ergeben.

$$\text{Sachwertfaktor} = \frac{\text{Kaufpreis}}{\text{(vorläufiger) Sachwert}}$$

Zur Berücksichtigung der Lage auf dem Grundstücksmarkt einschließlich der regionalen Baupreisverhältnisse ist der im Wesentlichen nur kostenorientierte vorläufige Sachwert an die allgemeinen Wertverhältnisse auf dem örtlichen Grundstücksmarkt anzupassen. Hierzu ist der vorläufige Sachwert mit dem zutreffenden

Sachwertfaktor zu multiplizieren, der aus dem Verhältnis geeigneter Kaufpreise zu entsprechenden vorläufigen Sachwerten ermittelt wird (§ 14 Abs. 2 Nr. 1 Immo-WertV). In Abhängigkeit von den maßgeblichen Verhältnissen am örtlichen Grundstücksmarkt kann auch ein relativ hoher oder niedriger Sachwertfaktor sachgerecht sein. Kann der Gutachterausschuss keinen zutreffenden Sachwertfaktor zur Verfügung stellen, können hilfsweise Sachwertfaktoren aus vergleichbaren Gebieten herangezogen oder ausnahmsweise die Marktanpassung unter Berücksichtigung der regionalen Marktverhältnisse sachverständig geschätzt werden; in diesen Fällen ist die Marktanpassung besonders zu begründen.[50]

Sachwertfaktoren werden auf der Grundlage von Kaufpreisen von für die jeweilige Gebäudeart typischen Grundstücken unter weitgehendem Ausschluss „besonderer objektspezifischer Grundstücksmerkmale" abgeleitet. Dementsprechend dürfen sie bei der Sachwertermittlung auch nur unter Ausschluss „besonderer objektspezifischer Grundstücksmerkmale" berücksichtigt werden.

Die „wesentlichen Modellparameter für die Ermittlung des Sachwertfaktors"[51] sind:

Normalherstellungskosten	NHK 2010 (Anlage 1 SW-RL)
Gebäudebaujahrsklassen	Keine
Gebäudestandard	Nach Standardmerkmalen und Standardstufen (Anlage 2 SW-RL)
Baunebenkosten	In den NHK 2010 enthalten
Korrekturfaktoren für das Land und die Ortsgröße (zum Beispiel Regionalfaktor)	Keine
Bezugsmaßstab	BGF
Baupreisindex	Preisindex für die Bauwirtschaft des Statistischen Bundesamtes
Baujahr	Ursprüngliches Baujahr
Gesamtnutzungsdauer	Nach Anlage 3 SW-RL
Restnutzungsdauer	Gesamtnutzungsdauer abzüglich Alter; ggf. modifizierte Restnutzungsdauer; bei Modernisierungsmaßnahmen Verlängerung der Restnutzungsdauer nach Anlage 4 SW-RL

---

[50] Abschnitt 5 Abs. 1 SW-RL.
[51] Vgl. Anlage 5 SW-RL.

Normalherstellungskosten	NHK 2010 (Anlage 1 SW-RL)
Alterswertminderung	Linear
Wertansatz für bauliche Außenanlagen, sonstige Anlagen	Kein gesonderter Ansatz, Anlagen sind im üblichen Umfang im Sachwert enthalten oder pauschaler Ansatz in Höhe von ...
Wertansatz für bei der BGF-Berechnung nicht erfasste Bauteile	Kein gesonderter Ansatz, Bauteile sind im üblichen Umfang im Sachwert enthalten oder pauschaler Ansatz in Höhe von ...
Besondere objektspezifische Grundstücksmerkmale	Keine oder entsprechende Kaufpreisbereinigung
Bodenwert	Ungedämpft, zutreffender Bodenrichtwert ggf. angepasst an die Merkmale des Einzelobjekts
Grundstücksfläche	Marktübliche, objektbezogene Grundstücksgröße

Bei der Anwendung der Sachwertfaktoren sind die verwendete Ableitungsmethode und die zugrunde gelegten Daten zu beachten, um die Modellkonformität sicherzustellen. Dabei gilt insbesondere, dass die Sachwertfaktoren nur auf solche Wertanteile angewandt werden dürfen, die ihrer Ermittlungsgrundlage hinreichend entsprechen. Die nicht von dem angewandten Sachwertfaktor abgedeckten Wertanteile sind als besondere objektspezifische Grundstücksmerkmale nach der Marktanpassung zu berücksichtigen.[52]

Informationen über die Marktanpassung an die allgemeinen Wertverhältnisse auf dem Grundstücksmarkt können beim zuständigen Gutachterausschuss beschafft werden.

> **BEISPIEL**
>
> Der Gutachterausschuss für Grundstückswerte gibt für das Wertermittlungsgrundstück einen Sachwertfaktor in Höhe von 0,85 (Abschlag von 15 Prozent) an. Bei einem vorläufigen Sachwert des Grundstücks von 300.000 Euro und unter Berücksichtigung eines Sachwertfaktors von 0,85 errechnet sich ein marktangepasster Grundstückssachwert von 300.000 EUR x 0,85 = 255.000 EUR.

---

[52] Abschnitt 5 Abs. 3 SW-RL.

Berücksichtigung besonderer objektspezifischer Grundstücksmerkmale

Erst nachdem die Marktanpassung an die allgemeinen Wertverhältnisse auf dem örtlichen Grundstücksmarkt mithilfe des Sachwertfaktors erfolgt ist, finden die besonderen objektspezifischen Grundstücksmerkmale ihre Berücksichtigung.

Unter „besondere objektspezifische Grundstücksmerkmale" werden wertbeeinflussende Umstände eines Wertermittlungsobjekts verstanden, welche erheblich vom Üblichen abweichen und denen der Grundstücksmarkt einen eigenständigen Werteinfluss beimisst. Soweit solche wertbeeinflussenden Umstände in der Wertermittlung noch nicht erfasst und berücksichtigt wurden, werden diese durch marktgerechte Zu- oder Abschläge gesondert berücksichtigt (§ 8 Abs. 2 und 3 ImmoWertV). Wertrelevante Umstände[53] können sein:

- **Besondere Ertragsverhältnisse**, sofern das Wertermittlungsobjekt vom Üblichen erheblich abweichende Erträgen erzielt. Die Wertminderung bzw. Werterhöhung kann beispielsweise nach den Grundsätzen des Ertragswertverfahrens ermittelt werden.
- Wertminderungen infolge **Bauschäden und Baumängel** können durch Abschläge nach Erfahrungswerten, unter Zugrundelegung von Bauteiltabellen oder auf der Grundlage von Schadensbeseitigungskosten berücksichtigt werden.
- **Wirtschaftliche Überalterung:** Ausnahmsweise kommt zusätzlich zum Ansatz der Alterswertminderung ein Abschlag wegen wirtschaftlicher Überalterung in Betracht, wenn das Bewertungsobjekt nur noch eingeschränkt verwendungsfähig bzw. marktgängig ist. Anhaltspunkte für eine wirtschaftliche Überalterung sind zum Beispiel erhebliche Ausstattungsmängel, unzweckmäßige Gebäudegrundrisse und eine unzweckmäßige Anordnung der Gebäude auf dem Grundstück.
- **Überdurchschnittlicher Erhaltungszustand:** Ausnahmsweise kommt ein Zuschlag wegen überdurchschnittlichen Erhaltungszustands in Betracht, wenn sich das Bewertungsobjekt in einem besonders gepflegten Zustand befindet. In Abgrenzung zur Modernisierung handelt es sich hier um über das übliche Maß hinausgehende Instandhaltungsmaßnahmen, die in ihrer Gesamtheit zwar das Erscheinungsbild des Bewertungsobjekts überdurchschnittlich positiv beeinflussen, jedoch keine Erhöhung der Restnutzungsdauer bewirken.

---

[53] Analog Abschnitt 6, Abs. 6.1 bis 6.7 SW-RL.

- **Freilegungskosten,** beispielsweise für Freilegungsmaßnahmen, Teilabriss- und Sicherungsmaßnahmen, die bei wirtschaftlicher Betrachtungsweise erforderlich sind und bei der Ermittlung des Bodenwerts noch nicht berücksichtigt wurden, sind ggf. die anfallenden Kosten, die Verwertungserlöse für abgängige Bauteile und die ersparten Baukosten durch die Verwendung vorhandener Bauteile zu berücksichtigen.
- Eine Wertminderung bei **Bodenverunreinigungen,** beispielsweise bei schädlichen Bodenveränderungen, Verdachtsflächen, Altlasten und Altlasten-verdächtigen Flächen etc. kann sich an den Kosten orientieren, die für eine Sanierung, Sicherungsmaßnahmen, Bodenuntersuchungen etc. anfallen.
- **Grundstücksbezogene Rechte und Belastungen:** In Bezug auf die Ermittlung der Auswirkungen grundstücksbezogener Rechte und Belastungen wird auf Nr. 4 des zweiten Teils der WertR 2006 verwiesen.

Die besonderen objektspezifischen Grundstücksmerkmale können sowohl wertmindernd als auch werterhöhend sein. Ihre Berücksichtigung finden die Korrekturansätze in der Regel in Eurobeträgen, sie können aber auch als Prozentsatz vom marktangepassten Sachwert angesetzt werden. Werden zusätzlich weitere Wertermittlungsverfahren durchgeführt, sind die besonderen objektspezifischen Grundstücksmerkmale, soweit möglich, in allen Verfahren identisch anzusetzen.

▶ **BEISPIEL**

Die „besonderen objektspezifischen Grundstücksmerkmale" errechnen sich nach der Ermittlung des „marktangepassten Sachwerts des Grundstücks" in Höhe von 255.000 Euro wie folgt:
Abschlag wegen wirtschaftlicher Überalterung (schlechter Grundrissgestaltung, insbesondere „gefangene Zimmer") 5 %
5 % von 255.000 EUR = 12.750 EUR
Abschlag wegen Baumängel: 10.000 EUR
Unter Berücksichtigung der Marktanpassung an die allgemeinen Wertverhältnisse auf dem Grundstücksmarkt und der darauffolgenden Berücksichtigung der besonderen objektspezifischen Grundstücksmerkmale errechnet sich der Sachwert (Verkehrswert) wie folgt.

	Marktangepasster Sachwert des Grundstücks	255.000 EUR
-	Abschlag wegen wirtschaftlicher Überalterung	12.750 EUR
-	Abschlag wegen Baumängel	10.000 EUR
=	Sachwert (Verkehrswert)	232.250 EUR
		rd. 232.000 EUR

Abschließend werden nochmals die Berechnungsgrößen zur Ermittlung des Sachwerts anhand eines Beispiels zusammenfassend dargestellt.

▶ **BEISPIEL**

Eingangsgrößen

Doppelhaus, Baujahr 1965, unterkellert, mit EG, OG und voll ausgebautem DG
=> Gebäudeart 2.11
Gebäudestandard: Standardstufe 3
=> NHK 2012 = 785 EUR/m^2 BGF
BGF wurde mit 288 m^2 ermittelt
Wertermittlungsstichtag: 31.7.2012
Gesamtnutzungsdauer: 70 Jahre; Restnutzungsdauer: 23 Jahre
=> Alterswertminderung rd. 67 %
Sachwertfaktor: 0,85

Mängel: Abschlag wegen wirtschaftlicher Überalterung: 5 %
        Abschlag wegen Baumängel: 10.000 EUR

Berechnungsgrößen zur Ermittlung des Sachwerts		
Brutto-Grundfläche (m^2)	**288**	
NHK 2010 (EUR/m^2 BGF) inklusive Baunebenkosten	785	785 EUR
Korrekturfaktor 1	0,00	785 EUR
Korrekturfaktor 2	0,00	785 EUR
NHK 2010 (angepasst)		785 EUR
Umrechnung auf Wertermittlungsstichtag		
Baupreisindex (2005 = 100 %)	113,7	
Baupreisindex Wertermittlungsstichtag	119,6	
Kostenkennwert bezogen auf den Wertermittlungsstichtag		**826 EUR**
Gebäudeherstellungskosten		
BGF x Kostenkennwert bezogen auf den Wertermittlungsstichtag		**237.812 EUR**
Alterswertminderung linear	67 %	**-159.334 EUR**

Berechnungsgrößen zur Ermittlung des Sachwerts		
Altersgeminderte Gebäudeherstellungskosten		79.304 EUR
Sachwert der baulichen Anlagen		79.304 EUR
Sachwert der baulichen Außenanlagen	4 %	3.172 EUR
Sachwert der sonstigen Anlagen		0 EUR
Bodenwert		**100.000 EUR**
Vorläufiger Sachwert des Grundstücks		**182.476 EUR**
Marktanpassung		
Allgemeine Marktanpassung (Sachwertfaktor)	-15 %	-27.371 EUR
Marktangepasster Sachwert		155.104 EUR
Berücksichtigung der objektspezifischen Grundstücksmerkmale	-5 %	-7.755 EUR
	Pauschal	-10.000 EUR
Sachwert (Verkehrswert)		**137.349 EUR**

5 Kontrollen und Analysen

Ein Gutachten muss plausibel und prüffähig gestaltet sein. Aufbau und Inhalt müssen daher so dargestellt werden, dass auch der Empfänger und interessierte Laie das Gutachten verstehen und nachvollziehen kann. Eine Möglichkeit, die Eingangsdaten und somit das ermittelte Ergebnis im Gutachten zu untermauern, ist die Anwendung von Plausibilitätskontrollen und Sensitivitätsnachweisen.

Nachfolgend werden einige Möglichkeiten dargestellt, wie sich in einem Gutachten Plausibilitätskontrollen und Sensitivitätsanalysen aufführen und darstellen lassen. Bei der Anwendung von Sensitivitätsanalysen wird für unterschiedliche Ausgangsgrößen dargestellt, welche Auswirkungen sie auf das Wertermittlungsergebnis haben. Für den Wertermittler bedeutet dies, dass er für die Herleitung von Ausgangsgrößen, die sich besonders auf den Verkehrswert auswirken, mit großer Sorgfalt und Gewissenhaftigkeit recherchieren muss. Besondere Auswirkungen auf den Ertragswert hat zum Beispiel der Liegenschaftszinssatz im Ertragswertverfahren. Variiert man diesen zum Beispiel um 0,5 Prozent, ergibt sich im Ertragswert eine Änderung (bei längerer Restnutzungsdauer) von circa zehn Prozent!

Plausibilitätskontrollen dienen in einem Gutachten dazu, das Wertermittlungsergebnis, also den ermittelten Verkehrswert, beispielsweise anhand von Faktoren oder unter Zuhilfenahme anderer Verfahren zu untermauern.

Der hergeleitete Verkehrswert wird so nochmals einem oder mehreren Kontrollverfahren unterzogen, sodass die Richtigkeit des Ergebnisses bestätigt wird und wenig Angriffsfläche für den Auftraggeber und seine Einschätzung des Werts der jeweiligen Immobilie besteht.

Dass der Verkäufer den Wert seiner Immobilie meist wesentlich höher einschätzt als der Käufer, der dieselbe Immobilie erwerben möchte, sei hier nur am Rande erwähnt.

Plausibilitätskontrollen und Sensitivitätsanalysen werden in der Regel am Ende eines Gutachtens aufgeführt, bevor der Verkehrswert definiert und beziffert wird.

5.1 Sensitivitätsanalysen

Beim Ertragswertverfahren bieten sich zum Beispiel die im Folgenden beschriebenen Sensitivitätsanalysen an. Sie werden anhand des nachfolgenden Ertragswerts und der entsprechenden Einflussfaktoren dargestellt und kurz erläutert.

▶ **BEISPIEL: Ertragswertverfahren**

	Rohertrag	1.230 EUR/Monat	14.760 EUR/Jahr
−	Bewirtschaftungskosten	20 %	− 2.952 EUR/Jahr
=	Reinertrag		11.808 EUR/Jahr
−	Bodenwertverzinsung	5 %	− 2.500 EUR/Jahr
=	Gebäudereinertrag		9.308 EUR/Jahr
×	Vervielfältiger (LZ 5 %, RND 55 Jahre)		18,63347
=	Gebäudeertragswert		173.440 EUR
+	Bodenwert		50.000 EUR
=	vorläufiger Ertragswert		223.440 EUR
±	objektspezifische Marktanpassung		− 10.000 EUR
=	Ertragswert		213.440 EUR

Bei Sensitivitätsanalysen wird gezeigt, wie sich Veränderungen einer Eingangsgröße um einen bestimmten Betrag oder Prozentsatz nach oben und unten auf den Ertragswert auswirken. Alle weiteren Eingabegrößen bleiben dabei unverändert. Das Ergebnis wird tabellarisch, ggf. auch grafisch, dargestellt und erläutert.

▶ **BEISPIEL: Darstellung des Ertragswerts in Abhängigkeit vom Bodenwert**

Grundlage für die Sensitivitätsanalyse ist der ermittelte Bodenwert in Höhe von 500 EUR/m^2. Es soll dargelegt werden, dass bei einer prozentualen Veränderung des ermittelten Bodenwerts in Höhe von beispielsweise plus oder minus 20 Prozent, was einem Betrag von 100 EUR/m^2 entspricht, die Auswirkungen auf den Ertragswert nicht entscheidend sind. Der Ertragswert variiert in diesem Beispiel lediglich um plus oder minus 0,32 Prozent!

Sensitivitätsanalyse des Bodenwerts bei einer prozentualen Veränderung des Bodenwerts um jeweils 20 Prozent

	Bodenwert (EUR/m²)	Veränderung des Bodenwerts (%)	Ertragswert	Veränderung des Ertragswerts (%)
Abweichung A	400 EUR	-20	212.757 EUR	-0,32
Ursprung	500 EUR	0	213.440 EUR	0,00
Abweichung B	600 EUR	+20	214.124 EUR	+0,32

Grafische Darstellung einer Sensitivitätsanalyse des Bodenwerts bei einer prozentualen Veränderung des Bodenwerts um jeweils 20 Prozent

Abb. 1: Sensitivitätsanalyse Bodenwert/Ertragswert

Der Ertragswert lässt sich auch in Abhängigkeit von zwei Eingangsgrößen, die gleichzeitig nach oben und unten variiert werden, stellen.

! **ACHTUNG**

Der Bodenwert ist mit angemessener Sorgfalt zu ermitteln. Man sollte sich — wegen der geringen Auswirkung der Veränderungen des Bodenwerts auf den Ertragswert — nicht dazu verleiten lassen, ihn beim Ertragswertverfahren nachlässig zu ermitteln.

▶ **BEISPIEL: Darstellung des Ertragswerts in Abhängigkeit vom Liegenschaftszinssatz und der Restnutzungsdauer**

Geht man von einem Liegenschaftszinssatz in Höhe von fünf Prozent und einer Restnutzungsdauer von 55 Jahren aus und variiert die Eingangsgrößen um 0,5 Prozent bzw. um 5 Jahre in beide Richtungen, so zeigt sich, dass sich insbesondere der Liegenschaftszinssatz erheblich auf den Ertragswert auswirkt. Bei längeren Restnutzungsdauern können sich Veränderungen von mehr als plus oder minus zehn Prozent ergeben.

Dagegen ist der Einfluss der Restnutzungsdauer auf den Ertragswert in der angegebenen Zeitspanne nicht wesentlich von Bedeutung. Je länger die Restnutzungsdauer ist, desto geringer wirkt sie sich — bei gleichbleibendem Liegenschaftszinssatz — auf den Ertragswert aus.

		Restnutzungsdauer		
		50 Jahre	55 Jahre	60 Jahre
	4,5 %	228.885 EUR	233.531 EUR	237.258 EUR
Liegenschaftszinssatz	5,0 %	209.926 EUR	213.140 EUR	216.194 EUR
	5,5 %	193.366 EUR	196.026 EUR	198.061 EUR

Einige Arten von Sensitivitätsanalysen wurden im Buch bereits erläutert:

- Sensitivitätsanalyse des Bodenwerts
- Sensitivitätsanalyse des Jahresrohertrags
- Sensitivitätsanalyse der Bewirtschaftungskosten
- Sensitivitätsanalyse des Liegenschaftszinssatzes

Hier nun als weiteres Beispiel die Sensitivitätsanalyse der Restnutzungsdauer. Die in der Ertragswertberechnung in Ansatz gebrachte Restnutzungsdauer wird um fünf Jahre variiert. Es zeigt sich, dass eine Abweichung in vorgenannter Höhe für die Ermittlung des Ertragswerts nicht wesentlich von Bedeutung ist.

BEISPIEL

	Restnutzungsdauer	Prozentuale Veränderung	Ertragswert
Abweichung A	50 Jahre	-1,65 %	209.926 EUR
Ursprung	55 Jahre	±0,00 %	213.440 EUR
Abweichung B	60 Jahre	+1,29 %	216.194 EUR

Abb. 2: Sensitivitätsanalyse Restnutzungsdauer/Ertragswert

! WICHTIG

Je länger die Restnutzungsdauer ist, desto geringer wirken sich die Abweichungen auf den Ertragswert aus.

5.2 Plausibilitätskontrollen

Eine weitere Möglichkeit, ein Ergebnis zu untermauern, bieten Plausibilitätskontrollen unter Zuhilfenahme von

- Ertragsfaktoren und
- Gebäudefaktoren.

5.2.1 Ertragsfaktoren

Ertragsfaktoren geben das durchschnittliche Verhältnis vom erzielten Kaufpreis zum jeweiligen Rohertrag, ermittelt aus nachhaltig erzielbaren, jährlichen Netto-kaltmieten, wieder. Dabei handelt es sich um durchschnittliche Werte aus einer Vielzahl von Einzelkauffällen gleichartiger Grundstücke in durchschnittlicher Qualität. Die Ertragsfaktoren werden in der Regel von Gutachterausschüssen ermittelt und können entsprechend erfragt oder aus den Jahresberichten der Gutachter-ausschüsse entnommen werden.

$$\text{Ertragsfaktor} = \frac{\text{Kaufpreis}}{\text{Rohertrag}}$$

Ertragsfaktoren können regional sehr unterschiedlich ausfallen und sind im Wesentlichen abhängig von der Gebäude- und Nutzungsart sowie von Baujahr, Lage, Zustand etc.

Nachfolgend ist ein Beispiel für Ertragsfaktoren in Abhängigkeit von Gebäudetypen angegeben. Diese Faktoren sind jedoch nicht allgemein verbindlich und unterscheiden sich insbesondere von der Region, in der das Bewertungsgrundstück liegt. So kann zum Beispiel der Ertragsfaktor für ein Bürogebäude in München ggf. doppelt so hoch sein wie für ein Bürogebäude in Leipzig.

▶ BEISPIEL: Ertragsfaktoren in Abhängigkeit von Gebäudetypen in der Stadt xy			
Vielfaches des Jahresrohertrags (Ertragsfaktor)			
Gebäudeart		**Mittelwert**	**Spanne**
Einfamilien- und Doppelhäuser	Neubauobjekte	26	25—27
	Gebrauchte Objekte	26	22—26
Wohnhäuser Gewerbeanteil 0 bis 10 %	Alle	19	16—22
	Mit Denkmalschutz	20	17—23
	Ohne Denkmalschutz	18	15—21
Wohnhäuser Gewerbeanteil 10 bis 60 %	Alle	18	15—21
	Mit Denkmalschutz	18	15—21
	Ohne Denkmalschutz	17	14—20
Büro- und Geschäftshäuser	Alle	16	14—20
	Mit Denkmalschutz	18	15—21
	Ohne Denkmalschutz	16	14—18

!	**WICHTIG**

Je höher der Ertragsfaktor, desto wertvoller ist das Objekt.

In unserem Beispiel ermittelt sich der Ertragsfaktor wie folgt:

$$\text{Ertragsfaktor} = \frac{213.440 \text{ EUR} + 10.000 \text{ EUR}}{14.760 \text{ EUR}} \approx 15,1$$

Beim Ansatz des Ertragswerts zur Ermittlung des Ertragsfaktors geht man von einem mängelfreien Zustand aus. Daher ist darauf zu achten, dass der Wert für die objektspezifischen Grundstücksmerkmale (§ 8 Abs. 3 ImmoWertV), wie im Beispiel mit 10.000 EUR angesetzt, sofern er vorher abgezogen wurde, wieder addiert wird![1]

- Liegt der Ertragsfaktor innerhalb der Bandbreite der vom Gutachterausschuss ermittelten durchschnittlichen Ertragsfaktoren für vergleichbare Grundstücke (zum Beispiel 14 bis 16), wird die Richtigkeit des Ergebnisses über den vom Gutachterausschuss ermittelten Ertragsfaktor bestätigt.
- Liegt der ermittelte Faktor im Randbereich oder sogar außerhalb der Bandbreite der vom Gutachterausschuss ermittelten durchschnittlichen Ertragsfaktoren für vergleichbare Grundstücke, ist die Herleitung des Ertragswerts nochmals zu prüfen oder ggf. das Ergebnis entsprechend zu begründen. Mögliche Ursachen können sein, dass die durchschnittliche Qualität, zum Beispiel Lage, Nutzbarkeit, Beschaffenheit etc. oder eine sehr kurze Restnutzungsdauer, der fiktiven Vergleichsgrundstücke deutlich von den Qualitätsmerkmalen des Bewertungsgrundstücks abweicht.

Durch die Umstellung der oben aufgeführten Formel lässt sich auch der Verkehrswert durch Multiplikation des Rohertrags (nachhaltig erzielbare jährliche Nettokaltmiete) mit dem Ertragsfaktor ermitteln:

Kaufpreis = Ertragsfaktor × Rohertrag

Ertragsfaktoren dienen häufig dazu, beim privaten Immobilienerwerb von Renditeobjekten die Größenordnung des Verkehrswerts abzuschätzen.

---

[1] Sofern bei den sonstigen wertbeeinflussenden Umständen Kosten addiert wurden, sind sie bei der Ermittlung des Ertragsfaktors entsprechend wieder abzuziehen.

▶ **BEISPIEL**

Der Gutachterausschuss des Landkreises xy gibt zum Beispiel für ermittelte durchschnittliche Ertragsfaktoren für vergleichbare Mietwohngrundstücke eine Bandbreite von 15 bis 16 an.

Die nachhaltig erzielbaren jährlichen Nettokaltmieten wurden mit 14.500 EUR ermittelt.

Verkehrswert = Ertragsfaktor × Rohertrag =

14.500 EUR × 15,5 = 224.750 EUR

5.2.2 Gebäudefaktoren

Gebäudefaktoren geben das durchschnittliche Verhältnis vom erzielten Kaufpreis zur Wohn- oder zur Nutzfläche oder zum Rauminhalt des jeweiligen Gebäudes wieder. Da die Gutachterausschüsse Gebäudefaktoren hauptsächlich für Wohnhäuser sowie für Büro- und Geschäftshäuser ermitteln, werden diese üblicherweise je Quadratmeter Wohnfläche bzw. Nutzfläche ausgewiesen. Dabei handelt es sich um durchschnittliche Werte aus einer Vielzahl von Einzelkauffällen gleichartiger Grundstücke mit durchschnittlicher Qualität.

Die Gebäudefaktoren werden in der Regel von Gutachterausschüssen ermittelt und können wie die Ertragsfaktoren erfragt oder aus den aktuellen Jahresberichten entnommen werden.

$$\text{Gebäudefaktor} = \frac{\text{Kaufpreis}}{\text{Wohnfläche m}^2}$$

Gebäudefaktoren können sehr unterschiedlich ausfallen und werden im Wesentlichen abhängig von der Wohnungsgröße und/oder der Lage aufgeführt. Häufig wird auch zwischen vermieteten und nicht vermieteten Objekten unterschieden. Nachfolgend ist jeweils ein Beispiel für Gebäudefaktoren in Abhängigkeit von der Wohnungsgröße und der Lage sowie ein Beispiel für Gebäudefaktoren in Abhängigkeit von der Gebäudeart und Nutzung angegeben. Diese Faktoren sind ebenfalls nicht allgemein verbindlich und können regional sehr unterschiedlich ausfallen. Sie variieren je nach örtlicher Lage, Geschoss, Himmelsrichtung, Ausstattung oder Mikrolage etc. des Bewertungsgrundstücks.

▶ **BEISPIEL: Gebäudefaktoren in Abhängigkeit von der Wohnungsgröße bzw. der Gebäudeart in der Stadt xy**

Wohnungsgröße	Wohnlage	Gebäudefaktor Mittelwert
Wohnfläche 45 m^2	Einfache Wohnlage	./.
	Durchschnittliche Wohnlage	2.200 EUR/m^2
	Gute Wohnlage	2.500 EUR/m^2
	Beste Wohnlage	2.800 EUR/m^2
Wohnfläche 80 m^2	Einfache Wohnlage	./.
	Durchschnittliche Wohnlage	2.100 EUR/m^2
	Gute Wohnlage	2.400 EUR/m^2
	Beste Wohnlage	3.700 EUR/m^2

Gebäudefaktoren für Wohn-, Büro- und Geschäftshäuser

Gebäudeart		Mittelwert	Spanne
Wohnhäuser Gewerbeanteil 0 bis 10 %	Alle	1.700	1.380—2.020
	Mit Denkmalschutz	1.710	1.420—2.000
	Ohne Denkmalschutz	1.695	1.345—2.045
Wohnhäuser Gewerbeanteil 10 bis 60 %	Alle	1.850	1.360—2.340
	Mit Denkmalschutz	1.810	1.330—2.290
	Ohne Denkmalschutz	1.890	1.385—2.395
Büro- und Geschäftshäuser	Alle	2.980	2.135—3.825
	Mit Denkmalschutz	3.465	2.775—4.155
	Ohne Denkmalschutz	2.870	2.025—3.715

! **WICHTIG**

Je höher der Gebäudefaktor, desto wertvoller ist das Objekt.

Bei der Anwendung von Gebäudefaktoren ist dringend darauf zu achten, dass die wertrelevanten Eigenschaften des Bewertungsgrundstücks und des fiktiven Vergleichsgrundstücks möglichst identisch sind. Andernfalls kann dies zu unsachgemäßen Vergleichswerten führen. Die Anwendung von Gebäudefaktoren zur Überprüfung des Bewertungsobjekts stellt jedoch immer eine sinnvolle Plausibilitätskontrolle dar.

5.2.3 Plausibilitätskontrolle für Einfamilienhäuser

Einfamilienwohnhäuser werden in der Regel nicht nach Rendite-, sondern nach Substanzwertgesichtspunkten bewertet. Aus diesem Grund kommt bei derartigen Objekten in erster Linie das Sachwertverfahren zur Anwendung. Es kommt jedoch vereinzelt vor, dass Einfamilienhäuser vermietet werden. Dann können für den Eigentümer auch Renditeaspekte eine Rolle spielen.

Es bietet sich daher an, den ermittelten Sachwert mittels eines renditeorientierten Ertragswerts auf Plausibilität hin zu überprüfen.[2] Dieser lässt sich wie folgt ermitteln (siehe hierzu auch Ertragswertverfahren):

```
    Rohertrag
-   Bewirtschaftungskosten
=   Reinertrag
-   Bodenwertverzinsung
=   Gebäudereinertrag
×   Vervielfältiger
=   Gebäudeertragswert
+   Bodenwert
=   vorläufiger Ertragswert
±   objektspezifische Marktanpassung
=   Ertragswert
```

Liegt der Ertragswert in der Größenordnung des Sachwerts, so wird das Ergebnis bestätigt.

---

[2] *Sommer/Piehler*, Grundstücks- und Gebäudewertermittlung aus der Praxis, Rudolf Haufe Verlag, Freiburg, Gruppe 10, S. 162.

6 Formeln und Hilfsmittel

Die Korrektheit von Verfahrensabläufen im konkreten Anwendungsfall oder die Verwendung der Arbeitshilfen online setzt voraus, dass sich der Nutzer mit der zugrunde liegenden Fachmaterie auseinandersetzt und die jeweiligen Verfahrensschritte kennt. Sie sollten deshalb die den Eingabegrößen zugrunde liegende Fachmaterie vor der Anwendung gründlich studieren und die theoretischen Grundlagen beherrschen. Nachfolgend werden die aufgeführten Formeln und Hilfsmittel näher beschrieben.

6.1 Ertragsvervielfältiger

Mit dem Zinssatz und der Restnutzungsdauer wird der Ertragsvervielfältiger errechnet. Es liegt folgende Formel zugrunde:

$$\text{Vervielfältiger} = \frac{q^n - 1}{q^n \times (q - 1)}, \text{ wobei } q = 1 + \frac{p}{100}$$

p = Liegenschaftszinssatz
n = Restnutzungsdauer

▶ **BEISPIEL**

Zinssatz	5 %
Restnutzungsdauer (Jahre)	50
Ertragsvervielfältiger	18,25593

Die WertR 2006 enthält in Anlage 5 eine Vervielfältigertabelle, aus der sich der Vervielfältiger in Abhängigkeit vom Zinssatz und von der Restnutzungsdauer ablesen lässt.

6.2 Aufzinsen: Berechnung des Endbetrags

Der Aufzinsung liegt die Zinseszinsrechnung zugrunde, bei der die Zinsansprüche nach Ablauf einer Zinsperiode auf das zinsbringende Kapital aufgeschlagen werden. In der zweiten Zinsperiode werden dann das Anfangskapital K_0 sowie die bereits erworbenen Zinsen verzinst, in der dritten Periode die Zinsen aus den beiden Vorperioden und das Anfangskapital usw. Dieser Vorgang wird als Aufzinsung bezeichnet. Allgemein formuliert ergibt sich die Formel:

$$K_n = K_0 \times (1 + i)^n$$

K_0 = Anfangskapital
K_n = Kapital nach n Jahren (Endkapital)
i = Zinssatz
n = Anzahl der Jahre
$(1 + i)^n$ wird als Aufzinsungsfaktor bezeichnet.

►	BEISPIEL: Berechnung des Aufzinsungsfaktors	
Zinssatz		6 %
Jahre		5
Aufzinsungsfaktor		1,33823
Berechnung des Endkapitals		
Anfangskapital		1.000 EUR
Zinssatz		6 %
Jahre (n)		5
Betrag aufgezinst (Kapital nach n Jahren)		1.338,23 EUR

Werden also heute 1.000 EUR bei einem unterstellten Zinssatz in Höhe von sechs Prozent angelegt, so hat dieses Kapital in fünf Jahren einen Wert von 1.338,23 EUR.

6.3 Diskontierung (Abzinsung)

In der Praxis taucht häufig die Frage auf, wie viel Kapital K_0 man heute bei der Bank anlegen muss, um nach einer bestimmten Zahl von Jahren eine bestimmte Summe ausgezahlt zu bekommen. Dabei wird unterstellt, dass es keine Inflation gibt.

Der heutige Wert des zukünftigen Kapitals wird mit folgender Formel berechnet:

$$K_0 = \frac{K_n}{(1+i)^n}$$

Dabei wird

$$\frac{1}{(1+i)^n}$$

als Abzinsungs- oder Diskontierungsfaktor bezeichnet.

Der Abzinsungsfaktor wird durch Eingabe des Zinssatzes und der Anzahl der Jahre, für die das Anfangskapital abgezinst werden soll, errechnet.

▶ **BEISPIEL**

Berechnung des Abzinsungsfaktors

Zinssatz	5 %
Jahre	4
Abzinsungsfaktor	0,82270

Berechnung des benötigten Anfangskapitals

Betrag (im Jahr n)	1.000 EUR
Zinssatz	5 %
Jahre (n)	4
Betrag abgezinst (heute)	822,70 EUR

Soll ein Grundstück in vier Jahren zu einem Kaufpreis von 100.000 EUR gekauft werden, müssen bei einem unterstellten Zinssatz von fünf Prozent heute 82.270 EUR angelegt werden.
Auf einem Grundstück lastet eine Erschließungsbeitragspflicht in Höhe von 15.000 EUR, die in drei Jahren zur Zahlung fällig ist. Die Wertminderung des Grundstücks beträgt heute, bei einem unterstellten Zinssatz von fünf Prozent, 12.958 EUR.

Die WertR 2006 enthält in Anlage 9a eine Tabelle mit Diskontierungsfaktoren, aus der diese in Abhängigkeit vom Zinssatz und von der Anzahl der Jahre entnommen werden können.

6.4   Alterswertminderung

!   **ACHTUNG**

Mit Inkrafttreten der ImmoWertV ist für alle Grundstücksarten die lineare Alterswertminderung vorgeschrieben!

Mit der Restnutzungsdauer und der Gesamtnutzungsdauer wird der Ansatz der linearen Wertminderung in Prozent ermittelt. Es liegt folgende Formel zugrunde:

$$\text{Minderung (\%)} = \frac{\text{Gesamtnutzungsdauer} - \text{Restnutzungsdauer}}{\text{Gesamtnutzungsdauer}} \times 100$$

▶   **BEISPIEL**

Gesamtnutzungsdauer	80
Restnutzungsdauer	30
Alterswertminderung	62,5 % = rd. 63 %

Die WertR 2006 enthält in Anlage 8b eine Tabelle mit prozentualen Wertminderungsfaktoren (lineare Abschreibung), aus der diese in Abhängigkeit von der Restnutzungsdauer und der Gesamtnutzungsdauer entnommen werden können.

6.5 Kalkulationshilfe zum Sachwertverfahren

ARBEITSHILFE
ONLINE Achten Sie bei dem folgenden Hilfsmittel zur Ermittlung des Sachwerts unbedingt darauf, für die erforderlichen Eingaben nur die dafür vorgesehenen (hinterlegten) Eingabefelder zu benutzen!

Kalkulationshilfe zum Sachwertverfahren (§§ 21 bis 23 ImmoWertV)		
	Hinweis:	= Eingabefeld

Berechnungsgrößen zur Ermittlung des Sachwerts		
Brutto-Grundfläche (m2)	**288**	
NHK 2010 (EUR / m2 BGF) incl. Baunebenkosten	785	785 €
Korrekturfaktor 1	0,00	785 €
Korrekturfaktor 2	0,00	785 €
NHK 2010 (angepasst)		785 €
Umrechnung auf Wertermittlungsstichtag		
Baupreisindex (2005=100%)	113,7	
Baupreisindex Wertermittlungsstichtag	119,6	
Kostenkennwert bezogen auf den Wertermittlungsstichtag		**826 €**
Gebäudeherstellungskosten		
BGF x Kostenkennwert bezogen auf den Wertermittlungsstichtag		**237.812 €**
Alterswertminderung: - linear	67%	**-159.334 €**
Altersgeminderte Gebäudeherstellungskosten		79.304 €
Sachwert der baulichen Anlagen		79.304 €
Sachwert der baulichen Außenanlagen	4%	3.172 €
Sachwert der Sonstigen Anlagen		0 €
Bodenwert		**100.000 €**
vorläufiger Sachwert des Grundstücks		**182.476 €**
Marktanpassung		
Allgemeine Marktanpassung (Sachwertfaktor)	-15,0%	-27.371 €
marktangepasster Sachwert		155.104 €
Berücksichtigung der objektspezifischen Grundstücksmerkmale	-5,0%	-7.755 €
	Pauschal	-10.000 €
Sachwert (Verkehrswert)		**137.349 €**

Alterswertminderung	Gesamtnutzungsdauer (GND)	70
Linear	Restnutzungsdauer (RND)	23
	Alterswertminderung	**67,14%**

6.6 Kalkulationshilfe zum Ertragswertverfahren (allgemeines Ertragswertverfahren)

Auch bei dem folgenden Hilfsmittel zur Ermittlung des Ertragswerts achten Sie unbedingt darauf, für die erforderlichen Eingaben nur die dafür vorgesehenen (hinterlegten) Eingabefelder zu benutzen!

Eingabegrößen zur Ermittlung des Ertragswerts - Allgemeines Ertragswertverfahren (§17 Abs. 2 (1) ImmoWertV) -		
Hinweis:		= Eingabefeld
Bodenwert		**50.000 EUR**
Rohertrag (EUR/Monat)	**1.230**	**14.760 EUR/Jahr**
Berechnung der Bewirtschaftungskosten		
Verwaltungskosten (% des Rohertrags)	**5,00%**	738 EUR/Jahr
Betriebskosten (% des Rohertrags)	**1,00%**	148 EUR/Jahr
Mietausfallwagnis (% des Rohertrags)	**2,00%**	295 EUR/Jahr
Instandhaltungskosten (% des Rohertrags)	**12,00%**	1.771 EUR/Jahr
Summe Bewirtschaftungskosten	20,00%	**2.952 EUR/Jahr**
Reinertrag (Rohertrag - Bewirtschaftungskosten)		**11.808 EUR/Jahr**
Liegenschaftszinssatz (Prozent)	**5,00%**	
Bodenwertverzinsung (Bodenwert x Liegenschaftszinssatz)		**2.500 EUR/Jahr**
Gebäudereinertrag (Reinertrag - Bodenwertverzinsung)		**9.308 EUR/Jahr**
Ermittlung des Vervielfältigers		
Restnutzungsdauer (Jahre)	**55**	
Vervielfältiger		18,6334720
(in Abhängigkeit von Liegenschaftszinssatz und Restnutzungsdauer)		
Gebäudeertragswert (Gebäudereinertrag x Vervielfältiger)		**173.440 EUR**
Marktanpassung		
Allgemeine Marktanpassung [1]		**0 EUR**
Objektspezifische Marktanpassung		**-10.000** EUR

Zusammenfassung "Allgemeines Ertragswertverfahren" (§17 Abs. 2 (1) ImmoWertV)		
Rohertrag (EUR/Monat)	1.230	14.760 EUR/Jahr
./. Bewirtschaftungskosten		-2.952 EUR/Jahr
= Reinertrag		11.808 EUR/Jahr
./. Bodenwertverzinsung	5,00%	-2.500 EUR/Jahr
= Gebäudereinertrag		9.308 EUR/Jahr
x Vervielfältiger	18,6334720	
= Gebäudeertragswert		173.440 EUR
+ Bodenwert		50.000 EUR
= vorläufiger Grundstücksertragswert		223.440 EUR
Allgemeine Marktanpassung [1]		0 EUR
Objektspezifische Marktanpassung		-10.000 EUR
= Ertragswert (EUR)		**213.440 EUR**

1) Die Allgemeine Marktanpassung ist i. d. R. durch Anwendung des marktkonformen Liegenschaftszinssatzes erfolgt!¶

6.7 Kalkulationshilfe zum Ertragswertverfahren mit periodisch unterschiedlichen Erträgen

ARBEITSHILFE
ONLINE

Auch bei dem folgenden Hilfsmittel zur Ermittlung des Bodenwerts mithilfe des Residualwertverfahrens achten Sie unbedingt darauf, für die erforderlichen Eingaben nur die dafür vorgesehenen (hinterlegten) Eingabefelder zu benutzen!

Ertragswertverfahren mit periodisch unterschiedlichen Erträgen (§ 17 Abs. 3 ImmoWertV)

Bodenwert	50.000 Euro	Hinweis:	= Eingabefeld
Liegenschaftszinssatz	5%		
Restnutzungsdauer	55 Jahre		
Betrachtungszeitraum	10 Jahre		

1. Ermittlung der Barwerte aus dem Betrachtungszeitraum:

Jahr	Reinertrag (RE)		Abzinsungs-faktor		Barwerte der Reinerträge
1. Jahr	11.808	x	0,9523810	=	11.246 €
2. Jahr	11.808	x	0,9070295	=	10.710 €
3. Jahr	11.808	x	0,8638376	=	10.200 €
4. Jahr	11.808	x	0,8227025	=	9.714 €
5. Jahr	11.808	x	0,7835262	=	9.252 €
6. Jahr	11.808	x	0,7462154	=	8.811 €
7. Jahr	11.808	x	0,7106813	=	8.392 €
8. Jahr	11.808	x	0,6768394	=	7.992 €
9. Jahr	11.808	x	0,6446089	=	7.612 €
10. Jahr	11.808	x	0,6139133	=	7.249 €
			Summe der Barwerte aus dem Betrachtungszeitraum		**91.178 €**

2. Restwertermittlung:

Anzahl der Jahre (RND ./. Betrachtungszeitr.)	Reinertrag (RE)		Barwertfaktor		RE x V		Abzinsungs-faktor		Barwerte der Reinerträge
45	11.808	x	**17,7740698**	=	209.876 €	x	**0,6139133**	=	128.846 €
zuzüglich Bodenwert, abgezinst über die RND der baulichen Anlagen					50.000 €	x	**0,0683264**	=	3.416 €
							Restwert		**132.262 €**

3. Ermittlung des vorläufigen Ertragswerts:

Der vorläufige Ertragswert errechnet sich aus dem Restwert zuzüglich	132.262 €
der Summe der Barwerte aus dem Betrachtungszeitraum	91.178 €
vorläufiger Ertragswert (ohne Marktanpassung) =	**223.440 €**

Formeln und Hilfsmittel

6.8 Kalkulationshilfe zum Residualwertverfahren

ARBEITSHILFE
ONLINE Auch bei dem folgenden Hilfsmittel zur Ermittlung des Bodenwerts mithilfe des Residualwertverfahrens achten Sie unbedingt darauf, für die erforderlichen Eingaben
nur die dafür vorgesehenen (hinterlegten) Eingabefelder zu benutzen!

Objekt:

Wohnwert (Lage plus Ausstattung): gut

1) Ermittlung des Veräußerungserlöses

Art des Teileigentums	Flächengröße m²/Wohnung	Vergleichspreis EUR/m² bzw. EUR/St	Anzahl Stück	Gesamterlös EUR
Eigentumswohnungen (Durchschnittsgröße)	550	3.500	1	1.925.000
Gesamtsumme	550		=	1.925.000
Tiefgaragenplätze		15.000	6	90.000
Veräußerungserlös für die Eigentumswohnungen			=	2.015.000
Veräußerungserlös für die Eigentumswohnungen (gerundet)				2.015.000

Bemerkungen: Der angenommene Vergleichspreis entspricht gegenwärtigen Marktbedingungen

2) Ermittlung der Herstellungskosten und anderer Abzugspositionen

Bauwerksteil	Kubatur m³	Raummeterpreis EUR/m³	Herst.-Kosten EUR
Wohnhaus	3.500	260	910.000
Garage/Tiefgarage	1.050	160	168.000

Herstellungskosten Gebäude			=	1.078.000
Außenanlagen in %	3%	das entspricht	+	32.340
Baunebenkosten in %	16%	das entspricht	+	172.480
Herstellungskosten			=	1.282.820
Vertriebsprovision			+	98.000
Entwicklungsgewinn			+	294.000
Zinsen während der Bauzeit			+	85.000
Sonstige Kosten			+	40.000
Gesamtaufwand			=	1.799.820
Gesamtaufwand (gerundet)				1.800.000

3) Ermittlung des tragbaren Bodenpreises

Differenzgröße (Residuum)				215.000
Abzinsung für die Bauzeit	Jahre	Zinssatz (Darlehen)	Abzins.-Faktor	
	1,5	6%	0,9163	-17.731

Zwischenwert		=	197.269
Erwerbsnebenkosten (Grundstück) in %	5%	=	-9.863
Maximaler tragbarer Bodenpreis EUR (heute)			187.406
Grundstücksfläche im m²	349		
Maximaler Bodenanteil EUR/m²	Bodenwert/Grundstücksfläche		537
Maximaler Bodenanteil EUR/m² (gerundet)	Bodenwert/Grundstücksfläche		535

Hinweis:
Nur **markierte Felder sind Eingabefelder!**

6.9 Hilfsmittel zur Bestimmung des ortsspezifischen Liegenschaftszinssatzes[1]

ARBEITSHILFE
ONLINE

Liegenschaftszinssätze werden in der Regel in einer gegebenen Zinsspanne veröffentlicht. Mithilfe der nachfolgenden Tabelle können Sie aus einer gegebenen Zinsspanne nach Benotung und Gewichtung verschiedener Risikofaktoren einen „objektspezifischen Liegenschaftszins" für verschiedene Gewerbeimmobilien ermitteln.

Eingabefelder	**Liegenschaftszins-Spanne**	
bitte markieren	Minimaler Zins: 4,60	
	Maximaler Zins: 5,40	

Risikofaktor	Ausprägung			Gewicht (W)
R 1.1) Lage für Büro- und Geschäftshäuser	Sehr gute repräsentative Lagen, oder Lagen in Fußgängerzonen in den Zentren von Großstädten (Landeshauptstädten) oder größeren Städten mit wirtschaftlich überregionaler Bedeutung ○	Gute bis schlechte Lagen in den Zentren oder zentrumsnahe Randlagen von Großstädten (Landeshauptstädten) oder in größeren oder mittelgroßen Städten mit wirtschaftlich überregionaler Bedeutung oder sehr gute bis mittlere Lage in kleineren Städten oder in Märkten mit wirtschaftlich überregionaler Bedeutung ◉	Lagen in Zentren dörflicher Siedlungen oder Einzellagen ○	0,25
R 1.2) Lage für Einkaufszentren und Gewerbeparks	Sehr gute bis gute Lage in Großstädten (Landeshauptstädten) oder in größeren Städten mit wirtschaftlich überregionaler Bedeutung. Lagen am Rande derartiger Städte in sehr guter Verkehrslage (sehr gute Erreichbarkeit mit dem Kraftfahrzeug oder öffentlichen Verkehrsmitteln). ○	Gute bis mittlere Lagen in Großstädten (Landeshauptstädten) oder in mittelgroßen Städten. Lagen im Nahbereich derartiger Städte. Sehr gute bis mittlere Lagen in Kleinstädten oder Märkten mit wirtschaftlich regionaler Bedeutung. Lage in Kleinstädten. ○	Schlechte bis sehr schlechte Lagen in allen Städten oder Orten. ○	
R 2) Gestaltung der Mietverträge	Indexierte, langfristige, vermieterfreundliche Mietverträge ○	Indexierte Mietverträge ○	Kurzfristige Mietverträge ◉	0,2
R 3) Bonität der Mieter	Zweifelsfreie Bonität der Mieter. ○	Normale Verhältnisse ○	Bonität der Mieter über nicht jeden Zweifel erhaben. ◉	0,15
R 4) Gebäudekundliche Konzeption	Überzeugend ○	Mittel ◉	Weniger überzeugend ○	0,1
R 5) Restnutzungsdauer	< 30 Jahre ○	30 bis 50 Jahre ○	> 50 Jahre ◉	0,1
R 6) Marktsituation	Steigende Mieten und damit steigende Erträge oder die Immobiliennachfrage in der zu bewertenden Gruppe ist größer als das Angebot. ○	Stabile Mieten und Erträge oder das Immobilienangebot in der zu bewertenden Gruppe ist gleich der Nachfrage. ◉	Sinkende Mieten und damit sinkende Erträge oder das Immobilienangebot in der zu bewertenden Gruppe ist größer als die Nachfrage. ○	0,1
R 7) Größe des Objekts	Für die zu bewertende Objektart typische Gebäudegröße ○	Kleiner als die für diese Objektart typische Gebäudegröße ○	Größer als die für diese Objektart typische Gebäudegröße ◉	0,1

⊕ Zeißler 2001	Summe: 1
	Objektspezifischer Zins: **5,2%**

---

[1] Quelle: Simon & Reinhold, Partner, *Prof. Jürgen Simon*, Internet www.simon-reinhold.de; erstellt von *Maik Zeißler*, Hannover.

7 Die relevanten gesetzlichen Normen und Regelungen

Grundstücksverkehrswerte sollen möglichst objektiv ermittelt werden. Dies wird erreicht, wenn alle subjektiven Wertvorstellungen, soweit sie nicht von der Allgemeinheit getragen werden, unberücksichtigt bleiben. Die ImmoWertV nimmt zu den ungewöhnlichen oder persönlichen Verhältnissen wie folgt Stellung:

---

§ 7 ImmoWertV — Ungewöhnliche oder persönliche Verhältnisse

Zur Wertermittlung und zur Ableitung erforderlicher Daten für die Wertermittlung sind Kaufpreise und andere Daten wie Mieten und Bewirtschaftungskosten heranzuziehen, bei denen angenommen werden kann, dass sie nicht durch ungewöhnliche oder persönliche Verhältnisse beeinflusst worden sind. Kaufpreise und andere Daten können durch ungewöhnliche oder persönliche Verhältnisse beeinflusst sein, wenn sie erheblich von den Kaufpreisen und anderen Daten in vergleichbaren Fällen abweichen.

Diese Beeinflussung kann durch Normierung der Schätzregeln erleichtert werden. In Deutschland besteht deshalb eine Reihe von bundes- und landesrechtlichen Regelungen, die bei der Verkehrswertermittlung zu beachten sind. Die Anwendung normierter Verfahren ist entweder rechtlich vorgeschrieben oder wird deshalb genutzt, da damit die beste Abbildung eines Grundstücksmarktes möglich ist.

Rechtlich verpflichtet zur Anwendung der bundes- und landesrechtlichen Regelungen zur Verkehrswertermittlung sind insbesondere Behörden, Gerichte, Institutionen und Sachverständige, die im Anwendungsbereich des BauGB, der ImmoWertV und der Sachwertrichtlinie Wertermittlungen durchzuführen haben. Der freie Grundstückssachverständige kann seine Gutachten hinsichtlich des Aufbaus und der Durchführung frei gestalten und muss sich nicht an die bundes- und landesrechtlichen Schätzregeln halten. Andererseits sind die anerkannten Schätzregeln (ImmoWertV, SW-RL und WertR) durch die BGH-Rechtsprechung anerkannt. Es wird daher empfohlen, die einschlägigen gesetzlichen Vorschriften bei der Gutachtenerstellung zu beachten.

7.1 Die wichtigsten Gesetze und Verordnungen im Überblick

Von besonderer Bedeutung sind die folgenden Gesetze, Verordnungen, Richtlinien und Vorschriften zur Verkehrswertermittlung von Grundstücken:

- Baugesetzbuch (BauGB)
- Baunutzungsverordnung (BauNVO)
- Sachwertrichtlinie (SW-RL)
- Immobilienwertermittlungsverordnung (ImmoWertV)
- Wertermittlungsrichtlinien 2006 (WertR 2006)
- Zweite Berechnungsverordnung (II. BV)[1]
- Wohnflächenverordnung (WoFlV)[2]
- Betriebskostenverordnung (BetrKV)
- Waldermittlungsrichtlinien (WaldR)
- Entschädigungsrichtlinien Landwirtschaft (LandR)
- Wohnraumförderungsgesetz (WoFG)
- Bundeskleingartengesetz (BKleingG)
- Bundes-Bodenschutzgesetz (BBodSchG)
- Wohnungseigentumsgesetz (WEG)
- Honorarordnung für Architekten und Ingenieure (HOAI)

In den neuen Bundesländern sind darüber hinaus die besonderen vermögensrechtlichen Gesetze und Verordnungen zu beachten, insbesondere diese:

- Sachenrechtsbereinigungsgesetz (SachenRBerG)
- Schuldrechtsanpassungsgesetz (SchuldRAnpG)
- Grundstücksrechtsbereinigungsgesetz (GrundRBerG)
- Nutzungsentgeltverordnung (NutzEV)

---

[1] Die Verordnung ist anzuwenden, wenn zum Beispiel die Wohnfläche oder der angemessene Kaufpreis für öffentlich geförderten Wohnraum zu berechnen ist etc. oder wenn die Anwendung der Verrechnung vorgeschrieben ist. Achtung: Siehe hierzu auch Wohnflächenverordnung und Betriebskostenverordnung!

[2] Wird die Wohnfläche nach dem WoFG berechnet, sind die Vorschriften dieser Verordnung anzuwenden. Ist die Wohnfläche bis zum 31.12.2003 nach der II. BV in der jeweils geltenden Fassung berechnet worden, bleibt es dabei. Soweit nach dem 31.12.2003 bauliche Änderungen an dem Wohnraum vorgenommen wurden, die eine Neuberechnung der Wohnfläche erforderlich machen, sind die Vorschriften dieser Verordnung anzuwenden.

Weiterhin sind folgende DIN-Vorschriften zu beachten:

- DIN 277 Grundflächen und Rauminhalte von Bauwerken im Hochbau
- DIN 283 Wohnungen, Berechnungen der Wohn- und Nutzflächen[3]

AUSBLICK

Mit dem Inkrafttreten der ImmoWertV im Juli 2010 steht die Erarbeitung neuer Richtlinien an, sollen die noch auf der alten Wertermittlungsverordnung basierenden Wertermittlungsrichtlinien ersetzen. Dieser Prozess erfolgt sukzessive durch neue Richtlinien zu einzelnen Teilbereichen. Ein Teil der alten Regelung ist durch eine neue Sachwertrichtrichtlinie abgelöst worden. Gleichzeitig wurden neue NHK 2010 eingeführt.

Die zum Zeitpunkt des Erlasses der ImmoWertV geltende WertR 2006 ist mit dem Erlass der Verordnung nicht aufgehoben und auch nicht geändert worden, sie ist mithin entsprechend anzuwenden. Die Sachwertrichtlinie ersetzt Nr. 3.1.3, 3.6 sowie die Anlagen 4, 6, 7 und 8 der WertR 2006.

7.2 Wohnflächenverordnung und Betriebskostenverordnung[4]

Am 1.1.2004 trat die Verordnung zur Berechnung der Wohnfläche, über die Aufstellung der Betriebskosten und zur Änderung anderer Verordnungen vom 25.11.2003 (BGBl. I, S. 2346) in Kraft. Kernstück dieser Verordnung sind die Wohnflächenverordnung und die Betriebskostenverordnung, zu deren Erlass die Bundesregierung durch § 19 des WoFG ermächtigt wurde. Mit dem Erlass der Verordnungen wurde die Reform des Wohnungsbaurechts vervollständigt.

Bis Ende 2003 waren im Wohnungsbaurecht des Bundes Regelungen zur Wohnflächenberechnung und zu den Betriebskosten in der Zweiten Betriebskostenverordnung (II. BetrKV) enthalten, die nach der Reform des Wohnungsbaurechts nur noch übergangsweise für die nach altem Recht geförderten Sozialwohnungen

---

[3] Die DIN 283 bestand aus folgenden Teilen: Teil 1, im August 1989 zurückgezogen; Teil 2, im Oktober 1983 zurückgezogen und durch die DIN 277, Teil 1 sowie die II. BV ersetzt. Auf die DIN 283, Teil 1, wird jedoch häufig Bezug genommen, da verschiedene Begriffsdefinitionen in keiner anderen Norm aufgeführt und deshalb weiterhin im Wohnungswesen unentbehrlich sind. Teilweise stimmen die neueren Definitionen in den Landesbauordnungen (LBO) und anderen gesetzlichen Vorschriften sowie in DIN 277 nicht überein.

[4] Bundesministerium für Verkehr, Bau- und Wohnungswesen, Referat Öffentlichkeitsarbeit, Invalidenstraße 44, 10115 Berlin, www.bmvbw.de.

gilt. Hier sind sie vor allem Bestandteil der Vorschriften zur Wirtschaftlichkeitsberechnung im sogenannten öffentlich geförderten Wohnungsbau oder stehen im Zusammenhang mit diesen; im allgemeinen Wohnraummietrecht wird auf die Betriebskostenregelung des § 27 II. BV und Anlage 3 Bezug genommen, im Fall des Erlasses der Betriebskostenverordnung nach § 19 Abs. 2 WoFG auf diese (§ 556 BGB).

Beide Verordnungen gehen von den bis Ende 2003 geltenden Vorschriften der II. BV aus (§§ 42—44 in Bezug auf die Wohnflächenberechnung und § 27 Abs. 1 und 2 mit Anlage 3 in Bezug auf die Betriebskosten); wesentliche Änderungen der materiellen Rechtslage haben sich nicht ergeben.

In der Wohnflächenverordnung fanden Veränderungen in den Bauweisen Berücksichtigung. Dies gilt insbesondere für die angesichts veränderter Bautechniken (Fertigbauweise, Verwendung von Fertigteilen) nicht mehr gerechtfertigte Verwendung von Rohbaumaßen mit einem pauschalen Putzabzug. Stattdessen wird auf das lichte Maß abgestellt. Dabei kann die Ermittlung der Grundfläche eines Raums mittels Ausmessung im fertiggestellten Wohnraum oder — dies ebenfalls mit Rücksicht auf die heutigen technischen Möglichkeiten — aufgrund einer Bauzeichnung erfolgen. Seit 1.1.2004 werden die Grundflächen von Balkonen, Loggien, Dachgärten und Terrassen in der Regel zu einem Viertel, höchstens jedoch zur Hälfte angerechnet. Ein Wahlrecht des Bauherrn, das eine frei wählbare Anrechnung bis zur Hälfte ermöglicht, entfällt, weil es für die soziale Wohnraumförderung nicht erforderlich ist. Weitere Änderungen beziehen sich auf die Berücksichtigung heute gebräuchlicher Begriffe. Insgesamt dienen die Änderungen und der neue Aufbau der Rechtsbereinigung der Erleichterung der Praxis.

Die Betriebskostenverordnung übernimmt im Wesentlichen die Regelungen aus der II. BV (vgl. § 27 und die Anlage 3). Ausdrücklich in den Verordnungstext aufgenommen wurden in § 2 die Eichkosten für Kalt- und Warmwasserzähler (Nr. 2) und Wärmezähler (Nr. 4 Buchstabe a), die Kosten für die Wartung von Gaseinzelfeuerstätten (Nr. 4 Buchstabe d), die Kosten des Betriebs von Müllkompressoren, Müllschluckern, Müllabsauganlagen sowie des Betriebs von Müllmengenerfassungsanlagen einschließlich der bei verursachungsgerechter Müllerfassung anfallenden Kosten der Berechnung und Aufteilung (Nr. 8), die Kosten der Elementarschadenversicherung (Nr. 13) sowie die Gebühren, die nach dem Urheberrechtsgesetz für die Kabelweitersendung entstehen (Nr. 15 Buchstabe a). Die übrigen Änderungen sind redaktioneller Art; dies gilt vor allem für die Klarstellung bei der Begriffsbestimmung der „sonstigen Betriebskosten" in § 2 Nr. 17.

8 Anhang

Anlage 1   Verordnung über die Grundsätze für die Ermittlung der Verkehrswerte von Grundstücken (Immobilienwertermittlungsverordnung, Immo-WertV)

Anlage 2   Richtlinie zur Ermittlung des Sachwerts (Sachwertrichtlinie, SW-RL)

Anlage 3   Richtlinien für die Ermittlung der Verkehrswerte (Marktwerte) von Grundstücken (Wertermittlungsrichtlinien 2006, WertR2006) — Auszug (Teil 1, ohne Anlagen)

Anlage 4   Beispielgutachten

Anlage 4, das Gutachten, ist anonymisiert, das heißt, die Angaben zum Eigentümer und zum Bewertungsobjekt sind frei erfunden. Anlagen sind nur enthalten, soweit sie für das Verständnis des Gutachtens unbedingt erforderlich sind.

Das Beispielgutachten kann Ihnen als Richtschnur und als Unterstützung bei Ihrer Arbeit dienen. Sie können das Gutachten als Basis für ein von Ihnen zu erstellendes Gutachten verwenden. Natürlich müssen Sie es für die eigene Bewertung entsprechend anpassen. Und: Es ersetzt nicht Ihren eigenen Denkprozess bei der Erstellung von Gutachten.

8.1 Anlage 1: Immobilienwertermittlungsverordnung (ImmoWertV)

Verordnung über die Grundsätze für die Ermittlung der Verkehrswerte von Grundstücken (Immobilienwertermittlungsverordnung – ImmoWertV)

ImmoWertV
Ausfertigungsdatum: 19.05.2010
Vollzitat:
„Immobilienwertermittlungsverordnung vom 19. Mai 2010 (BGBl. I S. 639)"[1]

Eingangsformel
Auf Grund des § 199 Absatz 1 des Baugesetzbuchs, der zuletzt durch Artikel 4 Nummer 4 Buchstabe a des Gesetzes vom 24. Dezember 2008 (BGBl. I S. 3018) geändert worden ist, verordnet die Bundesregierung:

Inhaltsübersicht

---

[1]   Textnachweis ab: 1.7.2010

Abschnitt 1
Anwendungsbereich, Begriffsbestimmungen und allgemeine Verfahrensgrundsätze

§ 1 Anwendungsbereich

(1) Bei der Ermittlung der Verkehrswerte (Marktwerte) von Grundstücken, ihrer Bestandteile sowie ihres Zubehörs und bei der Ableitung der für die Wertermittlung erforderlichen Daten einschließlich der Bodenrichtwerte ist diese Verordnung anzuwenden.

(2) Die nachfolgenden Vorschriften sind auf grundstücksgleiche Rechte, Rechte an diesen und Rechte an Grundstücken sowie auf solche Wertermittlungsobjekte, für die kein Markt besteht, entsprechend anzuwenden. In diesen Fällen kann der Wert auf der Grundlage marktkonformer Modelle unter besonderer Berücksichtigung der wirtschaftlichen Vor- und Nachteile ermittelt werden.

§ 2 Grundlagen der Wertermittlung

Der Wertermittlung sind die allgemeinen Wertverhältnisse auf dem Grundstücksmarkt am Wertermittlungsstichtag (§ 3) und der Grundstückszustand am Qualitätsstichtag (§ 4) zugrunde zu legen.

Künftige Entwicklungen wie beispielsweise absehbare anderweitige Nutzungen (§ 4 Absatz 3 Nummer 1) sind zu berücksichtigen, wenn sie mit hinreichender Sicherheit auf Grund konkreter Tatsachen zu erwarten sind. In diesen Fällen ist auch die voraussichtliche Dauer bis zum Eintritt der rechtlichen und tatsächlichen Voraussetzungen für die Realisierbarkeit einer baulichen oder sonstigen Nutzung eines Grundstücks (Wartezeit) zu berücksichtigen.

§ 3 Wertermittlungsstichtag und allgemeine Wertverhältnisse

(1) Der Wertermittlungsstichtag ist der Zeitpunkt, auf den sich die Wertermittlung bezieht.

(2) Die allgemeinen Wertverhältnisse auf dem Grundstücksmarkt bestimmen sich nach der Gesamtheit der am Wertermittlungsstichtag für die Preisbildung von Grundstücken im gewöhnlichen Geschäftsverkehr (marktüblich) maßgebenden Umstände wie nach der allgemeinen Wirtschaftslage, den Verhältnissen am Kapitalmarkt sowie den wirtschaftlichen und demographischen Entwicklungen des Gebiets.

§ 4 Qualitätsstichtag und Grundstückszustand

(1) Der Qualitätsstichtag ist der Zeitpunkt, auf den sich der für die Wertermittlung maßgebliche Grundstückszustand bezieht. Er entspricht dem Wertermittlungsstichtag, es sei denn, dass aus rechtlichen oder sonstigen Gründen der Zustand des Grundstücks zu einem anderen Zeitpunkt maßgebend ist.

(2) Der Zustand eines Grundstücks bestimmt sich nach der Gesamtheit der verkehrswertbeeinflussenden rechtlichen Gegebenheiten und tatsächlichen Eigenschaften, der sonstigen Beschaffenheit und der Lage des Grundstücks (Grundstücksmerkmale). Zu den Grundstücksmerkmalen gehören insbesondere der Entwicklungszustand (§ 5), die Art und das Maß der baulichen oder sonstigen Nutzung (§ 6 Absatz 1), die wertbeeinflussenden Rechte und Belastungen (§ 6 Absatz 2), der abgabenrechtliche Zustand (§ 6 Absatz 3), die Lagemerkmale (§ 6 Absatz 4) und die weiteren Merkmale (§ 6 Absatz 5 und 6).

(3) Neben dem Entwicklungszustand (§ 5) ist bei der Wertermittlung insbesondere zu berücksichtigen, ob am Qualitätsstichtag

1. eine anderweitige Nutzung von Flächen absehbar ist,
2. Flächen auf Grund ihrer Vornutzung nur mit erheblich über dem Üblichen liegenden Aufwand einer baulichen oder sonstigen Nutzung zugeführt werden können,
3. Flächen von städtebaulichen Missständen oder erheblichen städtebaulichen Funktionsverlusten betroffen sind,
4. Flächen einer dauerhaften öffentlichen Zweckbestimmung unterliegen,
5. Flächen für bauliche Anlagen zur Erforschung, Entwicklung oder Nutzung von Erneuerbaren Energien bestimmt sind,
6. Flächen zum Ausgleich für Eingriffe in Natur und Landschaft genutzt werden oder ob sich auf Flächen gesetzlich geschützte Biotope befinden.

§ 5 Entwicklungszustand

(1) Flächen der Land- oder Forstwirtschaft sind Flächen, die, ohne Bauerwartungsland, Rohbauland oder baureifes Land zu sein, land- oder forstwirtschaftlich nutzbar sind.

(2) Bauerwartungsland sind Flächen, die nach ihren weiteren Grundstücksmerkmalen (§ 6), insbesondere dem Stand der Bauleitplanung und der sonstigen städtebaulichen Entwicklung des Gebiets, eine bauliche Nutzung auf Grund konkreter Tatsachen mit hinreichender Sicherheit erwarten lassen.

(3) Rohbauland sind Flächen, die nach den §§ 30, 33 und 34 des Baugesetzbuchs für eine bauliche Nutzung bestimmt sind, deren Erschließung aber noch nicht gesichert ist oder die nach Lage, Form oder Größe für eine bauliche Nutzung unzureichend gestaltet sind.

(4) Baureifes Land sind Flächen, die nach öffentlich-rechtlichen Vorschriften und den tatsächlichen Gegebenheiten baulich nutzbar sind.

§ 6 Weitere Grundstücksmerkmale

(1) Art und Maß der baulichen oder sonstigen Nutzung ergeben sich in der Regel aus den für die planungsrechtliche Zulässigkeit von Vorhaben maßgeblichen §§ 30, 33 und 34 des Baugesetzbuchs und den sonstigen Vorschriften, die die Nutzbarkeit betreffen. Wird vom Maß der zulässigen Nutzung in der Umgebung regelmäßig abgewichen, ist die Nutzung maßgebend, die im gewöhnlichen Geschäftsverkehr zugrunde gelegt wird.

(2) Als wertbeeinflussende Rechte und Belastungen kommen insbesondere Dienstbarkeiten, Nutzungsrechte, Baulasten sowie wohnungs- und mietrechtliche Bindungen in Betracht.

(3) Für den abgabenrechtlichen Zustand des Grundstücks ist die Pflicht zur Entrichtung von nichtsteuerlichen Abgaben maßgebend.

(4) Lagemerkmale von Grundstücken sind insbesondere die Verkehrsanbindung, die Nachbarschaft, die Wohn- und Geschäftslage sowie die Umwelteinflüsse.

(5) Weitere Merkmale sind insbesondere die tatsächliche Nutzung, die Erträge, die Grundstücksgröße, der Grundstückszuschnitt und die Bodenbeschaffenheit wie beispielsweise Bodengüte, Eignung als Baugrund oder schädliche Bodenveränderungen. Bei bebauten Grundstücken sind dies zusätzlich insbesondere die Gebäudeart, die Bauweise und Baugestaltung, die Größe, Ausstattung und Qualität, der bauliche Zustand, die energetischen Eigenschaften, das Baujahr und die Restnutzungsdauer.

(6) Die Restnutzungsdauer ist die Zahl der Jahre, in denen die baulichen Anlagen bei ordnungsgemäßer Bewirtschaftung voraussichtlich noch wirtschaftlich genutzt werden können; durchgeführte Instandsetzungen oder Modernisierungen oder unterlassene Instandhaltungen oder andere Gegebenheiten können die Restnutzungsdauer verlängern oder verkürzen. Modernisierungen sind beispielsweise Maßnahmen, die eine wesentliche Verbesserung der Wohn- oder sonstigen

Nutzungsverhältnisse oder wesentliche Einsparungen von Energie oder Wasser bewirken.

§ 7 Ungewöhnliche oder persönliche Verhältnisse

Zur Wertermittlung und zur Ableitung erforderlicher Daten für die Wertermittlung sind Kaufpreise und andere Daten wie Mieten und Bewirtschaftungskosten heranzuziehen, bei denen angenommen werden kann, dass sie nicht durch ungewöhnliche oder persönliche Verhältnisse beeinflusst worden sind. Eine Beeinflussung durch ungewöhnliche oder persönliche Verhältnisse kann angenommen werden, wenn Kaufpreise und andere Daten erheblich von den Kaufpreisen und anderen Daten in vergleichbaren Fällen abweichen.

§ 8 Ermittlung des Verkehrswerts

(1) Zur Wertermittlung sind das Vergleichswertverfahren (§ 15) einschließlich des Verfahrens zur Bodenwertermittlung (§ 16), das Ertragswertverfahren (§§ 17 bis 20), das Sachwertverfahren (§§ 21 bis 23) oder mehrere dieser Verfahren heranzuziehen. Die Verfahren sind nach der Art des Wertermittlungsobjekts unter Berücksichtigung der im gewöhnlichen Geschäftsverkehr bestehenden Gepflogenheiten und der sonstigen Umstände des Einzelfalls, insbesondere der zur Verfügung stehenden Daten, zu wählen; die Wahl ist zu begründen. Der Verkehrswert ist aus dem Ergebnis des oder der herangezogenen Verfahren unter Würdigung seines oder ihrer Aussagefähigkeit zu ermitteln.

(2) In den Wertermittlungsverfahren nach Absatz 1 sind regelmäßig in folgender Reihenfolge zu berücksichtigen:

1. die allgemeinen Wertverhältnisse auf dem Grundstücksmarkt (Marktanpassung),
2. die besonderen objektspezifischen Grundstücksmerkmale des zu bewertenden Grundstücks.

(3) Besondere objektspezifische Grundstücksmerkmale wie beispielsweise eine wirtschaftliche Überalterung, ein überdurchschnittlicher Erhaltungszustand, Baumängel oder Bauschäden sowie von den marktüblich erzielbaren Erträgen erheblich abweichende Erträge können, soweit dies dem gewöhnlichen Geschäftsverkehr entspricht, durch marktgerechte Zu- oder Abschläge oder in anderer geeigneter Weise berücksichtigt werden.

Abschnitt 2
Bodenrichtwerte und sonstige erforderliche Daten

§ 9 Grundlagen der Ermittlung

(1) Bodenrichtwerte (§ 10) und sonstige für die Wertermittlung erforderliche Daten sind insbesondere aus der Kaufpreissammlung (§ 193 Absatz 5 Satz 1 des Baugesetzbuchs) auf der Grundlage einer ausreichenden Zahl geeigneter Kaufpreise unter Berücksichtigung der allgemeinen Wertverhältnisse zu ermitteln. Zu den sonstigen erforderlichen Daten gehören insbesondere Indexreihen (§ 11), Umrechnungskoeffizienten (§ 12), Vergleichsfaktoren für bebaute Grundstücke (§ 13) sowie Marktanpassungsfaktoren und Liegenschaftszinssätze (§ 14).

(2) Kaufpreise solcher Grundstücke, die in ihren Grundstücksmerkmalen voneinander abweichen, sind im Sinne des Absatzes 1 Satz 1 nur geeignet, wenn die Abweichungen

1. in ihren Auswirkungen auf die Preise sich ausgleichen,
2. durch Zu- oder Abschläge oder
3. durch andere geeignete Verfahren berücksichtigt werden können.

§ 10 Bodenrichtwerte

(1) Bodenrichtwerte (§ 196 des Baugesetzbuchs) sind vorrangig im Vergleichswertverfahren (§ 15) zu ermitteln. Findet sich keine ausreichende Zahl von Vergleichspreisen, kann der Bodenrichtwert auch mit Hilfe deduktiver Verfahren oder in anderer geeigneter und nachvollziehbarer Weise ermittelt werden. Die Bodenrichtwerte sind als ein Betrag in Euro pro Quadratmeter Grundstücksfläche darzustellen.

(2) Von den wertbeeinflussenden Merkmalen des Bodenrichtwertgrundstücks sollen der Entwicklungszustand und die Art der Nutzung dargestellt werden. Zusätzlich sollen dargestellt werden:

1. bei landwirtschaftlich genutzten Flächen gegebenenfalls die Bodengüte als Acker- oder Grünlandzahl,
2. bei baureifem Land der erschließungsbeitragsrechtliche Zustand sowie je nach Wertrelevanz das Maß der baulichen Nutzung, die Grundstücksgröße, -tiefe oder -breite und
3. bei förmlich festgelegten Sanierungsgebieten (§ 142 des Baugesetzbuchs) und förmlich festgelegten Entwicklungsbereichen (§ 165 des Baugesetzbuchs) der

Grundstückszustand, auf den sich der Bodenrichtwert bezieht; dabei ist entweder der Grundstückszustand vor Beginn der Maßnahme oder nach Abschluss der Maßnahme darzustellen.

Deckt der Bodenrichtwert verschiedene Nutzungsarten oder verschiedene Nutzungsmaße ab, sollen diese ebenfalls dargestellt werden.

(3) Die Bodenrichtwerte sind in automatisierter Form auf der Grundlage der amtlichen Geobasisdaten zu führen.

§ 11 Indexreihen

(1) Änderungen der allgemeinen Wertverhältnisse auf dem Grundstücksmarkt sollen mit Indexreihen erfasst werden.

(2) Indexreihen bestehen aus Indexzahlen, die sich aus dem durchschnittlichen Verhältnis der Preise eines Erhebungszeitraums zu den Preisen eines Basiszeitraums mit der Indexzahl 100 ergeben. Die Indexzahlen können auch auf bestimmte Zeitpunkte des Erhebungs- und Basiszeitraums bezogen werden.

(3) Die Indexzahlen werden für Grundstücke mit vergleichbaren Lage- und Nutzungsverhältnissen abgeleitet. Das Ergebnis eines Erhebungszeitraums kann in geeigneten Fällen durch Vergleich mit den Indexreihen anderer Bereiche und vorausgegangener Erhebungszeiträume geändert werden.

(4) Indexreihen können insbesondere abgeleitet werden für

1. Bodenpreise,
2. Preise für Eigentumswohnungen und
3. Preise für Einfamilienhäuser.

§ 12 Umrechnungskoeffizienten

Wertunterschiede von Grundstücken, die sich aus Abweichungen bestimmter Grundstücksmerkmale sonst gleichartiger Grundstücke ergeben, insbesondere aus dem unterschiedlichen Maß der baulichen Nutzung oder der Grundstücksgröße und -tiefe, sollen mit Hilfe von Umrechnungskoeffizienten (§ 193 Absatz 5 Satz 2 Nummer 3 des Baugesetzbuchs) erfasst werden.

§ 13 Vergleichsfaktoren für bebaute Grundstücke

Vergleichsfaktoren (§ 193 Absatz 5 Satz 2 Nummer 4 des Baugesetzbuchs) sollen der Ermittlung von Vergleichswerten für bebaute Grundstücke dienen. Sie sind auf den marktüblich erzielbaren jährlichen Ertrag (Ertragsfaktor) oder auf eine sonst geeignete Bezugseinheit, insbesondere auf eine Flächen- oder Raumeinheit der baulichen Anlage (Gebäudefaktor), zu beziehen.

§ 14 Marktanpassungsfaktoren, Liegenschaftszinssätze

(1) Mit Marktanpassungsfaktoren und Liegenschaftszinssätzen sollen die allgemeinen Wertverhältnisse auf dem Grundstücksmarkt erfasst werden, soweit diese nicht auf andere Weise zu berücksichtigen sind.

(2) Marktanpassungsfaktoren sind insbesondere

1. Faktoren zur Anpassung des Sachwerts, die aus dem Verhältnis geeigneter Kaufpreise zu entsprechenden Sachwerten abgeleitet werden (Sachwertfaktoren, § 193 Absatz 5 Satz 2 Nummer 2 des Baugesetzbuchs),
2. Faktoren zur Anpassung finanzmathematisch errechneter Werte von Erbbaurechten oder Erbbaugrundstücken, die aus dem Verhältnis geeigneter Kaufpreise zu den finanzmathematisch errechneten Werten von entsprechenden Erbbaurechten oder Erbbaugrundstücken abgeleitet werden (Erbbaurechts- oder Erbbaugrundstücksfaktoren).

(3) Die Liegenschaftszinssätze (Kapitalisierungszinssätze, § 193 Absatz 5 Satz 2 Nummer 1 des Baugesetzbuchs) sind die Zinssätze, mit denen Verkehrswerte von Grundstücken je nach Grundstücksart im Durchschnitt marktüblich verzinst werden. Sie sind auf der Grundlage geeigneter Kaufpreise und der ihnen entsprechenden Reinerträge für gleichartig bebaute und genutzte Grundstücke unter Berücksichtigung der Restnutzungsdauer der Gebäude nach den Grundsätzen des Ertragswertverfahrens (§§ 17 bis 20) abzuleiten.

Abschnitt 3
Wertermittlungsverfahren

Unterabschnitt 1
Vergleichswertverfahren, Bodenwertermittlung

§ 15 Ermittlung des Vergleichswerts

(1) Im Vergleichswertverfahren wird der Vergleichswert aus einer ausreichenden Zahl von Vergleichspreisen ermittelt. Für die Ableitung der Vergleichspreise sind die Kaufpreise solcher Grundstücke heranzuziehen, die mit dem zu bewertenden Grundstück hinreichend übereinstimmende Grundstücksmerkmale aufweisen. Finden sich in dem Gebiet, in dem das Grundstück gelegen ist, nicht genügend Vergleichspreise, können auch Vergleichspreise aus anderen vergleichbaren Gebieten herangezogen werden. Änderungen der allgemeinen Wertverhältnisse auf dem Grundstücksmarkt oder Abweichungen einzelner Grundstücksmerkmale sind in der Regel auf der Grundlage von Indexreihen oder Umrechnungskoeffizienten zu berücksichtigen.

(2) Bei bebauten Grundstücken können neben oder anstelle von Vergleichspreisen zur Ermittlung des Vergleichswerts geeignete Vergleichsfaktoren herangezogen werden. Der Vergleichswert ergibt sich dann durch Vervielfachung des jährlichen Ertrags oder der sonstigen Bezugseinheit des zu bewertenden Grundstücks mit dem Vergleichsfaktor. Vergleichsfaktoren sind geeignet, wenn die Grundstücksmerkmale der ihnen zugrunde gelegten Grundstücke hinreichend mit denen des zu bewertenden Grundstücks übereinstimmen.

§ 16 Ermittlung des Bodenwerts

(1) Der Wert des Bodens ist vorbehaltlich der Absätze 2 bis 4 ohne Berücksichtigung der vorhandenen baulichen Anlagen auf dem Grundstück vorrangig im Vergleichswertverfahren (§ 15) zu ermitteln. Dabei kann der Bodenwert auch auf der Grundlage geeigneter Bodenrichtwerte ermittelt werden. Bodenrichtwerte sind geeignet, wenn die Merkmale des zugrunde gelegten Richtwertgrundstücks hinreichend mit den Grundstücksmerkmalen des zu bewertenden Grundstücks übereinstimmen. § 15 Absatz 1 Satz 3 und 4 ist entsprechend anzuwenden.

(2) Vorhandene bauliche Anlagen auf einem Grundstück im Außenbereich (§ 35 des Baugesetzbuchs) sind bei der Ermittlung des Bodenwerts zu berücksichtigen, wenn sie rechtlich und wirtschaftlich weiterhin nutzbar sind.

(3) Ist alsbald mit einem Abriss von baulichen Anlagen zu rechnen, ist der Bodenwert um die üblichen Freilegungskosten zu mindern, soweit sie im gewöhnlichen Geschäftsverkehr berücksichtigt werden. Von einer alsbaldigen Freilegung kann ausgegangen werden, wenn

1. die baulichen Anlagen nicht mehr nutzbar sind oder
2. der nicht abgezinste Bodenwert ohne Berücksichtigung der Freilegungskosten den im Ertragswertverfahren (§§ 17 bis 20) ermittelten Ertragswert erreicht oder übersteigt.

(4) Ein erhebliches Abweichen der tatsächlichen von der nach § 6 Absatz 1 maßgeblichen Nutzung, wie insbesondere eine erhebliche Beeinträchtigung der Nutzbarkeit durch vorhandene bauliche Anlagen auf einem Grundstück, ist bei der Ermittlung des Bodenwerts zu berücksichtigen, soweit dies dem gewöhnlichen Geschäftsverkehr entspricht.

(5) Bei der Ermittlung der sanierungs- oder entwicklungsbedingten Bodenwerterhöhung zur Bemessung von Ausgleichsbeträgen nach § 154 Absatz 1 oder § 166 Absatz 3 Satz 4 des Baugesetzbuchs sind die Anfangs- und Endwerte auf denselben Zeitpunkt zu ermitteln.

Unterabschnitt 2
Ertragswertverfahren

§ 17 Ermittlung des Ertragswerts

(1) Im Ertragswertverfahren wird der Ertragswert auf der Grundlage marktüblich erzielbarer Erträge ermittelt. Soweit die Ertragsverhältnisse absehbar wesentlichen Veränderungen unterliegen oder wesentlich von den marktüblich erzielbaren Erträgen abweichen, kann der Ertragswert auch auf der Grundlage periodisch unterschiedlicher Erträge ermittelt werden.

(2) Im Ertragswertverfahren auf der Grundlage marktüblich erzielbarer Erträge wird der Ertragswert ermittelt

1. aus dem nach § 16 ermittelten Bodenwert und dem um den Betrag der angemessenen Verzinsung des Bodenwerts verminderten und sodann kapitalisierten Reinertrag (§ 18 Absatz 1); der Ermittlung des Bodenwertverzinsungsbetrags ist der für die Kapitalisierung nach § 20 maßgebliche Liegenschaftszinssatz zugrunde zu legen; bei der Ermittlung des Bodenwertverzinsungsbetrags sind

selbständig nutzbare Teilflächen nicht zu berücksichtigen (allgemeines Ertragswertverfahren), oder

2. aus dem nach § 20 kapitalisierten Reinertrag (§ 18 Absatz 1) und dem nach § 16 ermittelten Bodenwert, der mit Ausnahme des Werts von selbständig nutzbaren Teilflächen auf den Wertermittlungsstichtag nach § 20 abzuzinsen ist (vereinfachtes Ertragswertverfahren).

Eine selbständig nutzbare Teilfläche ist der Teil eines Grundstücks, der für die angemessene Nutzung der baulichen Anlagen nicht benötigt wird und selbständig genutzt oder verwertet werden kann.

(3) Im Ertragswertverfahren auf der Grundlage periodisch unterschiedlicher Erträge wird der Ertragswert ausden durch gesicherte Daten abgeleiteten periodisch erzielbaren Reinerträgen (§ 18 Absatz 1) innerhalb einesBetrachtungszeitraums und dem Restwert des Grundstücks am Ende des Betrachtungszeitraums ermittelt. Die periodischen Reinerträge sowie der Restwert des Grundstücks sind jeweils auf den Wertermittlungsstichtag nach§ 20 abzuzinsen.

§ 18 Reinertrag, Rohertrag

(1) Der Reinertrag ergibt sich aus dem jährlichen Rohertrag abzüglich der Bewirtschaftungskosten (§ 19).

(2) Der Rohertrag ergibt sich aus den bei ordnungsgemäßer Bewirtschaftung und zulässiger Nutzung marktüblicherzielbaren Erträgen. Bei Anwendung des Ertragswertverfahrens auf der Grundlage periodisch unterschiedlicherErträge ergibt sich der Rohertrag insbesondere aus den vertraglichen Vereinbarungen.

§ 19 Bewirtschaftungskosten

(1) Als Bewirtschaftungskosten sind die für eine ordnungsgemäße Bewirtschaftung und zulässige Nutzung marktüblich entstehenden jährlichen Aufwendungen zu berücksichtigen, die nicht durch Umlagen oder sonstige Kostenübernahmen gedeckt sind.

(2) Nach Absatz 1 berücksichtigungsfähige Bewirtschaftungskosten sind

1. die Verwaltungskosten; sie umfassen die Kosten der zur Verwaltung des Grundstücks erforderlichen Arbeitskräfte und Einrichtungen, die Kosten der Aufsicht, den Wert der vom Eigentümer persönlich geleisteten Verwaltungsarbeit sowie die Kosten der Geschäftsführung;

2. die Instandhaltungskosten; sie umfassen die Kosten, die infolge von Abnutzung oder Alterung zur Erhaltung des der Wertermittlung zugrunde gelegten Ertragsniveaus der baulichen Anlage während ihrer Restnutzungsdauer aufgewendet werden müssen;

3. das Mietausfallwagnis; es umfasst das Risiko von Ertragsminderungen, die durch uneinbringliche Rückstände von Mieten, Pachten und sonstigen Einnahmen oder durch vorübergehenden Leerstand von Raum entstehen, der zur Vermietung, Verpachtung oder sonstigen Nutzung bestimmt ist; es umfasst auch das Risiko von uneinbringlichen Kosten einer Rechtsverfolgung auf Zahlung, Aufhebung eines Mietverhältnisses oder Räumung;

4. die Betriebskosten.

Soweit sich die Bewirtschaftungskosten nicht ermitteln lassen, ist von Erfahrungssätzen auszugehen.

§ 20 Kapitalisierung und Abzinsung

Der Kapitalisierung und Abzinsung sind Barwertfaktoren zugrunde zu legen. Der jeweilige Barwertfaktor ist unter Berücksichtigung der Restnutzungsdauer (§ 6 Absatz 6 Satz 1) und des jeweiligen Liegenschaftszinssatzes (§ 14 Absatz 3) der Anlage 1 oder der Anlage 2 zu entnehmen oder nach der dort angegebenen Berechnungsvorschrift zu bestimmen.

Unterabschnitt 3
Sachwertverfahren

§ 21 Ermittlung des Sachwerts

(1) Im Sachwertverfahren wird der Sachwert des Grundstücks aus dem Sachwert der nutzbaren baulichen und sonstigen Anlagen sowie dem Bodenwert (§ 16) ermittelt; die allgemeinen Wertverhältnisse auf dem Grundstücksmarkt sind insbesondere durch die Anwendung von Sachwertfaktoren (§ 14 Absatz 2 Nummer 1) zu berücksichtigen.

(2) Der Sachwert der baulichen Anlagen (ohne Außenanlagen) ist ausgehend von den Herstellungskosten (§ 22) unter Berücksichtigung der Alterswertminderung (§ 23) zu ermitteln.

(3) Der Sachwert der baulichen Außenanlagen und der sonstigen Anlagen wird, soweit sie nicht vom Bodenwert miterfasst werden, nach Erfahrungssätzen oder

nach den gewöhnlichen Herstellungskosten ermittelt. Die §§ 22 und 23 sind entsprechend anzuwenden.

§ 22 Herstellungskosten

(1) Zur Ermittlung der Herstellungskosten sind die gewöhnlichen Herstellungskosten je Flächen-, Raum- oder sonstiger Bezugseinheit (Normalherstellungskosten) mit der Anzahl der entsprechenden Bezugseinheiten der baulichen Anlagen zu vervielfachen.

(2) Normalherstellungskosten sind die Kosten, die marktüblich für die Neuerrichtung einer entsprechenden baulichen Anlage aufzuwenden wären. Mit diesen Kosten nicht erfasste einzelne Bauteile, Einrichtungen oder sonstige Vorrichtungen sind durch Zu- oder Abschläge zu berücksichtigen, soweit dies dem gewöhnlichen Geschäftsverkehr entspricht. Zu den Normalherstellungskosten gehören auch die üblicherweise entstehenden Baunebenkosten, insbesondere Kosten für Planung, Baudurchführung, behördliche Prüfungen und Genehmigungen. Ausnahmsweise können die Herstellungskosten der baulichen Anlagen nach den gewöhnlichen Herstellungskosten einzelner Bauleistungen (Einzelkosten) ermittelt werden.

(3) Normalherstellungskosten sind in der Regel mit Hilfe geeigneter Baupreisindexreihen an die Preisverhältnisse am Wertermittlungsstichtag anzupassen.

§ 23 Alterswertminderung

Die Alterswertminderung ist unter Berücksichtigung des Verhältnisses der Restnutzungsdauer (§ 6 Absatz 6 Satz 1) zur Gesamtnutzungsdauer der baulichen Anlagen zu ermitteln. Dabei ist in der Regel eine gleichmäßige Wertminderung zugrunde zu legen. Gesamtnutzungsdauer ist die bei ordnungsgemäßer Bewirtschaftung übliche wirtschaftliche Nutzungsdauer der baulichen Anlagen.

Abschnitt 4
Schlussvorschrift

§ 24 Inkrafttreten und Außerkrafttreten

Diese Verordnung tritt am 1. Juli 2010 in Kraft. Gleichzeitig tritt die Wertermittlungsverordnung vom 6. Dezember 1988 (BGBl. I S. 2209), die durch Artikel 3 des Gesetzes vom 18. August 1997 (BGBl. I S. 2081) geändert worden ist, außer Kraft.

Schlussformel

Der Bundesrat hat zugestimmt.

Anlage 1 (zu § 20)
Barwertfaktoren für die Kapitalisierung

(Fundstelle: BGBl. I 2010, 645 — 648)

Restnutzungsdauer von ... Jahren	Zinssatz								
	1,0 %	1,5 %	2,0 %	2,5 %	3,0 %	3,5 %	4,0 %	4,5 %	5,0 %
1	0,99	0,99	0,98	0,98	0,97	0,97	0,96	0,96	0,95
2	1,97	1,96	1,94	1,93	1,91	1,90	1,89	1,87	1,86
3	2,94	2,91	2,88	2,86	2,83	2,80	2,78	2,75	2,72
4	3,90	3,85	3,81	3,76	3,72	3,67	3,63	3,59	3,55
5	4,85	4,78	4,71	4,65	4,58	4,52	4,45	4,39	4,33
6	5,80	5,70	5,60	5,51	5,42	5,33	5,24	5,16	5,08
7	6,73	6,60	6,47	6,35	6,23	6,11	6,00	5,89	5,79
8	7,65	7,49	7,33	7,17	7,02	6,87	6,73	6,60	6,46
9	8,57	8,36	8,16	7,97	7,79	7,61	7,44	7,27	7,11
10	9,47	9,22	8,98	8,75	8,53	8,32	8,11	7,91	7,72
11	10,37	10,07	9,79	9,51	9,25	9,00	8,76	8,53	8,31
12	11,26	10,91	10,58	10,26	9,95	9,66	9,39	9,12	8,86
13	12,13	11,73	11,35	10,98	10,63	10,30	9,99	9,68	9,39
14	13,00	12,54	12,11	11,69	11,30	10,92	10,56	10,22	9,90
15	13,87	13,34	12,85	12,38	11,94	11,52	11,12	10,74	10,38
16	14,72	14,13	13,58	13,06	12,56	12,09	11,65	11,23	10,84
17	15,56	14,91	14,29	13,71	13,17	12,65	12,17	11,71	11,27
18	16,40	15,67	14,99	14,35	13,75	13,19	12,66	12,16	11,69
19	17,23	16,43	15,68	14,98	14,32	13,71	13,13	12,59	12,09
20	18,05	17,17	16,35	15,59	14,88	14,21	13,59	13,01	12,46

Restnutzungsdauer von ... Jahren	Zinssatz								
	1,0 %	1,5 %	2,0 %	2,5 %	3,0 %	3,5 %	4,0 %	4,5 %	5,0 %
21	18,86	17,90	17,01	16,18	15,42	14,70	14,03	13,40	12,82
22	19,66	18,62	17,66	16,77	15,94	15,17	14,45	13,78	13,16
23	20,46	19,33	18,29	17,33	16,44	15,62	14,86	14,15	13,49
24	21,24	20,03	18,91	17,88	16,94	16,06	15,25	14,50	13,80
25	22,02	20,72	19,52	18,42	17,41	16,48	15,62	14,83	14,09
26	22,80	21,40	20,12	18,95	17,88	16,89	15,98	15,15	14,38
27	23,56	22,07	20,71	19,46	18,33	17,29	16,33	15,45	14,64
28	24,32	22,73	21,28	19,96	18,76	17,67	16,66	15,74	14,90
29	25,07	23,38	21,84	20,45	19,19	18,04	16,98	16,02	15,14
30	25,81	24,02	22,40	20,93	19,60	18,39	17,29	16,29	15,37
31	26,54	24,65	22,94	21,40	20,00	18,74	17,59	16,54	15,59
32	27,27	25,27	23,47	21,85	20,39	19,07	17,87	16,79	15,80
33	27,99	25,88	23,99	22,29	20,77	19,39	18,15	17,02	16,00
34	28,70	26,48	24,50	22,72	21,13	19,70	18,41	17,25	16,19
35	29,41	27,08	25,00	23,15	21,49	20,00	18,66	17,46	16,37
36	30,11	27,66	25,49	23,56	21,83	20,29	18,91	17,67	16,55
37	30,80	28,24	25,97	23,96	22,17	20,57	19,14	17,86	16,71
38	31,48	28,81	26,44	24,35	22,49	20,84	19,37	18,05	16,87
39	32,16	29,36	26,90	24,73	22,81	21,10	19,58	18,23	17,02
40	32,83	29,92	27,36	25,10	23,11	21,36	19,79	18,40	17,16
41	33,50	30,46	27,80	25,47	23,41	21,60	19,99	18,57	17,29
42	34,16	30,99	28,23	25,82	23,70	21,83	20,19	18,72	17,42
43	34,81	31,52	28,66	26,17	23,98	22,06	20,37	18,87	17,55
44	35,46	32,04	29,08	26,50	24,25	22,28	20,55	19,02	17,66
45	36,09	32,55	29,49	26,83	24,52	22,50	20,72	19,16	17,77
46	36,73	33,06	29,89	27,15	24,78	22,70	20,88	19,29	17,88
47	37,35	33,55	30,29	27,47	25,02	22,90	21,04	19,41	17,98
48	37,97	34,04	30,67	27,77	25,27	23,09	21,20	19,54	18,08

Restnutzungsdauer von ... Jahren	Zinssatz								
	1,0 %	1,5 %	2,0 %	2,5 %	3,0 %	3,5 %	4,0 %	4,5 %	5,0 %
49	38,59	34,52	31,05	28,07	25,50	23,28	21,34	19,65	18,17
50	39,20	35,00	31,42	28,36	25,73	23,46	21,48	19,76	18,26
51	39,80	35,47	31,79	28,65	25,95	23,63	21,62	19,87	18,34
52	40,39	35,93	32,14	28,92	26,17	23,80	21,75	19,97	18,42
53	40,98	36,38	32,50	29,19	26,37	23,96	21,87	20,07	18,49
54	41,57	36,83	32,84	29,46	26,58	24,11	21,99	20,16	18,57
55	42,15	37,27	33,17	29,71	26,77	24,26	22,11	20,25	18,63
56	42,72	37,71	33,50	29,96	26,97	24,41	22,22	20,33	18,70
57	43,29	38,13	33,83	30,21	27,15	24,55	22,33	20,41	18,76
58	43,85	38,56	34,15	30,45	27,33	24,69	22,43	20,49	18,82
59	44,40	38,97	34,46	30,68	27,51	24,82	22,53	20,57	18,88
60	44,96	39,38	34,76	30,91	27,68	24,94	22,62	20,64	18,93
61	45,50	39,78	35,06	31,13	27,84	25,07	22,71	20,71	18,98
62	46,04	40,18	35,35	31,35	28,00	25,19	22,80	20,77	19,03
63	46,57	40,57	35,64	31,56	28,16	25,30	22,89	20,83	19,08
64	47,10	40,96	35,92	31,76	28,31	25,41	22,97	20,89	19,12
65	47,63	41,34	36,20	31,96	28,45	25,52	23,05	20,95	19,16
66	48,15	41,71	36,47	32,16	28,60	25,62	23,12	21,01	19,20
67	48,66	42,08	36,73	32,35	28,73	25,72	23,19	21,06	19,24
68	49,17	42,44	36,99	32,54	28,87	25,82	23,26	21,11	19,28
69	49,67	42,80	37,25	32,72	29,00	25,91	23,33	21,16	19,31
70	50,17	43,15	37,50	32,90	29,12	26,00	23,39	21,20	19,34
71	50,66	43,50	37,74	33,07	29,25	26,09	23,46	21,25	19,37
72	51,15	43,84	37,98	33,24	29,37	26,17	23,52	21,29	19,40
73	51,63	44,18	38,22	33,40	29,48	26,25	23,57	21,33	19,43
74	52,11	44,51	38,45	33,57	29,59	26,33	23,63	21,37	19,46
75	52,59	44,84	38,68	33,72	29,70	26,41	23,68	21,40	19,48
76	53,06	45,16	38,90	33,88	29,81	26,48	23,73	21,44	19,51

Restnutzungsdauer von ... Jahren	Zinssatz								
	1,0 %	1,5 %	2,0 %	2,5 %	3,0 %	3,5 %	4,0 %	4,5 %	5,0 %
77	53,52	45,48	39,12	34,03	29,91	26,55	23,78	21,47	19,53
78	53,98	45,79	39,33	34,17	30,01	26,62	23,83	21,50	19,56
79	54,44	46,10	39,54	34,31	30,11	26,68	23,87	21,54	19,58
80	54,89	46,41	39,74	34,45	30,20	26,75	23,92	21,57	19,60
81	55,33	46,71	39,95	34,59	30,29	26,81	23,96	21,59	19,62
82	55,78	47,00	40,14	34,72	30,38	26,87	24,00	21,62	19,63
83	56,21	47,29	40,34	34,85	30,47	26,93	24,04	21,65	19,65
84	56,65	47,58	40,53	34,97	30,55	26,98	24,07	21,67	19,67
85	57,08	47,86	40,71	35,10	30,63	27,04	24,11	21,70	19,68
86	57,50	48,14	40,89	35,22	30,71	27,09	24,14	21,72	19,70
87	57,92	48,41	41,07	35,33	30,79	27,14	24,18	21,74	19,71
88	58,34	48,68	41,25	35,45	30,86	27,19	24,21	21,76	19,73
89	58,75	48,95	41,42	35,56	30,93	27,23	24,24	21,78	19,74
90	59,16	49,21	41,59	35,67	31,00	27,28	24,27	21,80	19,75
91	59,57	49,47	41,75	35,77	31,07	27,32	24,30	21,82	19,76
92	59,97	49,72	41,91	35,87	31,14	27,37	24,32	21,83	19,78
93	60,36	49,97	42,07	35,98	31,20	27,41	24,35	21,85	19,79
94	60,75	50,22	42,23	36,07	31,26	27,45	24,37	21,87	19,80
95	61,14	50,46	42,38	36,17	31,32	27,48	24,40	21,88	19,81
96	61,53	50,70	42,53	36,26	31,38	27,52	24,42	21,90	19,82
97	61,91	50,94	42,68	36,35	31,44	27,56	24,44	21,91	19,82
98	62,29	51,17	42,82	36,44	31,49	27,59	24,46	21,92	19,83
99	62,66	51,40	42,96	36,53	31,55	27,62	24,49	21,94	19,84
100	63,03	51,62	43,10	36,61	31,60	27,66	24,50	21,95	19,85

Restnutzungsdauer von ... Jahren	Zinssatz								
	5,5 %	6,0 %	6,5 %	7,0 %	7,5 %	8,0 %	8,5 %	9,0 %	9,5 %	10 %
1	0,95	0,94	0,94	0,93	0,93	0,93	0,92	0,92	0,91	0,91

Anhang

Restnut-zungsdauer von ... Jahren	Zinssatz									
	5,5 %	6,0 %	6,5 %	7,0 %	7,5 %	8,0 %	8,5 %	9,0 %	9,5 %	10 %
2	1,85	1,83	1,82	1,81	1,80	1,78	1,77	1,76	1,75	1,74
3	2,70	2,67	2,65	2,62	2,60	2,58	2,55	2,53	2,51	2,49
4	3,51	3,47	3,43	3,39	3,35	3,31	3,28	3,24	3,20	3,17
5	4,27	4,21	4,16	4,10	4,05	3,99	3,94	3,89	3,84	3,79
6	5,00	4,92	4,84	4,77	4,69	4,62	4,55	4,49	4,42	4,36
7	5,68	5,58	5,48	5,39	5,30	5,21	5,12	5,03	4,95	4,87
8	6,33	6,21	6,09	5,97	5,86	5,75	5,64	5,53	5,43	5,33
9	6,95	6,80	6,66	6,52	6,38	6,25	6,12	6,00	5,88	5,76
10	7,54	7,36	7,19	7,02	6,86	6,71	6,56	6,42	6,28	6,14
11	8,09	7,89	7,69	7,50	7,32	7,14	6,97	6,81	6,65	6,50
12	8,62	8,38	8,16	7,94	7,74	7,54	7,34	7,16	6,98	6,81
13	9,12	8,85	8,60	8,36	8,13	7,90	7,69	7,49	7,29	7,10
14	9,59	9,29	9,01	8,75	8,49	8,24	8,01	7,79	7,57	7,37
15	10,04	9,71	9,40	9,11	8,83	8,56	8,30	8,06	7,83	7,61
16	10,46	10,11	9,77	9,45	9,14	8,85	8,58	8,31	8,06	7,82
17	10,86	10,48	10,11	9,76	9,43	9,12	8,83	8,54	8,28	8,02
18	11,25	10,83	10,43	10,06	9,71	9,37	9,06	8,76	8,47	8,20
19	11,61	11,16	10,73	10,34	9,96	9,60	9,27	8,95	8,65	8,36
20	11,95	11,47	11,02	10,59	10,19	9,82	9,46	9,13	8,81	8,51
21	12,28	11,76	11,28	10,84	10,41	10,02	9,64	9,29	8,96	8,65
22	12,58	12,04	11,54	11,06	10,62	10,20	9,81	9,44	9,10	8,77
23	12,88	12,30	11,77	11,27	10,81	10,37	9,96	9,58	9,22	8,88
24	13,15	12,55	11,99	11,47	10,98	10,53	10,10	9,71	9,33	8,98
25	13,41	12,78	12,20	11,65	11,15	10,67	10,23	9,82	9,44	9,08
26	13,66	13,00	12,39	11,83	11,30	10,81	10,35	9,93	9,53	9,16
27	13,90	13,21	12,57	11,99	11,44	10,94	10,46	10,03	9,62	9,24
28	14,12	13,41	12,75	12,14	11,57	11,05	10,57	10,12	9,70	9,31
29	14,33	13,59	12,91	12,28	11,70	11,16	10,66	10,20	9,77	9,37

Restnut-zungsdauer von ... Jahren	Zinssatz									
	5,5 %	6,0 %	6,5 %	7,0 %	7,5 %	8,0 %	8,5 %	9,0 %	9,5 %	10 %
30	14,53	13,76	13,06	12,41	11,81	11,26	10,75	10,27	9,83	9,43
31	14,72	13,93	13,20	12,53	11,92	11,35	10,83	10,34	9,89	9,48
32	14,90	14,08	13,33	12,65	12,02	11,43	10,90	10,41	9,95	9,53
33	15,08	14,23	13,46	12,75	12,11	11,51	10,97	10,46	10,00	9,57
34	15,24	14,37	13,58	12,85	12,19	11,59	11,03	10,52	10,05	9,61
35	15,39	14,50	13,69	12,95	12,27	11,65	11,09	10,57	10,09	9,64
36	15,54	14,62	13,79	13,04	12,35	11,72	11,14	10,61	10,13	9,68
37	15,67	14,74	13,89	13,12	12,42	11,78	11,19	10,65	10,16	9,71
38	15,80	14,85	13,98	13,19	12,48	11,83	11,23	10,69	10,19	9,73
39	15,93	14,95	14,06	13,26	12,54	11,88	11,28	10,73	10,22	9,76
40	16,05	15,05	14,15	13,33	12,59	11,92	11,31	10,76	10,25	9,78
41	16,16	15,14	14,22	13,39	12,65	11,97	11,35	10,79	10,27	9,80
42	16,26	15,22	14,29	13,45	12,69	12,01	11,38	10,81	10,29	9,82
43	16,36	15,31	14,36	13,51	12,74	12,04	11,41	10,84	10,31	9,83
44	16,46	15,38	14,42	13,56	12,78	12,08	11,44	10,86	10,33	9,85
45	16,55	15,46	14,48	13,61	12,82	12,11	11,47	10,88	10,35	9,86
46	16,63	15,52	14,54	13,65	12,85	12,14	11,49	10,90	10,36	9,88
47	16,71	15,59	14,59	13,69	12,89	12,16	11,51	10,92	10,38	9,89
48	16,79	15,65	14,64	13,73	12,92	12,19	11,53	10,93	10,39	9,90
49	16,86	15,71	14,68	13,77	12,95	12,21	11,55	10,95	10,40	9,91
50	16,93	15,76	14,72	13,80	12,97	12,23	11,57	10,96	10,41	9,91
51	17,00	15,81	14,76	13,83	13,00	12,25	11,58	10,97	10,42	9,92
52	17,06	15,86	14,80	13,86	13,02	12,27	11,60	10,99	10,43	9,93
53	17,12	15,91	14,84	13,89	13,04	12,29	11,61	11,00	10,44	9,94
54	17,17	15,95	14,87	13,92	13,06	12,30	11,62	11,01	10,45	9,94
55	17,23	15,99	14,90	13,94	13,08	12,32	11,63	11,01	10,45	9,95
56	17,28	16,03	14,93	13,96	13,10	12,33	11,64	11,02	10,46	9,95
57	17,32	16,06	14,96	13,98	13,12	12,34	11,65	11,03	10,47	9,96

Restnut-zungsdauer von ... Jahren	Zinssatz									
	5,5 %	6,0 %	6,5 %	7,0 %	7,5 %	8,0 %	8,5 %	9,0 %	9,5 %	10 %
58	17,37	16,10	14,99	14,00	13,13	12,36	11,66	11,04	10,47	9,96
59	17,41	16,13	15,01	14,02	13,15	12,37	11,67	11,04	10,48	9,96
60	17,45	16,16	15,03	14,04	13,16	12,38	11,68	11,05	10,48	9,97
61	17,49	16,19	15,05	14,06	13,17	12,39	11,68	11,05	10,48	9,97
62	17,52	16,22	15,07	14,07	13,18	12,39	11,69	11,06	10,49	9,97
63	17,56	16,24	15,09	14,08	13,19	12,40	11,70	11,06	10,49	9,98
64	17,59	16,27	15,11	14,10	13,20	12,41	11,70	11,07	10,49	9,98
65	17,62	16,29	15,13	14,11	13,21	12,42	11,71	11,07	10,50	9,98
66	17,65	16,31	15,14	14,12	13,22	12,42	11,71	11,07	10,50	9,98
67	17,68	16,33	15,16	14,13	13,23	12,43	11,71	11,08	10,50	9,98
68	17,70	16,35	15,17	14,14	13,24	12,43	11,72	11,08	10,50	9,98
69	17,73	16,37	15,19	14,15	13,24	12,44	11,72	11,08	10,51	9,99
70	17,75	16,38	15,20	14,16	13,25	12,44	11,73	11,08	10,51	9,99
71	17,78	16,40	15,21	14,17	13,25	12,45	11,73	11,09	10,51	9,99
72	17,80	16,42	15,22	14,18	13,26	12,45	11,73	11,09	10,51	9,99
73	17,82	16,43	15,23	14,18	13,27	12,45	11,73	11,09	10,51	9,99
74	17,84	16,44	15,24	14,19	13,27	12,46	11,74	11,09	10,51	9,99
75	17,85	16,46	15,25	14,20	13,27	12,46	11,74	11,09	10,51	9,99
76	17,87	16,47	15,26	14,20	13,28	12,46	11,74	11,10	10,52	9,99
77	17,89	16,48	15,26	14,21	13,28	12,47	11,74	11,10	10,52	9,99
78	17,90	16,49	15,27	14,21	13,29	12,47	11,74	11,10	10,52	9,99
79	17,92	16,50	15,28	14,22	13,29	12,47	11,75	11,10	10,52	9,99
80	17,93	16,51	15,28	14,22	13,29	12,47	11,75	11,10	10,52	10,00
81	17,94	16,52	15,29	14,23	13,30	12,48	11,75	11,10	10,52	10,00
82	17,96	16,53	15,30	14,23	13,30	12,48	11,75	11,10	10,52	10,00
83	17,97	16,53	15,30	14,23	13,30	12,48	11,75	11,10	10,52	10,00

Restnut-zungsdauer von ... Jahren	Zinssatz									
	5,5 %	6,0 %	6,5 %	7,0 %	7,5 %	8,0 %	8,5 %	9,0 %	9,5 %	10 %
84	17,98	16,54	15,31	14,24	13,30	12,48	11,75	11,10	10,52	10,00
85	17,99	16,55	15,31	14,24	13,30	12,48	11,75	11,10	10,52	10,00
86	18,00	16,56	15,32	14,24	13,31	12,48	11,75	11,10	10,52	10,00
87	18,01	16,56	15,32	14,25	13,31	12,48	11,75	11,10	10,52	10,00
88	18,02	16,57	15,32	14,25	13,31	12,49	11,76	11,11	10,52	10,00
89	18,03	16,57	15,33	14,25	13,31	12,49	11,76	11,11	10,52	10,00
90	18,03	16,58	15,33	14,25	13,31	12,49	11,76	11,11	10,52	10,00
91	18,04	16,58	15,33	14,26	13,31	12,49	11,76	11,11	10,52	10,00
92	18,05	16,59	15,34	14,26	13,32	12,49	11,76	11,11	10,52	10,00
93	18,06	16,59	15,34	14,26	13,32	12,49	11,76	11,11	10,52	10,00
94	18,06	16,60	15,34	14,26	13,32	12,49	11,76	11,11	10,52	10,00
95	18,07	16,60	15,35	14,26	13,32	12,49	11,76	11,11	10,52	10,00
96	18,08	16,60	15,35	14,26	13,32	12,49	11,76	11,11	10,52	10,00
97	18,08	16,61	15,35	14,27	13,32	12,49	11,76	11,11	10,52	10,00
98	18,09	16,61	15,35	14,27	13,32	12,49	11,76	11,11	10,52	10,00
99	18,09	16,61	15,35	14,27	13,32	12,49	11,76	11,11	10,52	10,00
100	18,10	16,62	15,36	14,27	13,32	12,49	11,76	11,11	10,53	10,00

Berechnungsvorschrift für die der Tabelle nicht zu entnehmenden Barwertfaktoren für die Kapitalisierung

$$\text{Kapitalisierungsfaktor} = \frac{q^n - 1}{q^n \times (q - 1)} \qquad q = 1 + \frac{p}{100}$$

p = Liegenschaftszinssatz
n = Restnutzungsdauer

Anlage 2 (zu § 20)
Barwertfaktoren für die Abzinsung

(Fundstelle: BGBl. I 2010, 649 — 652)

Restnut-zungsdauer von ... Jahren	Zinssatz								
	1,0 %	1,5 %	2,0 %	2,5 %	3,0 %	3,5 %	4,0 %	4,5 %	5,0 %
1	0,9901	0,9852	0,9804	0,9756	0,9709	0,9662	0,9615	0,9569	0,9524
2	0,9803	0,9707	0,9612	0,9518	0,9426	0,9335	0,9246	0,9157	0,9070
3	0,9706	0,9563	0,9423	0,9286	0,9151	0,9019	0,8890	0,8763	0,8638
4	0,9610	0,9422	0,9238	0,9060	0,8885	0,8714	0,8548	0,8386	0,8227
5	0,9515	0,9283	0,9057	0,8839	0,8626	0,8420	0,8219	0,8025	0,7835
6	0,9420	0,9145	0,8880	0,8623	0,8375	0,8135	0,7903	0,7679	0,7462
7	0,9327	0,9010	0,8706	0,8413	0,8131	0,7860	0,7599	0,7348	0,7107
8	0,9235	0,8877	0,8535	0,8207	0,7894	0,7594	0,7307	0,7032	0,6768
9	0,9143	0,8746	0,8368	0,8007	0,7664	0,7337	0,7026	0,6729	0,6446
10	0,9053	0,8617	0,8203	0,7812	0,7441	0,7089	0,6756	0,6439	0,6139
11	0,8963	0,8489	0,8043	0,7621	0,7224	0,6849	0,6496	0,6162	0,5847
12	0,8874	0,8364	0,7885	0,7436	0,7014	0,6618	0,6246	0,5897	0,5568
13	0,8787	0,8240	0,7730	0,7254	0,6810	0,6394	0,6006	0,5643	0,5303
14	0,8700	0,8118	0,7579	0,7077	0,6611	0,6178	0,5775	0,5400	0,5051
15	0,8613	0,7999	0,7430	0,6905	0,6419	0,5969	0,5553	0,5167	0,4810
16	0,8528	0,7880	0,7284	0,6736	0,6232	0,5767	0,5339	0,4945	0,4581
17	0,8444	0,7764	0,7142	0,6572	0,6050	0,5572	0,5134	0,4732	0,4363
18	0,8360	0,7649	0,7002	0,6412	0,5874	0,5384	0,4936	0,4528	0,4155
19	0,8277	0,7536	0,6864	0,6255	0,5703	0,5202	0,4746	0,4333	0,3957
20	0,8195	0,7425	0,6730	0,6103	0,5537	0,5026	0,4564	0,4146	0,3769
21	0,8114	0,7315	0,6598	0,5954	0,5375	0,4856	0,4388	0,3968	0,3589
22	0,8034	0,7207	0,6468	0,5809	0,5219	0,4692	0,4220	0,3797	0,3418
23	0,7954	0,7100	0,6342	0,5667	0,5067	0,4533	0,4057	0,3634	0,3256
24	0,7876	0,6995	0,6217	0,5529	0,4919	0,4380	0,3901	0,3477	0,3101

Restnut-zungsdauer von ... Jahren	Zinssatz								
	1,0 %	1,5 %	2,0 %	2,5 %	3,0 %	3,5 %	4,0 %	4,5 %	5,0 %
25	0,7798	0,6892	0,6095	0,5394	0,4776	0,4231	0,3751	0,3327	0,2953
26	0,7720	0,6790	0,5976	0,5262	0,4637	0,4088	0,3607	0,3184	0,2812
27	0,7644	0,6690	0,5859	0,5134	0,4502	0,3950	0,3468	0,3047	0,2678
28	0,7568	0,6591	0,5744	0,5009	0,4371	0,3817	0,3335	0,2916	0,2551
29	0,7493	0,6494	0,5631	0,4887	0,4243	0,3687	0,3207	0,2790	0,2429
30	0,7419	0,6398	0,5521	0,4767	0,4120	0,3563	0,3083	0,2670	0,2314
31	0,7346	0,6303	0,5412	0,4651	0,4000	0,3442	0,2965	0,2555	0,2204
32	0,7273	0,6210	0,5306	0,4538	0,3883	0,3326	0,2851	0,2445	0,2099
33	0,7201	0,6118	0,5202	0,4427	0,3770	0,3213	0,2741	0,2340	0,1999
34	0,7130	0,6028	0,5100	0,4319	0,3660	0,3105	0,2636	0,2239	0,1904
35	0,7059	0,5939	0,5000	0,4214	0,3554	0,3000	0,2534	0,2143	0,1813
36	0,6989	0,5851	0,4902	0,4111	0,3450	0,2898	0,2437	0,2050	0,1727
37	0,6920	0,5764	0,4806	0,4011	0,3350	0,2800	0,2343	0,1962	0,1644
38	0,6852	0,5679	0,4712	0,3913	0,3252	0,2706	0,2253	0,1878	0,1566
39	0,6784	0,5595	0,4619	0,3817	0,3158	0,2614	0,2166	0,1797	0,1491
40	0,6717	0,5513	0,4529	0,3724	0,3066	0,2526	0,2083	0,1719	0,1420
41	0,6650	0,5431	0,4440	0,3633	0,2976	0,2440	0,2003	0,1645	0,1353
42	0,6584	0,5351	0,4353	0,3545	0,2890	0,2358	0,1926	0,1574	0,1288
43	0,6519	0,5272	0,4268	0,3458	0,2805	0,2278	0,1852	0,1507	0,1227
44	0,6454	0,5194	0,4184	0,3374	0,2724	0,2201	0,1780	0,1442	0,1169
45	0,6391	0,5117	0,4102	0,3292	0,2644	0,2127	0,1712	0,1380	0,1113
46	0,6327	0,5042	0,4022	0,3211	0,2567	0,2055	0,1646	0,1320	0,1060
47	0,6265	0,4967	0,3943	0,3133	0,2493	0,1985	0,1583	0,1263	0,1009
48	0,6203	0,4894	0,3865	0,3057	0,2420	0,1918	0,1522	0,1209	0,0961
49	0,6141	0,4821	0,3790	0,2982	0,2350	0,1853	0,1463	0,1157	0,0916
50	0,6080	0,4750	0,3715	0,2909	0,2281	0,1791	0,1407	0,1107	0,0872
51	0,6020	0,4680	0,3642	0,2838	0,2215	0,1730	0,1353	0,1059	0,0831
52	0,5961	0,4611	0,3571	0,2769	0,2150	0,1671	0,1301	0,1014	0,0791

Restnut-zungsdauer von ... Jahren	Zinssatz								
	1,0 %	1,5 %	2,0 %	2,5 %	3,0 %	3,5 %	4,0 %	4,5 %	5,0 %
53	0,5902	0,4543	0,3501	0,2702	0,2088	0,1615	0,1251	0,0970	0,0753
54	0,5843	0,4475	0,3432	0,2636	0,2027	0,1560	0,1203	0,0928	0,0717
55	0,5785	0,4409	0,3365	0,2572	0,1968	0,1508	0,1157	0,0888	0,0683
56	0,5728	0,4344	0,3299	0,2509	0,1910	0,1457	0,1112	0,0850	0,0651
57	0,5671	0,4280	0,3234	0,2448	0,1855	0,1407	0,1069	0,0814	0,0620
58	0,5615	0,4217	0,3171	0,2388	0,1801	0,1360	0,1028	0,0778	0,0590
59	0,5560	0,4154	0,3109	0,2330	0,1748	0,1314	0,0989	0,0745	0,0562
60	0,5504	0,4093	0,3048	0,2273	0,1697	0,1269	0,0951	0,0713	0,0535
61	0,5450	0,4032	0,2988	0,2217	0,1648	0,1226	0,0914	0,0682	0,0510
62	0,5396	0,3973	0,2929	0,2163	0,1600	0,1185	0,0879	0,0653	0,0486
63	0,5343	0,3914	0,2872	0,2111	0,1553	0,1145	0,0845	0,0625	0,0462
64	0,5290	0,3856	0,2816	0,2059	0,1508	0,1106	0,0813	0,0598	0,0440
65	0,5237	0,3799	0,2761	0,2009	0,1464	0,1069	0,0781	0,0572	0,0419
66	0,5185	0,3743	0,2706	0,1960	0,1421	0,1033	0,0751	0,0547	0,0399
67	0,5134	0,3688	0,2653	0,1912	0,1380	0,0998	0,0722	0,0524	0,0380
68	0,5083	0,3633	0,2601	0,1865	0,1340	0,0964	0,0695	0,0501	0,0362
69	0,5033	0,3580	0,2550	0,1820	0,1301	0,0931	0,0668	0,0480	0,0345
70	0,4983	0,3527	0,2500	0,1776	0,1263	0,0900	0,0642	0,0459	0,0329
71	0,4934	0,3475	0,2451	0,1732	0,1226	0,0869	0,0617	0,0439	0,0313
72	0,4885	0,3423	0,2403	0,1690	0,1190	0,0840	0,0594	0,0420	0,0298
73	0,4837	0,3373	0,2356	0,1649	0,1156	0,0812	0,0571	0,0402	0,0284
74	0,4789	0,3323	0,2310	0,1609	0,1122	0,0784	0,0549	0,0385	0,0270
75	0,4741	0,3274	0,2265	0,1569	0,1089	0,0758	0,0528	0,0368	0,0258
76	0,4694	0,3225	0,2220	0,1531	0,1058	0,0732	0,0508	0,0353	0,0245
77	0,4648	0,3178	0,2177	0,1494	0,1027	0,0707	0,0488	0,0337	0,0234
78	0,4602	0,3131	0,2134	0,1457	0,0997	0,0683	0,0469	0,0323	0,0222
79	0,4556	0,3084	0,2092	0,1422	0,0968	0,0660	0,0451	0,0309	0,0212
80	0,4511	0,3039	0,2051	0,1387	0,0940	0,0638	0,0434	0,0296	0,0202

Restnut-zungsdauer von ... Jahren	Zinssatz								
	1,0 %	1,5 %	2,0 %	2,5 %	3,0 %	3,5 %	4,0 %	4,5 %	5,0 %
81	0,4467	0,2994	0,2011	0,1353	0,0912	0,0616	0,0417	0,0283	0,0192
82	0,4422	0,2950	0,1971	0,1320	0,0886	0,0596	0,0401	0,0271	0,0183
83	0,4379	0,2906	0,1933	0,1288	0,0860	0,0575	0,0386	0,0259	0,0174
84	0,4335	0,2863	0,1895	0,1257	0,0835	0,0556	0,0371	0,0248	0,0166
85	0,4292	0,2821	0,1858	0,1226	0,0811	0,0537	0,0357	0,0237	0,0158
86	0,4250	0,2779	0,1821	0,1196	0,0787	0,0519	0,0343	0,0227	0,0151
87	0,4208	0,2738	0,1786	0,1167	0,0764	0,0501	0,0330	0,0217	0,0143
88	0,4166	0,2698	0,1751	0,1138	0,0742	0,0484	0,0317	0,0208	0,0137
89	0,4125	0,2658	0,1716	0,1111	0,0720	0,0468	0,0305	0,0199	0,0130
90	0,4084	0,2619	0,1683	0,1084	0,0699	0,0452	0,0293	0,0190	0,0124
91	0,4043	0,2580	0,1650	0,1057	0,0679	0,0437	0,0282	0,0182	0,0118
92	0,4003	0,2542	0,1617	0,1031	0,0659	0,0422	0,0271	0,0174	0,0112
93	0,3964	0,2504	0,1586	0,1006	0,0640	0,0408	0,0261	0,0167	0,0107
94	0,3925	0,2467	0,1554	0,0982	0,0621	0,0394	0,0251	0,0160	0,0102
95	0,3886	0,2431	0,1524	0,0958	0,0603	0,0381	0,0241	0,0153	0,0097
96	0,3847	0,2395	0,1494	0,0934	0,0586	0,0368	0,0232	0,0146	0,0092
97	0,3809	0,2359	0,1465	0,0912	0,0569	0,0355	0,0223	0,0140	0,0088
98	0,3771	0,2324	0,1436	0,0889	0,0552	0,0343	0,0214	0,0134	0,0084
99	0,3734	0,2290	0,1408	0,0868	0,0536	0,0332	0,0206	0,0128	0,0080
100	0,3697	0,2256	0,1380	0,0846	0,0520	0,0321	0,0198	0,0123	0,0076

Restnut-zungs-dauer von ... Jahren	Zinssatz								
	5,5 %	6,0 %	6,5 %	7,0 %	7,5 %	8,0 %	8,5 %	9,0 %	9,5 %	10 %
1	0,9479	0,9434	0,9390	0,9346	0,9302	0,9259	0,9217	0,9174	0,9132	0,9091
2	0,8985	0,8900	0,8817	0,8734	0,8653	0,8573	0,8495	0,8417	0,8340	0,8264
3	0,8516	0,8396	0,8278	0,8163	0,8050	0,7938	0,7829	0,7722	0,7617	0,7513
4	0,8072	0,7921	0,7773	0,7629	0,7488	0,7350	0,7216	0,7084	0,6956	0,6830
5	0,7651	0,7473	0,7299	0,7130	0,6966	0,6806	0,6650	0,6499	0,6352	0,6209

Restnut-zungs-dauer von ... Jahren	Zinssatz									
	5,5 %	6,0 %	6,5 %	7,0 %	7,5 %	8,0 %	8,5 %	9,0 %	9,5 %	10 %
6	0,7252	0,7050	0,6853	0,6663	0,6480	0,6302	0,6129	0,5963	0,5801	0,5645
7	0,6874	0,6651	0,6435	0,6227	0,6028	0,5835	0,5649	0,5470	0,5298	0,5132
8	0,6516	0,6274	0,6042	0,5820	0,5607	0,5403	0,5207	0,5019	0,4838	0,4665
9	0,6176	0,5919	0,5674	0,5439	0,5216	0,5002	0,4799	0,4604	0,4418	0,4241
10	0,5854	0,5584	0,5327	0,5083	0,4852	0,4632	0,4423	0,4224	0,4035	0,3855
11	0,5549	0,5268	0,5002	0,4751	0,4513	0,4289	0,4076	0,3875	0,3685	0,3505
12	0,5260	0,4970	0,4697	0,4440	0,4199	0,3971	0,3757	0,3555	0,3365	0,3186
13	0,4986	0,4688	0,4410	0,4150	0,3906	0,3677	0,3463	0,3262	0,3073	0,2897
14	0,4726	0,4423	0,4141	0,3878	0,3633	0,3405	0,3191	0,2992	0,2807	0,2633
15	0,4479	0,4173	0,3888	0,3624	0,3380	0,3152	0,2941	0,2745	0,2563	0,2394
16	0,4246	0,3936	0,3651	0,3387	0,3144	0,2919	0,2711	0,2519	0,2341	0,2176
17	0,4024	0,3714	0,3428	0,3166	0,2925	0,2703	0,2499	0,2311	0,2138	0,1978
18	0,3815	0,3503	0,3219	0,2959	0,2720	0,2502	0,2303	0,2120	0,1952	0,1799
19	0,3616	0,3305	0,3022	0,2765	0,2531	0,2317	0,2122	0,1945	0,1783	0,1635
20	0,3427	0,3118	0,2838	0,2584	0,2354	0,2145	0,1956	0,1784	0,1628	0,1486
21	0,3249	0,2942	0,2665	0,2415	0,2190	0,1987	0,1803	0,1637	0,1487	0,1351
22	0,3079	0,2775	0,2502	0,2257	0,2037	0,1839	0,1662	0,1502	0,1358	0,1228
23	0,2919	0,2618	0,2349	0,2109	0,1895	0,1703	0,1531	0,1378	0,1240	0,1117
24	0,2767	0,2470	0,2206	0,1971	0,1763	0,1577	0,1412	0,1264	0,1133	0,1015
25	0,2622	0,2330	0,2071	0,1842	0,1640	0,1460	0,1301	0,1160	0,1034	0,0923
26	0,2486	0,2198	0,1945	0,1722	0,1525	0,1352	0,1199	0,1064	0,0945	0,0839
27	0,2356	0,2074	0,1826	0,1609	0,1419	0,1252	0,1105	0,0976	0,0863	0,0763
28	0,2233	0,1956	0,1715	0,1504	0,1320	0,1159	0,1019	0,0895	0,0788	0,0693
29	0,2117	0,1846	0,1610	0,1406	0,1228	0,1073	0,0939	0,0822	0,0719	0,0630
30	0,2006	0,1741	0,1512	0,1314	0,1142	0,0994	0,0865	0,0754	0,0657	0,0573
31	0,1902	0,1643	0,1420	0,1228	0,1063	0,0920	0,0797	0,0691	0,0600	0,0521
32	0,1803	0,1550	0,1333	0,1147	0,0988	0,0852	0,0735	0,0634	0,0548	0,0474
33	0,1709	0,1462	0,1252	0,1072	0,0919	0,0789	0,0677	0,0582	0,0500	0,0431

Restnut-zungs-dauer von ... Jahren	Zinssatz									
	5,5 %	6,0 %	6,5 %	7,0 %	7,5 %	8,0 %	8,5 %	9,0 %	9,5 %	10 %
34	0,1620	0,1379	0,1175	0,1002	0,0855	0,0730	0,0624	0,0534	0,0457	0,0391
35	0,1535	0,1301	0,1103	0,0937	0,0796	0,0676	0,0575	0,0490	0,0417	0,0356
36	0,1455	0,1227	0,1036	0,0875	0,0740	0,0626	0,0530	0,0449	0,0381	0,0323
37	0,1379	0,1158	0,0973	0,0818	0,0688	0,0580	0,0489	0,0412	0,0348	0,0294
38	0,1307	0,1092	0,0914	0,0765	0,0640	0,0537	0,0450	0,0378	0,0318	0,0267
39	0,1239	0,1031	0,0858	0,0715	0,0596	0,0497	0,0415	0,0347	0,0290	0,0243
40	0,1175	0,0972	0,0805	0,0668	0,0554	0,0460	0,0383	0,0318	0,0265	0,0221
41	0,1113	0,0917	0,0756	0,0624	0,0516	0,0426	0,0353	0,0292	0,0242	0,0201
42	0,1055	0,0865	0,0710	0,0583	0,0480	0,0395	0,0325	0,0268	0,0221	0,0183
43	0,1000	0,0816	0,0667	0,0545	0,0446	0,0365	0,0300	0,0246	0,0202	0,0166
44	0,0948	0,0770	0,0626	0,0509	0,0415	0,0338	0,0276	0,0226	0,0184	0,0151
45	0,0899	0,0727	0,0588	0,0476	0,0386	0,0313	0,0254	0,0207	0,0168	0,0137
46	0,0852	0,0685	0,0552	0,0445	0,0359	0,0290	0,0235	0,0190	0,0154	0,0125
47	0,0807	0,0647	0,0518	0,0416	0,0334	0,0269	0,0216	0,0174	0,0140	0,0113
48	0,0765	0,0610	0,0487	0,0389	0,0311	0,0249	0,0199	0,0160	0,0128	0,0103
49	0,0725	0,0575	0,0457	0,0363	0,0289	0,0230	0,0184	0,0147	0,0117	0,0094
50	0,0688	0,0543	0,0429	0,0339	0,0269	0,0213	0,0169	0,0134	0,0107	0,0085
51	0,0652	0,0512	0,0403	0,0317	0,0250	0,0197	0,0156	0,0123	0,0098	0,0077
52	0,0618	0,0483	0,0378	0,0297	0,0233	0,0183	0,0144	0,0113	0,0089	0,0070
53	0,0586	0,0456	0,0355	0,0277	0,0216	0,0169	0,0133	0,0104	0,0081	0,0064
54	0,0555	0,0430	0,0334	0,0259	0,0201	0,0157	0,0122	0,0095	0,0074	0,0058
55	0,0526	0,0406	0,0313	0,0242	0,0187	0,0145	0,0113	0,0087	0,0068	0,0053
56	0,0499	0,0383	0,0294	0,0226	0,0174	0,0134	0,0104	0,0080	0,0062	0,0048
57	0,0473	0,0361	0,0276	0,0211	0,0162	0,0124	0,0096	0,0074	0,0057	0,0044
58	0,0448	0,0341	0,0259	0,0198	0,0151	0,0115	0,0088	0,0067	0,0052	0,0040
59	0,0425	0,0321	0,0243	0,0185	0,0140	0,0107	0,0081	0,0062	0,0047	0,0036
60	0,0403	0,0303	0,0229	0,0173	0,0130	0,0099	0,0075	0,0057	0,0043	0,0033
61	0,0382	0,0286	0,0215	0,0161	0,0121	0,0091	0,0069	0,0052	0,0039	0,0030

Restnut-zungs-dauer von ... Jahren	Zinssatz									
	5,5 %	6,0 %	6,5 %	7,0 %	7,5 %	8,0 %	8,5 %	9,0 %	9,5 %	10 %
62	0,0362	0,0270	0,0202	0,0151	0,0113	0,0085	0,0064	0,0048	0,0036	0,0027
63	0,0343	0,0255	0,0189	0,0141	0,0105	0,0078	0,0059	0,0044	0,0033	0,0025
64	0,0325	0,0240	0,0178	0,0132	0,0098	0,0073	0,0054	0,0040	0,0030	0,0022
65	0,0308	0,0227	0,0167	0,0123	0,0091	0,0067	0,0050	0,0037	0,0027	0,0020
66	0,0292	0,0214	0,0157	0,0115	0,0085	0,0062	0,0046	0,0034	0,0025	0,0019
67	0,0277	0,0202	0,0147	0,0107	0,0079	0,0058	0,0042	0,0031	0,0023	0,0017
68	0,0262	0,0190	0,0138	0,0100	0,0073	0,0053	0,0039	0,0029	0,0021	0,0015
69	0,0249	0,0179	0,0130	0,0094	0,0068	0,0049	0,0036	0,0026	0,0019	0,0014
70	0,0236	0,0169	0,0122	0,0088	0,0063	0,0046	0,0033	0,0024	0,0017	0,0013
71	0,0223	0,0160	0,0114	0,0082	0,0059	0,0042	0,0031	0,0022	0,0016	0,0012
72	0,0212	0,0151	0,0107	0,0077	0,0055	0,0039	0,0028	0,0020	0,0015	0,0010
73	0,0201	0,0142	0,0101	0,0072	0,0051	0,0036	0,0026	0,0019	0,0013	0,0010
74	0,0190	0,0134	0,0095	0,0067	0,0047	0,0034	0,0024	0,0017	0,0012	0,0009
75	0,0180	0,0126	0,0089	0,0063	0,0044	0,0031	0,0022	0,0016	0,0011	0,0008
76	0,0171	0,0119	0,0083	0,0058	0,0041	0,0029	0,0020	0,0014	0,0010	0,0007
77	0,0162	0,0113	0,0078	0,0055	0,0038	0,0027	0,0019	0,0013	0,0009	0,0006
78	0,0154	0,0106	0,0074	0,0051	0,0035	0,0025	0,0017	0,0012	0,0008	0,0006
79	0,0146	0,0100	0,0069	0,0048	0,0033	0,0023	0,0016	0,0011	0,0008	0,0005
80	0,0138	0,0095	0,0065	0,0045	0,0031	0,0021	0,0015	0,0010	0,0007	0,0005
81	0,0131	0,0089	0,0061	0,0042	0,0029	0,0020	0,0013	0,0009	0,0006	0,0004
82	0,0124	0,0084	0,0057	0,0039	0,0027	0,0018	0,0012	0,0009	0,0006	0,0004
83	0,0118	0,0079	0,0054	0,0036	0,0025	0,0017	0,0011	0,0008	0,0005	0,0004
84	0,0111	0,0075	0,0050	0,0034	0,0023	0,0016	0,0011	0,0007	0,0005	0,0003
85	0,0106	0,0071	0,0047	0,0032	0,0021	0,0014	0,0010	0,0007	0,0004	0,0003
86	0,0100	0,0067	0,0044	0,0030	0,0020	0,0013	0,0009	0,0006	0,0004	0,0003
87	0,0095	0,0063	0,0042	0,0028	0,0019	0,0012	0,0008	0,0006	0,0004	0,0003
88	0,0090	0,0059	0,0039	0,0026	0,0017	0,0011	0,0008	0,0005	0,0003	0,0002
89	0,0085	0,0056	0,0037	0,0024	0,0016	0,0011	0,0007	0,0005	0,0003	0,0002

Restnut- zungs- dauer von ... Jahren	Zinssatz									
	5,5 %	6,0 %	6,5 %	7,0 %	7,5 %	8,0 %	8,5 %	9,0 %	9,5 %	10 %
90	0,0081	0,0053	0,0035	0,0023	0,0015	0,0010	0,0006	0,0004	0,0003	0,0002
91	0,0077	0,0050	0,0032	0,0021	0,0014	0,0009	0,0006	0,0004	0,0003	0,0002
92	0,0073	0,0047	0,0030	0,0020	0,0013	0,0008	0,0006	0,0004	0,0002	0,0002
93	0,0069	0,0044	0,0029	0,0019	0,0012	0,0008	0,0005	0,0003	0,0002	0,0001
94	0,0065	0,0042	0,0027	0,0017	0,0011	0,0007	0,0005	0,0003	0,0002	0,0001
95	0,0062	0,0039	0,0025	0,0016	0,0010	0,0007	0,0004	0,0003	0,0002	0,0001
96	0,0059	0,0037	0,0024	0,0015	0,0010	0,0006	0,0004	0,0003	0,0002	0,0001
97	0,0056	0,0035	0,0022	0,0014	0,0009	0,0006	0,0004	0,0002	0,0002	0,0001
98	0,0053	0,0033	0,0021	0,0013	0,0008	0,0005	0,0003	0,0002	0,0001	0,0001
99	0,0050	0,0031	0,0020	0,0012	0,0008	0,0005	0,0003	0,0002	0,0001	0,0001
100	0,0047	0,0029	0,0018	0,0012	0,0007	0,0005	0,0003	0,0002	0,0001	0,0001

Berechnungsvorschrift für die der Tabelle nicht zu entnehmenden Barwertfaktoren für die Kapitalisierung

$$\text{Abzinsungsfaktor} = q^n = \frac{1}{q^n} \qquad q = 1 + \frac{p}{100}$$

p = Liegenschaftszinssatz
n = Restnutzungsdauer

8.2 Anlage 2: Richtlinien zur Ermittlung des Sachwerts (Sachwertrichtlinie, SW-RL)

**Bekanntmachung
der Richtlinie zur Ermittlung des Sachwerts
(Sachwertrichtlinie — SW-RL)**

Vom 5. September 2012

Nachstehende Richtlinie wird hiermit bekannt gemacht (Anhang).

Berlin, den 5. September 2012

SW 11 — 4124.4/2

Der Bundesminister für Verkehr, Bau und Stadtentwicklung

In Vertretung Rainer Bomba

Inhaltsübersicht

1 Zweck und Anwendungsbereich

(1) Diese Richtlinie gibt Hinweise für die Ermittlung des Sachwerts nach den §§ 21 bis 23 der Immobilienwertermittlungsverordnung (ImmoWertV) vom 19. Mai 2010 (BGBl. I S. 639). Ihre Anwendung soll die Ermittlung des Sach- bzw. Verkehrswerts von Grundstücken nach einheitlichen und marktgerechten Grundsätzen sicherstellen. Diese Hinweise gelten auch für die Ableitung der Sachwertfaktoren (vgl. Nummer 5).

(2) Bei der Ermittlung des Sachwerts ist der Grundsatz der Modellkonformität zu beachten. Dies gilt insbesondere in den Fällen, in denen Sachwertfaktoren zur Anwendung kommen, die auf einer von dieser Richtlinie abweichenden Datengrundlage beruhen.

(3) Die Richtlinie ersetzt die Nummern 1.5.5 Absatz 4, 3.1.3, 3.6 bis 3.6.2 sowie die Anlagen 4, 6, 7 und 8 der Wertermittlungsrichtlinien 2006 (WertR 2006) vom 1. März 2006 (BAnz. Nr. 108a vom 10. Juni 2006, BAnz. S. 4798).

(4) Die Richtlinie wurde von einer Arbeitsgruppe aus Vertretern des Bundesministeriums für Verkehr, Bau und Stadtentwicklung, der für das Gutachterausschusswesen zuständigen Ministerien der Länder sowie der Bundesvereinigung der Kommunalen Spitzenverbände erarbeitet und wird allen in der Grundstückswertermittlung Tätigen zur Anwendung empfohlen.

2 Allgemeines

(1) Das Sachwertverfahren ist in den §§ 21 bis 23 ImmoWertV geregelt. Ergänzend sind die allgemeinen Verfahrensgrundsätze (§§ 1 bis 8 ImmoWertV) heranzuziehen, um den Verkehrswert des Wertermittlungsobjekts zu ermitteln. Das Sachwertverfahren kann in der Verkehrswertermittlung dann zur Anwendung kommen, wenn im gewöhnlichen Geschäftsverkehr (marktüblich) der Sachwert und nicht die Erzielung von Erträgen für die Preisbildung ausschlaggebend ist, insbesondere bei selbstgenutzten Ein- und Zweifamilienhäusern. Das Sachwertverfahren kann auch zur Überprüfung anderer Verfahrensergebnisse in Betracht kommen.

(2) Nicht anzuwenden ist das Sachwertverfahren auf Wertermittlungsobjekte, die nicht mehr wirtschaftlich nutzbar sind (§ 21 Absatz 1 ImmoWertV), z. B. auf abbruchreife oder funktionslose bauliche Anlagen oder Teile von diesen. Wirtschaftlich nutzbar sind nur solche baulichen und sonstigen Anlagen, die eine wirtschaftliche Restnutzungsdauer aufweisen (vgl. Nummer 4.3.2).

3 Verfahrensgang

(1) Im Sachwertverfahren ist

- der Sachwert der baulichen Anlagen (ohne Außenanlagen) ausgehend von den Herstellungskosten unter Berücksichtigung der Alterswertminderung zu ermitteln (§ 21 Absatz 2 ImmoWertV);
- der Sachwert der baulichen Außenanlagen und der sonstigen Anlagen nach Erfahrungssätzen oder nach gewöhnlichen Herstellungskosten (ggf. unter Berücksichtigung der Alterswertminderung, § 21 Absatz 3 ImmoWertV) zu ermitteln, soweit sie nicht als besondere objektspezifische Grundstücksmerkmale zu berücksichtigen sind (vgl. Nummer 6);
- der Bodenwert nach § 16 ImmoWertV vorrangig im Vergleichswertverfahren zu ermitteln; dabei kann auf geeignete Bodenrichtwerte zurückgegriffen werden. Selbstständig nutzbare Teilflächen sind gesondert zu berücksichtigen.

(2) Die Summe aus den Sachwerten der baulichen Anlagen einschließlich der baulichen Außenanlagen, der sonstigen Anlagen und des Bodenwerts ergibt einen vorläufigen Sachwert des Grundstücks,

- der an die allgemeinen Wertverhältnisse auf dem Grundstücksmarkt anzupassen ist (marktangepasster vorläufiger Sachwert); die Marktanpassung ist in der Regel durch Multiplikation mit dem zutreffenden Sachwertfaktor (§ 8 Absatz 2 Nummer 1, § 14 Absatz 2 Nummer 1 ImmoWertV) vorzunehmen und

- bei dem nach der Marktanpassung ggf. besondere objektspezifische Grundstücksmerkmale z. B. mit Zu- oder Abschlägen zu berücksichtigen sind (§ 8 Absatz 2 Nummer 2, Absatz 3 ImmoWertV),

um zum Sachwert des Grundstücks zu gelangen.

(3) Damit ergibt sich folgendes Ablaufschema:

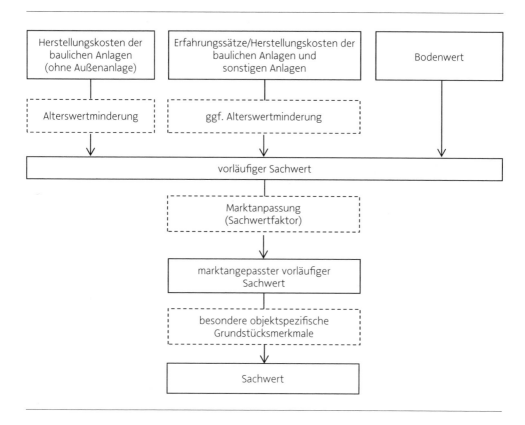

4 Vorläufiger Sachwert

4.1 Herstellungskosten der baulichen Anlagen (ohne Außenanlagen)

(1) Zur Ermittlung des Sachwerts der baulichen Anlagen (ohne Außenanlagen) ist von den Herstellungskosten auszugehen, die unter Beachtung wirtschaftlicher Gesichtspunkte für die Errichtung eines dem Wertermittlungsobjekt in

vergleichbarer Weise nutzbaren Neubaus am Wertermittlungsstichtag (ggf. unter Berücksichtigung abweichender Qualitäten am Qualitätsstichtag) unter Zugrundelegung neuzeitlicher, wirtschaftlicher Bauweisen aufzuwenden wären, und nicht von Rekonstruktionskosten.

(2) Der Ermittlung der Herstellungskosten eines Gebäudes können zu Grunde gelegt werden:

- vorrangig die Normalherstellungskosten 2010 (NHK 2010, siehe Anlage 1), das heißt die gewöhnlichen Herstellungskosten, die für die jeweilige Gebäudeart unter Berücksichtigung des Gebäudestandards je Flächeneinheit angegeben sind;
- soweit die entsprechende Gebäudeart in den NHK 2010 nicht erfasst ist, geeignete andere Datensammlungen;
- ausnahmsweise Einzelkosten, das heißt die gewöhnlichen Herstellungskosten einzelner Bauleistungen.

(3) Bei der Ermittlung des Flächen- oder ggf. des Rauminhalts sind die den Herstellungskosten zu Grunde gelegten Berechnungsvorschriften anzuwenden.

4.1.1 Normalherstellungskosten 2010 — NHK 2010

4.1.1.1 Allgemeines

(1) Die NHK 2010 enthalten neben den Kostenkennwerten weitere Angaben zu der jeweiligen Gebäudeart, wie Angaben zur Höhe der eingerechneten Baunebenkosten, teilweise Korrekturfaktoren sowie teilweise weitergehende Erläuterungen.

(2) Es ist der Kostenkennwert zu Grunde zu legen, der dem Wertermittlungsobjekt nach Gebäudeart und Gebäudestandard hinreichend entspricht. Sind Gebäude nachhaltig umgenutzt worden, so ist bei der Zuordnung zu einem Kostenkennwert auf die aktuelle Nutzung abzustellen. Hat ein Gebäude in Teilbereichen erheblich voneinander abweichende Standardmerkmale oder unterschiedliche Nutzungen, kann es sinnvoll sein, die Herstellungskosten getrennt nach Teilbereichen zu ermitteln (vgl. z. B. Nummer 4.1.1.6).

(3) Die Kostenkennwerte der NHK 2010 sind in Euro/m² Brutto-Grundfläche (€/m² BGF) angegeben. Sie erfassen die Kostengruppen 300 und 400 der DIN 276-11:2006. In ihnen sind die Umsatzsteuer und die üblichen Baunebenkosten (Kostengruppen 730 und 771 der DIN 276) eingerechnet. Sie sind bezogen auf den Kostenstand des Jahres 2010 (Jahresdurchschnitt).

4.1.1.2 Gebäudestandard

(1) Die NHK 2010 unterscheiden bei den einzelnen Gebäudearten zwischen verschiedenen Standardstufen. Das Wertermittlungsobjekt ist dementsprechend auf der Grundlage seiner Standardmerkmale zu qualifizieren.

(2) Die Einordnung zu einer Standardstufe ist insbesondere abhängig vom Stand der technischen Entwicklung und den bestehenden rechtlichen Anforderungen am Wertermittlungsstichtag. Sie hat unter Berücksichtigung der für das jeweilige Wertermittlungsobjekt am Wertermittlungsstichtag relevanten Marktverhältnisse zu erfolgen. Dafür sind die Qualität der verwandten Materialien und der Bauausführung, die energetischen Eigenschaften sowie solche Standardmerkmale, die für die jeweilige Nutzungs- und Gebäudeart besonders relevant sind, wie z. B. Schallschutz oder Aufzugsanlagen in Mehrfamilienhäusern von Bedeutung. Bei den freistehenden Ein- und Zweifamilienhäusern, Doppelhäusern und Reihenhäusern (Gebäudearten Nummer 1.01 bis 3.33) enthalten die NHK 2010 zwei weitere Standardstufen (1 und 2) mit Kostenkennwerten für Gebäude, deren Standardmerkmale zwar nicht mehr zeitgemäß sind, aber dennoch eine zweckentsprechende Nutzung des Gebäudes erlauben. Bei den übrigen Gebäudearten ist bei nicht mehr zeitgemäßen Standardmerkmalen ein entsprechender Abschlag sachverständig vorzunehmen.

(3) Zur Orientierung und Modellbeschreibung enthält die Anlage 2 eine Beschreibung der Standardmerkmale zum Bezugsjahr der NHK 2010 einschließlich eines Anwendungsbeispiels für die Ermittlung der Kostenkennwerte für freistehende Ein- und Zweifamilienhäuser, Doppelhäuser und Reihenhäuser. Die Beschreibung ist beispielhaft und kann nicht alle in der Praxis vorkommenden Standardmerkmale beschreiben. Alle wertrelevanten Standardmerkmale eines Objektes, auch wenn sie nicht in der Tabelle beschrieben sind, sind sachverständig einzustufen.

4.1.1.3 Korrekturfaktoren

In den NHK 2010 sind teilweise Korrekturfaktoren angegeben, die eine Anpassung des jeweiligen Kostenkennwerts wegen der speziellen Merkmale des Bewertungsobjekts erlauben.

4.1.1.4 Brutto-Grundfläche

(1) Die Kostenkennwerte der NHK 2010 beziehen sich auf den Quadratmeter Brutto-Grundfläche (BGF). Die BGF ist die Summe der bezogen auf die jeweilige Gebäudeart marktüblich nutzbaren Grundflächen aller Grundrissebenen eines Bauwerks.

Anhang

(2) In Anlehnung an die DIN 277-1:2005-02 sind bei den Grundflächen folgende Bereiche zu unterscheiden:

Bereich a: überdeckt und allseitig in voller Höhe umschlossen,
Bereich b: überdeckt, jedoch nicht allseitig in voller Höhe umschlossen,
Bereich c: nicht überdeckt.

Für die Anwendung der NHK 2010 sind im Rahmen der Ermittlung der BGF nur die Grundflächen der Bereiche a und b zu Grunde zu legen. Balkone, auch wenn sie überdeckt sind, sind dem Bereich c zuzuordnen (vgl. Abbildung 1).

(3) Für die Ermittlung der BGF sind die äußeren Maße der Bauteile einschließlich Bekleidung, z. B. Putz und Außenschalen mehrschaliger Wandkonstruktionen, in Höhe der Bodenbelagsoberkanten anzusetzen.

(4) Nicht zur BGF gehören z. B. Flächen von Spitzböden (vgl. Nummer 4.1.1.5 Absatz 3) und Kriechkellern, Flächen, die ausschließlich der Wartung, Inspektion und Instandsetzung von Baukonstruktionen und technischen Anlagen dienen sowie Flächen unter konstruktiven Hohlräumen, z. B. über abgehängten Decken.

Abb. 1: Zuordnung der Grundflächen zu den Bereichen a, b, c

(5) Bei den freistehenden Ein- und Zweifamilienhäusern, Doppelhäusern und Reihenhäusern der NHK 2010 erfolgt u. a. eine Unterteilung in Gebäudearten mit ausgebautem bzw. nicht ausgebautem Dachgeschoss (vgl. Absatz 6) und Gebäudearten mit Flachdach bzw. flach geneigtem Dach (vgl. Absatz 7), wobei für eine Einordnung zu der entsprechenden Gebäudeart die Anrechenbarkeit ihrer Grundflächen entscheidend ist.

(6) Entscheidend für die Anrechenbarkeit der Grundflächen in Dachgeschossen ist ihre Nutzbarkeit. Dabei genügt es nach dieser Richtlinie auch, dass nur eine untergeordnete Nutzung (vgl. DIN 277-2:2005-02), wie z. B. als Lager- und Abstellräume, Räume für betriebstechnische Anlagen möglich ist (eingeschränkte Nutzbarkeit). Als nutzbar können Dachgeschosse ab einer lichten Höhe von ca. 1,25 m behandelt

werden, soweit sie begehbar sind. Eine Begehbarkeit setzt eine feste Decke und die Zugänglichkeit voraus.

(7) Bei Gebäuden mit Flachdach bzw. flach geneigtem Dach ist auf Grund der Dachkonstruktion eine Dachgeschossnutzung nicht möglich, sodass eine Anrechnung der Grundfläche des Dachgeschosses bei der Berechnung der BGF nicht vorzunehmen ist.

Abb. 2: Anrechenbarkeit der Grundfläche im Dachgeschoss

4.1.1.5 Nutzbarkeit von Dachgeschossen bei freistehenden Ein- und Zweifamilienhäusern, Doppelhäusern und Reihenhäusern

(1) Trotz gleicher BGF können sich bei freistehenden Ein- und Zweifamilienhäusern, Doppelhäusern und Reihenhäusern mit ausgebauten bzw. nicht ausgebauten Dachgeschossen Unterschiede hinsichtlich des Grades der wirtschaftlichen Nutzbarkeit des Dachgeschosses ergeben, die insbesondere auf Unterschieden der Dachkonstruktion, der Gebäudegeometrie und der Giebelhöhe beruhen können.

(2) Bei Gebäuden mit nicht ausgebautem Dachgeschoss ist zu unterscheiden zwischen

- Gebäuden mit Dachgeschossen, die nur eine eingeschränkte Nutzung zulassen (nicht ausbaufähig) und
- Gebäuden mit Dachgeschossen, die für die Hauptnutzung „Wohnen" ausbaubar sind.

Im Fall einer nur eingeschränkten Nutzbarkeit des Dachgeschosses (nicht ausbaufähig) ist in der Regel ein Abschlag vom Kostenkennwert für die Gebäudeart mit nicht ausgebautem Dachgeschoss anzusetzen. Die Höhe des Abschlags ist zu begründen.

(3) Bei Gebäuden mit ausgebautem Dachgeschoss bestimmt sich der Grad der wirtschaftlichen Nutzbarkeit des Dachgeschosses insbesondere nach der vorhandenen Wohnfläche. Diese ist im Wesentlichen abhängig von Dachneigung, Giebelbreite und Drempelhöhe. Deshalb ist z. B. zu prüfen, ob im Dachgeschoss ein Drempel vorhanden ist. Ein fehlender Drempel verringert die Wohnfläche und ist deshalb in der Regel wertmindernd zu berücksichtigen. Ein ausgebauter Spitzboden (zusätzliche Ebene im Dachgeschoss) ist durch Zuschläge zu berücksichtigen. Die Höhe des entsprechenden Abschlags bzw. Zuschlags ist zu begründen.

4.1.1.6 Teilweiser Ausbau des Dachgeschosses bzw. teilweise Unterkellerung

Ein teilweiser Ausbau des Dachgeschosses bzw. eine teilweise Unterkellerung können durch anteilige Heranziehung der jeweiligen Kostenkennwerte für die verschiedenen Gebäudearten berücksichtigt werden (Mischkalkulation).

▶ **BEISPIEL 1**

Mischkalkulation zur Ermittlung des Kostenkennwerts bei teilweiser Unterkellerung

Gebäudedaten

Reihendhaus   teilweise unterkellert, Erdgeschoss, Obergeschoss, ausgebautes Dachgeschoss

Standardstufe 3

Gebäudeart und Kostenkennwert der NHK 2010

Gebäudeart unterkellert	2.11	785 €/m² BGF	Gebäudeart nicht unterkellert	2.31	865 €/m² BGF
unterkellerter Gebäudeteil			nicht unterkellerter Gebäudeteil		
Grundfläche: 3,3 m x 11 m = 36,3 m²			Grundfläche: 2,7 m x 11 m = 29,7 m²		
BGF: 4 Ebenen x 36,3 m² = 145,2 m²			BGF: 3 Ebenen x 29,7 m² = 89,1 m²		

145,2 m² BGF x 785 €/m² BGF + 89,1 m² BGF x 865 €/m² BGF = 191 053 €

Herstellungskosten: 190 000 €

▶ **BEISPIEL 2**

Mischkalkulation zur Ermittlung des Kostenkennwerts eines nicht unterkellerten Anbaus

Gebäudedaten

Reihendhaus · unterkellert,
Erdgeschoss, Obergeschoss,
ausgebautes Dachgeschoss

nicht unterkellerter Anbau

Standardstufe 3

Gebäudeart und Kostenkennwert der NHK 2010

Gebäudeart unterkellert	2.11	785 €/m² BGF	Gebäudeart nicht unterkellert, Flachdach	2.23	105 €/m² BGF
Gebäude (ohne Anbau)			Anbau		
Grundfläche: 6 m x 11 m = 66 m²			Grundfläche/BGF: 3 m x 5 m = 15 m²		
BGF: 4 Ebenen x 66 m² = 264 m²					

264 m² BGF x 785 €/m² BGF + 15 m² BGF x 1 105 €/m² BGF = 223 815 €

Herstellungskosten: 225 000 €

4.1.1.7 Bei der BGF-Berechnung nicht erfasste Bauteile

Werthaltige, bei der BGF-Berechnung nicht erfasste Bauteile, wie z. B. Dachgauben, Balkone und Vordächer sind in Ansatz zu bringen. Soweit diese Bauteile erheblich vom Üblichen abweichen, ist ggf. ihr Werteinfluss als besonderes objektspezifisches Grundstücksmerkmal nach der Marktanpassung zu berücksichtigen.

4.1.2 Baupreisindex

(1) Die aus den Kostenkennwerten der NHK 2010 ermittelten Herstellungskosten sind auf den Wertermittlungsstichtag zu beziehen. Hierzu ist der für den Wertermittlungsstichtag aktuelle und für die jeweilige Gebäudeart zutreffende Preisindex für die Bauwirtschaft des Statistischen Bundesamtes (Baupreisindex) mit dem entsprechenden Basisjahr zu verwenden. Mit der Verwendung des Baupreisindex wird auch eine ggf. erfolgte Umsatzsteueränderung berücksichtigt.

(2) Eine Abweichung des Basisjahres des Baupreisindex vom Basisjahr der NHK 2010 ist zu berücksichtigen.

> ▶ **BEISPIEL 3**

Berücksichtigung der Abweichung des Basisjahres des Baupreisindex vom Basisjahr der NHK 2010
Die Kostenkennwerte der NHK 2010 liegen auf der Preisbasis 2010 vor, der für den Wertermittlungsstichtag veröffentlichte Baupreisindex des Statistischen Bundesamtes basiert auf der Preisbasis 2005. Eine direkte Anwendung des Baupreisindex ist damit nicht möglich.

Daten des Beispiels:
Freistehendes Einfamilienhaus

15. Juli 2011	Wertermittlungsstichtag
1 005 €/m² BGF	Kostenkennwert aus den Tabellen der NHK 2010 Gebäudeart 1.01, Standardstufe 4; Basisjahr der NHK 2010 = 2010
113,7	durchschnittlicher Baupreisindex des Statistischen Bundesamtes für das Jahr 2010 für Einfamiliengebäude; Basisjahr = 2005
116,5	Baupreisindex des Statistischen Bundesamtes zum Wertermittlungsstichtag 15. Juli 2011 für Einfamiliengebäude; Basisjahr = 2005

$$\frac{\text{Index zum Wertminderungsstichtag 15. Juli 2011 (Basisjahr 2005 = 100)}}{\text{durchschnittlicher Index für das Jahr 2010 (Basisjahr 2005 = 100)}}$$

$$\times\ 1\,005\ €\ m^2 BGF = \frac{116,5}{113,7} \times 1\,005\ €\ m^2 BGF = 1029,75\ €\ m^2 BGF \approx 1\,030\ €\ m^2 BGF$$

4.2 Bauliche Außenanlagen und sonstige Anlagen

(1) Zu den baulichen Außenanlagen zählen z. B. befestigte Wege und Plätze, Ver- und Entsorgungseinrichtungen auf dem Grundstück und Einfriedungen. Zu den sonstigen Anlagen zählen insbesondere Gartenanlagen.

(2) Soweit wertrelevant und nicht anderweitig erfasst, sind die Sachwerte der für die jeweilige Gebäudeart üblichen baulichen Außenanlagen und sonstigen Anlagen nach Erfahrungssätzen oder nach den gewöhnlichen Herstellungskosten zu ermitteln. Werden die gewöhnlichen Herstellungskosten zu Grunde gelegt, ist eine Alterswertminderung anzusetzen, wobei sich die Restnutzungsdauer in der Regel an der Restnutzungsdauer der baulichen Anlage orientiert.

Soweit diese Anlagen erheblich vom Üblichen abweichen, ist ggf. ihr Werteinfluss als besonderes objektspezifisches Grundstücksmerkmal nach der Marktanpassung zu berücksichtigen.

4.3 Lineare Alterswertminderung

(1) Die auf der Grundlage der NHK 2010 unter Berücksichtigung der entsprechenden Korrekturfaktoren und mit Hilfe des Baupreisindexes auf den Wertermittlungsstichtag bezogenen Herstellungskosten entsprechen denen eines neu errichteten Gebäudes gleicher Gebäudeart.

(2) Soweit es sich nicht um einen Neubau handelt, müssen diese Herstellungskosten unter Berücksichtigung des Verhältnisses der wirtschaftlichen Restnutzungsdauer (vgl. Nummer 4.3.2) zur Gesamtnutzungsdauer (vgl. Nummer 4.3.1) des Gebäudes gemindert werden (Alterswertminderung). Dabei wird der für die jeweilige Gebäudeart angesetzten Gesamtnutzungsdauer die ggf. durch Instandsetzung oder Modernisierungen verlängerte oder durch unterlassene Instandhaltung oder andere Gegebenheiten verkürzte Restnutzungsdauer gegenübergestellt.

(3) Die Alterswertminderung wird in einem Prozentsatz der Gebäudeherstellungskosten ausgedrückt und nach folgender Formel berechnet:

$$\text{Alterswertminderung in \%} = \frac{\text{Gesamtnutzungsdauer} - \text{Restnutzungsdauer}}{\text{Gesamtnutzungsdauer}} \times 100$$

▶ **BEISPIEL 4**

Ermittlung der Alterswertminderung
Gesamtnutzungsdauer: 80 Jahre, Restnutzungsdauer: 50 Jahre

$$\frac{80 \text{ Jahre} - 50 \text{ Jahre}}{80 \text{ Jahre}} \times 100 \approx 38\%$$

4.3.1 Gesamtnutzungsdauer

Die anzusetzende Gesamtnutzungsdauer ist eine Modellgröße. Anlage 3 enthält hierzu Orientierungswerte, die die Gebäudeart berücksichtigen.

4.3.2 Wirtschaftliche Restnutzungsdauer

(1) Die Restnutzungsdauer wird grundsätzlich aus dem Unterschiedsbetrag zwischen Gesamtnutzungsdauer und dem Alter des Gebäudes am Wertermittlungsstichtag ermittelt. Das Ergebnis ist daraufhin zu prüfen, ob es dem Zeitraum entspricht, in dem das Gebäude bei ordnungsgemäßer Bewirtschaftung voraussichtlich noch wirtschaftlich genutzt werden kann (wirtschaftliche Restnutzungsdauer), wobei die rechtliche Zulässigkeit der angesetzten Nutzung vorausgesetzt wird.

(2) Für Gebäude, die modernisiert wurden, kann von einer entsprechend längeren wirtschaftlichen (modifizierten) Restnutzungsdauer ausgegangen werden. Für die Ermittlung der wirtschaftlichen Restnutzungsdauer bei Wohngebäuden kann auf das in Anlage 4 beschriebene Modell zurückgegriffen werden, mit dem ggf. durchgeführte Modernisierungen berücksichtigt werden können. Eine unterlassene Instandhaltung (§ 6 Absatz 6 ImmoWertV) wird in der Regel als Bauschaden (vgl. Nummer 6.2) berücksichtigt. In gravierenden Fällen verringert sich die wirtschaftliche Restnutzungsdauer. Die längere oder verringerte wirtschaftliche Restnutzungsdauer verändert nicht die Gesamtnutzungsdauer des Gebäudes.

4.4 Bodenwert

Zur Ermittlung des Bodenwerts wird auf die Richtlinie zur Ermittlung des Vergleichswerts einschließlich der Ermittlung des Bodenwerts[1] verwiesen.

5 Marktanpassung — Sachwertfaktoren

(1) Zur Berücksichtigung der Lage auf dem Grundstücksmarkt einschließlich der regionalen Baupreisverhältnisse ist der im Wesentlichen nur kostenorientierte vorläufige Sachwert an die allgemeinen Wertverhältnisse auf dem örtlichen Grundstücksmarkt anzupassen. Hierzu ist der vorläufige Sachwert mit dem zutreffenden Sachwertfaktor zu multiplizieren, der aus dem Verhältnis geeigneter Kaufpreise

---

[1]   Die genannte Richtlinie ist zum Zeitpunkt der Herausgabe der vorliegenden Richtlinie noch in Erarbeitung.

zu entsprechenden vorläufigen Sachwerten ermittelt wird (§ 14 Absatz 2 Nummer 1 ImmoWertV). In Abhängigkeit von den maßgeblichen Verhältnissen am örtlichen Grundstücksmarkt kann auch ein relativ hoher oder niedriger Sachwertfaktor sachgerecht sein. Kann vom Gutachterausschuss kein zutreffender Sachwertfaktor zur Verfügung gestellt werden, können hilfsweise Sachwertfaktoren aus vergleichbaren Gebieten herangezogen oder ausnahmsweise die Marktanpassung unter Berücksichtigung der regionalen Marktverhältnisse sachverständig geschätzt werden; in diesen Fällen ist die Marktanpassung besonders zu begründen.

(2) Sachwertfaktoren werden von den Gutachterausschüssen für Grundstückswerte auf der Grundlage von Kaufpreisen von für die jeweilige Gebäudeart typischen Grundstücken ermittelt. Dabei sind die Einflüsse besonderer objektspezifischer Grundstücksmerkmale zu eliminieren. Die wesentlichen Modellparameter für die Ermittlung des Sachwertfaktors enthält Anlage 5. Bei der Veröffentlichung der Sachwertfaktoren sind mindestens die in Anlage 5 aufgeführten Modellparameter und der Umfang der zu Grunde liegenden Daten darzustellen.

(3) Bei der Anwendung der Sachwertfaktoren sind die verwendete Ableitungsmethode und die zu Grunde gelegten Daten zu beachten, um die Modellkonformität sicherzustellen. Dabei ist insbesondere zu beachten, dass die Sachwertfaktoren nur auf solche Wertanteile angewandt werden dürfen, die ihrer Ermittlungsgrundlage hinreichend entsprechen. Die nicht von dem angewandten Sachwertfaktor abgedeckten Wertanteile sind als besondere objektspezifische Grundstücksmerkmale nach der Marktanpassung zu berücksichtigen.

6 Besondere objektspezifische Grundstücksmerkmale

(1) Besondere objektspezifische Grundstücksmerkmale (vgl. insbesondere die Nummern 6.1 bis 6.7) sind wertbeeinflussende Umstände des einzelnen Wertermittlungsobjekts, die erheblich vom Üblichen abweichen und denen der Grundstücksmarkt einen eigenständigen Werteinfluss beimisst. Soweit sie im bisherigen Verfahren noch nicht erfasst und berücksichtigt wurden, sind sie durch Zu- oder Abschläge regelmäßig nach der Marktanpassung gesondert zu berücksichtigen (§ 8 Absatz 2 und 3 ImmoWertV).

(2) Die Ermittlung der Werterhöhung bzw. Wertminderung hat marktgerecht zu erfolgen und ist zu begründen. Werden zusätzlich weitere Wertermittlungsverfahren durchgeführt, sind die besonderen objektspezifischen Grundstücksmerkmale, soweit möglich, in allen Verfahren identisch anzusetzen.

6.1 Besondere Ertragsverhältnisse

Weist das Wertermittlungsobjekt vom Üblichen erheblich abweichende Erträge auf, ist dieser Umstand wertmindernd oder werterhöhend zu berücksichtigen. Die Wertminderung bzw. Werterhöhung ist nach den Grundsätzen des Ertragswertverfahrens zu ermitteln.

6.2 Baumängel und Bauschäden

Wertminderungen auf Grund von Baumängeln und/oder Bauschäden können

- durch Abschläge nach Erfahrungswerten,
- unter Zugrundelegung von Bauteiltabellen oder
- auf der Grundlage von Schadensbeseitigungskosten

berücksichtigt werden. Ein Abzug der vollen Schadensbeseitigungskosten kommt nur in Betracht, wenn der Schaden unverzüglich beseitigt werden muss. Dabei ist ggf. ein Vorteilsausgleich („neu für alt") vorzunehmen.

6.3 Wirtschaftliche Überalterung

Ausnahmsweise kommt zusätzlich zum Ansatz der Alterswertminderung ein Abschlag wegen wirtschaftlicher Überalterung in Betracht, wenn das Bewertungsobjekt nur noch eingeschränkt verwendungsfähig bzw. marktgängig ist. Anhaltspunkte für eine wirtschaftliche Überalterung sind z. B. erhebliche Ausstattungsmängel, unzweckmäßige Gebäudegrundrisse und eine unzweckmäßige Anordnung der Gebäude auf dem Grundstück.

6.4 Überdurchschnittlicher Erhaltungszustand

Ausnahmsweise kommt ein Zuschlag wegen überdurchschnittlichen Erhaltungszustands in Betracht, wenn sich das Bewertungsobjekt in einem besonders gepflegten Zustand befindet. In Abgrenzung zur Modernisierung handelt es sich hier um über das übliche Maß hinausgehende Instandhaltungsmaßnahmen, die in ihrer Gesamtheit zwar das Erscheinungsbild des Bewertungsobjekts überdurchschnittlich positiv beeinflussen, jedoch keine Erhöhung der Restnutzungsdauer bewirken.

6.5 Freilegungskosten

Bei Freilegungs-, Teilabriss- und Sicherungsmaßnahmen, die bei wirtschaftlicher Betrachtungsweise erforderlich sind und noch nicht bei der Ermittlung des Bodenwerts berücksichtigt wurden, sind ggf.

- die anfallenden Kosten,
- die Verwertungserlöse für abgängige Bauteile und
- die ersparten Baukosten durch die Verwendung vorhandener Bauteile

zu berücksichtigen.

6.6 Bodenverunreinigungen

(1) Bodenverunreinigungen können vorliegen bei schädlichen Bodenveränderungen, Verdachtsflächen, Altlasten und altlastenverdächtigen Flächen.

(2) Die Wertminderung von entsprechenden Grundstücken kann in Anlehnung an die Kosten ermittelt werden, die für eine Sanierung, Sicherungsmaßnahmen, Bodenuntersuchungen oder andere geeignete Maßnahmen zur Gefahrenabwehr erforderlich sind.

(3) Der Umfang des hierfür erforderlichen Aufwands hat sich an der baurechtlich zulässigen bzw. marktüblichen Nutzung des Grundstücks zu orientieren (vgl. § 4 Absatz 4 des Bundesbodenschutzgesetzes — BBodSchG).

6.7 Grundstücksbezogene Rechte und Belastungen

Hinsichtlich der Ermittlung der Auswirkungen von grundstücksbezogenen Rechten und Belastungen wird auf Nummer 4 des Zweiten Teils der WertR 2006 verwiesen.

7 Verkehrswert (Marktwert)

Der ermittelte Sachwert (marktangepasster Sachwert unter Berücksichtigung besonderer objektspezifischer Grundstücksmerkmale) entspricht in der Regel dem Verkehrswert. Liegen aus zusätzlich angewandten Wertermittlungsverfahren abweichende Ergebnisse vor, so sind diese nach § 8 Absatz 1 Satz 3 ImmoWertV bei der Ermittlung des Verkehrswerts entsprechend ihrer Aussagefähigkeit und unter Beachtung der Lage auf dem Grundstücksmarkt zu würdigen.

Anlage 1: Normalherstellungskosten 2010
NHK 2010

Kostenkennwerte für die Kostengruppen 300 und 400 in Euro/m² Brutto-Grundfläche einschließlich Baunebenkosten und Umsatzsteuer

Kostenstand 2010

Inhaltsübersicht

1 – 3 freistehende Ein- und Zweifamilienhäuser, Doppelhäuser, Reihenhäuser[2]

Keller-, Erdgeschoss

Standardstufe		1	2	3	4	5
Dachgeschoss voll ausgebaut						
freistehende Einfamilienhäuser[3]	1.01	655	725	835	1 005	1 260
Doppel- und Reihenendhäuser	2.01	615	685	785	945	1 180
Reihenmittelhäuser	3.01	575	640	735	885	1 105
Dachgeschoss nicht ausgebaut						
freistehende Einfamilienhäuser[3]	1.02	545	605	695	840	1 050
Doppel- und Reihenendhäuser	2.02	515	570	655	790	985
Reihenmittelhäuser	3.02	480	535	615	740	925
Flachdach oder flach geneigtes Dach						
freistehende Einfamilienhäuser[3]	1.03	705	785	900	1 085	1 360
Doppel- und Reihenendhäuser	2.03	665	735	845	1 020	1 275
Reihenmittelhäuser	3.03	620	690	795	955	1 195

Keller-, Erd-, Obergeschoss

Standardstufe		1	2	3	4	5
Dachgeschoss voll ausgebaut						
freistehende Einfamilienhäuser[3]	1.11	655	725	835	1 005	1 260
Doppel- und Reihenendhäuser	2.11	615	685	785	945	1 180
Reihenmittelhäuser	3.11	575	640	735	885	1 105
Dachgeschoss nicht ausgebaut						
freistehende Einfamilienhäuser[3]	1.12	570	635	730	880	1 100
Doppel- und Reihenendhäuser	2.12	535	595	685	825	1 035
Reihenmittelhäuser	3.12	505	560	640	775	965
Flachdach oder flach geneigtes Dach						
freistehende Einfamilienhäuser[3]	1.13	665	740	850	1 025	1 285
Doppel- und Reihenendhäuser	2.13	625	695	800	965	1 205
Reihenmittelhäuser	3.13	585	650	750	905	1 130

Erdgeschoss, nicht unterkellert

Standardstufe		1	2	3	4	5
Dachgeschoss voll ausgebaut						
freistehende Einfamilienhäuser[3]	1.21	790	875	1 005	1 215	1 515
Doppel- und Reihenendhäuser	2.21	740	825	945	1 140	1 425
Reihenmittelhäuser	3.21	695	770	885	1 065	1 335
Dachgeschoss nicht ausgebaut						
freistehende Einfamilienhäuser[3]	1.22	585	650	745	900	1 125
Doppel- und Reihenendhäuser	2.22	550	610	700	845	1 055
Reihenmittelhäuser	3.22	515	570	655	790	990
Flachdach oder flach geneigtes Dach						
freistehende Einfamilienhäuser[3]	1.23	920	1 025	1 180	1 420	1 775
Doppel- und Reihenendhäuser	2.23	865	965	1 105	1 335	1 670
Reihenmittelhäuser	3.23	810	900	1 035	1 250	1 560

Erd-, Obergeschoss, nicht unterkellert

Standardstufe		1	2	3	4	5
Dachgeschoss voll ausgebaut						
freistehende Einfamilienhäuser[3]	1.31	720	800	920	1 105	1 385
Doppel- und Reihenendhäuser	2.31	675	750	865	1 040	1 300
Reihenmittelhäuser	3.31	635	705	810	975	1 215
Dachgeschoss nicht ausgebaut						
freistehende Einfamilienhäuser[3]	1.32	620	690	790	955	1 190
Doppel- und Reihenendhäuser	2.32	580	645	745	895	1 120
Reihenmittelhäuser	3.32	545	605	695	840	1 050
Flachdach oder flach geneigtes Dach						
freistehende Einfamilienhäuser[3]	1.33	785	870	1 000	1 205	1 510
Doppel- und Reihenendhäuser	2.33	735	820	940	1 135	1 415
Reihenmittelhäuser	3.33	690	765	880	1 060	1 325

[2] einschließlich Baunebenkosten in Höhe von 17 %
[3] Korrekturfaktor für freistehende Zweifamilienhäuser: 1,05

4 Mehrfamilienhäuser[4]

	Standardstufe		
	3	4	5
4.1 Mehrfamilienhäuser[5, 6] mit bis zu 6 WE	825	985	1 190
4.2 Mehrfamilienhäuser[5, 6] mit 7 bis 20 WE	765	915	1 105
4.3 Mehrfamilienhäuser[5, 6] mit mehr als 20 WE	755	900	1 090
[4] einschließlich Baunebenkosten in Höhe von	Gebäudeart 4.1 – 4.3		19 %
[5] Korrekturfaktoren für die Wohnungsgröße	ca. 35 m^2 WF/WE		= 1,10
	ca. 50 m^2 WF/WE		= 1,00
	ca. 135 m^2 WF/WE		= 0,85
[6] Korrekturfaktoren für die Grundrissart	Einspänner		= 1,05
	Zweispänner		= 1,00
	Dreispänner		= 0,97
	Vierspänner		= 0,95

5 Wohnhäuser mit Mischnutzung, Banken/Geschäftshäuser[7]

	Standardstufe		
	3	4	5
5.1 Wohnhäuser mit Mischnutzung[8, 9, 10]	860	1 085	1 375
5.2 Banken und Geschäftshäuser mit Wohnungen[11]	890	1 375	1 720
5.3 Banken und Geschäftshäuser ohne Wohnungen	930	1 520	1 900
[7] einschließlich Baunebenkosten in Höhe von	Gebäudeart 5.1		18 %
[8] Korrekturfaktoren für die Wohnungsgröße	ca. 35 m2 WF/WE		= 1,10
	ca. 50 m2 WF/WE		= 1,00
	ca. 135 m2 WF/WE		= 0,85
[9] Korrekturfaktoren für die Grundrissart	Einspänner		= 1,05
	Zweispänner		= 1,00
	Dreispänner		= 0,97
	Vierspänner		= 0,95

[10] Wohnhäuser mit Mischnutzung sind Gebäude mit überwiegend Wohnnutzung und einem geringen gewerblichen Anteil. Anteil der Wohnfläche ca. 75 %. Bei deutlich abweichenden Nutzungsanteilen ist eine Ermittlung durch Gebäudemix sinnvoll.

[11] Geschäftshäuser sind Gebäude mit überwiegend gewerblicher Nutzung und einem geringen Wohnanteil. Anteil der Wohnfläche ca. 20 bis 25 %.

6 Bürogebäude[12]

	Standardstufe		
	3	4	5
6.1 Bürogebäude, Massivbau	1 040	1 685	1 900
6.2 Bürogebäude, Stahlbetonskelettbau	1 175	1 840	2 090
[12] einschließlich Baunebenkosten in Höhe von	Gebäudeart 6.1 — 6.2		18 %

7 Gemeindezentren, Saalbauten/Veranstaltungsgebäude[13]

	Standardstufe		
	3	4	5
7.1 Gemeindezentren	1 130	1 425	1 905
7.2 Saalbauten/Veranstaltungsgebäude	1 355	1 595	2 085
[13] einschließlich Baunebenkosten in Höhe von	Gebäudeart 7.1 — 7.2		18 %

8 Kindergärten, Schulen[14]

	Standardstufe		
	3	4	5
8.1 Kindergärten	1 300	1 495	1 900
8.2 Allgemeinbildende Schulen, Berufsbildende Schulen	1 450	1 670	2 120
8.3 Sonderschulen	1 585	1 820	2 315
[14] einschließlich Baunebenkosten in Höhe von	Gebäudeart 8.1		20 %
	Gebäudeart 8.2		21 %
	Gebäudeart 8.3		17 %

9 Wohnheime, Alten-/Pflegeheime[15]

	Standardstufe		
	3	4	5
9.1 Wohnheime/Internate	1 000	1 225	1 425
9.2 Alten-/Pflegeheime	1 170	1 435	1 665
[15] einschließlich Baunebenkosten in Höhe von	Gebäudeart 9.1 — 9.2		18 %

10 Krankenhäuser, Tageskliniken[16]

	Standardstufe		
	3	4	5
10.1 Krankenhäuser/Kliniken	1 720	2 080	2 765
10.2 Tageskliniken/Ärztehäuser	1 585	1 945	2 255
[16] einschließlich Baunebenkosten in Höhe von	Gebäudeart 10.1 — 10.2		21 %

11 Beherbergungsstätten, Verpflegungseinrichtungen[17]

	Standardstufe		
	3	4	5
11.1 Hotels	1 385	1 805	2 595
[17] einschließlich Baunebenkosten in Höhe von	Gebäudeart 11.1		21 %

12 Sporthallen, Freizeitbäder/Heilbäder[18]

	Standardstufe		
	3	4	5
12.1 Sporthallen (Einfeldhallen)	1 320	1 670	1 955
12.2 Sporthallen (Dreifeldhallen/Mehrzweckhallen)	1 490	1 775	2 070
12.3 Tennishallen	1 010	1 190	1 555
12.4 Freizeitbäder/Heilbäder	2 450	2 985	3 840

[18] einschließlich Baunebenkosten in Höhe von			
	Gebäudeart 12.1 + 12.3		17 %
	Gebäudeart 12.2		19 %
	Gebäudeart 12.4		24 %

13 Verbrauchermärkte, Kauf-/Warenhäuser, Autohäuser[19]

	Standardstufe		
	3	4	5
13.1 Verbrauchermärkte	720	870	1 020
13.2 Kauf-/Warenhäuser	1 320	1 585	1 850
13.3 Autohäuser ohne Werkstatt	940	1 240	1 480

[19] einschließlich Baunebenkosten in Höhe von		
Gebäudeart 13.1		16 %
Gebäudeart 13.2		22 %
Gebäudeart 13.3		21 %

14 Garagen[20]

	Standardstufe		
	3	4	5
14.1 Einzelgaragen/Mehrfachgaragen[21]	245	485	780
14.2 Hochgaragen	480	655	780
14.3 Tiefgaragen	560	715	850
14.4 Nutzfahrzeuggaragen	530	680	810

[20] einschließlich Baunebenkosten in Höhe von		
Gebäudeart 14.1		12 %
Gebäudeart 14.2		15 %
Gebäudeart 14.4		13 %

[21] Standardstufe 3: Fertiggaragen;
Standardstufe 4: Garagen in Massivbauweise;
Standardstufe 5: individuelle Garagen in Massivbauweise mit besonderen Ausführungen
wie Ziegeldach, Gründach, Bodenbeläge, Fliesen o.Ä., Wasser, Abwasser und Heizung

15 Betriebs-/Werkstätten, Produktionsgebäude[22]

		Standardstufe		
		3	4	5
15.1	Betriebs-/Werkstätten, eingeschossig	970	1 165	1 430
15.2	Betriebs-/Werkstätten, mehrgeschossig, ohne Hallenanteil	910	1 090	1 340
15.3	Betriebs-/Werkstätten, mehrgeschossig, hoher Hallenanteil	620	860	1 070
15.4	Industrielle Produktionsgebäude, Massivbauweise	950	1 155	1 440
15.5	Industrielle Produktionsgebäude, überwiegend Skelettbauweise	700	965	1 260

[22] einschließlich Baunebenkosten in Höhe von   Gebäudeart 15.1 – 15.4   19 %
Gebäudeart 15.5   18 %

16 Lagergebäude[23]

		Standardstufe		
		3	4	5
16.1	Lagergebäude ohne Mischnutzung, Kaltlager	350	490	640
16.2	Lagergebäude mit bis zu 25 % Mischnutzung[24]	550	690	880
16.3	Lagergebäude mit mehr als 25 % Mischnutzung[24]	890	1 095	1 340

[23] einschließlich Baunebenkosten in Höhe von   Gebäudeart 16.1   16 %
Gebäudeart 16.2   17 %
Gebäudeart 16.3   18 %

[24] Lagergebäude mit Mischnutzung sind Gebäude mit einem überwiegenden Anteil an Lagernutzung und einem geringeren Anteil an anderen Nutzungen wie Büro, Sozialräume, Ausstellungs- oder Verkaufsflächen etc.

17 Sonstige Gebäude[25]

		Standardstufe		
		3	4	5
17.1	Museen	1 880	2 295	2 670
17.2	Theater	2 070	2 625	3 680
17.3	Sakralbauten	1 510	2 060	2 335
17.4	Friedhofsgebäude	1 320	1 490	1 720

[25] einschließlich Baunebenkosten in Höhe von

Gebäudeart 17.1	18 %
Gebäudeart 17.2	22 %
Gebäudeart 17.3	16 %
Gebäudeart 17.4	19 %

18 Landwirtschaftliche Betriebsgebäude

18.1 Reithallen, Pferdeställe
18.1.1 Reithallen

	Standardstufe		
	3	4	5
300 Bauwerk — Baukonstruktion	215	235	280
400 Bauwerk — Technische Anlagen	20	25	30
Bauwerk	235	260	310
einschließlich Baunebenkosten in Höhe von	12 %		
Traufhöhe	5,00 m		
BGF/Nutzeinheit	–		
Korrekturfaktoren	Gebäudegröße BGF		
	500 m^2 1,20		
	1 000 m^2 1,00		
	1 500 m^2 0,90		

18.1.2 Pferdeställe

	Standardstufe		
	3	4	5
300 Bauwerk — Baukonstruktion	310	450	535
400 Bauwerk — Technische Anlagen	55	70	90
Bauwerk	365	520	625
einschließlich Baunebenkosten in Höhe von	12 %		
Traufhöhe	3,50 m		
BGF/Nutzeinheit	15,00 — 20,00 m²/Tier		
Korrekturfaktoren	Gebäudegröße BGF		
	250 m² 1,20		
	500 m² 1,00		
	750 m² 0,90		

18.2 Rinderställe, Melkhäuser
18.2.1 Kälberställe

	Standardstufe		
	3	4	5
300 Bauwerk — Baukonstruktion	335	375	455
400 Bauwerk — Technische Anlagen	145	165	195
Bauwerk	480	540	650
einschließlich Baunebenkosten in Höhe von	12 %		
Traufhöhe	3,00 m		
BGF/Nutzeinheit	4,00 — 4,50 m²/Tier		
Korrekturfaktoren	Gebäudegröße BGF Unterbau		
	100 m² 1,20 Güllekanäle (Tiefe 1,00 m) 1,20		
	150 m² 1,00 ohne Güllekanäle 1,00		
	200 m² 0,90 Güllelagerraum (Tiefe 2,00 m) 1,40		

18.2.2 Jungvieh-/Mastbullen-/Milchviehställe ohne Melkstand und Warteraum

	Standardstufe		
	3	4	5
300 Bauwerk — Baukonstruktion	235	260	310
400 Bauwerk — Technische Anlagen	55	65	80
Bauwerk	290	325	390
einschließlich Baunebenkosten in Höhe von	12 %		
Traufhöhe	3,00 m		
BGF/Nutzeinheit	4,00 m²/Tier		
Korrekturfaktoren	Gebäudegröße BGF Unterbau		
	500 m² 1,20 Güllekanäle (Tiefe 1,00 m) 1,20 1 000 m² 1,00 ohne Güllekanäle 1,00 0 500 m² 0,90 Güllelagerraum (Tiefe 2,00 m) 1,40		

18.2.3 Milchviehställe mit Melkstand und Milchlager

	Standardstufe		
	3	4	5
300 Bauwerk — Baukonstruktion	225	255	310
400 Bauwerk — Technische Anlagen	100	110	130
Bauwerk	325	365	440
einschließlich Baunebenkosten in Höhe von	12 %		
Traufhöhe	3,00 m		
BGF/Nutzeinheit	4,00 m²/Tier		
Korrekturfaktoren	Gebäudegröße BGF Unterbau		
	1 000 m² 1,20 Güllekanäle (Tiefe 1,00 m) 1,20 1 500 m² 1,00 ohne Güllekanäle 1,00 2 000 m² 0,90 Güllelagerraum (Tiefe 2,00 m) 1,40		

18.2.4 Melkhäuser mit Milchlager und Nebenräumen als Einzelgebäude ohne Warteraum und Selektion

	Standardstufe		
	3	4	5
300 Bauwerk — Baukonstruktion	700	780	935
400 Bauwerk — Technische Anlagen	470	520	625
Bauwerk	1 170	1 300	1 560
einschließlich Baunebenkosten in Höhe von	12 %		
Traufhöhe	3,00 m		
BGF/Nutzeinheit	—		
Korrekturfaktoren	Gebäudegröße BGF		
	100 m^2 1,20		
	100 m^2 1,00		
	250 m^2 0,90		

18.3 Schweineställe
18.3.1 Ferkelaufzuchtställe

	Standardstufe		
	3	4	5
300 Bauwerk — Baukonstruktion	300	330	395
400 Bauwerk — Technische Anlagen	155	175	215
Bauwerk	455	505	610
einschließlich Baunebenkosten in Höhe von	12 %		
Traufhöhe	3,00 m		
BGF/Nutzeinheit	0,45 — 0,65 m^2/Tier		
Korrekturfaktoren	Gebäudegröße BGF Unterbau		
	400 m^2 1,20 Güllekanäle (Tiefe 1,00 m) 1,10		
	600 m^2 1,00 ohne Güllekanäle 1,00		
	800 m^2 0,90 Güllelagerraum (Tiefe 2,00 m) 1,20		

18.3.2 Mastschweineställe

	Standardstufe		
	3	4	5
300 Bauwerk — Baukonstruktion	290	325	400
400 Bauwerk — Technische Anlagen	125	145	170
Bauwerk	415	470	570
einschließlich Baunebenkosten in Höhe von	12 %		
Traufhöhe	3,00 m		
BGF/Nutzeinheit	0,90 – 1,30 m^2/Tier		
Korrekturfaktoren	Gebäudegröße BGF Unterbau		
	750 m^2 1,20 Güllekanäle (Tiefe 1,00 m) 1,10 1 250 m^2 1,00 ohne Güllekanäle 1,00 2 000 m^2 0,90 Güllelagerraum (Tiefe 2,00 m) 1,20		

18.3.3 Zuchtschweineställe, Deck-/Warte-/Abferkelbereich

	Standardstufe		
	3	4	5
300 Bauwerk — Baukonstruktion	305	340	405
400 Bauwerk — Technische Anlagen	165	180	220
Bauwerk	470	520	625
einschließlich Baunebenkosten in Höhe von	12 %		
Traufhöhe	3,00 m		
BGF/Nutzeinheit	4,50 – 5,00 m^2/Tier		
Korrekturfaktoren	Gebäudegröße BGF Unterbau		
	750 m^2 1,20 Güllekanäle (Tiefe 1,00 m) 1,10 1 250 m^2 1,00 ohne Güllekanäle 1,00 2 000 m^2 0,90 Güllelagerraum (Tiefe 2,00 m) 1,20		

18.3.4 Abferkelstall als Einzelgebäude

	Standardstufe		
	3	4	5
300 Bauwerk — Baukonstruktion	320	350	420
400 Bauwerk — Technische Anlagen	205	235	280
Bauwerk	525	585	700
einschließlich Baunebenkosten in Höhe von	12 %		
Traufhöhe	3,00 m		
BGF/Nutzeinheit	6,30 — 6,50 m²/Tier		
Korrekturfaktoren	Gebäudegröße BGF Unterbau		

200 m²	1,20	Güllekanäle (Tiefe 0,60 m)	1,10
400 m²	1,00	ohne Güllekanäle	1,00
600 m²	0,90		

18.4 Geflügelställe
18.4.1 Mastgeflügel, Bodenhaltung (Hähnchen, Puten, Gänse)

	Standardstufe		
	3	4	5
300 Bauwerk — Baukonstruktion	210	235	280
400 Bauwerk — Technische Anlagen	50	55	70
Bauwerk	260	290	350
einschließlich Baunebenkosten in Höhe von	12 %		
Traufhöhe	3,00 m		
BGF/Nutzeinheit	0,05 — 0,06 m²/Tier		
Korrekturfaktoren	Gebäudegröße BGF		

1 000 m²	1,20
1 900 m²	1,00
3 800 m²	090

18.4.2 Legehennen, Bodenhaltung

	Standardstufe		
	3	4	5
300 Bauwerk — Baukonstruktion	290	325	390
400 Bauwerk — Technische Anlagen	130	145	170
Bauwerk	420	470	560
einschließlich Baunebenkosten in Höhe von	12 %		
Traufhöhe	3,00 m		
BGF/Nutzeinheit	0,05 — 0,20 m²/Tier		
Korrekturfaktoren	Gebäudegröße BGF Unterbau		

1 000 m²   1,20   Kotgrube (Tiefe 1,00 m)   1,10
2 500 m²   1,00
3 500 m²   0,90

18.4.3 Legehennen, Volierenhaltung

	Standardstufe		
	3	4	5
300 Bauwerk — Baukonstruktion	335	370	445
400 Bauwerk — Technische Anla-gen	275	305	365
Bauwerk	610	675	810
einschließlich Baunebenkosten in Höhe von	12 %		
Traufhöhe	3,00 m		
BGF/Nutzeinheit	0,07 — 0,10 m²/Tier		
Korrekturfaktoren	Gebäudegröße BGF		

500 m²   1,20
1 600 m²   1,00
2 200 m²   0,90

18.4.4 Legehennen, Kleingruppenhaltung, ausgestalteter Käfig

	Standardstufe		
	3	4	5
300 Bauwerk — Baukonstruktion	340	370	450
400 Bauwerk — Technische Anlagen	335	370	445
Bauwerk	675	740	895
einschließlich Baunebenkosten in Höhe von	12 %		
Traufhöhe	3,00 m		
BGF/Nutzeinheit	0,05 — 0,07 m^2/Tier		
Korrekturfaktoren	Gebäudegröße BGF		
	500 m^2 1,20 1 200 m^2 1,00 1 500 m^2 0,90		

18.5 Landwirtschaftliche Mehrzweckhallen

	Standardstufe		
	3	4	5
300 Bauwerk — Baukonstruktion	230	255	330
400 Bauwerk — Technische Anlagen	15	15	20
Bauwerk	245	270	350
einschließlich Baunebenkosten in Höhe von	12 %		
Traufhöhe	5,00 m		
BGF/Nutzeinheit	—		
Korrekturfaktoren	Gebäudegröße BGF Unterbau		
	250 m^2 1,20 Remise (ohne Betonboden) 0,80 800 m^2 1,00 1 500 m^2 0,90		

18.6 Außenanlagen zu allen landwirtschaftlichen Betriebsgebäuden

Raufutter-Fahrsilo	60 — 100 €/m³ Nutzraum
Kraftfutter-Hochsilo	170 — 350 €/m³ Nutzraum
Fertigfutter-Hochsilo	170 — 350 €/m³ Nutzraum
Mistlager	60 — 100 €/m³ Nutzraum
Beton-Güllebehälter	30 — 60 €/m³ Nutzraum
Waschplatz (4,00 x 5,00 m) mit Kontrollschacht und Ölabscheider	4 000 — 5 000 €/Stck.
Vordach am Hauptdach angeschleppt	80 — 100 €/m²
Hofbefestigung aus Beton-Verbundsteinen	40 — 50 €/m²
Laufhof für Rinder	70 — 100 €/m² Nutzraum
Auslauf mit Spaltenboden	150 — 220 €/m² Nutzraum
Auslauf, Wintergarten für Geflügel	100 — 120 €/m² Nutzraum
Schüttwände bis 3,00 m Höhe	100 — 125 €/m²

Anlage 2: Beschreibung der Gebäudestandards

Inhaltsübersicht

	Standardstufe					Wägungs-anteil
	1	2	3	4	5	
Außen-wände	Holzfachwerk, Ziegelmauerwerk; Fugenglattstrich, Putz, Verkleidung mit Faserzementplatten, Bitumenschindeln oder einfachen Kunststoffplatten; kein oder deutlich nicht zeitgemäßer Wärmeschutz (vor ca. 1980)	ein-/zweischaliges Mauerwerk, z. B. Gitterziegel oder Hohlblocksteine; verputzt und gestrichen oder Holzverkleidung; nicht zeitgemäßer Wärmeschutz (vor ca. 1995)	ein-/zweischaliges Mauerwerk, z. B. aus Leichtziegeln, Kalksandsteinen, Gasbetonsteinen; Edelputz; Wärmedämmverbundsystem oder Wärmedämmputz (nach ca. 1995)	Verblendmauerwerk, zweischalig, hinterlüftet, Vorhangfassade (z. B. Naturschiefer); Wärmedämmung (nach ca. 2005)	aufwendig gestaltete Fassaden mit konstruktiver Gliederung (Säulenstellungen, Erker etc.), Sichtbeton-Fertigteile, Natursteinfassade, Elemente aus Kupfer-/Eloxalblech, mehrgeschossige Glasfassaden; Dämmung im Passivhausstandard	23
Dach	Dachpappe, Faserzementplatten/Wellplatten; keine bis geringe Dachdämmung	einfache Betondachsteine oder Tondachziegel, Bitumenschindeln; keine bis geringe Dachdämmung (vor ca. 1995)	Faserzement-Schindeln, beschichtete Betondachsteine und Tondachziegel; Folienabdichtung; Rinnen und Fallrohre aus Zinkblech; Dachdämmung (nach ca. 1995)	glasierte Tondachziegel, Flachdachausbildung tlw. als Dachterrassen; Konstruktion in Brettschichtholz; schweres Massivflachdach; besondere Dachformen, z. B. Mansarden-, Walmdach; Aufsparrendämmung, überdurchschnittliche Dämmung (nach ca. 2005)	hochwertige Eindeckung z. B. aus Schiefer oder Kupfer, Dachbegrünung, befahrbares Flachdach; aufwendig gegliederte Dachlandschaft, sichtbare Bogendachkonstruktionen; Rinnen und Fallrohre aus Kupfer; Dämmung im Passivhausstandard	15
Fenster und Außentüren	Einfachverglasung; einfache Holztüren	Zweifachverglasung (vor ca. 1995); Haustür mit nicht zeitgemäßem Wärmeschutz (vor ca. 1995)	Zweifachverglasung (nach ca. 1995), Rollläden (manuell); Haustür mit zeitgemäßem Wärmeschutz (nach ca. 1995)	Dreifachverglasung, Sonnenschutzglas, aufwendigere Rahmen, Rollläden (elektr.); höherwertige Türanlage z. B. mit Seitenteil, besonderer Einbruchschutz	große feststehende Fensterflächen, Spezialverglasung (Schall- und Sonnenschutz); Außentüren in hochwertigen Materialien	11
Innenwände und -türen	Fachwerkwände, einfache Putze/Lehmputze, einfache Kalkanstriche; Füllungstüren, gestrichen, mit einfachen Beschlägen ohne Dichtungen	massive tragende Innenwände, nicht tragende Wände in Leichtbauweise (z. B. Holzständerwände mit Gipskarton), Gipsdielen; leichte Türen, Stahlzargen	nicht tragende Innenwände in massiver Ausführung bzw. mit Dämmmaterial gefüllte Ständerkonstruktionen; schwere Türen, Holzzargen	Sichtmauerwerk, Wandvertäfelungen (Holzpaneele); Massivholztüren, Schiebetürelemente, Glastüren, strukturierte Türblätter	gestaltete Wandabläufe (z. B. Pfeilervorlagen, abgesetzte oder geschwungene Wandpartien); Vertäfelungen (Edelholz, Metall), Akustikputz, Brandschutzverkleidung; raumhohe aufwendige Türelemente	11

Deckenkonstruktionen und Treppen	Holzbalkendecken ohne Füllung, Spalierputz; Weichholztreppen in einfacher Art und Ausführung; kein Trittschallschutz	Holzbalkendecken mit Füllung, Kappendecken; Stahl- oder Hartholztreppen in einfacher Art und Ausführung	Beton- und Holzbalkendecken mit Tritt- und Luftschallschutz (z. B. schwimmender Estrich); geradläufige Treppen aus Stahlbeton oder Stahl, Harfentreppe, Trittschallschutz	Decken mit größerer Spannweite, Deckenverkleidung (Holzpaneele/Kassetten); gewendelte Treppen aus Stahlbeton oder Stahl, Hartholztreppenanlage in besserer Art und Ausführung	Decken mit großen Spannweiten, gegliedert, Deckenvertäfelungen (Edelholz, Metall); breite Stahlbeton-, Metall- oder Hartholztreppenanlage mit hochwertigem Geländer — 11
Fußböden	ohne Belag	Linoleum, Teppich, Laminat- und PVC-Böden einfacher Art und Ausführung	Linoleum, Teppich, Laminat- und PVC-Böden besserer Art und Ausführung, Fliesen, Kunststeinplatten	Natursteinplatten, Fertigparkett, hochwertige Fliesen, Terrazzobelag, hochwertige Massivholzböden auf gedämmter Unterkonstruktion	hochwertiges Parkett, hochwertige Natursteinplatten, hochwertige Edelholzböden auf gedämmter Unterkonstruktion — 5
Sanitäreinrichtungen	einfaches Bad mit Standard-WC, Installation auf Putz, Ölfarbenanstrich, einfache PVC-Bodenbeläge	1 Bad mit WC, Dusche oder Badewanne; einfache Wand- und Bodenfliesen, teilweise gefliest	1 Bad mit WC, Dusche und Badewanne, Gäste-WC; Wand- und Bodenfliesen, raumhoch gefliest	1 – 2 Bäder mit tlw. zwei Waschbecken, tlw. Bidet/Urinal, Gäste-WC, bodengleiche Dusche; Wand- und Bodenfliesen; jeweils in gehobener Qualität	mehrere großzügige, hochwertige Bäder, Gäs te-WC; hochwertige Wand- und Bodenplatten (oberflächenstrukturiert, Einzel- und Flächendekors) — 9
Heizung	Einzelöfen, Schwerkraftheizung	Fern- oder Zentralheizung, einfache Warmluftheizung, einzelne Gasaußenwandthermen, Nachtstromspeicher, Fußbodenheizung (vor ca. 1995)	elektronisch gesteuerte Fern- oder Zentralheizung, Niedertemperatur- oder Brennwertkessel	Fußbodenheizung, Solarkollektoren für Warmwassererzeugung, zusätzlicher Kaminanschluss	Solarkollektoren für Warmwassererzeugung und Heizung, Blockheizkraftwerk, Wärmepumpe, Hybrid-Systeme; aufwendige zusätzliche Kaminanlage — 9
Sonstige technische Ausstattung	sehr wenige Steckdosen, Schalter und Sicherungen, kein Fehlerstromschutzschalter (FI-Schalter), Leitungen teilweise auf Putz	wenige Steckdosen, Schalter und Sicherungen	zeitgemäße Anzahl an Steckdosen und Lichtauslässen, Zählerschrank (ab ca. 1985) mit Unterverteilung und Kippsicherungen	zahlreiche Steckdosen und Lichtauslässe, hochwertige Abdeckungen, dezentrale Lüftung mit Wärmetauscher, mehrere LAN- und Fernsehanschlüsse	Video- und zentrale Alarmanlage, zentrale Lüftung mit Wärmetauscher, Klimaanlage, Bussystem — 6

Tabelle 1: Beschreibung der Gebäudestandards für freistehende Ein- und Zweifamilienhäuser, Doppelhäuser und Reihenhäuser Die Beschreibung der Gebäudestandards ist beispielhaft und dient der Orientierung. Sie kann nicht alle in der Praxis auftretenden Standardmerkmale aufführen. Merkmale, die die Tabelle nicht beschreibt, sind zusätzlich sachverständig zu berücksichtigen. Es müssen nicht alle aufgeführten Merkmale zutreffen. Die in der Tabelle angegebenen Jahreszahlen beziehen sich auf die im jeweiligen Zeitraum gültigen Wärmeschutzanforderungen; in Bezug auf das konkrete Bewertungsobjekt ist zu prüfen, ob von diesen Wärmeschutzanforderungen abgewichen wird. Die Beschreibung der Gebäudestandards basiert auf dem Bezugsjahr der NHK (Jahr 2010).

Anwendungsbeispiel für Tabelle 1

Einfamilienhaus freistehend;
Gebäudeart: 1.01
Keller-, Erdgeschoss, ausgebautes Dachgeschoss
Nach sachverständiger Würdigung werden den in Tabelle 1 angegebenen Standardmerkmalen die zutreffenden Standardstufen zugeordnet. Eine Mehrfachnennung
ist möglich, wenn die verwendeten Bauteile Merkmale mehrerer Standardstufen
aufweisen, z. B. im Bereich Fußboden 50 % Teppichbelag und 50 % Parkett.

	Standardstufe					Wägungs-anteil
	1	2	3	4	5	
Außenwände			1			23
Dächer			0,5	0,5		15
Außentüren und Fenster				1		11
Innenwände und -türen			0,5	0,5		11
Deckenkonstruktion und Treppen				1		11
Fußböden			0,5	0,5		5
Sanitäreinrichtung	1					9
Heizung			0,6	0,4		9
Sonstige technische Ausstattung	0,5	0,5				6
Kostenkennwerte für Gebäudeart 1.01:	655 €/m² BGF	725 €/m² BGF	835 €/m² BGF	1 005 €/ m² BGF	1 260 €/ m² BGF	
Außenwände	1 x 23 % x 835 €/m² BGF =					192 €/m² BGF
Dächer	0,5 x 15 % x 835 €/m² BGF + 0,5 x 15 % x 1 005 €/m² BGF =					138 €/m² BGF
Außentüren und Fenster	1 x 11 % x 1 005 €/m² BGF =					111 €/m² BGF
Innenwände	0,5 x 11 % x 835 €/m² BGF + 0,5 x 11 % x 1 005 €/m² BGF =					101 €/m² BGF
Deckenkonstruktion und Treppen	1 x 11 % x 1 005 €/m² BGF =					111 €/m² BGF
Fußböden	0,5 x 5 % x 835 €/m² BGF + 0,5 x 5 % x 1 005 €/m² BGF =					46 €/m² BGF
Sanitäreinrichtungen	1 x 9 % x 655 €/m² BGF =					59 €/m² BGF

Heizung	$0,6 \times 9\,\% \times 835\,€/m^2$ BGF $+ 0,4 \times 9\,\% \times$ $1\,005\,€/m^2$ BGF =	$81\,€/m^2$ BGF
Sonstige technische Ausstattung	$0,5 \times 6\,\% \times 655\,€/m^2$ BGF $+ 0,5 \times 6\,\% \times$ $725\,€/m^2$ BGF =	$41\,€/m^2$ BGF
	Kostenkennwert (Summe)	$880\,€/m^2$ BGF

Tabelle 2: Beschreibung der Gebäudestandards für Mehrfamilienhäuser, Wohnhäuser mit Mischnutzung

Die Beschreibung der Gebäudestandards ist beispielhaft und dient der Orientierung. Sie kann nicht alle in der Praxis auftretenden Standardmerkmale aufführen. Merkmale, die die Tabelle nicht beschreibt, sind zusätzlich sachverständig zu berücksichtigen. Es müssen nicht alle aufgeführten Merkmale zutreffen. Die in der Tabelle angegebenen Jahreszahlen beziehen sich auf die im jeweiligen Zeitraum gültigen Wärmeschutzanforderungen; in Bezug auf das konkrete Bewertungsobjekt ist zu prüfen, ob von diesen Wärmeschutzanforderungen abgewichen wird. Die Beschreibung der Gebäudestandards basiert auf dem Bezugsjahr der NHK (Jahr 2010). Bei nicht mehr zeitgemäßen Standardmerkmalen ist ein Abschlag sachverständig vorzunehmen.

	Standardstufe		
	3	4	5
Außenwände	ein-/zweischaliges Mauerwerk, z. B. aus Leichtziegeln, Kalksandsteinen, Gasbetonsteinen; Edelputz; Wärmedämmverbundsystem oder Wärmedämmputz (nach ca. 1995)	Verblendmauerwerk, zweischalig, hinterlüftet, Vorhangfassade (z. B. Naturschiefer); Wärmedämmung (nach ca. 2005)	aufwendig gestaltete Fassaden mit konstruktiver Gliederung (Säulenstellungen, Erker etc.), Sichtbeton-Fertigteile, Natursteinfassade, Elemente aus Kupfer-/Eloxalblech, mehrgeschossige Glasfassaden; hochwertigste Dämmung
Dach	Faserzement-Schindeln, beschichtete Betondachsteine und Tondachziegel, Folienabdichtung; Dachdämmung (nach ca. 1995)	glasierte Tondachziegel; Flachdachausbildung tlw. als Dachterrasse; Konstruktion in Brettschichtholz, schweres Massivflachdach; besondere Dachform, z. B. Mansarden-, Walmdach; Aufsparrendämmung, überdurchschnittliche Dämmung (nach ca. 2005)	hochwertige Eindeckung z. B. aus Schiefer oder Kupfer, Dachbegrünung, befahrbares Flachdach; stark überdurchschnittliche Dämmung

	Standardstufe		
	3	**4**	**5**
Fenster und Außentüren	Zweifachverglasung (nach ca. 1995), Rollläden (manuell); Haustür mit zeitgemäßem Wärmeschutz (nach ca. 1995)	Dreifachverglasung, Sonnenschutzglas, aufwendigere Rahmen, Rollläden (elektr.); höherwertige Türanlagen z. B. mit Seitenteil, besonderer Einbruchschutz	große feststehende Fensterflächen, Spezialverglasung (Schall- und Sonnenschutz); Außentüren in hochwertigen Materialien
Innenwände und -türen	nicht tragende Innenwände in massiver Ausführung bzw. mit Dämmmaterial gefüllte Ständerkonstruktionen; schwere Türen	Sichtmauerwerk; Massivholztüren, Schiebetürelemente, Glastüren, strukturierte Türblätter	gestaltete Wandabläufe (z. B. Pfeilervorlagen, abgesetzte oder geschwungene Wandpartien); Brandschutzverkleidung; raumhohe aufwendige Türelemente
Deckenkonstruktion	Betondecken mit Tritt- und Luftschallschutz (z. B. schwimmender Estrich); einfacher Putz	zusätzlich Deckenverkleidung	Deckenvertäfelungen (Edelholz, Metall)
Fußböden	Linoleum-, Teppich-, Laminat- und PVC-Böden besserer Art und Ausführung, Fliesen, Kunststeinplatten	Natursteinplatten, Fertigparkett, hochwertige Fliesen, Terrazzobelag, hochwertige Massivholzböden auf gedämmter Unterkonstruktion	hochwertiges Parkett, hochwertige Natursteinplatten, hochwertige Edelholzböden auf gedämmter Unterkonstruktion
Sanitäreinrichtungen	1 Bad mit WC je Wohneinheit; Dusche und Badewanne; Wand- und Bodenfliesen, raumhoch gefliest	1 bis 2 Bäder je Wohneinheit mit tlw. zwei Waschbecken, tlw. Bidet/Urinal, Gäste-WC, bodengleiche Dusche; Wand- und Bodenfliesen jeweils in gehobener Qualität	2 und mehr Bäder je Wohneinheit; hochwertige Wand- und Bodenplatten (oberflächenstrukturiert, Einzel- und Flächendekors)
Heizung	elektronisch gesteuerte Fern- oder Zentralheizung, Niedertemperatur- oder Brennwertkessel	Fußbodenheizung, Solarkollektoren für Warmwassererzeugung	Solarkollektoren für Warmwassererzeugung und Heizung, Blockheizkraftwerk, Wärmepumpe, Hybrid-Systeme
Sonstige technische Ausstattung	zeitgemäße Anzahl an Steckdosen und Lichtauslässen; Zählerschrank (ab ca. 1985) mit Unterverteilung und Kippsicherungen	zahlreiche Steckdosen und Lichtauslässe, hochwertige Abdeckungen, dezentrale Lüftung mit Wärmetauscher, mehrere LAN- und Fernsehanschlüsse, Personenaufzugsanlagen	Video- und zentrale Alarmanlage, zentrale Lüftung mit Wärmetauscher, Klimaanlage; Bussystem; aufwendige Personenaufzugsanlagen

Tabelle 3: Beschreibung der Gebäudestandards für Bürogebäude, Banken, Geschäftshäuser

Die Beschreibung der Gebäudestandards ist beispielhaft und dient der Orientierung. Sie kann nicht alle in der Praxis auftretenden Standardmerkmale aufführen. Merkmale, die die Tabelle nicht beschreibt, sind zusätzlich sachverständig zu berücksichtigen. Es müssen nicht alle aufgeführten Merkmale zutreffen. Die in der Tabelle angegebenen Jahreszahlen beziehen sich auf die im jeweiligen Zeitraum gültigen Wärmeschutzanforderungen; in Bezug auf das konkrete Bewertungsobjekt ist zu prüfen, ob von diesen Wärmeschutzanforderungen abgewichen wird. Die Beschreibung der Gebäudestandards basiert auf dem Bezugsjahr der NHK (Jahr 2010). Bei nicht mehr zeitgemäßen Standardmerkmalen ist ein Abschlag sachverständig vorzunehmen.

	Standardstufe		
	3	4	5
Außenwände	ein-/zweischaliges Mauerwerk, z. B. aus Leichtziegeln, Kalksandsteinen, Gasbetonsteinen; Edelputz; Wärmedämmverbundsystem oder Wärmedämmputz (nach ca. 1995)	Verblendmauerwerk, zweischalig, hinterlüftet, Vorhangfassade (z. B. Naturschiefer); Wärmedämmung (nach ca. 2005)	aufwendig gestaltete Fassaden mit konstruktiver Gliederung (Säulenstellungen, Erker etc.), Sichtbeton-Fertigteile, Natursteinfassade, Elemente aus Kupfer-/Eloxalblech, mehrgeschossige Glasfassaden; stark überdurchschnittliche Dämmung
Dach	Faserzement-Schindeln, beschichtete Betondachsteine und Tondachziegel, Folienabdichtung; Dachdämmung (nach ca. 1995)	glasierte Tondachziegel; schweres Massivflachdach; besondere Dachform, überdurchschnittliche Dämmung (nach ca. 2005)	hochwertige Eindeckung z. B. aus Schiefer oder Kupfer, Dachbegrünung, befahrbares Flachdach; aufwendig gegliederte Dachlandschaft; stark überdurchschnittliche Dämmung
Fenster und Außentüren	Zweifachverglasung (nach ca. 1995)	Dreifachverglasung, Sonnenschutzglas, aufwendigere Rahmen, höherwertige Türanlagen	große feststehende Fensterflächen, Spezialverglasung (Schall- und Sonnenschutz); Außentüren in hochwertigen Materialien; Automatiktüren

	Standardstufe		
	3	4	5
Innenwände und -türen	nicht tragende Innenwände in massiver Ausführung; schwere Türen	Sichtmauerwerk; Massivholztüren, Schiebetürelemente, Innenwände für flexible Raumkonzepte (größere statische Spannweite der Decken)	gestaltete Wandabläufe (z. B. Pfeilervorlagen, abgesetzte oder geschwungene Wandpartien); Wände aus großformatigen Glaselementen, Akustikputz, tlw. Automatiktüren; rollstuhlgerechte Bedienung
Deckenkonstruktion	Betondecken mit Tritt- und Luftschallschutz; einfacher Putz; abgehängte Decken	höherwertig abgehängte Decken	Deckenvertäfelungen (Edelholz, Metall)
Fußböden	Linoleum- oder Teppich-Böden besserer Art und Ausführung, Fliesen, Kunststeinplatten	Natursteinplatten, Fertigparkett, hochwertige Fliesen, Terrazzobelag, hochwertige Massivholzböden auf gedämmter Unterkonstruktion	hochwertiges Parkett, hochwertige Natursteinplatten, hochwertige Edelholzböden auf gedämmter Unterkonstruktion
Sanitäreinrichtungen	ausreichende Anzahl von Toilettenräumen in Standard-Ausführung	Toilettenräume in gehobenem Standard	großzügige Toilettenanlagen jeweils mit Sanitäreinrichtung in gehobener Qualität
Heizung	elektronisch gesteuerte Fern- oder Zentralheizung, Niedertemperatur- oder Brennwertkessel	Fußbodenheizung, Solarkollektoren für Warmwassererzeugung	Solarkollektoren für Warmwassererzeugung und Heizung, Blockheizkraftwerk, Wärmepumpe, Hybrid-Systeme; Klimaanlage
Sonstige technische Ausstattung	zeitgemäße Anzahl an Steckdosen und Lichtauslässen; Zählerschrank (ab ca. 1985) mit Unterverteilung und Kippsicherungen; Kabelkanäle; Blitzschutz	zahlreiche Steckdosen und Lichtauslässe; hochwertige Abdeckungen, hochwertige Beleuchtung; Doppelboden mit Bodentanks zur Verkabelung; ausreichende Anzahl von LAN-Anschlüssen; dezentrale Lüftung mit Wärmetauscher, Messverfahren von Verbrauch, Regelung von Raumtemperatur und Raumfeuchte, Sonnenschutzsteuerung; elektronische Zugangskontrolle; Personenaufzugsanlagen	Video- und zentrale Alarmanlage, zentrale Lüftung mit Wärmetauscher, Klimaanlage; Bussystem; aufwendige Personenaufzugsanlagen

Tabelle 4: Beschreibung der Gebäudestandards für Gemeindezentren, Saalbauten/Veranstaltungsgebäude, Kindergärten, Schulen

Die Beschreibung der Gebäudestandards ist beispielhaft und dient der Orientierung. Sie kann nicht alle in der Praxis auftretenden Standardmerkmale aufführen. Merkmale, die die Tabelle nicht beschreibt, sind zusätzlich sachverständig zu berücksichtigen. Es müssen nicht alle aufgeführten Merkmale zutreffen. Die in der Tabelle angegebenen Jahreszahlen beziehen sich auf die im jeweiligen Zeitraum gültigen Wärmeschutzanforderungen; in Bezug auf das konkrete Bewertungsobjekt ist zu prüfen, ob von diesen Wärmeschutzanforderungen abgewichen wird. Die Beschreibung der Gebäudestandards basiert auf dem Bezugsjahr der NHK (Jahr 2010). Bei nicht mehr zeitgemäßen Standardmerkmalen ist ein Abschlag sachverständig vorzunehmen.

	Standardstufe		
	3	4	5
Außenwände	ein-/zweischalige Konstruktion; Wärmedämmverbundsystem oder Wärmedämmputz (nach ca. 1995)	Verblendmauerwerk, zweischalig, hinterlüftet; Vorhangfassade (z. B. Naturschiefer); Wärmedämmung (nach ca. 2005)	aufwendig gestaltete Fassaden mit konstruktiver Gliederung (Säulenstellungen, Erker etc.), Sichtbeton-Fertigteile, Natursteinfassade, Elemente aus Kupfer-/Eloxalblech, mehrgeschossige Glasfassaden; stark überdurchschnittliche Dämmung
Dach	Faserzement-Schindeln, beschichtete Betondachsteine und Tondachziegel, Folienabdichtung; Dachdämmung (nach ca. 1995)	glasierte Tondachziegel; besondere Dachform; Dämmung (nach ca. 2005)	hochwertige Eindeckung z. B. aus Schiefer oder Kupfer, Dachbegrünung, befahrbares Flachdach; aufwendig gegliederte Dachlandschaft; stark überdurchschnittliche Dämmung
Fenster und Außentüren	Zweifachverglasung (nach ca. 1995)	Dreifachverglasung, Sonnenschutzglas, aufwendigere Rahmen, höherwertige Türanlagen	große feststehende Fensterflächen, Spezialverglasung (Schall- und Sonnenschutz); Außentüren in hochwertigen Materialien

	Standardstufe		
	3	4	5
Innenwände und -türen	nicht tragende Innenwände in massiver Ausführung bzw. mit Dämmmaterial gefüllte Ständerkonstruktionen; schwere und große Türen	Sichtmauerwerk, Massivholztüren, Schiebetürelemente, Glastüren	gestaltete Wandabläufe (z. B. Pfeilervorlagen, abgesetzte oder geschwungene Wandpartien); Vertäfelungen (Edelholz, Metall), Akustikputz, raumhohe aufwendige Türelemente; tlw. Automatiktüren; rollstuhlgerechte Bedienung
Deckenkonstruktion	Betondecken mit Tritt- und Luftschallschutz; einfacher Putz; abgehängte Decken	Decken mit großen Spannweiten, Deckenverkleidung	Decken mit größeren Spannweiten
Fußböden	Linoleum- oder Teppich-Böden besserer Art und Ausführung, Fliesen, Kunststeinplatten	Natursteinplatten, hochwertige Fliesen, Terrazzobelag, hochwertige Massivholzböden auf gedämmter Unterkonstruktion	hochwertiges Parkett, hochwertige Natursteinplatten, hochwertige Edelholzböden auf gedämmter Unterkonstruktion
Sanitäreinrichtungen	ausreichende Anzahl von Toilettenräumen in Standard-Ausführung	Toilettenräume in gehobenem Standard	großzügige Toilettenanlagen jeweils mit Sanitäreinrichtung in gehobener Qualität
Heizung	elektronisch gesteuerte Fern- oder Zentralheizung, Niedertemperatur- oder Brennwertkessel	Solarkollektoren für Warmwassererzeugung; Fußbodenheizung	Solarkollektoren für Warmwassererzeugung und Heizung, Blockheizkraftwerk, Wärmepumpe, Hybrid-Systeme; Klimaanlage
Sonstige technische Ausstattung	zeitgemäße Anzahl an Steckdosen und Lichtauslässen; Zählerschrank (ab ca. 1985) mit Unterverteilung und Kippsicherungen; Kabelkanäle; Blitzschutz	zahlreiche Steckdosen und Lichtauslässe; hochwertige Abdeckungen, hochwertige Beleuchtung; Doppelboden mit Bodentanks zur Verkabelung; ausreichende Anzahl von LAN-Anschlüssen; dezentrale Lüftung mit Wärmetauscher, Messverfahren von Raumtemperatur, Raumfeuchte, Verbrauch, Einzelraumregelung, Sonnenschutzsteuerung; elektronische Zugangskontrolle; Personenaufzugsanlagen	Video- und zentrale Alarmanlage, zentrale Lüftung mit Wärmetauscher, Klimaanlage; Bussystem

Tabelle 5: Beschreibung der Gebäudestandards für Wohnheime, Alten-/Pflegeheime, Krankenhäuser, Tageskliniken, Beherbergungsstätten, Verpflegungseinrichtungen

Die Beschreibung der Gebäudestandards ist beispielhaft und dient der Orientierung. Sie kann nicht alle in der Praxis auftretenden Standardmerkmale aufführen. Merkmale, die die Tabelle nicht beschreibt, sind zusätzlich sachverständig zu berücksichtigen. Es müssen nicht alle aufgeführten Merkmale zutreffen. Die in der Tabelle angegebenen Jahreszahlen beziehen sich auf die im jeweiligen Zeitraum gültigen Wärmeschutzanforderungen; in Bezug auf das konkrete Bewertungsobjekt ist zu prüfen, ob von diesen Wärmeschutzanforderungen abgewichen wird. Die Beschreibung der Gebäudestandards basiert auf dem Bezugsjahr der NHK (Jahr 2010). Bei nicht mehr zeitgemäßen Standardmerkmalen ist ein Abschlag sachverständig vorzunehmen.

	Standardstufe		
	3	4	5
Außenwände	ein-/zweischalige Konstruktion; Wärmedämmverbundsystem oder Wärmedämmputz (nach ca. 1995)	Verblendmauerwerk, zweischalig, hinterlüftet; Vorhangfassade (z. B. Naturschiefer); Wärmedämmung (nach ca. 2005)	aufwendig gestaltete Fassaden mit konstruktiver Gliederung (Säulenstellungen, Erker etc.), Sichtbeton-Fertigteile, Natursteinfassade, Elemente aus Kupfer-/Eloxalblech, mehrgeschossige Glasfassaden; hochwertigste Dämmung
Dach	Faserzement-Schindeln, beschichtete Betondachsteine und Tondachziegel, Folienabdichtung; Dachdämmung (nach ca. 1995)	glasierte Tondachziegel; besondere Dachform; überdurchschnittliche Dämmung (nach ca. 2005)	hochwertige Eindeckung z. B. aus Schiefer oder Kupfer, Dachbegrünung, befahrbares Flachdach; aufwendig gegliederte Dachlandschaft; sichtbare; hochwertigste Dämmung
Fenster und Außentüren	Zweifachverglasung (nach ca. 1995); nur Wohnheime, Altenheime, Pflegeheime, Krankenhäuser und Tageskliniken: Automatik-Eingangstüren	Dreifachverglasung, Sonnenschutzglas, aufwendigere Rahmen, höherwertige Türanlagen; nur Beherbergungsstätten und Verpflegungseinrichtungen: Automatik-Eingangstüren	große feststehende Fensterflächen, Spezialverglasung (Schall- und Sonnenschutz)

	Standardstufe		
	3	4	5
Innenwände und -türen	nicht tragende Innenwände in massiver Ausführung bzw. mit Dämmmaterial gefüllte Ständerkonstruktionen; schwere Türen; nur Wohnheime, Altenheime, Pflegeheime, Krankenhäuser und Tageskliniken: Automatik- Flurzwischentüren; rollstuhlgerechte Bedienung	Sichtmauerwerk; nur Beherbergungsstätten und Verpflegungseinrichtungen: Automatik-Flurzwischentüren; rollstuhlgerechte Bedienung	gestaltete Wandabläufe (z. B. Pfeilervorlagen, abgesetzte oder geschwungene Wandpartien); Akustikputz, raumhohe aufwendige Türelemente
Deckenkonstruktion	Betondecken mit Tritt- und Luftschallschutz; Deckenverkleidung, einfacher Putz	Decken mit großen Spannweiten, Deckenverkleidung	Decken mit größeren Spannweiten; hochwertige breite Stahlbeton-, Metalltreppenanlage mit hochwertigem Geländer
Fußböden	Linoleum- oder PVC-Böden besserer Art und Ausführung, Fliesen, Kunststeinplatten	Natursteinplatten, hochwertige Fliesen, Terrazzobelag, hochwertige Massivholzböden auf gedämmter Unterkonstruktion	hochwertiges Parkett, hochwertige Natursteinplatten, hochwertige Edelholzböden auf gedämmter Unterkonstruktion
Sanitäreinrichtungen	mehrere WCs und Duschbäder je Geschoss; Waschbecken im Raum	je Raum ein Duschbad mit WC; nur Wohnheime, Altenheime, Pflegeheime, Krankenhäuser und Tageskliniken: behindertengerecht	je Raum ein Duschbad mit WC in guter Ausstattung; nur Wohnheime, Altenheime, Pflegeheime, Krankenhäuser und Tageskliniken: behindertengerecht
Heizung	elektronisch gesteuerte Fern- oder Zentralheizung, Niedertemperatur- oder Brennwertkessel	Solarkollektoren für Warmwassererzeugung	Solarkollektoren für Warmwassererzeugung und Heizung, Blockheizkraftwerk, Wärmepumpe, Hybrid-Systeme; Klimaanlage
Sonstige technische Ausstattung	zeitgemäße Anzahl an Steckdosen und Lichtauslässen; Blitzschutz; Personenaufzugsanlagen	zahlreiche Steckdosen und Lichtauslässe; hochwertige Abdeckungen; dezentrale Lüftung mit Wärmetauscher; mehrere LAN- und Fernsehanschlüsse	Video- und zentrale Alarmanlage, zentrale Lüftung mit Wärmetauscher, Klimaanlage; Bussystem; aufwendige Aufzugsanlagen

Tabelle 6: Beschreibung der Gebäudestandards für Sporthallen, Freizeitbäder/Heilbäder

Die Beschreibung der Gebäudestandards ist beispielhaft und dient der Orientierung. Sie kann nicht alle in der Praxis auftretenden Standardmerkmale aufführen. Merkmale, die die Tabelle nicht beschreibt, sind zusätzlich sachverständig zu berücksichtigen. Es müssen nicht alle aufgeführten Merkmale zutreffen. Die in der Tabelle angegebenen Jahreszahlen beziehen sich auf die im jeweiligen Zeitraum gültigen Wärmeschutzanforderungen; in Bezug auf das konkrete Bewertungsobjekt ist zu prüfen, ob von diesen Wärmeschutzanforderungen abgewichen wird. Die Beschreibung der Gebäudestandards basiert auf dem Bezugsjahr der NHK (Jahr 2010). Bei nicht mehr zeitgemäßen Standardmerkmalen ist ein Abschlag sachverständig vorzunehmen.

| | Standardstufe | | |
	3	4	5
Außenwände	ein-/zweischalige Konstruktion; Wärmedämmverbundsystem oder Wärmedämmputz (nach ca. 1995)	Verblendmauerwerk, zweischalig, hinterlüftet; Vorhangfassade (z. B. Naturschiefer); Wärmedämmung (nach ca. 2005)	aufwendig gestaltete Fassaden mit konstruktiver Gliederung (Säulenstellungen, Erker etc.), Sichtbeton-Fertigteile, Natursteinfassade, Elemente aus Kupfer-/Eloxalblech, mehrgeschossige Glasfassaden; hochwertigste Dämmung
Dach	Faserzement-Schindeln, beschichtete Betondachsteine und Tondachziegel, Folienabdichtung; Dachdämmung (nach ca. 1995)	glasierte Tondachziegel; besondere Dachform; überdurchschnittliche Dämmung (nach ca. 2005)	hochwertige Eindeckung z. B. aus Schiefer oder Kupfer, Dachbegrünung; aufwendig gegliederte Dachlandschaft; sichtbare Bogendachkonstruktionen; hochwertigste Dämmung
Fenster und Außentüren	Zweifachverglasung (nach ca. 1995)	Dreifachverglasung, Sonnenschutzglas, aufwendigere Rahmen, höherwertige Türanlagen	große feststehende Fensterflächen, Spezialverglasung (Schall- und Sonnenschutz); Automatik-Eingangstüren
Innenwände und -türen	nicht tragende Innenwände in massiver Ausführung bzw. mit Dämmmaterial gefüllte Ständerkonstruktionen; schwere Türen	Sichtmauerwerk; rollstuhlgerechte Bedienung	gestaltete Wandabläufe (z. B. Pfeilervorlagen, abgesetzte oder geschwungene Wandpartien); Akustikputz, raumhohe aufwendige Türelemente

	Standardstufe		
	3	4	5
Deckenkonstruktion	Betondecken	Decken mit großen Spannweiten	Decken mit größeren Spannweiten; hochwertige breite Stahlbeton-, Metalltreppenanlage mit hochwertigem Geländer
Fußböden	nur Sporthallen: Beton, Asphaltbeton, Estrich oder Gussasphalt auf Beton; Teppichbelag, PVC; nur Freizeitbäder/Heilbäder: Fliesenbelag	nur Sporthallen: hochwertigere flächenstatische Fußbodenkonstruktion, Spezialteppich mit Gummigranulatauflage; hochwertigerer Schwingboden	nur Sporthallen: hochwertigste flächenstatische Fußbodenkonstruktion, Spezialteppich mit Gummigranulatauflage; hochwertigster Schwingboden; nur Freizeitbäder/Heilbäder: hochwertiger Fliesenbelag und Natursteinboden
Sanitäreinrichtungen	wenige Toilettenräume und Duschräume bzw. Waschräume	ausreichende Anzahl von Toilettenräumen und Duschräumen in besserer Qualität	großzügige Toilettenanlagen und Duschräume mit Sanitäreinrichtung in gehobener Qualität
Heizung	elektronisch gesteuerte Fern- oder Zentralheizung, Niedertemperatur- oder Brennwertkessel	Fußbodenhheizung; Solarkollektoren für Warmwassererzeugung	Solarkollektoren für Warmwassererzeugung und Heizung, Blockheizkraftwerk, Wärmepumpe, Hybrid-Systeme
Sonstige technische Ausstattung	zeitgemäße Anzahl an Steckdosen und Lichtauslässen; Blitzschutz	zahlreiche Steckdosen und Lichtauslässe; hochwertige Abdeckungen; Lüftung mit Wärmetauscher	Video- und zentrale Alarmanlage; Klimaanlage; Bussystem

Tabelle 7: Beschreibung der Gebäudestandards für Verbrauchermärkte, Kauf-/Warenhäuser, Autohäuser

Die Beschreibung der Gebäudestandards ist beispielhaft und dient der Orientierung. Sie kann nicht alle in der Praxis auftretenden Standardmerkmale aufführen. Merkmale, die die Tabelle nicht beschreibt, sind zusätzlich sachverständig zu berücksichtigen. Es müssen nicht alle aufgeführten Merkmale zutreffen. Die in der Tabelle angegebenen Jahreszahlen beziehen sich auf die im jeweiligen Zeitraum gültigen Wärmeschutzanforderungen; in Bezug auf das konkrete Bewertungsobjekt ist zu prüfen, ob von diesen Wärmeschutzanforderungen abgewichen wird. Die Beschreibung der Gebäudestandards basiert auf dem Bezugsjahr der NHK (Jahr

2010). Bei nicht mehr zeitgemäßen Standardmerkmalen ist ein Abschlag sachverständig vorzunehmen.

	Standardstufe		
	3	**4**	**5**
Außenwände	ein-/zweischalige Konstruktion; Wärmedämmverbundsystem oder Wärmedämmputz (nach ca. 1995)	Verblendmauerwerk, zweischalig, hinterlüftet; Vorhangfassade (z. B. Naturschiefer); Wärmedämmung (nach ca. 2005)	aufwendig gestaltete Fassaden mit konstruktiver Gliederung (Säulenstellungen, Erker etc.), Sichtbeton-Fertigteile, Natursteinfassade, Elemente aus Kupfer-/Eloxalblech, mehrgeschossige Glasfassaden; hochwertigste Dämmung
Dach	Faserzement-Schindeln, beschichtete Betondachsteine und Tondachziegel, Folienabdichtung; Rinnen und Fallrohre aus Zinkblech; Dachdämmung (nach ca. 1995)	glasierte Tondachziegel; besondere Dachform; überdurchschnittliche Dämmung (nach ca. 2005)	hochwertige Eindeckung z. B. aus Schiefer oder Kupfer, Dachbegrünung; aufwendig gegliederte Dachlandschaft; hochwertigste Dämmung
Fenster und Außentüren	Zweifachverglasung (nach ca. 1995)	Dreifachverglasung, Sonnenschutzglas, aufwendigere Rahmen, höherwertige Türanlagen	große feststehende Fensterflächen, Spezialverglasung (Schall- und Sonnenschutz); Außentüren in hochwertigen Materialien
Innenwände und -türen	nicht tragende Innenwände in massiver Ausführung bzw. mit Dämmmaterial gefüllte Ständerkonstruktionen; schwere Türen	Sichtmauerwerk	gestaltete Wandabläufe (z. B. Pfeilervorlagen, abgesetzte oder geschwungene Wandpartien); Akustikputz, raumhohe aufwendige Türelemente, rollstuhlgerechte Bedienung, Automatiktüren
Deckenkonstruktion	Betondecken mit Tritt- und Luftschallschutz, einfacher Putz, Deckenverkleidung	Decken mit großen Spannweiten	Decken mit größeren Spannweiten, Deckenvertäfelungen (Edelholz, Metall)
Fußböden	Linoleum- oder Teppich-Böden besserer Art und Ausführung; Fliesen, Kunststeinplatten	Natursteinplatten, Fertigparkett, hochwertige Fliesen, Terrazzobelag, hochwertige Massivholzböden auf gedämmter Unterkonstruktion	hochwertiges Parkett, hochwertige Natursteinplatten, hochwertige Edelholzböden auf gedämmter Unterkonstruktion

	Standardstufe		
	3	**4**	**5**
Sanitärein-richtungen	Toilettenräume	ausreichende Anzahl von Toilettenräumen, jeweils in gehobenem Standard	großzügige Toilettenanlagen mit Sanitäreinrichtung in gehobener Qualität
Heizung	elektronisch gesteuerte Fern- oder Zentralheizung, Niedertemperatur- oder Brennwertkessel	Fußbodenhheizung; Solar-kollektoren für Warmwas-sererzeugung	Solarkollektoren für Warm-wassererzeugung und Hei-zung, Blockheizkraftwerk, Wärmepumpe, Hybrid-Sys-teme; Klimaanlage
Sonstige technische Ausstattung	zeitgemäße Anzahl an Steckdosen und Lichtaus-lässen, Zählerschrank (ab 1985) mit Unterverteilung und Kippsicherungen; Ka-belkanäle; Blitzschutz; Per-sonenaufzugsanlagen	zahlreiche Steckdosen und Lichtauslässe; hochwertige Abdeckungen, hochwertige Beleuchtung; Doppelboden mit Bodentanks zur Verka-belung, ausreichende An-zahl von LAN-Anschlüssen; dezentrale Lüftung mit Wär-metauscher, Messverfah-ren von Raumtemperatur, Raumfeuchte, Verbrauch, Einzelraumregelung, Son-nenschutzsteuerung	Video- und zentrale Alarm-anlage; zentrale Lüftung mit Wärmetauscher, Klima-anlage, Bussystem; Doppel-boden mit Bodentanks zur Verkabelung; aufwendigere Aufzugsanlagen

Tabelle 8: Beschreibung der Gebäudestandards für Garagen

Die Beschreibung der Gebäudestandards ist beispielhaft und dient der Orientierung. Sie kann nicht alle in der Praxis auftretenden Standardmerkmale aufführen. Merk-male, die die Tabelle nicht beschreibt, sind zusätzlich sachverständig zu berücksich-tigen. Es müssen nicht alle aufgeführten Merkmale zutreffen. Die Beschreibung der Gebäudestandards basiert auf dem Bezugsjahr der NHK (Jahr 2010). Bei nicht mehr zeitgemäßen Standardmerkmalen ist ein Abschlag sachverständig vorzunehmen.

	Standardstufe		
	3	**4**	**5**
Außen-wände	offene Konstruktion	einschalige Konstruktion	aufwendig gestaltete Fassa-den mit konstruktiver Glie-derung (Säulenstellungen, Erker etc.)
Konstruk-tion	Stahl- und Betonfertigteile	überwiegend Betonfertig-teile; große stützenfreie Spannweiten	größere stützenfreie Spannweiten

	Standardstufe		
	3	4	5
Dach	Flachdach, Folienabdichtung	Flachdachausbildung; Wärmedämmung	befahrbares Flachdach (Parkdeck)
Fenster und Außentüren	einfache Metallgitter	begrünte Metallgitter, Glasbausteine	Außentüren in hochwertigen Materialien
Fußböden	Beton	Estrich, Gussasphalt	beschichteter Beton oder Estrichboden
Sonstige technische Ausstattung	Strom- und Wasseranschluss; Löschwasseranlage; Treppenhaus; Brandmelder	Sprinkleranlage; Rufanlagen; Rauch- und Wärmeabzugsanlagen; mechanische Be- und Entlüftungsanlagen; Parksysteme für zwei PKW übereinander; Personenaufzugsanlagen	Video- und zentrale Alarmanlage; Beschallung; Parksysteme für drei oder mehr PKW übereinander; aufwendigere Aufzugsanlagen

Tabelle 9: Beschreibung der Gebäudestandards für Betriebs-/Werkstätten, Produktionsgebäude, Lagergebäude

Die Beschreibung der Gebäudestandards ist beispielhaft und dient der Orientierung. Sie kann nicht alle in der Praxis auftretenden Standardmerkmale aufführen. Merkmale, die die Tabelle nicht beschreibt, sind zusätzlich sachverständig zu berücksichtigen. Es müssen nicht alle aufgeführten Merkmale zutreffen. Die in der Tabelle angegebenen Jahreszahlen beziehen sich auf die im jeweiligen Zeitraum gültigen Wärmeschutzanforderungen; in Bezug auf das konkrete Bewertungsobjekt ist zu prüfen, ob von diesen Wärmeschutzanforderungen abgewichen wird. Die Beschreibung der Gebäudestandards basiert auf dem Bezugsjahr der NHK (Jahr 2010). Bei nicht mehr zeitgemäßen Standardmerkmalen ist ein Abschlag sachverständig vorzunehmen.

	Standardstufe		
	3	4	5
Außenwände	ein-/zweischaliges Mauerwerk, z. B. aus Leichtziegeln, Kalksandsteinen, Gasbetonsteinen; Edelputz; gedämmte Metall-Sandwichelemente; Wärmedämmverbundsystem oder Wärmedämmputz (nach ca. 1995)	Verblendmauerwerk, zweischalig, hinterlüftet; Vorhangfassade (z. B. Naturschiefer); Wärmedämmung (nach ca. 2005)	Sichtbeton-Fertigteile; Natursteinfassade, Elemente aus Kupfer-/Eloxalblech; mehrgeschossige Glasfassaden; hochwertigste Dämmung

	Standardstufe		
	3	**4**	**5**
Konstruktion	Stahl- und Betonfertigteile	überwiegend Betonfertigteile; große stützenfreie Spannweiten; hohe Deckenhöhen; hohe Belastbarkeit der Decken und Böden	größere stützenfreie Spannweiten; hohe Deckenhöhen; höhere Belastbarkeit der Decken und Böden
Dach	Faserzement-Schindeln, beschichtete Betondachsteine und Tondachziegel, Folienabdichtung; Dachdämmung (nach ca. 1995)	schweres Massivflachdach; besondere Dachform; überdurchschnittliche Dämmung (nach ca. 2005)	hochwertige Eindeckung z. B. aus Schiefer oder Kupfer; hochwertigste Dämmung
Fenster und Außentüren	Zweifachverglasung (nach ca. 1995)	Dreifachverglasung, Sonnenschutzglas, aufwendigere Rahmen, höherwertige Türanlagen	große feststehende Fensterflächen, Spezialverglasung (Schall- und Sonnenschutz); Außentüren in hochwertigen Materialien
Innenwände und -türen	Anstrich	tlw. gefliest, Sichtmauerwerk; Schiebetürelemente, Glastüren	überwiegend gefliest; Sichtmauerwerk; gestaltete Wandabläufe
Fußböden	Beton	Estrich, Gussasphalt	beschichteter Beton oder Estrichboden; Betonwerkstein, Verbundpflaster
Sanitäreinrichtungen	einfache und wenige Toilettenräume	ausreichende Anzahl von Toilettenräumen	großzügige Toilettenanlagen
Heizung	elektronisch gesteuerte Fern- oder Zentralheizung, Niedertemperatur- oder Brennwertkessel	Fußbodenheizung; Solarkollektoren für Warmwassererzeugung; zusätzlicher Kaminanschluss	Solarkollektoren für Warmwassererzeugung und Heizung, Blockheizkraftwerk, Wärmepumpe, Hybrid-Systeme; aufwendige zusätzliche Kaminanlage

	Standardstufe		
	3	4	5
Sonstige technische Ausstattung	zeitgemäße Anzahl an Steckdosen und Lichtauslässen; Blitzschutz; Teeküchen	zahlreiche Steckdosen und Lichtauslässe; hochwertige Abdeckungen; Kabelkanäle; dezentrale Lüftung mit Wärmetauscher; kleinere Einbauküchen mit Kochgelegenheit, Aufenthaltsräume; Aufzugsanlagen	Video- und zentrale Alarmanlage; zentrale Lüftung mit Wärmetauscher, Klimaanlage; Bussystem; Küchen, Kantinen; aufwendigere Aufzugsanlagen

Tabelle 10: Beschreibung der Gebäudestandards für Reithallen

Die Beschreibung der Gebäudestandards ist beispielhaft und dient der Orientierung. Sie kann nicht alle in der Praxis auftretenden Standardmerkmale aufführen. Merkmale, die die Tabelle nicht beschreibt, sind zusätzlich sachverständig zu berücksichtigen. Es müssen nicht alle aufgeführten Merkmale zutreffen. Die Beschreibung der Gebäudestandards basiert auf dem Bezugsjahr der NHK (Jahr 2010). Bei nicht mehr zeitgemäßen Standardmerkmalen ist ein Abschlag sachverständig vorzunehmen.

	Standardstufe		
	3	4	5
Außenwände	Holzfachwerkwand; Holzstützen, Vollholz; Brettschalung oder Profilblech auf Holz-Unterkonstruktion	Kalksandstein- oder Ziegel-Mauerwerk; Metallstützen, Profil; Holz-Blockbohlen zwischen Stützen, Wärmedämmverbundsystem, Putz	Betonwand, Fertigteile, mehrschichtig; Stahlbetonstützen, Fertigteil; Kalksandstein-Vormauerung oder Klinkerverblendung mit Dämmung
Dach	Holzkonstruktionen, Nagelbrettbinder; Bitumenwellplatten, Profilblech	Stahlrahmen mit Holzpfetten; Faserzementwellplatten; Hartschaumplatten	Brettschichtholzbinder; Betondachsteine oder Dachziegel; Dämmung mit Profilholz oder Paneelen
Fenster und Außentüren bzw. -tore	Lichtplatten aus Kunststoff, Holz-Brettertüren	Kunststofffenster, Windnetze aus Kunststoff, Jalousien mit Motorantrieb	Türen und Tore mehrschichtig mit Wärmedämmung, Holzfenster, hoher Fensteranteil
Innenwände	keine	tragende bzw. nicht tragende Innenwände aus Holz; Anstrich	tragende bzw. nicht tragende Innenwände als Mauerwerk; Sperrholz, Gipskarton, Fliesen

	Standardstufe		
	3	4	5
Deckenkon-struktion	keine	Holzkonstruktionen über Nebenräumen; Hartschaum-platten	Stahlbetonplatten über Nebenräumen; Dämmung mit Profilholz oder Paneelen
Fußböden	Tragschicht: Schotter, Trennschicht: Vlies, Tret-schicht: Sand	zusätzlich/alternativ: Trag-schicht: Schotter, Trenn-schicht: Kunststoffgewebe, Tretschicht: Sand und Holzspäne	Estrich auf Dämmung, Fliesen oder Linoleum in Nebenräumen; zusätzlich/alternativ: Tragschicht: Schotter, Trennschicht: Kunststoffplatten, Tret-schicht: Sand und -Tex-tilflocken, Betonplatte im Bereich der Nebenräume
baukon-struktive Einbauten	Reithallenbande aus Nadel-holz zur Abgrenzung der Reitfläche	zusätzlich/alternativ: Voll-holztafeln fest eingebaut	zusätzlich/alternativ: Voll-holztafeln, Fertigteile zum Versetzen
Abwasser-, Wasser-, Gasanlagen	Regenwasserableitung	zusätzlich/alternativ: Ab-wasserleitungen, Sanitärob-jekte (einfache Qualität)	zusätzlich/alternativ: Sa-nitärobjekte (gehobene Qualität)
Wärmever-sorgungsan-lagen	keine	Raumheizflächen in Ne-benräumen, Anschluss an Heizsystem	zusätzlich/alternativ: Heiz-kessel
lufttechni-sche Anla-gen	keine	Firstentlüftung	Be- und Entlüftungsanlage
Starkstrom-Anlage	Leitungen, Schalter, Dosen, Langfeldleuchten	zusätzlich/alternativ: Siche-rungen und Verteilerschrank	zusätzlich/alternativ: Me-tall-Dampfleuchten
nutzungs-spezifische Anlagen	keine	Reitbodenbewässerung (einfache Ausführung)	Reitbodenbewässerung (komfortable Ausführung)

Tabelle 11: Beschreibung der Gebäudestandards für Pferdeställe

Die Beschreibung der Gebäudestandards ist beispielhaft und dient der Orientie-rung. Sie kann nicht alle in der Praxis auftretenden Standardmerkmale aufführen. Merkmale, die die Tabelle nicht beschreibt, sind zusätzlich sachverständig zu be-rücksichtigen. Es müssen nicht alle aufgeführten Merkmale zutreffen. Die Beschrei-bung der Gebäudestandards basiert auf dem Bezugsjahr der NHK (Jahr 2010). Bei

nicht mehr zeitgemäßen Standardmerkmalen ist ein Abschlag sachverständig vorzunehmen.

	Standardstufe		
	3	**4**	**5**
Außen-wände	Holzfachwerkwand; Holz-stützen, Vollholz; Brett-schalung oder Profilblech auf Holz-Unterkonstruktion	Kalksandstein- oder Ziegel-Mauerwerk; Metallstützen, Profil; Holz-Blockbohlen zwischen Stützen, Wärme-dämmverbundsystem, Putz	Betonwand, Fertigteile, mehrschichtig; Stahlbe-tonstützen, Fertigteil; Kalksandstein-Vormauerung oder Klinkerverblendung mit Dämmung
Dach	Holzkonstruktionen, Voll-holzbalken, Nagelbrettbin-der; Bitumenwellplatten, Profilblech	Stahlrahmen mit Holzpfet-ten; Faserzementwellplat-ten; Hartschaumplatten	Brettschichtholzbinder; Betondachsteine oder Dachziegel; Dämmung mit Profilholz oder Paneelen
Fenster und Außentüren bzw. -tore	Lichtplatten aus Kunststoff, Holz-Brettertüren	Kunststofffenster, Wind-netze aus Kunststoff, Jalou-sien mit Motorantrieb	Türen und Tore mehrschich-tig mit Wärmedämmung, Holzfenster, hoher Fens-teranteil
Innenwände	keine	tragende bzw. nicht tra-gende Innenwände aus Holz; Anstrich	tragende bzw. nicht tra-gende Innenwände als Mauerwerk; Sperrholz, Gips-karton, Fliesen
Deckenkon-struktion	keine	Holzkonstruktionen über Nebenräumen; Hartschaum-platten	Stahlbetonplatten über Ne-benräumen; Dämmung mit Profilholz oder Paneelen
Fußböden	Beton-Verbundpflaster in Stallgassen, Stahlbeton-platte im Tierbereich	zusätzlich/alternativ: Stahl-betonplatte; Anstrich, Gum-mimatten im Tierbereich	zusätzlich/alternativ: Stahl-betonplatte als Stallprofil mit versetzten Ebenen; Nutzestrich auf Dämmung, Anstrich oder Fliesen in Ne-benräumen, Kautschuk im Tierbereich
baukon-struktive Einbauten	Fütterung: Futtertrog	PVC Fütterung: Krippen-schalen aus Polyesterbeton	Fütterung: Krippenschalen aus Steinzeug
Abwasser-, Wasser-, Gasanlagen	Regenwasserableitung, Wasserleitung	zusätzlich/alternativ: Ab-wasserleitungen, Sanitärob-jekte (einfache Qualität) in Nebenräumen	zusätzlich/alternativ: Sani-tärobjekte (gehobene Qua-lität), Gasanschluss

	Standardstufe		
	3	4	5
Wärmever-sorgungsan-lagen	keine	Elektroheizung in Sattel-kammer	zusätzlich/alternativ: Raum-heizflächen, Heizkessel
lufttechni-sche Anla-gen	keine	Firstentlüftung	Be- und Entlüftungsanlage
Starkstrom-Anlage	Leitungen, Schalter, Dosen, Langfeldleuchten	zusätzlich/alternativ: Siche-rungen und Verteilerschrank	zusätzlich/alternativ: Me-tall-Dampfleuchten
nutzungs-spezifische Anlagen	Aufstallung: Boxentrenn-wände aus Holz, Anbinde-vorrichtungen; Fütterung: Tränken, Futter-raufen	Aufstallung: zusätzlich/al-ternativ: Boxentrennwände: Hartholz/Metall; Fütterung: zusätzlich/ alternativ: Fressgitter, Fut-terautomaten, Rollraufe mit elektr. Steuerung	Aufstallung: zusätzlich/ alternativ: Komfort-Pferde-boxen, Pferde-Solarium; Fütterung: zusätzlich/alter-nativ: Futter-Abrufstationen für Rau- und Kraftfutter mit elektr. Tiererkennung und Selektion, automatische Futterzuteilung für Boxen-ställe

Tabelle 12: Beschreibung der Gebäudestandards für Rinderställe und Melkhäuser

Die Beschreibung der Gebäudestandards ist beispielhaft und dient der Orientie-rung. Sie kann nicht alle in der Praxis auftretenden Standardmerkmale aufführen. Merkmale, die die Tabelle nicht beschreibt, sind zusätzlich sachverständig zu be-rücksichtigen. Es müssen nicht alle aufgeführten Merkmale zutreffen. Die Beschrei-bung der Gebäudestandards basiert auf dem Bezugsjahr der NHK (Jahr 2010). Bei nicht mehr zeitgemäßen Standardmerkmalen ist ein Abschlag sachverständig vor-zunehmen.

	Standardstufe		
	3	4	5
Außen-wände	Holzfachwerkwand; Holz-stützen, Vollholz; Brett-schalung oder Profilblech auf Holz-Unterkonstruktion	Kalksandstein- oder Ziegel-Mauerwerk; Metallstützen, Profil; Holz-Blockbohlen zwischen Stützen	Betonwand, Fertigteile, mehrschichtig; Stahlbeton-stützen, Fertigteil; Klinker-verblendung

	Standardstufe		
	3	**4**	**5**
Dach	Holzkonstruktionen, Vollholzbalken, Nagelbrettbinder; Bitumenwellplatten, Profilblech	Stahlrahmen mit Holzpfetten; Faserzementwellplatten; Hartschaumplatten	Brettschichtholzbinder; Betondachsteine oder Dachziegel; Dämmung mit Profilholz oder Paneelen
Fenster und Außentüren bzw.-tore	Lichtplatten aus Kunststoff	Kunststofffenster, Windnetze aus Kunststoff, Jalousien mit Motorantrieb	Türen und Tore mehrschichtig mit Wärmedämmung, Holzfenster, hoher Fensteranteil
Innenwände	keine	tragende bzw. nicht tragende Innenwände aus Holz; Anstrich	tragende bzw. nicht tragende Innenwände als Mauerwerk; Sperrholz, Putz, Fliesen
Deckenkonstruktion	keine	Holzkonstruktionen über Nebenräumen; Hartschaumplatten	Stahlbetonplatten über Nebenräumen; Dämmung mit Profilholz oder Paneele
Fußböden	Stahlbetonplatten	zusätzlich/alternativ: Stahlbetonplatte mit Oberflächenprofil, Rautenmuster; Epoxidharzbeschichtung am Fressplatz, Liegematten im Tierbereich	zusätzlich/alternativ: Stahlbetonplatte als Stallprofil mit versetzten Ebenen; Estrich auf dem Futtertisch, Liegematratzen im Tierbereich, Gussasphalt oder Gummiauflage
baukonstruktive Einbauten	Aufstallung: Beton-Spaltenboden, Einzelbalken	Aufstallung: Beton-Spaltenboden, Flächenelemente; Krippenschalen aus Polyesterbeton; Güllerohre vom Stall zum Außenbehälter	Aufstallung: Spaltenboden mit Gummiauflage, Gussroste über Treibmistkanal; Krippenschalen aus Steinzeug; zusätzlich/alternativ: Spülleitungen für Einzelkanäle
Abwasser-, Wasser-, Gasanlagen	Regenwasserableitung, Wasserleitung	zusätzlich/alternativ: Abwasserleitungen, Sanitärobjekte (einfache Qualität) in Nebenräumen	zusätzlich/alternativ: Sanitärobjekte (gehobene Qualität), Gasanschluss
Wärme-, Versorgungsanlagen	keine	Elektroheizung im Melkstand	zusätzlich/alternativ: Raumheizflächen, Heizkessel
lufttechnische Anlagen	keine	Firstentlüftung	Be- und Entlüftungsanlage
Starkstrom-Anlage	Leitungen, Schalter, Dosen, Langfeldleuchten	zusätzlich/alternativ: Sicherungen und Verteilerschrank	zusätzlich/alternativ: Metall-Dampfleuchten

	Standardstufe		
	3	4	5
nutzungs-spezifische Anlagen	Aufstallung: Fressgitter, Liegeboxenbügel, Kälber-boxen, Abtrennungen aus Holz, Kurzstandanbindung; Fütterung: Selbsttränke, Balltränke; Entmistung: keine Technik (Schlepper); Tierproduktentnahme: Fischgrätenmelkstand, Melkanlage, Maschinensatz, Milchkühltank, Kühlaggregat, Wärmerückgewinnung	Aufstallung: zusätzlich/alternativ: Einrichtungen aus verz. Stahlrohren; Fütterung: Tränkewanne mit Schwimmer, Tränke-automat für Kälber; Entmistung: Faltschieber mit Seilzug und Antrieb, Tauch-schneidpumpe, Rührmixer; Tierproduktentnahme: zusätzlich/alternativ: Milch-flussgesteuerte Anrüst- und Abschaltautomatik	Aufstallung: zusätzlich/alternativ: Komfortboxen; Fütterung: Edelstahl-Kipp-tränke, computergesteuerte Kraftfutteranlage mit Tiererkennung; Entmistung: Schubstangenentmistung; Tierproduktentnahme: zusätzlich/alternativ: Melkstand-Schnellaustrieb, Tandem- oder Karussell-melkstand, Automatisches Melksystem (Roboter)

Tabelle 13: Beschreibung der Gebäudestandards für Schweineställe

Die Beschreibung der Gebäudestandards ist beispielhaft und dient der Orientierung. Sie kann nicht alle in der Praxis auftretenden Standardmerkmale aufführen. Merkmale, die die Tabelle nicht beschreibt, sind zusätzlich sachverständig zu berücksichtigen. Es müssen nicht alle aufgeführten Merkmale zutreffen. Die Beschreibung der Gebäudestandards basiert auf dem Bezugsjahr der NHK (Jahr 2010). Bei nicht mehr zeitgemäßen Standardmerkmalen ist ein Abschlag sachverständig vorzunehmen.

	Standardstufe		
	3	4	5
Außen-wände	Holzfachwerkwand; Holzstützen, Vollholz; Brettschalung oder Profilblech auf Holz-Unterkonstruktion	Kalksandstein- oder Ziegel-Mauerwerk; Metallstützen, Profil; Holz-Blockbohlen zwischen Stützen, Beton-Schalungssteine mit Putz	Betonwand, Fertigteile, mehr-schichtig; Stahlbetonstützen, Fertigteil; Kalksandstein-Vormauerung oder Klinkerverblendung mit Dämmung
Dach	Holzkonstruktionen, Vollholzbalken, Nagel-brettbinder; Bitumen-wellplatten, Profilblech	Stahlrahmen mit Holzpfetten; Faserzementwellplat-ten; Hartschaumplatten	Brettschichtholzbinder; Beton-dachsteine oder Dachziegel; Dämmung, Kunststoffplatten, Paneele

	Standardstufe		
	3	4	5
Fenster und Außentüren bzw. -tore	Lichtplatten aus Kunststoff	Kunststofffenster, Windnetze aus Kunststoff, Jalousien mit Motorantrieb, Metalltüren	Türen und Tore mehrschichtig mit Wärmedämmung, Holzfenster, hoher Fensteranteil
Innenwände	keine Innenwände	tragende Innenwände aus Mauerwerk, Putz und Anstrich; nichttragende Innenwände aus Kunststoff-Paneelen mit Anstrich	tragende Innenwände als Betonwand, Fertigteile, Anstrich; nichttragende Innenwände aus Mauerwerk, Putz und Anstrich; Sperrholz, Putz, Fliesen
Deckenkonstruktion	keine Decke	Holzkonstruktionen über Nebenräumen; Hartschaumplatten	Stahlbetonplatten über Nebenräumen; Dämmung mit Profilholz oder Paneele
Fußböden	Stahlbetonplatten	Stahlbetonplatte; Verbundestrich	zusätzlich/alternativ: Stahlbetonplatte als Stallprofil mit versetzten Ebenen; Stallbodenplatten mit Dämmung, Fliesen auf Estrich in Nebenräumen
baukonstruktive Einbauten	Fütterung: Tröge aus Polyesterbeton	Aufstallung: Beton-Spaltenboden, Flächenelemente; Fütterung: Tröge aus Polyesterbeton; Entmistung: Güllerohre vom Stall zum Außenbehälter, Absperrschieber in Güllekanälen	Aufstallung: Gussroste in Sauenställen, Kunststoffroste in Ferkelställen; Fütterung: Tröge aus Steinzeug; Entmistung: zusätzlich/alternativ: Spülleitungen für Einzelkanäle
Abwasser-, Wasser-, Gasanlagen	Regenwasserableitung, Wasserleitung	zusätzlich/alternativ: Abwasserleitungen, Sanitärobjekte (einfache Qualität) in Nebenräumen	zusätzlich/alternativ: Sanitärobjekte (gehobene Qualität), Gasanschluss
Wärmeversorgungsanlagen	Warmluftgebläse, Elt.-Anschluss	Raumheizflächen oder Twin- bzw. Delta-Heizungsrohre, Anschluss an vorh. Heizsystem	zusätzlich/alternativ: Warmwasser-Fußbodenheizung, Heizkessel mit Gasbefeuerung, Wärmerückgewinnung aus Stallluft
lufttechnische Anlagen	Zuluftklappen, Lüftungsfirst	Be- und Entlüftungsanlage im Unterdruckverfahren; Zuluftkanäle oder Rieseldecke; Einzelabsaugung, Abluftkanäle, Ventilatoren	zusätzlich/alternativ: Gleichdrucklüftung, Zentralabsaugung, Luftwäscher
Starkstrom-Anlage	Leitungen, Schalter, Dosen, Langfeldleuchten	zusätzlich/alternativ: Sicherungen und Verteilerschrank	zusätzlich/alternativ: Metall-Dampfleuchten

	Standardstufe		
	3	**4**	**5**
nutzungs-spezifische Anlagen	Aufstallung: Buchten-abtrennungen aus Kunststoff-Paneelen, Pfosten und Beschläge aus verz. Stahl, Abfer-kelbuchten, Selbst-fang-Kastenstände für Sauen; Fütterung: Trockenfut-terautomaten, Tränke-nippel	Aufstallung: zusätzlich/alternativ: Pfosten und Beschläge aus V2A, Ruhekis-ten, Betteneinrichtungen; Fütterung: zusätzlich/alternativ: Transportrohre, Drahtseilförderer, Rohrbrei-automaten mit Dosierung; Entmistung: Tauchschneid-pumpe, Rührmixer	Aufstallung: zusätzlich/alterna-tiv: Sortierschleuse; Fütterung: zusätzlich/alternativ: Flüssigfüt-terungsanlage mit Mixbehälter, Sensorsteuerung, Fütterungs-computer, Abrufstation, Tierer-kennung, Selektion; Entmistung: Schubstangenentmistung

Tabelle 14: Beschreibung der Gebäudestandards für Geflügelställe

Die Beschreibung der Gebäudestandards ist beispielhaft und dient der Orientie-rung. Sie kann nicht alle in der Praxis auftretenden Standardmerkmale aufführen. Merkmale, die die Tabelle nicht beschreibt, sind zusätzlich sachverständig zu be-rücksichtigen. Es müssen nicht alle aufgeführten Merkmale zutreffen. Die Beschrei-bung der Gebäudestandards basiert auf dem Bezugsjahr der NHK (Jahr 2010). Bei nicht mehr zeitgemäßen Standardmerkmalen ist ein Abschlag sachverständig vor-zunehmen.

	Standardstufe		
	3	**4**	**5**
Außen-wände	Holzfachwerkwand; Holz-stützen, Vollholz; Brett-schalung oder Profilblech auf Holz-Unterkonstruktion	Kalksandstein- oder Ziegel-Mauerwerk, Metallstützen, Profil, Metall-Sandwichele-mente mit Hartschaumdäm-mung	Betonwand, Fertigteile, mehrschichtig, tahlbeton-stützen, Fertigteil, Klinker-verblendung
Dach	Holzkonstruktionen, Voll-holzbalken, Nagelbrettbin-der; Bitumenwellplatten, Profilblech	Stahlrahmen mit Holzpfet-ten; Faserzementwellplat-ten; Hartschaumplatten	Brettschichtholzbinder; Be-tondachsteine oder Dach-ziegel; Dämmung, Profilholz oder Paneele
Fenster und Außentüren bzw. -tore	Lichtplatten aus Kunststoff, Holz-Brettertüren	Kunststofffenster, Wind-netze aus Kunststoff, Jalou-sien mit Motorantrieb	Türen und Tore mehrschich-tig mit Wärmedämmung, Holzfenster, hoher Fens-teranteil

	Standardstufe		
	3	4	5
Innenwände	keine	tragende bzw. nicht tragende Innenwände aus Holz; Anstrich	tragende bzw. nicht tragende Innenwände als Mauerwerk; Profilblech, Plantafeln, Putz
Deckenkonstruktion	keine	Holzkonstruktionen über Nebenräumen; Hartschaumplatten	Stahlbetonplatten über Nebenräumen; Dämmung, Profilblech oder Paneele
Fußböden	Stahlbetonplatten	zusätzlich/alternativ: Oberfläche maschinell geglättet; Estrich mit Anstrich (Eierverpackung)	zusätzlich/alternativ: Stallprofil mit versetzten Ebenen, Estrich mit Fliesen (Eierverpackung)
Abwasser-, Wasser-, Gasanlagen	Regenwasserableitung, Wasserleitung	zusätzlich/alternativ: Abwasserleitungen, Sanitärobjekte (einfache Qualität) in Nebenräumen	zusätzlich/alternativ: Sanitärobjekte (gehobene Qualität), Gasanschluss
Wärmeversorgungsanlagen	Warmluftgebläse, Elt.-Anschluss	zusätzlich/alternativ: Raumheizflächen oder Twin- bzw. Delta-Heizungsrohre, Heizkessel	zusätzlich: Wärmerückgewinnung aus Stallluft
lufttechnische Anlagen	Fristentlüftung	Be- und Entlüftungsanlage im Unterdruckverfahren; Zuluftklappen, Abluftkamine, Ventilatoren	zusätzlich/alternativ: Gleichdrucklüftung, Zentralabsaugung, Luftwäscher
Starkstrom-Anlage	Leitungen, Schalter, Dosen, Langfeldleuchten	zusätzlich/alternativ: Sicherungen und Verteilerschrank	zusätzlich/alternativ: Metall-Dampfleuchten
nutzungsspezifische Anlagen	Aufstallung: Geflügelwaage	Aufstallung: zusätzlich/alternativ: Kotroste, Sitzstangen, Legenester; Fütterung: Vollautomatische Kettenfütterung, Strang-Tränkeanlage, Nippeltränken; Entmistung: Kotbandentmistung; Tierproduktentnahme: Eier-Sammelband	Aufstallung: zusätzlich/alternativ: Etagensystem (Voliere, Kleingruppe); Entmistung: zusätzlich/alternativ: Entmistungsbänder mit Belüftung; Tierproduktentnahme: zusätzlich/alternativ: Sortieranlage, Verpackung

Tabelle 15: Beschreibung der Gebäudestandards für landwirtschaftliche Mehrzweckhallen

Die Beschreibung der Gebäudestandards ist beispielhaft und dient der Orientierung. Sie kann nicht alle in der Praxis auftretenden Standardmerkmale aufführen. Merkmale, die die Tabelle nicht beschreibt, sind zusätzlich sachverständig zu berücksichtigen. Es müssen nicht alle aufgeführten Merkmale zutreffen. Die Beschreibung der Gebäudestandards basiert auf dem Bezugsjahr der NHK (Jahr 2010). Bei nicht mehr zeitgemäßen Standardmerkmalen ist ein Abschlag sachverständig vorzunehmen.

	Standardstufe		
	3	4	5
Außenwände	Holzfachwerkwand; Holzstützen, Vollholz; Brettschalung oder Profilblech auf Holz-Unterkonstruktion	Kalksandstein- oder Ziegel-Mauerwerk; Metallstützen, Profil; Holz-Blockbohlen zwischen Stützen, Wärmedämmverbundsystem, Putz	Betonwand, Fertigteile, mehrschichtig; Stahlbetonstützen, Fertigteil; Kalksandstein-Vormauerung oder Klinkerverblendung mit Dämmung
Dach	Holzkonstruktionen, Vollholzbalken, Nagelbrettbinder; Bitumenwellplatten, Profilblech	Stahlrahmen mit Holzpfetten; Faserzementwellplatten; Hartschaumplatten	Brettschichtholzbinder; Betondachsteine oder Dachziegel; Dämmung, Profilholz oder Paneele
Fenster und Außentüren bzw. -tore	Lichtplatten aus Kunststoff, Holztore	Kunststofffenster, Metall-Sektionaltore	Türen und Tore mehrschichtig mit Wärmedämmung, Holzfenster, hoher Fensteranteil
Innenwände	keine	tragende bzw. nicht tragende Innenwände aus Holz; Anstrich	tragende bzw. nichttragende Innenwände als Mauerwerk; Sperrholz, Gipskarton, Fliesen
Deckenkonstruktion	keine	Holzkonstruktionen über Nebenräumen; Hartschaumplatten	Stahlbetonplatten über Nebenräumen; Dämmung, Profilholz oder Paneele
Fußböden	Beton-Verbundsteinpflaster	zusätzlich/alternativ: Stahlbetonplatte	zusätzlich/alternativ: Oberfläche maschinell geglättet; Anstrich
Abwasser-, Wasser-, Gasanlagen	Regenwasserableitung	zusätzlich/alternativ: Abwasserleitungen, Sanitärobjekte (einfache Qualität) in Nebenräumen	zusätzlich/alternativ: Sanitärobjekte (gehobene Qualität), Gasanschluss

	Standardstufe		
	3	**4**	**5**
Wärmeversorgungsanlagen	keine	Raumheizflächen in Nebenräumen, Anschluss an Heizsystem	zusätzlich/alternativ: Heizkessel
lufttechnische Anlagen	keine	Firstentlüftung	Be- und Entlüftungsanlage
Starkstrom-Anlage	Leitungen, Schalter, Dosen, Langfeldleuchten	zusätzlich/alternativ: Sicherungen und Verteilerschrank	zusätzlich/alternativ: Metall-Dampfleuchten
nutzungsspezifische Anlagen	keine	Schüttwände aus Holz zwischen Stahlstützen, Trocknungsanlage für Getreide	Schüttwände aus Beton-Fertigteilen

Anlage 3

Orientierungswerte für die übliche Gesamtnutzungsdauer bei ordnungsgemäßer Instandhaltung

Je nach Situation auf dem Grundstücksmarkt ist die anzusetzende Gesamtnutzungsdauer sachverständig zu bestimmen und zu begründen.

Freistehende Ein- und Zweifamilienhäuser, Doppelhäuser, Reihenhäuser	
Standardstufe 1	60 Jahre
Standardstufe 2	65 Jahre
Standardstufe 3	70 Jahre
Standardstufe 4	75 Jahre
Standardstufe 5	80 Jahre
Mehrfamilienhäuser	70 Jahre +/-10
Wohnhäuser mit Mischnutzung	70 Jahre +/-10
Geschäftshäuser	60 Jahre +/-10
Bürogebäude, Banken	60 Jahre +/-10
Gemeindezentren, Saalbauten/Veranstaltungsgebäude	40 Jahre +/-10
Kindergärten, Schulen	50 Jahre +/-10
Wohnheime, Alten-/Pflegeheime	50 Jahre +/-10

Freistehende Ein- und Zweifamilienhäuser, Doppelhäuser, Reihenhäuser	
Krankenhäuser, Tageskliniken	40 Jahre +/-10
Beherbergungsstätten, Verpflegungseinrichtungen	40 Jahre +/-10
Sporthallen, Freizeitbäder/Heilbäder	40 Jahre +/-10
Verbrauchermärkte, Autohäuser	30 Jahre +/-10
Kauf-/Warenhäuser	50 Jahre +/-10
Einzelgaragen	60 Jahre +/-10
Tief- und Hochgaragen als Einzelbauwerk	40 Jahre +/-10
Betriebs-/Werkstätten, Produktionsgebäude	40 Jahre +/-10
Lager-/Versandgebäude	40 Jahre +/-10
Landwirtschaftliche Betriebsgebäude	30 Jahre +/-10

Anlage 4

Modell zur Ableitung der wirtschaftlichen Restnutzungsdauer für Wohngebäude[1] unter Berücksichtigung von Modernisierungen

Das Modell dient der Orientierung zur Berücksichtigung von Modernisierungsmaßnahmen. Es ersetzt nicht die erforderliche sachverständige Würdigung des Einzelfalls.

1 Punktetabelle zur Ermittlung des Modernisierungsgrades

Aus der Summe der Punkte für die jeweils zum Bewertungsstichtag oder kurz zuvor durchgeführten Maßnahmen ergibt sich der Modernisierungsgrad.

Liegen die Maßnahmen weiter zurück, ist zu prüfen, ob nicht ein geringerer als der maximale Tabellenwert anzusetzen ist. Sofern nicht modernisierte Bauelemente noch zeitgemäßen Ansprüchen genügen, sind entsprechende Punkte zu vergeben.

---

[1] Das Modell kann analog auch bei der Bewertung von Verwaltungs-, Büro- und Geschäftsgebäuden Anwendung finden.

Modernisierungselemente	max. Punkte
Dacherneuerung inklusive Verbesserung der Wärmedämmung	4
Modernisierung der Fenster und Außentüren	2
Modernisierung der Leitungssysteme (Strom, Gas, Wasser, Abwasser)	2
Modernisierung der Heizungsanlage	2
Wärmedämmung der Außenwände	4
Modernisierung von Bädern	2
Modernisierung des Innenausbaus, z. B. Decken, Fußböden, Treppen	2
Wesentliche Verbesserung der Grundrissgestaltung	2

Entsprechend der jeweils ermittelten Gesamtpunktzahl ist der Modernisierungs-grad sachverständig zu ermitteln. Hierfür gibt die folgende Tabelle Anhaltspunkte.

Modernisierungsgrad		
≤ 1 Punkt	=	nicht modernisiert
4 Punkte	=	kleine Modernisierungen im Rahmen der Instandhaltung
8 Punkte	=	mittlerer Modernisierungsgrad
13 Punkte	=	überwiegend modernisiert
≥ 18 Punkte	=	umfassend modernisiert

2 Tabellen zur Ermittlung der modifizierten Restnutzungsdauer

In den nachfolgenden Tabellen sind in Abhängigkeit von der üblichen Gesamtnut-zungsdauer, dem Gebäudealter und dem ermittelten Modernisierungsgrad für Ge-samtnutzungsdauern von 30 bis 80 Jahren modifizierte Restnutzungsdauern ange-geben. Die Tabellenwerte sind auf die volle Jahreszahl gerundet worden.

Den Tabellenwerten liegt ein theoretischer Modellansatz zu Grunde. Das Modell geht davon aus, dass die Restnutzungsdauer auf maximal 70 % der jeweiligen Ge-samtnutzungsdauer gestreckt und nach der Formel

$$a \times \frac{100}{GND} \times Alter^2 - b \times Alter + c \times \frac{GND}{100}$$

mit den nachfolgenden Werten für a, b und c berechnet wird.

Modernisierungs-grad	a	b	c	ab einem relativen Alter [%] von*
≤ 1 Punkt	0,0125	2,625	152,50	60
4 Punkte	0,0073	1,577	11,33	40
8 Punkte	0,0050	1,100	100,00	20
13 Punkte	0,0033	0,735	95,28	15
≥ 18 Punkte	0,0020	0,440	94,20	10

* Die Spalte gibt das Alter an, von dem an die Formeln anwendbar sind. Das relative Alter berechnet sich aus Alter/GND x 100.

Bei kernsanierten Objekten kann die Restnutzungsdauer bis zu 90 % der jeweiligen Gesamtnutzungsdauer betragen.

2.1 Modifizierte Restnutzungsdauer bei einer üblichen Gesamtnutzungsdauer von 80 Jahren

Gebäude-alter	Modernisierungsgrad				
	≤ 1 Punkt	4 Punkte	8 Punkte	13 Punkte	≥ 18 Punkte
	modifizierte Restnutzungsdauer				
0	80	80	80	80	80
5	75	75	75	75	75
10	70	70	70	70	71
15	65	65	65	66	69
20	60	60	61	63	68
25	55	55	56	60	66
30	50	50	53	58	64
35	45	45	49	56	63
40	40	41	46	53	62
45	35	37	43	52	61
50	30	33	41	50	60
55	25	30	38	48	59
60	21	27	37	47	58

Gebäude-alter	Modernisierungsgrad				
	≤ 1 Punkt	4 Punkte	8 Punkte	13 Punkte	≥ 18 Punkte
	modifizierte Restnutzungsdauer				
65	17	25	35	46	57
70	15	23	34	45	57
75	13	22	33	44	56
≥ 80	12	21	32	44	56

2.2 Modifizierte Restnutzungsdauer bei einer üblichen Gesamtnutzungsdauer von 75 Jahren

Gebäude-alter	Modernisierungsgrad				
	≤ 1 Punkt	4 Punkte	8 Punkte	13 Punkte	≥ 18 Punkte
	modifizierte Restnutzungsdauer				
0	75	75	75	75	75
5	70	70	70	70	70
10	65	65	65	65	67
15	60	60	60	61	65
20	55	55	56	59	63
25	50	50	52	56	61
30	45	45	48	53	60
35	40	40	45	51	59
40	35	36	42	49	57
45	30	32	39	47	56
50	25	29	37	46	55
55	20	26	35	44	55
60	17	24	33	43	54
65	14	22	32	42	53
70	12	21	31	42	53
≥ 75	11	20	30	41	53

2.3 Modifizierte Restnutzungsdauer bei einer üblichen Gesamtnutzungsdauer von 70 Jahren

Gebäude-alter	Modernisierungsgrad				
	≤ 1 Punkt	4 Punkte	8 Punkte	13 Punkte	≥ 18 Punkte
	modifizierte Restnutzungsdauer				
0	70	70	70	70	70
5	65	65	65	65	65
10	60	60	60	60	62
15	55	55	55	57	60
20	50	50	51	54	58
25	45	45	47	51	57
30	40	40	43	49	55
35	35	36	40	47	54
40	30	32	37	45	53
45	25	28	35	43	52
50	20	25	33	42	51
55	16	23	31	41	50
60	14	21	30	40	50
65	12	19	29	39	49
≥ 70	11	19	28	38	49

2.4 Modifizierte Restnutzungsdauer bei einer üblichen Gesamtnutzungsdauer von 65 Jahren

Gebäude-alter	Modernisierungsgrad				
	≤ 1 Punkt	4 Punkte	8 Punkte	13 Punkte	≥ 18 Punkte
	modifizierte Restnutzungsdauer				
0	65	65	65	65	65
5	60	60	60	60	60
10	55	55	55	55	57

Gebäude-alter	Modernisierungsgrad				
	≤ 1 Punkt	4 Punkte	8 Punkte	13 Punkte	≥ 18 Punkte
	modifizierte Restnutzungsdauer				
15	50	50	50	52	55
20	45	45	46	49	54
25	40	40	42	47	52
30	35	35	39	44	51
35	30	31	36	42	50
40	25	27	33	41	49
45	20	24	31	39	48
50	16	22	29	38	47
55	13	20	28	37	46
60	11	18	27	36	46
≥ 65	10	17	26	36	46

2.5 Modifizierte Restnutzungsdauer bei einer üblichen Gesamtnutzungsdauer von 60 Jahren

Gebäude-alter	Modernisierungsgrad				
	≤ 1 Punkt	4 Punkte	8 Punkte	13 Punkte	≥ 18 Punkte
	modifizierte Restnutzungsdauer				
0	60	60	60	60	60
5	55	55	55	55	55
10	50	50	50	50	52
15	45	45	45	47	51
20	40	40	41	45	49
25	35	35	38	42	48
30	30	30	35	40	46
35	25	27	32	38	45
40	20	23	29	37	44
45	16	20	27	35	43

Gebäude-alter	Modernisierungsgrad				
	≤ 1 Punkt	4 Punkte	8 Punkte	13 Punkte	≥ 18 Punkte
	modifizierte Restnutzungsdauer				
50	12	18	26	34	43
55	10	17	25	33	42
≥ 60	9	16	24	33	42

2.6 Modifizierte Restnutzungsdauer bei einer üblichen Gesamtnutzungsdauer von 50 Jahren Gebäudealter

Gebäude-alter	Modernisierungsgrad				
	≤ 1 Punkt	4 Punkte	8 Punkte	13 Punkte	≥ 18 Punkte
	modifizierte Restnutzungsdauer				
0	50	50	50	50	50
5	45	45	45	45	45
10	40	40	40	41	43
15	35	35	36	38	41
20	30	30	32	36	40
25	25	25	29	33	39
30	20	21	26	32	38
35	15	18	24	30	37
40	11	16	22	29	36
45	9	14	21	28	35
≥ 50	8	13	20	27	35

2.7 Modifizierte Restnutzungsdauer bei einer üblichen Gesamtnutzungsdauer von 40 Jahren

Gebäude-alter	Modernisierungsgrad				
	≤ 1 Punkt	4 Punkte	8 Punkte	13 Punkte	≥ 18 Punkte
	modifizierte Restnutzungsdauer				
0	40	40	40	40	40

	Modernisierungsgrad				
Gebäude-alter	≤ 1 Punkt	4 Punkte	8 Punkte	13 Punkte	≥ 18 Punkte
	modifizierte Restnutzungsdauer				
5	35	35	35	35	36
10	30	30	30	32	34
15	25	25	26	29	32
20	20	20	23	27	31
25	15	17	20	25	30
30	10	14	18	23	29
35	7	12	17	22	28
≥ 40	6	11	16	22	28

2.8 Modifizierte Restnutzungsdauer bei einer üblichen Gesamtnutzungsdauer von 30 Jahren

	Modernisierungsgrad				
Gebäude-alter	≤ 1 Punkt	4 Punkte	8 Punkte	13 Punkte	≥ 18 Punkte
	modifizierte Restnutzungsdauer				
0	30	30	30	30	30
5	25	25	25	25	26
10	20	20	21	22	25
15	15	15	17	20	23
20	10	12	15	18	22
25	6	9	13	17	21
≥ 30	5	8	12	16	21

Anlage 5

Modellparameter für die Ermittlung des Sachwertfaktors

Sachwertfaktoren werden aus dem Verhältnis geeigneter, um die besonderen objektspezifischen Grundstücksmerkmale bereinigter Kaufpreise zu den entsprechenden vorläufigen Sachwerten abgeleitet.

Das Modell für die Ableitung der Sachwertfaktoren sowie die wesentlichen Modell-parameter sind zu beschreiben.

Normalherstellungskosten	NHK 2010 (Anlage 1 SW-RL)
Gebäudebaujahrsklassen	keine
Gebäudestandard	nach Standardmerkmalen und Standardstufen (Anlage 2 SW-RL)
Baunebenkosten	in den NHK 2010 enthalten
Korrekturfaktoren für das Land und die Ortsgröße (z. B. Regionalfaktor)	keine
Bezugsmaßstab	Brutto-Grundfläche
Baupreisindex	Preisindex für die Bauwirtschaft des Statistischen Bundesamtes
Baujahr	ursprüngliches Baujahr
Gesamtnutzungsdauer	nach Anlage 3 SW-RL
Restnutzungsdauer	Gesamtnutzungsdauer abzüglich Alter; ggf. modifizierte Restnutzungsdauer; bei Modernisierungsmaßnahmen Verlängerung der Restnutzungsdauer nach Anlage 4 SW-RL
Alterswertminderung	linear
Wertansatz für bauliche Außenanlagen, sonstige Anlagen	kein gesonderter Ansatz — Anlagen sind im üblichen Umfang im Sachwert enthalten oder Pauschaler Ansatz in Höhe von …
Wertansatz für bei der BGF-Berechnung nicht erfasste Bauteile	kein gesonderter Ansatz — Bauteile sind im üblichen Umfang im Sachwert enthalten oder Pauschaler Ansatz in Höhe von …
Besondere objektspezifische Grundstücksmerkmale	keine oder entsprechende Kaufpreisbereinigung
Bodenwert	ungedämpft, zutreffender Bodenrichtwert ggf. angepasst an die Merkmale des Einzelobjekts
Grundstücksfläche	marktübliche, objektbezogene Grundstücksgröße

8.3 Anlage 3: Richtlinien für die Ermittlung der Verkehrswerte (Marktwerte) von Grundstücken (Wertermittlungsrichtlinien – WertR 2006)

(Auszug, Teil 1, ohne Anlagen)

Fundstelle: GABl. 2007, S. 242

Inhaltsverzeichnis

Erster Teil
Allgemeine Richtlinien

(…)

Erster Teil
Allgemeine Richtlinien

1. Vorbemerkung

Diese Richtlinien treten an die Stelle der Richtlinien vom 19. Juli 2002 (BAnz. Nr. 238a vom 20. Dezember 2002) des Bundesministeriums für Verkehr, Bau- und Wohnungswesen. Sie enthalten in Ergänzung der Wertermittlungsverordnung (WertV) vom 6. Dezember 1988 (BGBl I S. 2209), zuletzt geändert durch Artikel 3 des Gesetzes vom 18. August 1997 (BGBl. I S. 2081), Hinweise für die Ermittlung des Verkehrswerts von unbebauten und bebauten Grundstücken sowie von Rechten an Grundstücken.

Ihre Anwendung soll eine objektive Ermittlung des Verkehrswerts von Grundstücken nach einheitlichen und marktgerechten Grundsätzen und Verfahren sicherstellen.

Die Richtlinien sind verbindlich, soweit ihre Anwendung angeordnet wird.

Bei land- oder forstwirtschaftlichen Grundstücken sind ergänzende bzw. abweichende Bestimmungen zu beachten, z.B. die Waldermittlungsrichtlinien — WaldR 2000 vom 12. Juli 2000 (BAnz. Nr. 168 vom 6. September 2000) und die Entschädigungsrichtlinien Landwirtschaft — LandR 78 — vom 28. Juli 1978 (BAnz Nr. 181a vom 26. September 1978).

1.1 Gesetzliche Regelungen und andere Vorschriften

Als Grundlage für die Wertermittlung von Grundstücken sind insbesondere folgende Gesetze und Vorschriften in ihrer jeweils geltenden Fassung von besonderer Bedeutung:

- Bundeshaushaltsordnung (BHO)
- Baugesetzbuch (BauGB)
- Wohnraumförderungsgesetz (WoFG)
- Baunutzungsverordnung (BauNVO)
- Verordnung über die Aufstellung von Betriebskosten (BetrKV)
- Verordnung zur Berechnung der Wohnfläche (WoFlV)
- Zweite Berechnungsverordnung (II. BV)
- Bundeskleingartengesetz (BKleingG)
- Bundes-Bodenschutzgesetz (BBodSchG)

In den neuen Bundesländern sind darüber hinaus die besonderen vermögens-rechtlichen Gesetze und Verordnungen zu beachten, insbesondere:

- Sachenrechtsbereinigungsgesetz (SachenRBerG)
- Schuldrechtsanpassungsgesetz (SchuldRAnpG)
- Grundstücksrechtsbereinigungsgesetz (GrundRBerG)
- Nutzungsentgeltverordnung (NutzEV)
- Verkehrsflächenbereinigungsgesetz (VerkFlBerG)

Weiterhin sind insbesondere folgende technische Normen zu beachten:

- DIN 276 Kosten von Hochbauten
- DIN 277 Grundflächen und Rauminhalte von Bauwerken im Hochbau

1.2 Gutachtenerstellung und Verwendung der Anlagen 1 und 2

Die Anlagen 1 und 2 dieser Richtlinie können insbesondere bei einfachen Fällen der Wertermittlung und bei Massenbewertungen Anwendung finden.

Die nachstehenden Ausführungen folgen der Systematik dieser Anlagen.

Für die Gutachtenerstellung ist grundsätzlich eine Ortsbesichtigung vorzunehmen.

Die Ergebnisse der Wertermittlung sind zusammenfassend darzustellen.

1.3 Definition des Verkehrswerts (Marktwert)

Nach § 194 BauGB wird der Verkehrswert (Marktwert) von Grundstücken durch den Preis bestimmt, der in dem Zeitpunkt, auf den sich die Ermittlung bezieht (Werter-mittlungsstichtag), im gewöhnlichen Geschäftsverkehr nach den rechtlichen Ge-gebenheiten und tatsächlichen Eigenschaften, der sonstigen Beschaffenheit und der Lage des Grundstücks oder des sonstigen Gegenstands der Wertermittlung ohne Rücksicht auf ungewöhnliche oder persönliche Verhältnisse zu erzielen wäre.

1.4 Gegenstand der Wertermittlung

Nach § 2 WertV können Gegenstand der Wertermittlung das Grundstück oder ein Grundstücksteil einschließlich seiner Bestandteile, wie Gebäude, Außenanlagen und sonstige Anlagen sowie das Zubehör sein. Gegenstand der Wertermittlung können auch besondere Betriebseinrichtungen sein.

Bestandteile eines Grundstückes sind insbesondere Rechte, die mit dem Eigentum an einem Grundstück verbunden sind, seien sie privatrechtlicher Art, wie Dienstbarkeiten oder öffentlich-rechtlicher Art, wie Baulasten.

Auch Belastungen und ihr wertmindernder Einfluss können Gegenstand der Wertermittlung sein.

Einzelne Bestandteile von Grundstücken können auch selbständig Gegenstand der Wertermittlung sein.

1.5 Grundlagen der Wertermittlung

1.5.1 Stichtag für die allgemeinen Wertverhältnisse und den maßgeblichen Grundstückszustand (Nr. 0.4 der Anlage 1 bzw. Nr. 0.7 der Anlage 2)

Nach § 3 WertV sind zur Ermittlung des Verkehrswerts eines Grundstücks

- die allgemeinen Wertverhältnisse auf dem Grundstücksmarkt in dem Zeitpunkt zu Grunde zu legen, auf den sich die Wertermittlung bezieht (Wertermittlungsstichtag) und
- der maßgebliche, der Wertermittlung zu Grunde liegende Zustand des Grundstücks festzustellen und zu beschreiben.

In den meisten Wertermittlungsfällen sind der Zustand des Grundstücks und die allgemeinen Wertverhältnisse am Grundstücksmarkt auf denselben Zeitpunkt (Wertermittlungsstichtag) zu beziehen, es sei denn, dass aus rechtlichen oder sonstigen Gründen der Zustand des Grundstücks zu einem anderen Zeitpunkt (Qualitätsstichtag) maßgebend ist.

Insbesondere bei Wertermittlungen zur Feststellung von Enteignungsentschädigungen ist häufig vom Zustand des Grundstücks in einem zurückliegenden Zeitpunkt auszugehen, während die Wertverhältnisse zum aktuellen Wertermittlungsstichtag zu Grunde zu legen sind. Von Bedeutung ist dies auch im Rahmen von Wertermittlungen bei Umlegungsverfahren, sowie Entwicklungs- und Sanierungsverfahren.

1.5.2 Zustand — Allgemeines

Nach § 3 Abs. 2 WertV bestimmt sich der Zustand eines Grundstücks nach der Gesamtheit der den Verkehrswert beeinflussenden Umstände, insbesondere den rechtlichen Gegebenheiten und tatsächlichen Eigenschaften, der sonstigen Beschaffenheit und der Lage des Grundstücks. Hierzu gehören insbesondere der Entwicklungszustand (§ 4 WertV), die Art und das Maß der baulichen Nutzung, die wertbeeinflussenden Rechte und Belastungen, der beitrags- und abgabenrechtliche Zustand, die Wartezeit bis zu einer baulichen oder sonstigen Nutzung, die Bodenbeschaffenheit, die Eigenschaft des Grundstücks und die Lagemerkmale (§ 5 WertV).

Die künftige Nutzbarkeit des Grundstücks auf Grund absehbarer Änderung ist zu berücksichtigen, sofern dies nicht rechtlich auszuschließen ist (vgl. Nr. 3.1.4.1).

Der Entwicklungszustand bestimmt sich insbesondere durch den planungsrechtlichen Zustand eines Grundstücks und ist bei bebauten und unbebauten Grundstücken gleichermaßen von Bedeutung.

In § 4 WertV werden folgende Entwicklungszustände definiert:

- Flächen der Land- oder Forstwirtschaft,
- Bauerwartungsland,
- Rohbauland,
- Baureifes Land.

1.5.3 Allgemeine Wertverhältnisse

Nach § 3 Abs. 3 WertV bestimmen sich die allgemeinen Wertverhältnisse auf dem Grundstücksmarkt nach der Gesamtheit der am Wertermittlungsstichtag für die Preisbildung von Grundstücken im gewöhnlichen Geschäftsverkehr für Angebot und Nachfrage maßgebenden Umstände, wie die allgemeine Wirtschaftssituation, der Kapitalmarkt und die Entwicklungen am Ort (Marktlage).

Es handelt sich bei den allgemeinen Wertverhältnissen um eine Vielzahl von Umständen, die zum Teil ganz allgemein und überall vorliegen (z.B. Entwicklung des Zinsniveaus) oder nur örtlich anzutreffen sind sowie solche, die nur Grundstücksmärkte bestimmter Grundstücksarten betreffen.

Die Vergleichspreise und sonstigen Daten der Wertermittlung sind möglichst auf der Grundlage geeigneter Indexreihen und Umrechnungskoeffizienten an die maßgeblichen allgemeinen Wertverhältnisse auf dem Grundstücksmarkt anzupassen.

1.5.4 Ungewöhnliche oder persönliche Verhältnisse

Nach § 6 WertV dürfen zur Wertermittlung und zur Ableitung erforderlicher Daten für die Wertermittlung grundsätzlich nur Daten herangezogen werden, die nicht durch ungewöhnliche oder persönliche Verhältnisse beeinflusst worden sind, es sei denn, dass die Auswirkungen auf die Kaufpreise und die anderen Daten sicher erfasst werden können.

Kriterien für eine mögliche Beeinflussung der Kaufpreise durch ungewöhnliche oder persönliche Verhältnisse enthält § 6 Abs. 2 und 3 WertV. Entscheidender Anhaltspunkt für das Vorliegen einer solchen Beeinflussung des Kaufpreises und anderer Daten der Wertermittlung ist eine erhebliche Abweichung von vergleichbaren Daten.

Die Höhe dieser „erheblichen" Abweichungen ist nicht fest definierbar, sondern abhängig von der Homogenität bzw. Heterogenität des jeweiligen Grundstücksmarktes.

Stammen die Vergleichsdaten aus Auskünften nach § 195 Abs. 3 BauGB oder Veröffentlichungen von Gutachterausschüssen für Grundstückswerte, so kann in der Regel davon ausgegangen werden, dass diese Daten von ungewöhnlichen oder persönlichen Verhältnissen nicht beeinflusst oder nach § 6 Abs. 1 Satz 2 WertV bereinigt worden sind.

1.5.5 Allgemeines zu den Wertermittlungsverfahren

Der Verkehrswert ist mit Hilfe geeigneter Verfahren zu ermitteln. Neben den in § 7 WertV genannten Verfahren (Vergleichs-, Ertrags- und Sachwertverfahren) können auch andere Wertermittlungsverfahren angewandt werden, wenn diese zu sachgerechten Ergebnissen führen und das Wertbild nicht verzerren.

Das Vergleichswertverfahren wird angewandt, wenn sich der Grundstücksmarkt an Vergleichspreisen orientiert. Es ist das Regelverfahren für die Ermittlung des Bodenwerts unbebauter sowie bebauter Grundstücke.

Das Ertragswertverfahren ist vor allem für Verkehrswertermittlungen von Grundstücken heranzuziehen, die im gewöhnlichen Geschäftsverkehr im Hinblick auf ihre Rentierlichkeit gehandelt werden (z.B. Mietwohnhäuser, Gewerbeimmobilien, Sonderimmobilien).

Das Sachwertverfahren steht im Vordergrund, wenn im gewöhnlichen Geschäftsverkehr der verkörperte Sachwert und nicht die Erzielung von Erträgen für die Preisbildung ausschlaggebend ist, insbesondere bei eigengenutzten Ein- und Zweifamilienhäusern.

Insbesondere bei Anwendung des Sach- oder Ertragswertverfahrens führen die Verfahren nicht unmittelbar zum Verkehrswert, sondern lediglich zum Ertrags- oder Sachwert.

Der Verkehrswert ist aus dem Ergebnis oder den Ergebnissen der angewandten Verfahren unter Berücksichtigung der Lage auf dem Grundstücksmarkt abzuleiten. Liegen aus mehreren angewandten Verfahren verschiedene Ergebnisse vor, so sind diese nach § 7 WertV bei der Bemessung des Verkehrswerts entsprechend ihrer Aussagefähigkeit unter Beachtung der Lage auf dem Grundstücksmarkt zu würdigen.

Zu weiteren Aussagen zu den einzelnen Wertermittlungsverfahren und deren Anwendung vgl. unter Nr. 2 (Wertermittlung unbebauter Grundstücke) und unter Nr. 3 (Wertermittlung bebauter Grundstücke).

2. Wertermittlung unbebauter Grundstücke (Anlage 1)

2.1 Allgemeine Angaben (Nr. 0 der Anlage 1)

Die allgemeinen Angaben über das Grundstück (Nr. 0.1 der Anlage 1) sind für die durchzuführende Wertermittlung erforderlich.

Zur Darlegung des Zwecks des Gutachtens gehört auch die Wiedergabe des Auftrags ggf. einschließlich einer dem Gutachtenauftrag zu Grunde gelegten Auslegung sowie deren Begründung und sonstige sachdienliche Hinweise.

Die herangezogenen Unterlagen sind aufzuführen, Erkundigungen und Informationen mit Angabe der Ansprechpartner darzulegen.

Die Größe der Grundstücksflächen (Nr. 0.1.5 der Anlage 1) ist dem Grundbuch (Nr. 0.1.3 der Anlage 1) oder den Unterlagen der Vermessungs- bzw. der Katasterämter zu entnehmen (Nr. 0.1.4 der Anlage 1). Die Flächen sind grundsätzlich in Quadratmeter (m²) anzugeben.

Grundstücksbezogene Rechte und Belastungen (Nr. 0.2 der Anlage 1) sind u.a. dem Grundbuch, dem Baulasten- und dem Denkmalschutzverzeichnis zu entnehmen. Altlastenverzeichnisse sind ggf. einzusehen.

Von einer Wiedergabe allgemeiner Wertermittlungsvorschriften ist Abstand zu nehmen.

2.2 Grund- und Bodenbeschreibung (Nr. 1.0 der Anlage 1)

Aus der Beschreibung des Grund und Bodens müssen die allgemeinen und die besonderen Merkmale des Grundstücks zu erkennen sein.

Das Gebiet, in dem das Grundstück liegt, ist mit seiner tatsächlichen und rechtlich zulässigen Bebauung (Art und Maß der baulichen Nutzung, Bauweise), seiner Infrastruktur, insbesondere seiner Verkehrserschließung sowie Ver- und Entsorgung und ggf. seiner Immissionsbelastung zu beschreiben.

In den im Zusammenhang bebauten Ortsteilen nach § 34 BauGB sind Art und Maß der baulichen Nutzung nach Maßgabe dieser Vorschrift unter besonderer Beachtung der das Gebiet prägenden Bebauung festzustellen.

Zur Feststellung und Beschreibung sind entsprechende Informationen bei den Planungs-, Bauaufsichts- und sonstigen kommunalen Ämtern einzuholen.

Die für die Verkehrswertmittlung maßgeblich planerischen Grundlagen (Regional- und Landesplanung, Bebauungsplan, Flächennutzungsplan, Rahmenplan, Entwicklungsplan und dgl.) sind unter Angabe ihrer formellen Bezeichnung und des Zeitpunkts ihres In-Kraft-Tretens chronologisch darzustellen. Bei laufenden Planverfahren sind der konkrete Planungsstand sowie der zu erwartende Abschluss des Planverfahrens darzulegen. Vorhandene Planungsunterlagen sind (ggf. im Entwurf) dem Gutachten in Kopie beizufügen.

Der Wertermittlung zu Grunde gelegte mündliche Auskünfte sind hinsichtlich ihrer Verbindlichkeit zu würdigen; für Rückfragen sind die jeweiligen Ansprechpartner mit Angabe der Telefonnummer zu vermerken.

Sofern am Wertermittlungsstichtag eine Änderung der derzeitigen Nutzbarkeit in qualifizierbarer Weise absehbar ist, ist diese zusammen mit ihren Realisierungschancen eingehend darzulegen.

Bei land- oder forstwirtschaftlich genutzten oder nutzbaren Grundstücken ist eine Bodenbeschreibung vorzunehmen und die Bonität (insbesondere die Ertragsmesszahl) anzugeben. Auf Besonderheiten oder Nutzungsbeschränkungen ist hinzuweisen.

2.2.1 Entwicklungszustand (Nr. 1.0.1 der Anlage 1)

Der Entwicklungszustand richtet sich insbesondere nach den planungsrechtlichen Vorgaben (z.B. Flächennutzungsplan, Bebauungsplan, § 34 BauGB). Zu erwartende Änderungen der planungsrechtlichen Vorgaben können sich auf den gegebenen planungsrechtlichen Entwicklungszustand am Wertermittlungsstichtag in der Regel nur auswirken, wenn sich die Erwartung auf konkrete Anhaltspunkte (z.B. ein entsprechendes Verhalten der Gemeinde) gründet. Hierbei ist die Wartezeit zu berücksichtigen.

Die Definitionen der Entwicklungszustände (§ 4 WertV) beziehen sich auf unbebaute Grundstücke und Grundstücksteile.

Bei der Wertermittlung bebauter Grundstücke ist vom Entwicklungszustand „baureifes Land" auszugehen und nach den Gegebenheiten des Einzelfalles zu prüfen, ob nach den zum Wertermittlungsstichtag maßgebenden rechtlichen Umständen die bauliche Nutzung auf Dauer oder nur vorübergehend (z.B. auf Grund des Bestandsschutzes einer vorhandenen baulichen Anlage) gewährleistet ist.

Der Entwicklungszustand „baureifes Land" ist auch zu Grunde zu legen, wenn eine bauliche Nutzung nach § 35 Abs. 1 BauGB im Außenbereich privilegiert ist.

Auch bei Brachflächen ist die planungsrechtlich zulässige Nutzung zu Grunde zu legen.

2.2.1.1 Land- oder forstwirtschaftliche Flächen (§ 4 Abs. 1 WertV)

Es ist zu unterscheiden zwischen:

- den reinen land- oder forstwirtschaftlichen Flächen, (Nr. 1 der Vorschrift) von denen anzunehmen ist, dass sie nach ihren Eigenschaften, der sonstigen Beschaffenheit und Lage, nach ihren Verwertungsmöglichkeiten oder den sonstigen Umständen in absehbarer Zeit nur land- oder forstwirtschaftlichen Zwecken dienen werden; sie werden auch als „reines Agrarland" bezeichnet, dem der Begriff „innerlandwirtschaftlicher" Verkehrswert zugeordnet wird.

■   den besonderen Flächen der Land- oder Forstwirtschaft (Nr. 2 der Vorschrift) die dadurch geprägt sind, dass sie über ihre land- oder forstwirtschaftliche Nutzbarkeit hinaus mit ihren den Wert im Einzelfall beeinflussenden Vor- und Nachteilen nach objektiven Gegebenheiten auch für anderweitige Nutzungen oder Funktionen in Betracht kommen, aber nicht die Qualität von Bauerwartungsland oder Rohbauland aufweisen. Die besondere Eignung der Flächen kann sich aus der Nähe zu städtebaulich genutzten oder zur städtebaulichen Nutzung anstehenden Flächen (Ausstrahlungsbereich) oder aus der besonderen Anziehungskraft der Umgebung, insbesondere in einer landschaftlich schönen Gegend mit guten Verkehrsanbindungen, ergeben. Darüber hinaus hängt die Eignung des Grundstücks zu einer anderweitigen Nutzung auch von der besonderen Beschaffenheit des Grundstücks, wie Geländeform oder Besonnung, ab. Der Wert derartiger Flächen kann daher über dem Wert von ausschließlich land- oder forstwirtschaftlichen Flächen (reine Agrarlandflächen) liegen, wenn im gewöhnlichen Geschäftsverkehr eine Nachfrage hinsichtlich solcher Flächen und solcher Nutzungen besteht.

Diese Flächen werden auch als „begünstigtes" Agrarland bezeichnet, dem der Begriff „außerlandwirtschaftlicher" Verkehrswert zugeordnet wird.

Allerdings kann die besondere Funktionsgebundenheit oder eine nur geringe Nachfrage den Wert auch negativ beeinflussen. So kann z.B. ein Waldgebiet, das in besonderem Maße für Erholungszwecke in Anspruch genommen wird, hierdurch so beeinträchtigt werden, dass sein Wert unter den Wert für land- oder forstwirtschaftlich genutzte Flächen absinkt.

Auch Brachflächen im Außenbereich oder die zur Reduzierung der landwirtschaftlichen Überproduktion stillgelegten landwirtschaftlichen Anbauflächen sind Flächen der Land- oder Forstwirtschaft. Dabei kann es sich auch um eine eingeschränkte landwirtschaftliche Nutzung handeln, z.B. bei Düngungsbeschränkungen in Wasserschutzzonen.

Es kommt demnach nicht auf die ausgeübte Nutzung an, sondern auf die nach allgemeiner Verkehrsanschauung und planungsrechtlicher Festsetzung mögliche Nutzung. Subjektive Nutzungsabsichten bleiben außer Betracht.

2.2.1.2 Bauerwartungsland (§ 4 Abs. 2 WertV)

Bauerwartungsland sind Flächen, die nach ihrer Eigenschaft, ihrer sonstigen Beschaffenheit und Lage eine bauliche Nutzung in absehbarer Zeit tatsächlich erwarten lassen.

Die Bauerwartung kann sich auf eine entsprechende Darstellung der Flächen im Flächennutzungsplan oder auch auf ein entsprechendes Verhalten der Gemeinde oder anderer öffentlicher Planungsträger gründen. Diesbezüglich ist auch die Eignung der Flächen für eine bauliche Nutzung unter Berücksichtigung der allgemeinen städtebaulichen Entwicklung des Gemeindegebiets von Bedeutung. Dies kann beispielsweise eine günstige Verkehrslage (unmittelbare Stadtnähe) sein; umgekehrt können naturbedingte, planungsrechtliche oder in absehbarer Zeit nicht auszuräumende Hindernisse für eine bauliche Nutzung der Bauerwartung entgegenstehen. Neben der tatsächlichen Eignung für eine bauliche Nutzung muss darüber hinaus in absehbarer Zeit mit einer Bebauung gerechnet werden können.

Kaufpreise, die sich aus einer spekulativen Erwartung gebildet haben, bleiben unberücksichtigt.

2.2.1.3 Rohbauland (§ 4 Abs. 3 WertV)

Rohbauland sind Flächen, die nach den §§ 30, 33 und 34 des Baugesetzbuchs für eine bauliche Nutzung bestimmt sind, deren Erschließung aber noch nicht gesichert ist oder die nach Lage, Form oder Größe für eine bauliche Nutzung unzweckmäßig gestaltet sind.

Art und Umfang des jeweiligen Erschließungs- bzw. Bodenordnungsbedarfs ist zu ermitteln. Der Zeitraum bis zur Baureifmachung ist sorgfältig zu bestimmen.

2.2.1.4 Baureifes Land (§ 4 Abs. 4 WertV)

Baureifes Land sind Flächen, die nach öffentlich-rechtlichen Vorschriften baulich nutzbar sind. Hierzu müssen die rechtlichen Voraussetzungen, also vor allem aus dem

- Baugesetzbuch,
- Bauordnungsrecht,
- Umweltrecht

gegeben sein. Rechtsvorschriften, die die Bebaubarkeit nur für einen bestimmten Zeitraum aussetzen, berühren die Einstufung des Grundstücks in die einzelnen Entwicklungsstufen nach § 4 WertV nicht, müssen aber bei der Wertermittlung berücksichtigt werden (vgl. Nr. 2.2.5 Wartezeiten).

2.2.2 Art und Maß der baulichen Nutzung (Nr. 1.0.2 der Anlage 1)

Art und Maß der baulichen Nutzung ergeben sich in der Regel:

a) aus den für die städtebauliche Zulässigkeit von Vorhaben maßgeblichen Bebauungsplänen (§§ 30, 33 BauGB) oder

b) aus den Bestimmungen des § 34 BauGB über die im Zusammenhang bebauten Ortsteile oder

c) gegebenenfalls aus dem Flächennutzungsplan

unter Berücksichtigung der sonstigen öffentlich-rechtlichen und privatrechtlichen Vorschriften.

Im Flächennutzungsplan (§ 5 BauGB) ist die allgemeine Art der baulichen Nutzungsmöglichkeit (§ 1 Abs. 1 BauNVO) dargestellt.

Es wird unterschieden nach:

- Wohnbauflächen,
- gemischte Bauflächen,
- gewerbliche Bauflächen,
- Sonderbauflächen.

In einzelnen Fällen enthält bereits der Flächennutzungsplan Angaben über Geschossflächenzahl, die Baumassenzahl oder die Höhe der baulichen Anlagen (§ 16 Abs. 1 BauNVO).

Im Bebauungsplan ist die besondere Art der baulichen Nutzungsmöglichkeit (§ 1 Abs. 2 BauNVO) festgesetzt:

- Wohnbauflächen: Kleinsiedlungsgebiete, reine Wohngebiete, allgemeine Wohngebiete, besondere Wohngebiete;
- Gemischte Bauflächen: Dorfgebiete, Mischgebiete, Kerngebiete;
- Gewerbliche Bauflächen: Gewerbegebiete, Industriegebiete;
- Sonderbauflächen: Sondergebiete, die der Erholung dienen und sonstige Sondergebiete.

Das zulässige Maß der baulichen Nutzung wird im Bebauungsplan bestimmt durch Festsetzung:

- der Grundflächenzahl oder der Größe der Grundfläche der baulichen Anlagen,
- der Geschossflächenzahl oder der Größe der Geschossfläche, der Baumassenzahl oder der Baumasse,
- der Zahl der Vollgeschosse,
- der Höhe der baulichen Anlagen.

Im Geltungsbereich eines vorhabenbezogenen oder eines qualifizierten Bebauungsplans ist ein Vorhaben zulässig, wenn es dem Bebauungsplan nicht widerspricht und die Erschließung gesichert ist.

Während der Aufstellung eines Bebauungsplans bestimmt sich Art und Maß der baulichen Nutzung nach Maßgabe des § 33 BauGB.

Im Geltungsbereich eines Bebauungsplans, der die Voraussetzungen des § 30 Abs. 1 BauGB nicht erfüllt (einfacher Bebauungsplan im Sinne des § 30 Abs. 3 BauGB), richtet sich die Zulässigkeit von Vorhaben im Übrigen nach § 34 und 35 BauGB.

Art und Maß der zulässigen Bebauung ergeben sich innerhalb der im Zusammenhang bebauten Ortsteile aus der vorhandenen Bebauung (§ 34 BauGB).

Bei Rohbauland und baureifem Land ist in jedem Einzelfall zu prüfen, welches Maß der baulichen Nutzung tatsächlich realisierbar ist (Landesbauordnung, Nachbarrecht, Nachbarschaftsbebauung, Wirtschaftlichkeit).

Art und Maß der baulichen Nutzung kann im Zweifelsfall durch eine Bauvoranfrage geklärt werden.

2.2.3 Grundstücksbezogene Rechte und Belastungen (Nr. 1.0.3 der Anlage 1)

Grundstücksbezogene Rechte und Belastungen sind zu berücksichtigen, soweit sie wertbeeinflussend sind. Rechte und Belastungen können privatrechtlicher und öffentlich-rechtlicher Art sein.

Privatrechtliche Rechte und Lasten sind insbesondere dinglich gesicherte Nutzungsrechte, Erbbaurechte, Vorkaufsrechte sowie langfristige Miet- und Pachtverträge.

Rechte und Lasten des öffentlichen Rechts können sich unter anderem aus dem Planungs-, Bauordnungs- und Abgabenrecht sowie aus dem Denkmal-, Natur- und Gewässerschutzrecht ergeben.

Hypotheken und Grundschulden sind keine den Verkehrswert beeinflussenden Rechte und Belastungen. Sie beeinflussen regelmäßig nur die Höhe des Kaufpreises, und zwar je nachdem, ob dem Käufer das Grundstück belastet oder lastenfrei übertragen werden soll. Anders verhält es sich mit Leibrenten. Sie können den Verkehrswert eines Grundstücks beeinflussen. Verkehrswertbeeinflussend kann dabei der Umstand sein, dass ein Grundstück, das mit einer Leibrente belastet ist, im Gegensatz zu mit Grundpfandrechten belasteten Grundstücken gegen den Willen des Berechtigten nicht enthaftet werden kann. Dieser Umstand wird am Markt häufig als wertmindernd betrachtet.

2.2.4 Beitrags- und abgabenrechtlicher Zustand insbesondere Erschließungszustand (Nr. 1.0.4 der Anlage 1)

Der tatsächlich gegebene Erschließungszustand ist nach Art und Umfang zu beschreiben, die noch fehlenden Erschließungsmaßnahmen sind aufzuführen, soweit dies für die Wertermittlung erforderlich ist. Hierzu gehört auch die Benennung von evtl. für Straßenzwecke abzutretenden Grundstücksflächen. Erschließungsanlagen sind Anlagen nach § 127 BauGB.

Der Erschließungsbeitrag nach dem BauGB bemisst sich nach dem Erschließungsaufwand für Erschließungsanlagen, insbesondere dem Wert der für die Erschließungsanlagen in Anspruch genommenen Flächen, den Kosten des Straßenbaus, der Straßenentwässerung und Straßenbeleuchtung.

Weiterhin sind die üblichen Kosten für Maßnahmen der Ver- und Entsorgung (Kommunalabgaben), sonstige Belastungen wie Kostenerstattungsbeträge (§ 135a BauGB), Ausgleichsbeträge (§ 154 und § 166 Abs. 3 Nr. 2 Satz 2 BauGB), Ausgleichsleistungen in der Umlegung und Stellplatzabgaben zu berücksichtigen.

Bei erschlossenen Grundstücken ist zu prüfen, ob und welche öffentlich-rechtlichen Beiträge und nicht-steuerlichen Abgaben für das Grundstück noch zu entrichten sind.

2.2.5 Wartezeit (Nr. 1.0.5 Der Anlage 1)

Die Wartezeit bis zu einer am Wertermittlungsstichtag noch nicht realisierbaren baulichen oder sonstigen Nutzung eines Grundstücks richtet sich nach der voraussichtlichen Dauer bis zum Eintritt der rechtlichen und tatsächlichen Voraussetzungen, die für die Zulässigkeit der Nutzung erforderlich sind (z.B. bei Rohbauland).

Eine Wartezeit kann auch bei baureifen Grundstücken zu berücksichtigen sein, wenn z.B. eine Veränderungssperre einer sofortigen Bebauung entgegensteht. Die Wartezeit ist möglichst wirklichkeitsnah zu bestimmen; z.B. die Zeit bis zum In-Kraft-Treten eines Bebauungsplans bzw. bis zur Bebaubarkeit nach § 33 BauGB, bis zum Abschluss einer eventuell erforderlichen Umlegung, die Zeit bis zur Sicherung der Erschließung oder bis zum Ende der Veränderungssperre.

2.2.6 Bodenbeschaffenheit und tatsächliche Eigenschaften (Nr. 1.0.6 der Anlage 1)

Die Bodenbeschaffenheit, die Grundstücksgestalt und die sonstigen tatsächlichen Eigenschaften des Grundstücks, z.B. das Vorhandensein von Aufwuchs, können wertbeeinflussend sein. Grundstücksgröße, Zuschnitt und Topographie sind für die wirtschaftliche Nutzungsmöglichkeit (z.B. Erfordernis und Umfang einer inneren Erschließung) von Bedeutung und deshalb festzustellen. Die Bodenbeschaffenheit kann im Falle der Bebauung zu erhöhten Baukosten (z.B. Gründungsmehrkosten) führen und damit den Bodenwert beeinflussen. Hierbei sind insbesondere zu berücksichtigen: Oberflächenbeschaffenheit, Wasserläufe, Eignung als Baugrund (z.B. aufgeschüttetes Gelände), Grundwasserstand und Wasseradern.

Auf Bodenverunreinigungen (vgl. Nr. 2.3.4.6) einschließlich des Verdachts auf Bodenverunreinigungen und sonstige Belastungen ist hinzuweisen, auch wenn sie im Wertermittlungsverfahren bereits ohne besondere Hervorhebung berücksichtigt wurden.

Bodenschätze (z.B. Kies, Ton und Sand) sind gesondert anzugeben.

Zu den tatsächlichen Eigenschaften gehören auch Umwelteinflüsse. In Betracht kommen Staub-, Geräusch- und Geruchsimmissionen, Ablagerungen und sonstige Umweltbelastungen.

Die RBBau in der jeweils gültigen Fassung ist zu beachten (vgl. Anlage 2c).

2.2.7 Lage (Nr. 1.0.7 der Anlage 1)

Zu berücksichtigen ist u.a. die Lage als Ortslage (Kleinstadt, Stadtkern, Stadtrand), die Lage des Grundstücks als Geschäftslage und Wohnlage, Eckgrundstück, die Himmelsrichtung, Nachbarschaftslage und Verkehrsanbindung sowie Umwelteinflüsse, soweit sie nicht bereits unter Nr. 2.2.6 miterfasst worden sind.

2.3 Ermittlung des Bodenwerts (Nr. 1.1 der Anlage 1)
2.3.1 Grundlagen (Nr. 1.1.1 der Anlage 1)

Grundlage der Bodenwertermittlung ist die Beschreibung des Grund und Bodens (Nr. 1.0 der Anlage 1).

Der Bodenwert ist grundsätzlich nach dem Vergleichswertverfahren zu ermitteln. Die Ausführungen unter Nr. 1.5 sind zu beachten.

Zur Ermittlung des Bodenwerts kann von der Möglichkeit Gebrauch gemacht werden, Vergleichspreise durch Auskünfte aus der Kaufpreissammlung des Gutachterausschusses für Grundstückswerte (§ 195 BauGB) einzuholen. Des Weiteren sind die vom Gutachterausschuss ermittelten Bodenrichtwerte (§ 196 BauGB) heranzuziehen.

Die Grundstücksmarktlage findet bei Anwendung des Vergleichswertverfahrens (§§ 13 und 14 WertV) vor allem durch die herangezogenen Vergleichspreise bzw. Bodenrichtwerte Eingang in die Wertermittlung. Des Weiteren müssen auch die zur Berücksichtigung von Abweichungen im Sinne von § 14 WertV anzubringenden Zu- oder Abschläge durch die Lage auf dem Grundstücksmarkt begründet sein.

Stehen derartige Vergleichspreise und Bodenrichtwerte aus dem Gebiet, in dem das zu wertende Grundstück liegt, nicht zur Verfügung, kann auch auf Daten vergleichbarer Grundstücke in anderen Gebieten oder anderen Gemeinden zurückgegriffen werden, sofern die örtlichen Verhältnisse und die Marktlage vergleichbar sind (§ 13 Abs. 1 Satz 2 WertV).

Vergleichspreise und Bodenrichtwerte sind auf einen mit dem zu wertenden Grundstück vergleichbaren Entwicklungszustand zu beziehen.

Alle wertbeeinflussenden Merkmale, insbesondere Lage, Form und Größe, beitrags- und abgabenrechtlicher Zustand, Rechte und Belastungen, Beschaffenheit des Baugrunds, Immissionen, Aufwuchs und Einfriedungen sind zu berücksichtigen.

Unterschiede in den wirtschaftlichen, strukturellen und besonderen Verhältnissen sind durch marktkonforme Zu- bzw. Abschläge oder mit Hilfe anderer geeigneter Verfahren zu berücksichtigen und nachvollziehbar zu begründen.

Eine Ermittlung des Bodenwerts für Bauerwartungs- bzw. Rohbauland auf der Grundlage des Bodenwerts ansonsten vergleichbarer baureifer Grundstücke kann unter Abzug der kalkulierten Kosten der Baureifmachung und unter Berücksichtigung der Wartezeit ergänzend in Betracht kommen, wenn das Ergebnis nicht überproportional vom Ausgangswert abweicht.

2.3.2 Vergleichspreise (Nr. 1.1.1.1 der Anlage 1)

Für die Anwendung des Vergleichswertverfahrens bedarf es einer ausreichenden Anzahl von Kaufpreisen, die mit dem zu wertenden Grundstück soweit übereinstimmen, dass die Abweichungen in angemessener Weise berücksichtigt werden können.

Eine hinreichende Übereinstimmung der Zustandsmerkmale der Vergleichsgrundstücke mit denen des zu wertenden Grundstücks liegt vor, wenn die Vergleichsgrundstücke hinsichtlich ihrer Lage, Art und Maß der baulichen Nutzung, Bodenbeschaffenheit, Größe, Grundstücksgestalt und Erschließungszustand geeignet sind, die Abweichungen nicht überproportional ausfallen und in sachgerechter Weise berücksichtigt werden können.

Soweit Kaufpreise aus diesem Grund nicht herangezogen werden, sind sie nachrichtlich anzugeben.

2.3.3 Bodenrichtwerte (Nr. 1.1.1.2 der Anlage 1)

Bodenrichtwerte sind durchschnittliche Lagewerte des Grund und Bodens für Gebiete mit im Wesentlichen gleichen Lage- und Nutzungsverhältnissen. Bodenrichtwerte sind nach § 196 BauGB von den Gutachterausschüssen für Grundstückswerte aus den Kaufpreissammlungen regelmäßig zu ermitteln und zu veröffentlichen. Jedermann kann Auskünfte über die Bodenrichtwerte verlangen.

Geeignete Bodenrichtwerte können nach § 13 Abs. 2 WertV neben oder anstelle von Vergleichspreisen zur Ermittlung von Bodenwerten herangezogen werden. Bodenrichtwerte sind geeignet, wenn sie entsprechend den örtlichen Verhältnissen unter Berücksichtigung der Lage und des Entwicklungszustands gegliedert und nach Art und Maß der baulichen Nutzung, des Erschließungszustands und der jeweils vorherrschenden Grundstücksgestalt hinreichend bestimmt sind.

Bei der Heranziehung von Bodenrichtwerten sind diese lagemäßig darzustellen und zu würdigen, insbesondere sind die Abweichungen des Grundstücks vom Bodenrichtwertgrundstück darzustellen und zu berücksichtigen.

2.3.4 Berücksichtigung von Abweichungen (Nr. 1.1.2 der Anlage 1)
2.3.4.1 Allgemeines

Unterschiede in den wertbeeinflussenden Merkmalen des Vergleichsgrundstücks bzw. des Bodenrichtwertgrundstücks von denen des zu wertenden Grundstücks sind durch Zu- oder Abschläge oder in anderer geeigneter Weise zu berücksichtigen.

Unterschiede können sich insbesondere hinsichtlich der Grundstücksgröße und -gestalt, der Bodenbeschaffenheit (z.B. Bodengüte, Eignung als Baugrund, Vorhandensein von Bodenschätzen und Bodenverunreinigungen), der Lage und der Umwelteinflüsse ergeben.

Bei der Berücksichtigung unterschiedlicher Zustandsmerkmale ist darauf zu achten, dass die Zu- und Abschläge einheitlich entweder in absoluter Höhe oder als Relativbeträge angesetzt werden.

Werden Absolut- und Relativbeträge verwendet, ist auf die Verwendung in der richtigen Reihenfolge zu achten.

Die Zu- und Abschläge sind zu begründen.

Zur Berücksichtigung der Abweichungen werden die herangezogenen Vergleichspreise und Bodenrichtwerte zunächst auf den Wertermittlungsstichtag und die Zustandsmerkmale des zu wertenden Grundstücks umgerechnet.

Soweit Preise von Vergleichsgrundstücken herangezogen werden, die aus zurückliegenden Jahren stammen, sind sie mit Hilfe der von den örtlichen Gutachterausschüssen für Grundstückswerte abgeleiteten und veröffentlichten Bodenpreisindexreihen (§ 9 WertV) auf den Wertermittlungsstichtag umzurechnen.

Unterschiede in den Zustandsmerkmalen sind möglichst mit Hilfe von Umrechnungskoeffizienten oder anderen geeigneten Verfahren auf die Eigenschaften des Wertermittlungsobjekts umzurechnen.

Kaufpreise von Vergleichsgrundstücken, die von ungewöhnlichen oder persönlichen Verhältnissen beeinflusst sind, dürfen nur dann zur Wertermittlung herangezogen werden, wenn deren Auswirkungen sicher erfasst werden können (vgl. Nr. 1.5.4.).

2.3.4.2 Wertverhältnis von gleichartigen Grundstücken bei unterschiedlichem Maß der baulichen Nutzung (Geschossflächenzahl zu Geschossflächenzahl — GFZ : GFZ)

Bei Abweichung des Maßes der zulässigen baulichen Nutzbarkeit des Vergleichsgrundstücks bzw. des Bodenrichtwertgrundstücks gegenüber dem zu wertenden Grundstück ist entsprechend der jeweiligen Marktlage der dadurch bedingte Wertunterschied möglichst mit Hilfe von Umrechnungskoeffizienten (§ 10 WertV) auf der Grundlage der zulässigen oder der realisierbaren Geschossflächenzahl festzustellen.

Hierzu kann auf die in Anlage 11 benannten Umrechnungskoeffizienten zurückgegriffen werden, wenn keine Umrechnungskoeffizienten des örtlichen Gutachterausschusses für Grundstückswerte vorliegen und auf brauchbare Umrechnungskoeffizienten aus vergleichbaren Gebieten nicht zurückgegriffen werden kann.

Die angegebenen Umrechnungskoeffizienten stellen Mittelwerte eines ausgewogenen Marktes dar und sind für Wohnbauland abgeleitet worden. Sie beziehen sich auf Grundstücke im erschließungsbeitragsfreien (ebf) Zustand. Bei gewerblichen Grundstücken ist eine lineare Berücksichtigung erfahrungsgemäß sachgerecht.

Bei einer höherer GFZ als 2,4, ist zu beachten, dass die Bodenwerterhöhung geringer ausfällt als die sich aus der Tabelle (bis zu einer GFZ 2,4) ergebende Bodenwerterhöhung.

In Geschäftslagen kann die Abhängigkeit des Bodenwerts von den höherwertig genutzten Flächen (ebenerdige Läden) erheblich größer sein als die Abhängigkeit von der GFZ. In diesen Fällen ist eine eingehende Prüfung hinsichtlich der den Bodenwert bestimmenden Wertmerkmale erforderlich.

Bei der Bemessung des Maßes der baulichen Nutzung ist insbesondere zu beachten:

a) Wird im gewöhnlichen Geschäftsverkehr bei der Kaufpreisbemessung üblicherweise ein vom höchstzulässigen Maß der baulichen Nutzung abweichendes Maß der baulichen Nutzung (lagetypische Nutzung) zu Grunde gelegt, so ist diese lageübliche Maß der baulichen Nutzung sowohl für die Qualifizierung des zu wertenden Grundstücks als auch für die Qualifizierung des Vergleichsgrundstücks zu Grunde zu legen (§ 5 Abs. 1 WertV).
b) Soweit die tatsächlich ausgeübte Nutzung von der rechtlich zulässigen Nutzung abweicht und weder durch An- bzw. Aufbauten angeglichen werden

kann, ist dies unter Beachtung der Restnutzungsdauer angemessen zu berücksichtigen.

2.3.4.3 Form und Größe der Grundstücke

Bei ungewöhnlich großen bzw. kleinen Flächen und bei unzweckmäßig geschnittenen Grundstücken können Größe und Gestalt den Bodenwert beeinflussen. Dies ist durch Zu- und Abschläge zu berücksichtigen, soweit dieser Umstand nicht durch eine wertmäßige Aufteilung eines Grundstücks nach Vorder- und Hinterland oder in anderer Weise berücksichtigt wird.

2.3.4.4 Beitrags- und abgabenrechtlicher Zustand

Für die Auswirkung des beitrags- und abgabenrechtlichen Zustands des Grundstücks gilt Folgendes (vgl. Nr. 2.2.4):

- Zu- oder Abschläge auf den Vergleichspreis bedarf es, wenn der Erschließungszustand oder die beitrags- und abgabenrechtliche Situation des Grundstücks von dem Zustand des Vergleichsgrundstücks abweicht.
- Die Zu- oder Abschläge werden in der Regel nach der Höhe des Beitrags bzw. der Abgabe (z.B. Erschließungsbeitrag) ggf. unter Berücksichtigung der Wartezeit bemessen.

2.3.4.5 Bodenschätze

Eine gesonderte Wertermittlung vorhandener Bodenschätze (z.B. Kies, Sand und Ton) ist — erforderlichenfalls durch besondere Sachverständige — vorzunehmen, wenn der Verkehrswert des Grundstücks dadurch beeinflusst wird, z.B. wenn der Abbau in absehbarer Zeit in rentabler Form zulässig und zu erwarten ist.

2.3.4.6 Bodenverunreinigungen (Kontamination)

Unter dem Begriff „Bodenverunreinigungen" wird in Anlehnung an das BBodSchG unterschieden in:

- schädliche Bodenveränderungen, d.h. Beeinträchtigungen der Bodenfunktion, die geeignet sind, Gefahren, erhebliche Nachteile oder erhebliche Belästigungen für den einzelnen oder die Allgemeinheit herbeizuführen (§ 2 Abs. 3 BBodschG);
- Verdachtsflächen, d.h. Grundstücke, bei denen der Verdacht schädlicher Bodenveränderungen besteht (§ 2 Abs. 4 BBodschG);

- Altlasten, d.h. 1. Altablagerungen — stillgelegte Abfallbeseitigungsanlagen sowie sonstige Grundstücke, auf denen Abfälle behandelt, gelagert oder abgelagert worden sind und 2. Altstandorte — Grundstücke stillgelegter Anlagen und sonstige Grundstücke, auf denen mit umweltgefährdenden Stoffen umgegangen worden ist, ausgenommen Anlagen, deren Stilllegung einer Genehmigung nach dem Atomgesetz bedarf (§ 2 Abs. 5 BBodSchG);
- altlastenverdächtige Fläche, d.h. Altablagerungen und Standorte, bei denen der Verdacht schädlicher Bodenveränderungen oder sonstiger Gefahren für den einzelnen oder die Allgemeinheit besteht (§ 2 Abs. 6 BBodSchG).

Die Wertminderung von entsprechenden Grundstücken kann in Anlehnung an die Kosten ermittelt werden, die für Sanierung, Sicherungsmaßnahmen, Bodenuntersuchungen oder andere geeignete Maßnahmen zur Gefahrenabwehr erforderlich sind.

Dabei hat sich die Sanierung an der baurechtlich zulässigen Nutzung des Grundstücks zu orientieren (§ 4 Abs. 3 BBodSchG). Fehlt diese, ist die nach öffentlich-rechtlichen Vorschriften zu erwartende zulässige Nutzung zu Grunde zu legen.

Die Kosten zur Herrichtung für den vorgesehenen Zweck, die auch ohne den Verdacht einer Bodenverunreinigung oder ohne eine Sanierung der kontaminierten Flächen angefallen wären, sind gegen zu rechnen (ersparte Aufwendungen).

Die „Arbeitshilfen Boden und Grundwasserschutz zur Planung und Ausführung der Sanierung von schädlichen Bodenveränderungen und Grundwasserverunreinigungen" des Bundesministeriums für Verkehr, Bau und Stadtentwicklung sind zu berücksichtigen.[1]

2.3.5 Auswirkungen grundstücksbezogener Rechte und Belastungen (Nr. 1.1.3 der Anlage 1)

Hinsichtlich der Ermittlung des Werts von Rechten und Belastungen (vgl. Nr. 2.2.3) wird auf Nr. 4 des Zweiten Teils verwiesen.

2.4 Bodenwert — Verkehrswert (Nr. 1.1.6 der Anlage 1)

Die Entwicklung des örtlichen Grundstücksmarktes ist sorgfältig zu beobachten und zu berücksichtigen (Nr. 1.1.4 der Anlage 1). Nach dem alle angegebenen wertbeeinflussenden Umstände bei der Ermittlung des Bodenwerts angemessen be-

---

[1] www.bmvbs.de … Bauwesen … Arbeitshilfen, Leitfäden, Richtlinien … Altlasten

rücksichtigt worden sind, ist aus dem sich so ergebenden Bodenwert der Verkehrswert abzuleiten.

3. Wertermittlung bebauter Grundstücke (Anlage 2)

3.1 Wahl des Wertermittlungsverfahrens

Der Verkehrswert ist mit Hilfe geeigneter Verfahren zu ermitteln.

Nach § 7 Abs. 2 WertV sind die Verfahren nach der Art des Gegenstands der Wertermittlung unter Berücksichtigung der im gewöhnlichen Geschäftsverkehr bestehenden Gepflogenheiten zu wählen; die Wahl ist zu begründen.

Steht für das danach zu wählende Wertermittlungsverfahren im Einzelfall keine ausreichende Datengrundlage zur Verfügung, kann auch auf ein anderes Verfahren ausgewichen werden.

Soweit die Anwendung eines weiteren Verfahrens (ggf. zur Unterstützung) sachgerecht ist, soll davon Gebrauch gemacht werden, wenn aussagekräftige Ausgangsdaten vorliegen, die die allgemeinen Verhältnisse auf dem Grundstücksmarkt widerspiegeln.

Bei bebauten Grundstücken ist für die Wahl des Wertermittlungsverfahrens und für die grundlegenden Daten der Wertermittlung die künftige Nutzung des Grundstücks maßgebend, die im Rahmen der rechtlich zulässigen Nutzung unter wirtschaftlicher Betrachtungsweise, insbesondere unter vernünftiger Berücksichtigung der Eignung des vorhandenen Bestands, üblicherweise realisiert wird (vgl Nr. 3.1.4.1 und Nr. 5.1.2).

Die künftige Nutzung ist auf der Grundlage der Bauleitplanung und anderer rechtlicher und tatsächlicher Gegebenheiten festzustellen, die ohne spekulative Erwartungen Anhaltspunkte für die künftige Nutzbarkeit geben (Bauvoranfragen, von der Gemeinde beschlossene sonstige städtebauliche Planungen, Investitionsplanungen, allgemeine städtebauliche Entwicklung, Siedlungsstruktur sowie mit der Gemeinde abgestimmte Nutzungskonzepte).

3.1.1 Vergleichswertverfahren

Das Vergleichswertverfahren kommt bei der Verkehrswertermittlung von bebauten Grundstücken in erster Linie nur bei Grundstücken in Betracht, die mit weitgehend gleichartigen Gebäuden, insbesondere Wohngebäuden, bebaut sind und bei denen sich der Grundstücksmarkt an Vergleichspreisen orientiert. Zu nennen sind insbesondere Einfamilien-Reihenhäuser, Eigentumswohnungen, einfache freistehende Eigenheime (Siedlungshäuser) und Garagen.

Bei Anwendung des Vergleichswertverfahrens sind Kaufpreise solcher Grundstücke heranzuziehen, die hinsichtlich der ihren Wert beeinflussenden Merkmale (§§ 4 und 5 WertV) mit dem Grundstück hinreichend übereinstimmen (Vergleichsgrundstücke). Auskünfte aus der Kaufpreissammlung der örtlichen Gutachterausschüsse nach § 195 BauGB sind als Vergleichsdaten ebenfalls geeignet.

Voraussetzung für die Anwendung des Vergleichswertverfahrens ist in der Regel eine genügende Zahl

geeigneter Vergleichsgrundstücke. Eine Vergleichbarkeit ist auch gegeben, wenn sie mit Hilfe von Indexreihen (§ 9 WertV), Umrechnungskoeffizienten (§ 10 WertV) oder Vergleichsfaktoren für bebaute Grundstücke (§ 12 WertV) aufgezeigt werden kann. Dabei soll auf die Daten der örtlichen Gutachterausschüsse für Grundstückswerte zurückgegriffen werden.

3.1.2 Ertragswertverfahren
3.1.2.1 Allgemeines

Das Ertragswertverfahren kommt insbesondere bei Grundstücken in Betracht, bei denen der nachhaltig erzielbare Ertrag für die Werteinschätzung am Markt im Vordergrund steht, z.B. bei Miet- und Geschäftsgrundstücken und gemischtgenutzten Grundstücken im Sinne des § 75 Bewertungsgesetz (BewG).

- Mietwohngrundstücke sind Grundstücke, die zu mehr als 80 v.H., berechnet nach der Jahresrohmiete, Wohnzwecken dienen.
- Geschäftsgrundstücke sind Grundstücke, die zu mehr als 80 v.H. berechnet nach der Jahresrohmiete, eigenen oder fremden gewerblichen, freiberuflichen oder öffentlichen Zwecken dienen.
- Gemischtgenutzte Grundstücke sind Grundstücke, die teils Wohnzwecken, teils eigenen oder fremden gewerblichen oder öffentlichen Zwecken dienen und nicht Mietwohngrundstücke, Geschäftsgrundstücke, Einfamilienhäuser oder Zweifamilienhäuser sind.

Bei Anwendung des Ertragswertverfahrens (§§ 15 ff. WertV) findet die Lage auf dem Grundstücksmarkt insbesondere dadurch Berücksichtigung, dass die Ertragsverhältnisse (§ 16 WertV), der Liegenschaftszinssatz (§ 11 WertV), die Bewirtschaftungskosten (§ 18 WertV) und die sonstigen wertbeeinflussenden Umstände (§ 19 WertV) in einer ihr angemessenen Größe angesetzt werden.

Weil die genannten Größen bei sachgerechter Anwendung des Ertragswertverfahrens aus den grundstücksbezogenen Daten vergleichbarer Grundstücke, d.h. also „marktorientiert", in die Wertermittlung eingeführt werden, kann das Verfahren ebenfalls als ein vergleichendes Verfahren bezeichnet werden.

Bei abgängiger Bausubstanz steht möglicherweise das Liquidationswertverfahren (§ 20 Abs. 1 und 2 WertV) im Vordergrund.

3.1.2.2 Ertragswertverfahren bei Gemeinbedarfsgrundstücken

Auch bei Grundstücken, die öffentlichen Zwecken vorbehalten bleiben sollen (vgl. Nr. 5.1.1) ist das Ertragswertverfahren insbesondere geeignet, wenn für die öffentliche Hand alternativ eine Anmietung in Betracht kommen würde.

Dabei ist von der Ertragssituation vergleichbarer baulicher Anlagen auszugehen z.B.:

- für Verwaltungsgebäude: Erträge einer Büronutzung vergleichbarer Qualität,
- für Kinderheime, Kindergärten, Freizeitzentren, Kindererholungsheime: vergleichbare privatwirtschaftliche Einrichtungen,
- für Schulen: Erträge aus vergleichbaren oder anderen dafür in Betracht kommenden gewerblich genutzten Objekten.

Steht danach die Anwendung des Ertragswertverfahrens im Vordergrund, kann es gleichwohl geboten sein, das Sachwertverfahren unterstützend heranzuziehen. Dabei muss insbesondere eine eingeschränkte wirtschaftliche Nutzbarkeit der baulichen Anlage z.B. durch eine wirtschaftliche Überalterung nach § 25 WertV berücksichtigt werden; dies gilt insbesondere bei der Umnutzung ehemaliger Gemeinbedarfsanlagen, z.B. bei militärisch genutzten baulichen Anlagen für privatwirtschaftliche Zwecke (z.B. Wohnen, Gewerbe, Industrie, vgl. Nr. 5.1.2)

3.1.3 Sachwertverfahren

Das Sachwertverfahren ist in der Regel bei Grundstücken anzuwenden, bei denen es für die Werteinschätzung am Markt nicht in erster Linie auf den Ertrag ankommt, sondern die Herstellungskosten im gewöhnlichen Geschäftsverkehr wertbestimmend sind.

Dies gilt überwiegend bei individuell gestalteten Ein- und Zweifamilienhausgrundstücken, besonders dann, wenn sie eigengenutzt sind.

Das Sachwertverfahren kann auch zur Abstützung der Wertermittlung von Neubauten, die als Ertragswertobjekte gelten in Betracht kommen, da nicht zu erwarten ist, dass ein Investor Kosten aufbringt, die nicht durch die Rentierlichkeit des Objekts gedeckt werden.

Weiterhin kann das Sachwertverfahren auch bei älteren instandsetzungsbedürftigen Objekten, die eines hohen Kosteneinsatzes für Modernisierung, Instandsetzung bzw. Umstrukturierung bedürfen, zur Anwendung kommen, wenn das Sachwertverfahren zu einem Restwert führt, um den sich die Aufwendungen für eine Neubebauung des Grundstücks vermindern.

In allen Fällen ist zu beachten, inwieweit die Gebäude und Einrichtungen wirtschaftlich überaltert sind, sie der technischen oder der strukturellen Entwicklung nicht mehr entsprechen und eine Nutzungsmöglichkeit und deshalb eine Nachfrage nicht mehr oder nur noch vermindert gegeben ist (vgl. Nr. 3.6.1.1.9.1).

Bei Anwendung des Sachwertverfahrens (§§ 21 ff. WertV) sind insbesondere die Herstellungskosten (§ 22 WertV), die Wertminderung wegen Alters (§ 23 WertV) sowie Baumängel und Bauschäden (§ 24 WertV) unter Berücksichtigung der sonstigen wertbeeinflussenden Umstände zu ermitteln.

3.1.4 Wahl des Verfahrens für Sonderfälle
3.1.4.1 Grundstücke mit Entwicklungspotenzial

Bei der Wertermittlung von Grundstücken mit verschiedenen Möglichkeiten ihrer Entwicklung kann es insbesondere bei unsicherer Abschätzung der künftigen Entwicklung sinnvoll sein, auf der Grundlage der sich aus den verschiedenen möglichen Nutzungsvarianten ergebenden Ausgangsdaten mehrere Varianten durchzurechnen. Die so erhaltenen Verfahrensergebnisse sind zu würdigen.

In der Regel ist der Verkehrswert aus der Alternative abzuleiten, die wegen ihrer besonders vorteilhaften wirtschaftlichen Ertragsfähigkeit im gewöhnlichen Geschäftsverkehr zur Realisierung ansteht.

Dabei ist zu beachten, dass nur solche künftigen Nutzungsvarianten berücksichtigt werden, die aus rechtlichen oder tatsächlichen Gründen ohne spekulative Elemente erwartet werden können. Weiterhin müssen die Nutzungsmöglichkeiten den gewöhnlichen Gepflogenheiten des Grundstücksverkehrs bezüglich der

Verwertungsmöglichkeit des Objekts entsprechen. Persönliche Nutzungsabsichten des Erwerbers bleiben außer Betracht.

3.1.4.2 Liquidationswertverfahren

Wenn bei Verminderung des Reinertrags um den Verzinsungsbetrag des Bodenwerts (vgl. Nr. 3.5.5) kein Anteil für die Berechnung des Werts der baulichen Anlagen verbleibt, soll als Ertragswert des Grundstücks grundsätzlich nur der Bodenwert angesetzt werden.

- Kann in derartigen Fällen das Objekt sofort freigelegt werden, bemisst sich der Verkehrswert nach dem Bodenwert abzüglich der gewöhnlichen Freilegungskosten ggf. unter Anrechnung von Verwertungserlösen (§ 20 Abs. 1 WertV).
- Kann das Objekt erst in absehbarer Zeit freigelegt werden (§ 20 Abs. 2 WertV), so bemisst sich der Verkehrswert nach dem um die Freilegungskosten verminderten und über die Restnutzungsdauer der abgängigen Bausubstanz diskontierten Bodenwert zuzüglich des Barwerts der in dieser Zeit anfallenden Reinerträge.

Bei abbruchreifen Gebäuden sind die Abbruchkosten und ggf. der Erlös aus der Materialverwertung anzugeben.

Zur Anwendung des Ertragswertverfahrens bei kurzer Restnutzungsdauer der baulichen Anlagen vgl. Nr. 3.5.5.

3.2 Allgemeine Angaben (Nr. 0 der Anlage 2)

Zu den in Anlage 2 unter Nr. 0 einzusetzenden „Allgemeinen Angaben" wird auf die Ausführungen unter Nr. 2 dieser Richtlinien „Wertermittlung unbebauter Grundstücke" verwiesen.

Zusätzlich ist zu beachten:

Der Erwerbspreis oder die Gestehungskosten (Anlage 2 Nr. 0.4) können ggf. bei An- bzw. Verkauf als Anhalt dienen. Sie sind ohne bzw. mit Aufgliederung gemäß Anlage 2 Nr. 0.4 anzugeben. Ungewöhnliche Kosten sind nicht zu berücksichtigen. Die Gestehungskosten sind die Gesamtkosten gemäß DIN 276, d.h. insbesondere die Kosten des Grundstücks, des Bauwerks und der Außenanlagen. Zu den Grunderwerbsnebenkosten zählen alle durch den Erwerb des Grundstücks verursachten Nebenkosten.

Die bei Nr. 0.8 der Anlage 2 „Rohertrag und Bewirtschaftungskosten" zu beachtenden Gesichtspunkte sind Nr. 3.5 dieser Richtlinien zu entnehmen.

3.3 Wertermittlung (Nr. 1 der Anlage 2)
3.3.1 Grund- und Bodenbeschreibung (Nr. 1.0.1 der Anlage 2)

Es gelten die Ausführungen unter Nr. 2.2 zur Wertermittlung unbebauter Grundstücke. Eine Aufteilung in überbaute und nicht überbaute Flächen ist nicht vorzunehmen.

Es ist zwischen rechtlich zulässiger und tatsächlich vorhandener baulicher Nutzung zu unterscheiden.

3.3.2 Baubeschreibung (Nr. 1.0.2 der Anlage 2)

Die Stichworte (Nr. 1.0.2.1 bis 1.0.2.10 der Anlage 2) dienen als Anhaltspunkte. Jede bauliche Anlage ist getrennt zu beschreiben, kurze Angaben genügen. Ausführliche Beschreibungen sind zu vermeiden. Die zu den Außenanlagen (Nr. 1.0.2.5 der Anlage 2) und den besonderen Betriebseinrichtungen (Nr. 1.0.2.6 der Anlage 2) zählenden Anlagen sind der DIN 276 zu entnehmen. Zu Baumängeln und Bauschäden (Nr. 1.0.2.9 der Anlage 2) vgl. Nr. 3.6.1.1.8. Falls erforderlich, sind Einlegeblätter zu verwenden (Anlage 2 a). Die Baubeschreibung ist durch Lichtbilder zu belegen.

Neben den unter Nr. 2.2.6 genannten Zustandsmerkmalen kommt es bei bebauten Grundstücken auf den Zustand der baulichen Anlagen, sowie auf deren Restnutzungsdauer, Alter, Bauweise, Gestaltung, Größe, Ausstattung und Ertrag an.

Es ist auf die vollständige Wiedergabe des Gebäudebestandes zu achten, vorhandene Karten sind ggf. entsprechend zu ergänzen.

3.3.3 Bodenwert (Nr. 1.1 der Anlage 2)

Die Ausführungen unter Nr. 1.5 „Grundlagen der Wertermittlung" und Nr. 2 „Wertermittlung unbebauter Grundstücke" gelten sinngemäß.

3.4 Vergleichswert (Nr. 1.2 der Anlage 2)

Der Vergleichswert bebauter Grundstücke umfasst den Bodenwert und den Wert der baulichen und sonstigen Anlagen. Dabei handelt es sich aber nicht um einen zusammengesetzten Wert aus den genannten Werten, sondern um einen einheitlichen Grundstückswert, der das Grundstück mit allen seinen Bestandteilen als wirtschaftliche Einheit erfasst.

Der Verkehrswert bebauter Grundstücke kann durch Preisvergleich mit Hilfe von Vergleichsfaktoren (Ertrags- und Gebäudefaktoren) abgeleitet werden. Dazu können die von den örtlichen Gutachterausschüssen für Grundstückswerte abgeleiteten Vergleichsfaktoren herangezogen werden.

Die Vergleichsfaktoren sind zur Verkehrswertermittlung geeignet, wenn sie entsprechend ihrer Ableitung nach Lage, Art und Maß der baulichen Nutzung, Größe des Grundstücks und Restnutzungsdauer einen Vergleich mit dem zu wertenden Grundstück ermöglichen.

Der Vergleichswert ist in der Regel als Verkehrswert anzusehen. Zu- oder Abschläge können insbesondere wegen Baumängeln und Bauschäden sowie wegen besonderer Einrichtungen und Ausstattungen oder einem über- oder unterdurchschnittlichen Unterhaltungszustand erforderlich werden, wenn diese Kriterien den Verkehrswert beeinflussen und von den Gegebenheiten der Vergleichsobjekte abweichen.

3.5 Ertragswert (Nr. 1.3 der Anlage 2)

Der Ertragswert umfasst den Bodenwert und den Wert der baulichen und sonstigen Anlagen (§ 15 WertV).

Der Ertragswert kann ermittelt werden (vgl. Nr. 3.5.5):

a) unter Aufspaltung in einen Boden- und Gebäudewertanteil (umfassendes Ertragswertverfahren) nach Maßgabe der Anlage 2 oder
b) ohne Aufspaltung in einen Boden- und Gebäudewertanteil (vereinfachtes Ertragswertverfahren).

Generell ist der Bodenwert im Vergleichswertverfahren zu ermitteln. Die Ausführungen unter Nr. 2.3 für die Wertermittlung unbebauter Grundstücke gelten sinngemäß.

Bei Anwendung des umfassenden Ertragswertverfahrens (vgl. a) ist der Ertragswert der baulichen Anlagen der um den Verzinsungsbetrag des Bodenwerts (Bodenwertverzinsungsbetrag; vgl. Nr. 3.5.5) verminderte und sodann unter Berücksichtigung der Restnutzungsdauer der baulichen Anlagen kapitalisierte, nachhaltig erzielbare Reinertrag des Grundstücks (§ 16 WertV). Der Reinertrag ist der Rohertrag des Grundstücks (§ 17 WertV) abzüglich der Bewirtschaftungskosten für das Grundstück (§ 18 WertV). Bodenwert und Wert der baulichen und sonstigen Anlagen ergeben unter Berücksichtigung von Zu- und Abschlägen (§ 19 WertV) den Ertragswert des Grundstücks.

Bei Anwendung des vereinfachten Verfahrens (vgl. b) ermittelt sich der Ertragswert als Barwert der künftigen Reinerträge, die nicht um den Bodenwertverzinsungsbetrag vermindert werden zuzüglich des über die Restnutzungsdauer der baulichen Anlagen diskontierten Bodenwerts. Bei einer Restnutzungsdauer der baulichen Anlagen von mindestens 50 Jahren kann der diskontierte Bodenwert vernachlässigt werden. Der Bodenwert von selbstständig nutzbaren Teilflächen ist jedoch in voller Höhe zu berücksichtigen.

3.5.1 Rohertrag (Nr. 1.3.1 der Anlage 2)

Der Rohertrag umfasst alle bei ordnungsgemäßer Bewirtschaftung und zulässiger Nutzung nachhaltig erzielbaren Einnahmen aus dem Grundstück. Anstelle von Mieten können auch ortsübliche (branchenübliche) Pachten gegebenenfalls in Verbindung mit Umsätzen zur Ermittlung des Rohertrags herangezogen werden.

Umlagen, die zur Deckung von Betriebskosten gezahlt werden, sind nicht zu berücksichtigen. Deshalb sind die herangezogenen Vergleichsmieten daraufhin zu überprüfen, ob es sich um Nettokaltmieten handelt, die die umlagefähigen Betriebskosten nicht enthalten. Dies gilt insbesondere für Grundstücke, die zu Wohnzwecken genutzt werden.

Grundsätzlich müssen sowohl die tatsächlich erzielten als auch die nachhaltig erzielbaren Erträge festgestellt werden. Zu diesem Zweck sind die bestehenden Miet- und Pachtverhältnisse mit ihren wesentlichen Vertragsdaten darzustellen.

Weichen die tatsächlichen Erträge von den nachhaltig erzielbaren ortsüblichen Erträgen ab, dann ist der (vorläufige) Ertragswert zunächst auf der Grundlage der nachhaltig erzielbaren Erträge zu ermitteln. Die Abweichungen zwischen den tatsächlichen und den nachhaltig erzielbaren ortsüblichen Erträgen sind zusätzlich unter Nr. 1.3.8 der Anlage 2 zu berücksichtigen.

Beruht die Abweichung auf einer nicht nur kurzfristigen rechtlichen Bindung, dann ist dies im Rahmen von Nr. 3.5.8 oder nach Nr. 4 des Zweiten Teils zu berücksichtigen.

Die auf Grund allgemeiner wirtschaftlicher Verhältnisse zu erwartenden Änderungen der Ertrags- und Wertverhältnisse werden durch den Ansatz eines angemessenen und nutzungstypischen Liegenschaftszinssatzes i.S. von § 11 WertV berücksichtigt (vgl. Nr. 3.5.4).

Die Einnahmen für Reklameflächen u.ä. sind besonders auszuweisen und auszuwerten.

Für vorübergehend leerstehende und eigengenutzte Räume sowie für solche, die z.B. aus persönlichen Gründen billiger vermietet werden, ist ebenfalls die ortsüblich nachhaltig erzielbare Miete anzusetzen.

Bei Ertragswertobjekten sind die Wohn- und Nutzflächen durch eigene oder durch Überprüfung vorliegender Berechnungen (mit Quellenangabe) getrennt nach Nutzungsart zu ermitteln und nachzuweisen.

Eine aufgegliederte Mietberechnung (Einnahmenberechnung) nach Gebäudeart, Geschossen und Flächen (m²) ist als Anlage beizufügen.

3.5.2 Bewirtschaftungskosten (Nr. 1.3.2 der Anlage 2)

Die im Rahmen des Ertragswertverfahrens anzusetzenden Bewirtschaftungskosten nach den Nrn. 3.5.2.3 — 3.5.2.5 sind regelmäßig und nachhaltig anfallende Ausgaben.

Grundsätzlich sind die üblichen, dem Objekt angemessenen Bewirtschaftungskosten unter Berücksichtigung der Restnutzungsdauer nach Erfahrungssätzen zu Grunde zu legen. Soweit Abweichungen der tatsächlichen von den üblichen Bewirtschaftungskosten die Ertragsfähigkeit des Objektes beeinflussen, sind sie bei der Wertermittlung zusätzlich zu berücksichtigen.

Zinsen für Hypothekendarlehen und Grundschulden oder sonstige Zahlungen für auf dem Grundstück lastende privatrechtliche Verpflichtungen sind bei den Bewirtschaftungskosten nicht zu berücksichtigen.

Die Bewirtschaftungskosten sind möglichst in ihren einzelnen Positionen anzusetzen (Nr. 0.8.2 der Anlage 2).

3.5.2.1 Abschreibung

Im Rahmen der Wertermittlung entfällt der Ansatz eines besonderen Betrags für die Abschreibung.

3.5.2.2 Betriebskosten (Nr. 0.8.2.1 der Anlage 2)

Betriebskosten sind die Kosten, die durch das Eigentum am Grundstück oder durch den bestimmungsgemäßen Gebrauch des Grundstücks sowie seiner baulichen und sonstigen Anlagen laufend entstehen (§ 18 Abs. 3 WertV). Diese sind bei der Wertermittlung nur einzusetzen, soweit sie üblicherweise nicht vom Eigentümer auf die Mieter umgelegt werden.

Eine Aufstellung der umlegbaren Betriebskosten für Wohnraum enthält § 2 BetrKV.

Bei von der Grundsteuer befreiten Grundstücken ist zu prüfen, inwieweit fiktive Beträge für die Grundsteuer in Ansatz zu bringen sind.

3.5.2.3 Verwaltungskosten (Nr. 0.8.2.2 der Anlage 2)

Verwaltungskosten sind die Kosten der zur Verwaltung des Grundstücks erforderlichen Arbeitskräfte und Einrichtungen, die Kosten der Aufsicht sowie die Kosten für die Prüfungen des Jahresabschlusses oder für die Geschäftsführung des Eigentümers.

Die Verwaltungskosten richten sich nach der Art des Grundstücks, der Aufteilung des Wertermittlungsobjekts in Nutzungseinheiten und den örtlichen Verhältnissen, die sehr unterschiedlich sein können.

Die Sätze können je Mieteinheit, je m² Mietfläche bzw. in einem Vomhundertsatz der Nettokaltmiete angegeben werden.

Anhaltspunkte für den Ansatz der Verwaltungskosten ergeben sich aus Anlage 3 dieser Richtlinie.

3.5.2.4 Instandhaltungskosten (Nr. 0.8.2.3 der Anlage 2)

Instandhaltungskosten sind Kosten, die infolge Abnutzung, Alterung und Witterung zur Erhaltung des bestimmungsgemäßen Gebrauchs der baulichen Anlagen während ihrer Nutzungsdauer aufgewendet werden müssen. Die Instandhaltungskosten umfassen sowohl die für die laufende Unterhaltung als auch für die Erneuerung einzelner baulicher Teile aufzuwendenden Kosten und sind hinsichtlich der Höhe mit ihrem langfristigen Mittel zu berücksichtigen.

Von den Instandhaltungskosten sind die Modernisierungskosten (vgl. § 16 Abs. 3 Wohnraumförderungsgesetz — WoFG) zu unterscheiden. Zur Berücksichtigung der Modernisierung im Rahmen der Wertermittlung vgl. unter Nr. 3.5.6.2.

Zu den Instandhaltungskosten gehören grundsätzlich auch die Schönheitsreparaturen. Sie sind jedoch nur in den besonderen Fällen anzusetzen, in denen sie vom Eigentümer zu tragen sind.

Ein Instandhaltungsstau ist gesondert nachzuweisen und gemäß Nr. 3.5.8 zu berücksichtigen.

Instandhaltungskosten können mit Hilfe von Erfahrungssätzen je m² Geschossfläche, Nutz- oder Wohnfläche ermittelt werden.

Anhaltspunkte für den Ansatz der Instandhaltungskosten in Abhängigkeit vom Alter ergeben sich aus Anlage 3 dieser Richtlinie.

3.5.2.5 Mietausfallwagnis (Nr. 0.8.2.4 der Anlage 2)

Mietausfallwagnis ist das Risiko einer Ertragsminderung, die durch Mietminderung, uneinbringliche Zahlungsrückstände oder Leerstehen von Raum, der zur Vermietung bestimmt ist, entsteht und umfasst somit auch die bei Leerstand weiterhin unvermeidlich anfallenden Bewirtschaftungskostenanteile.

Das Mietausfallwagnis erfasst auch die Kosten einer Rechtsverfolgung auf Zahlung, Aufhebung eines Mietverhältnisses oder Räumung.

Die Höhe des Mietausfallwagnisses ist abhängig vom Zustand und der Art des Grundstücks sowie von der örtlichen Marktlage unter Berücksichtigung der Restnutzungsdauer.

Anhaltspunkte für den Ansatz des Mietausfallwagnisses ergeben sich aus Anlage 3 dieser Richtlinie.

Auf sektoralen und regionalen Teilmärkten können sich durchaus deutlich höhere Werte ergeben, die einen höheren Ansatz des Mietausfallwagnisses rechtfertigen, soweit sie nicht schon an anderer Stelle gesondert berücksichtigt wurden (vgl. Nr. 3.5.8).

3.5.3 Reinertrag (Nr. 1.3.3 der Anlage 2)

Der Reinertrag ist der Rohertrag abzüglich der Bewirtschaftungskosten.

3.5.4 Liegenschaftszinssatz (Nr. 1.3.0.2 der Anlage 2)

Der Liegenschaftszinssatz ist der Zinssatz, mit dem sich das im Verkehrswert gebundene Kapital verzinst, wobei sich der Zinssatz nach dem aus der Liegenschaft marktüblich erzielbaren Reinertrag im Verhältnis zum Verkehrswert bemisst.

Der angemessene und nutzungstypische Liegenschaftszinssatz ist nach der Art des Grundstücks (z.B. Mietwohngrundstück, gemischt genutztes Grundstück, Geschäftsgrundstück, gewerbliches Grundstück oder ähnliches) und der Lage auf dem Grundstücksmarkt zu bestimmen. Dabei soll auf den vom örtlichen Gutachterausschuss für Grundstückswerte ermittelten und veröffentlichten Liegenschaftszinssatz zurückgegriffen werden (§ 11 WertV). Ist für das Grundstück kein am regionalen Markt orientierter Liegenschaftszinssatz feststellbar, so kann auf Liegenschaftszinssätze aus vergleichbaren Gebieten, die auch in anderen Gemeinden liegen können, zurückgegriffen werden.

Mit dem Liegenschaftszinssatz werden die allgemein vom Grundstücksmarkt erwarteten künftigen Entwicklungen insbesondere der Ertrags- und Wertverhältnisse sowie der üblichen steuerlichen Rahmenbedingungen berücksichtigt. Besondere Ertragsverhältnisse auf Grund wohnungs- und mietrechtlicher Bindungen bedürfen dagegen einer eigenständigen Berücksichtigung (vgl. Nr. 3.5.1, 3.5.8 und 4.3).

3.5.5 Bodenwert und Bodenwertverzinsungsbetrag (Nr. 1.3.4 der Anlage 2)

Bei Anwendung des umfassenden Ertragswertverfahrens (vgl. Nr. 3.5 a) auf der Grundlage der Anlage 2 wird der Reinertrag in einen Bodenwert- und einen Gebäudewertanteil aufgespalten, indem der Reinertrag um den Betrag vermindert wird, der sich durch eine angemessene Verzinsung des Bodenwerts ergibt (Bodenwertverzinsungsbetrag).

Der Ermittlung des Bodenwertverzinsungsbetrags ist der angemessene und nutzungstypische Liegenschaftszinssatz zu Grunde zu legen.

Bei der Bestimmung des für den Bodenwertverzinsungsbetrag maßgeblichen Bodenwerts sind folgende Grundsätze zu beachten:

a) Ist die vorhandene Grundstücksfläche größer als es einer den baulichen Anlagen angemessenen Nutzung entspricht und ist nach rechtlichen Gegebenheiten eine höherwertige, selbstständige Nutzung der Mehrfläche zulässig und möglich, so ist diese Mehrfläche beim Ansatz des maßgeblichen Bodenwerts nicht zu berücksichtigen.

b) Bei zu erwartenden, am Wertermittlungsstichtag aber noch nicht erhobenen Abgaben und Beiträgen (z.B. Erschließungsbeitrag) bestimmt sich der maßgebliche Bodenwert grundsätzlich nach dem abgaben- und beitragsfreien Zustand.

c) Bei der Ermittlung des Kaufpreises eines bebauten Grundstücks bei gleichzeitiger verbilligter und unentgeltlicher Abgabe des Grund und Bodens ist der Bodenwertverzinsungsbetrag auf der Grundlage des üblichen Bodenwerts zu ermitteln.

In den Fällen a bis c kann es im Ergebnis erforderlich werden, dass in das Ertragswertverfahren zwei unterschiedliche Bodenwerte eingeführt werden müssen.

Bei Anwendung des Ertragswertverfahrens auf Objekte mit kurzer Restnutzungsdauer der baulichen Anlagen (z.B. zum Zwecke der Zwischennutzung) ist der aus Vergleichspreisen (Bodenrichtwerten) unbebauter Grundstücke abgeleitete Bodenwert um die gewöhnlichen Freilegungskosten zu vermindern. Der verminderte Bodenwert ist sowohl bei der Ermittlung des Bodenwertverzinsungsbetrags als auch bei dem unter Nr. 1.1.6 der Anlage 2 auszuweisenden Bodenwert anzusetzen.

3.5.6 Gesamtnutzungsdauer und Restnutzungsdauer (Nr. 1.0.2.2 der Anlage 2)

Grundsätzlich kommt es bei der Verkehrswertermittlung stets auf die wirtschaftliche Gesamt- und Restnutzungsdauer der baulichen Anlagen an; die technische Lebensdauer kann lediglich die oberste Grenze der wirtschaftlichen Nutzungsdauer darstellen. Dies gilt auch dann, wenn die Restnutzungsdauer durch Abzug des Alters von der Gesamtnutzungsdauer ermittelt wird.

Die Gesamt- und Restnutzungsdauer der baulichen Anlagen sind nach Art und Eigenschaften der Gebäude und insbesondere unter Berücksichtigung des Gebäudeausbaus abzuschätzen.

3.5.6.1 Gesamtnutzungsdauer (Nr. 1.0.2.2 der Anlage 2)

Als Anhaltspunkt für die durchschnittliche wirtschaftliche Gesamtnutzungsdauer können die in der Anlage 4 für die einzelnen Gebäudetypen angegebenen Werte gelten, wobei der Anwender dieser Tabelle gehalten ist, eigenverantwortlich die Gesamtnutzungsdauer des zu wertenden Objekts, insbesondere unter Berücksichtigung der Lage des Objekts, seiner Eigenschaften und der wirtschaftlichen Verwertungsfähigkeit zu ermitteln.

3.5.6.2 Restnutzungsdauer (Nr. 1.0.2.2 der Anlage 2)

Als Restnutzungsdauer ist die Anzahl der Jahre anzusetzen, in denen die baulichen Anlagen bei ordnungsgemäßer Unterhaltung und Bewirtschaftung voraussichtlich noch wirtschaftlich genutzt werden können. Dabei ist zu berücksichtigen, dass durchgeführte Instandsetzungen oder Modernisierungen die Restnutzungsdauer verlängern, unterlassene Instandhaltung oder andere Gegebenheiten die Restnutzungsdauer verkürzen können (vgl. § 23 Abs. 2 WertV).

Die Restnutzungsdauer bestimmt sich auf der Grundlage einer wirtschaftlichen Betrachtungsweise unter Berücksichtigung der Modernisierung bzw. Erneuerung von einzelnen Gebäuden bzw. Gebäudeteilen.

Bei der Bemessung der Restnutzungsdauer ist zu beachten, ob die baulichen Anlagen den allgemeinen Anforderungen an gesunde Wohn- und Arbeitsverhältnisse und an die Sicherheit der auf dem betroffenen Grundstück oder im umliegenden Gebiet wohnenden oder arbeitenden Menschen oder den künftigen wirtschaftlichen Anforderungen an Art und Ausstattung entsprechen.

Es ist die Restnutzungsdauer zu wählen, die die wirtschaftlich sinnvollste Nutzung des Grundstücks gewährleistet.

Mit abnehmender Restnutzungsdauer der baulichen Anlagen kommt der richtigen Einschätzung der Restnutzungsdauer eine zunehmende Bedeutung zu.

Zur Anwendung des Ertragswertverfahrens auf Objekte mit kurzer Restnutzungsdauer der baulichen Anlage vgl. Nr. 3.5.5.

Bei Grundstücken mit mehreren aufstehenden Gebäuden unterschiedlicher Restnutzungsdauer, die eine wirtschaftliche Einheit bilden, sowie bei Gebäuden mit Bauteilen, die eine deutlich voneinander abweichende Restnutzungsdauer aufweisen, bestimmt sich die maßgebliche Restnutzungsdauer nicht zwangsläufig nach dem Gebäude mit der kürzesten Restnutzungsdauer, sondern ist nach wirtschaftlichen Gesichtspunkten unter Einbeziehung der Möglichkeit der Modernisierung wirtschaftlich verbrauchter Gebäude und Bauteile zu bestimmen.

3.5.7 Vervielfältiger (Nr. 1.3.6 der Anlage 2)

Der Vervielfältiger für die Ermittlung des Ertragswerts ist aus der Tabelle Anlage 5 nach der Restnutzungsdauer des Gebäudes und dem angemessenen, nutzungstypischen Liegenschaftszinssatz zu entnehmen. Dabei handelt es sich um den Rentenbarwertfaktor einer jährlich nachschüssigen Rente, die auch im Falle einer monatlich vorschüssigen Zahlungsweise Anwendung finden kann. Bei auf mehrere Monate angelegter vorschüssiger Zahlungsweise (z.B. viertel-, halb- oder jährlich) muss dem besonders durch Angleichung des entsprechenden Vervielfältigers Rechnung getragen werden.

3.5.8 Zu- und Abschläge (Nr. 1.3.8 der Anlage 2)

Soweit Erträge oder Kosten nach den vorstehenden Regelungen noch nicht berücksichtigt sind, wie Einnahmen aus besonderen Nutzungen von Gebäuden oder sonstigen Grundstücksflächen oder Kosten für eine unterlassene Instandhaltung (Instandhaltungsstau) sowie eine Beeinflussung des Ertrags durch besondere miet- oder wohnungsrechtliche Bindungen, ist dies durch entsprechende Zu- oder Abschläge auf den ermittelten Wert zu berücksichtigen (vgl. Nr. 3.5.1).

Weist ein Objekt Baumängel oder Bauschäden (vgl. Nr. 3.6.1.1.8) auf und soll der Verkehrswert unter Berücksichtigung der Kosten für deren Beseitigung sowie unter Berücksichtigung der erfolgten Modernisierung ermittelt werden, sind entsprechend dem geplanten Bauzustand eines mangelfreien und ggf. modernisierten Objekts:

- die nachhaltig erzielbaren Erträge (Nettokaltmieten),
- die nachhaltig anfallenden Bewirtschaftungskosten (insbesondere Höhe der laufenden Instandhaltungskosten) und
- die ggf. auf der Grundlage einer Modernisierung verlängerte Restnutzungsdauer

zu Grunde zu legen und das Ergebnis der Wertermittlung um die aufzuwendenden Kosten (getrennt nach Instandsetzungs- und Modernisierungsmaßnahmen) zu vermindern.

Nur in bestimmten Fällen sind die Instandsetzungskosten in voller Höhe wertmindernd zu berücksichtigen (z.B. bei zwingend erforderlichen Maßnahmen; vgl. auch Nr. 3.6.1.1.8 und 3.6.1.1.9).

Soweit eine Verpflichtung zum Erhalt der baulichen Anlage nicht besteht, ist bei überdurchschnittlichen Kosten zur Beseitigung der Baumängel und Bauschäden im Verhältnis zum Gebäudeertragswert des instand gesetzten Gebäudes zu prüfen, ob sachgerechte Ergebnisse unter Zugrundelegung des gegebenen Erhaltungszustands oder eines sofortigen Rückbaus des Gebäudes erzielt werden können.

3.6 Sachwert (Nr. 1.4 der Anlage 2)

Der Sachwert umfasst den Bodenwert sowie den Wert der baulichen und der sonstigen Anlagen (§ 21 WertV).

Der Bodenwert ist in der Regel im Vergleichswertverfahren zu ermitteln. Die Ausführungen unter Nr. 2.3 für die Wertermittlung unbebauter Grundstücke gelten sinngemäß.

Zu den baulichen Anlagen zählen Gebäude, bauliche Außenanlagen (z.B. Wege- und Platzbefestigungen, Ver- und Entsorgungseinrichtungen auf dem Grundstück, Einfriedungen) und besondere Betriebseinrichtungen (z.B. Tresor- und Tankanlagen, Förderanlagen).

Unter dem Begriff der sonstigen Anlagen sind insbesondere Gartenanlagen, Anpflanzungen und Parks zu verstehen.

Die Werte der einzelnen baulichen Anlagen sind getrennt zu ermitteln.

3.6.1 Wert der baulichen Anlagen am Wertermittlungsstichtag

Zur Ermittlung des Werts der baulichen Anlagen ist von den gewöhnlichen Herstellungskosten auszugehen, die unter Beachtung wirtschaftlicher Gesichtspunkte für die Neuerrichtung des Wertermittlungsobjekts am Wertermittlungsstichtag aufzuwenden wären (Ersatzbeschaffungskosten).

3.6.1.1 Wert der Gebäude (Nr. 1.4.1 der Anlage 2)

Grundsätzlich kann der Herstellungswert eines Gebäudes ermittelt werden:

a) auf der Grundlage von Erfahrungssätzen bezogen auf eine geeignete Bezugseinheit (Normalherstellungskosten),
b) nach gewöhnlichen Herstellungskosten für einzelne Bauleistungen oder
c) nach den tatsächlich entstandenen Herstellungskosten.

Vorrangig wird der Herstellungswert auf der Grundlage von Normalherstellungskosten ermittelt.

Voraussetzung für die Anwendung dieses Verfahrens ist das Vorliegen geeigneter Normalherstellungskosten. Geeignet sind Normalherstellungskosten, wenn sie sich auf Gebäude beziehen, die dem zu wertenden Gebäude vor allem bezüglich der Gebäudeart, Bauweise, Bauausführung und Ausstattung hinreichend entsprechen.

Zur Ermittlung des Herstellungswerts eines Gebäudes sind die gewöhnlichen Herstellungskosten (Normalherstellungskosten) je Flächen- oder Raumeinheit mit der Fläche oder dem Rauminhalt des zu wertenden Gebäudes zu vervielfachen.

Bei der Ermittlung der Flächen oder des Rauminhalts sind dieselben Berechnungsvorschriften anzuwenden, wie sie für die Ableitung der Normalherstellungskosten gelten.

Die Normalherstellungskosten sind in möglichst aktueller Höhe für unterschiedliche Gebäudearten getrennt anzusetzen.

Im Falle einer anstehenden zukünftigen Nutzungsänderung ist die Ermittlung des Herstellungswerts nur auf die Gebäudeteile zu beschränken, die auch zukünftig Weiterverwendung finden.

Bei der Überführung der bisherigen Nutzung in eine Anschlussnutzung sind die Kosten für Freilegung, Teilabbruch- und Sicherungsmaßnahmen ebenso zu berücksichtigen wie die Verwertungserlöse für abgängige Bauteile.

3.6.1.1.1 Normalherstellungskosten 2000 — NHK 2000 (Nr. 1.4.1.1 der Anlage 2)

Auf der Grundlage der sich aus Anlage 7 ergebenden Normalherstellungskosten 2000 werden die gewöhnlichen Herstellungskosten einschließlich einer 16%igen Mehrwertsteuer bezogen auf die Preisbasis 2000 entsprechend dem Gebäudetyp, dem Baujahr und dem Ausstattungsstandard des Bewertungsobjekts bestimmt.

Sie können zur Ermittlung des Sachwerts von Gebäuden herangezogen werden, wenn keine anderen zuverlässigen Erfahrungswerte über die gewöhnlichen Herstellungskosten des örtlichen Grundstücksmarktes zur Verfügung stehen.

Insbesondere im Hinblick auf die für die älteren Baujahrsklassen ausgewiesenen Normalherstellungskosten wird darauf hingewiesen, dass es sich dabei um die gewöhnlichen Herstellungskosten für Ersatzbeschaffungsmaßnahmen unter Berücksichtigung neuzeitlicher, wirtschaftlicher Bauweisen und nicht um Rekonstruktionskosten handelt.

Die spezifischen Merkmale des Bewertungsobjekts können sowohl bei den Gebäudetypen als auch bei den Ausstattungsstandards und den Baujahrsklassen durch Interpolation berücksichtigt werden.

Die Normalherstellungskosten 2000 enthalten für jeden Gebäudetyp eine Kurzbeschreibung des Ausstattungsstandards. Der Gegenstand der Wertermittlung ist auf der Grundlage dieser Ausstattungsmerkmale zu qualifizieren.

Es ist zu beachten, dass die in den Ausstattungsstandards angegebenen Kostengruppen ungleichgewichtig sind und im Einzelfall das zu wertende Objekt zugeordnet werden muss.

Für die Bestimmung der Baujahrsklasse für Gebäude, die überdurchschnittlich instand gehalten, instand gesetzt oder modernisiert wurden, kann von einer entsprechend verjüngten Baujahrsklasse ausgegangen werden, wenn dem nicht bereits durch Zuschläge Rechnung getragen wurde. Bei durchgreifend modernisierten Gebäuden ist fiktiv die Baujahrsklasse zu Grunde zu legen, die dem Standard der Baujahrsklasse entspricht, der durch die Modernisierung herbeigeführt wurde.

Umgekehrt ist eine vernachlässigte Instandhaltung (Instandhaltungsstau) durch die Einordnung in eine ältere Baujahrsklasse zu berücksichtigen, wenn dem nicht in anderer Weise Rechnung getragen wurde.

Die in den Gebäudetypenblättern ausgewiesenen Normalherstellungskosten differenzieren u.a. nach Gebäuden mit und ohne ausgebautem Dachgeschoss.

Ist ein Dachgeschoss nur teilweise ausgebaut oder ist zusätzlich eine nutzbare (zugängliche) Ebene in einem Steildach (ausgebauter Spitzboden) vorhanden, sind Zu- bzw. Abschläge von den Normalherstellungskosten oder eine Berechnung im Gebäude-Mix erforderlich (Anlage 7).

Bezugsgrundlage der Normalherstellungskosten ist grundsätzlich die Brutto-Grundfläche (BGF) der DIN 277 (1987) (vgl. Anlage 6); in besonderen Fällen der Brutto-Rauminhalt (BRI).

3.6.1.1.2 Korrekturfaktoren (Nr. 1.4.1.3 der Anlage 2)

Bei Heranziehung der ausgewiesenen Normalherstellungskosten sind, von landwirtschaftlichen Gebäuden abgesehen, Abweichungen auf Grund regionaler Einflüsse und der Ortsgröße zu berücksichtigen. Dabei sind die ggf. von den Gutachterausschüssen für Grundstückswerte ermittelten Korrekturfaktoren oder andere Auswertungen heranzuziehen.

Bei einzelnen Gebäudetypen sind weitere Korrekturfaktoren angegeben, die eine Anpassung der speziellen Merkmale des Bewertungsobjekts an das Vergleichsobjekt der Normalherstellungskosten 2000 erlauben.

Die sich hier ergebenden Zu- bzw. Abschläge sind durch Multiplikation mit den Tabellenwerten der Normalherstellungskosten zu berücksichtigen.

3.6.1.1.3 Berechnung der Brutto-Grundfläche (Nr. 1.4.1.5 der Anlage 2)

Die Brutto-Grundfläche (BGF) ist die Summe der Grundflächen aller Grundrissebenen eines Bauwerks. Hinweise zur Berechnung der Brutto-Grundfläche enthält Anlage 6 .

Eine detaillierte Berechnung der Brutto-Grundfläche ist beizufügen.

3.6.1.1.4 Baunebenkosten (Nr. 1.4.1.6 der Anlage 2)

Baunebenkosten sind die Kosten für Planung, Baudurchführung, behördliche Prüfungen und Genehmigungen sowie die unmittelbar mit der Herstellung der baulichen Anlagen erforderlichen Kosten der Finanzierung.

Die Baunebenkosten sind in den Normalherstellungskosten 2000 nicht enthalten und müssen demzufolge noch zusätzlich berücksichtigt werden. Anhaltspunkte für durchschnittliche Baunebenkosten sind auf den einzelnen Gebäudetypenblättern der NHK 2000 aufgeführt.

Mit zunehmendem Gebäudesachwert vermindern sich die relativen Baunebenkosten.

3.6.1.1.5 Baupreisindex (Nr. 1.4.1.7 der Anlage 2)

Der aus den Normalherstellungskosten ermittelte Herstellungswert ist in der Regel auf den Wertermittlungsstichtag zu beziehen.

Bei der Ermittlung des Werts der baulichen Anlagen ist der letzte vor dem Wertermittlungsstichtag veröffentlichte, für die jeweilige Gebäudeart zutreffende Preisindex (Baupreisindex) des Statistischen Bundesamtes (Internetadresse www.destatis.de) bzw. der Statistischen Landesämter mit dem entsprechenden Basisjahr zu Grunde zu legen.

3.6.1.1.6 Gesamt- und Restnutzungsdauer (Nr. 1.4.1.9 der Anlage 2)

Zum Ansatz der Gesamt- und Restnutzungsdauer vergleiche die Ausführungen unter Nr. 3.5.6. Anhaltspunkte für die durchschnittliche Gesamtnutzungsdauer der einzelnen Gebäudetypen enthält die Anlage 4 sowie die Ausführungen unter Nr. 3.6.1.1.1.

3.6.1.1.7 Wertminderung wegen Alters (Nr. 1.4.1.9 der Anlage 2)

Der auf der Grundlage der Normalherstellungskosten 2000 unter Berücksichtigung der entsprechenden Korrekturfaktoren und mit Hilfe des Baupreisindexes auf den Wertermittlungsstichtag bezogene Wert entspricht dem eines neu errichteten Gebäudes.

Soweit es sich um ein älteres Gebäude handelt, muss dieser Wert entsprechend dem Alter des Gebäudes gemindert werden.

Die Alterswertminderung wird in einem Vomhundertsatz des Gebäudeherstellungswerts ausgedrückt.

Dabei wird die für den jeweiligen Gebäudetyp übliche Gesamtnutzungsdauer (vgl. Nr. 3.5.6.1) der ggf. durch Instandsetzung oder Modernisierung verlängerten oder durch unterlassene Instandhaltung oder anderen Gegebenheiten verkürzten Restnutzungsdauer (vgl. Nr. 3.5.6.2) gegenübergestellt.

Die zur Zeit überwiegend in der Praxis angewandten Abschreibungstabellen sind in den Anlagen 8 a und b wiedergegeben.

Die Art der Abschreibung ist anzugeben und zu begründen.

3.6.1.1.8 Wertminderung wegen Baumängeln und Bauschäden (Nr. 1.4.1.10 der Anlage 2)

Baumängel entstehen während der Bauzeit. Als Sachmangel führen § 434 BGB bzw. § 633 BGB Abweichungen von der vereinbarten Beschaffenheit, von der vorausgesetzten Verwendung und von der gewöhnlichen Verwendung auf. Zu den Baumängeln gehören z.B. mangelnde Isolierung, mangelnde statische Festigkeit und unzweckmäßige Baustoffe. Baumängel können sowohl durch unsachgemäße Bauausführung als auch durch Einsparungen verursacht werden, die sich auf die geforderte Qualität des Bauwerks auswirken.

Bauschäden entstehen nach der Fertigstellung infolge äußerer Einwirkung; dazu gehören z.B. vernachlässigte Instandhaltung (Instandhaltungsstau), Bergschäden, Wasserschäden, Holzerkrankungen und Schädlingsbefall. Bauschäden können auch als Folge von Baumängeln auftreten.

Eine Wertminderung wegen Baumängeln oder Bauschäden ist nur dann anzusetzen, wenn diese nicht schon auf andere Weise wertmindernd berücksichtigt wurden.

Wertminderungen auf Grund von Baumängeln und/oder Bauschäden können folgendermaßen berücksichtigt werden:

- durch Verminderung des angesetzten Herstellungswerts,
- durch eine entsprechend geminderte Restnutzungsdauer,
- durch Abschlag nach Erfahrungswerten (in v.H. der Gebäudeherstellungskosten) unter Verwendung von Bauteiltabellen,
- durch Abzug der Schadensbeseitigungskosten.

Bei der letztgenannten Verfahrensweise muss beachtet werden, dass der Wertminderungsbetrag nicht höher sein kann als der Wertanteil des betreffenden Bauteils am Gesamtwert des Baukörpers. Aus diesem Grund ist es in der Regel notwendig, die nach den Wertverhältnissen am Wertermittlungsstichtag ermittelten Schadensbeseitigungskosten unter Anwendung des unter Nr. 3.6.1.1.7 aufgeführten Alterswertminderungssatzes zu kürzen (vgl. Nr. 3.5.8).

Welche dieser Verfahrensweisen sachgerecht ist, hängt vom Einzelfall ab und sollte vom Standpunkt eines wirtschaftlich vernünftig handelnden Eigentümers betrachtet werden. In jedem Fall sind Doppelberücksichtigungen zu vermeiden.

3.6.1.1.9 Sonstige wertbeeinflussende Umstände (Nr. 1.4.1.11 der Anlage 2)

Wertbeeinflussende Umstände, die bisher nicht erfasst oder berücksichtigt worden sind, sind durch Zu- oder Abschläge oder in anderer geeigneter Weise zu berücksichtigen (§ 25 WertV). Als solche Umstände kommen insbesondere in Betracht:

- wirtschaftliche Wertminderung,
- überdurchschnittlicher Erhaltungszustand,
- erhebliche Abweichung der tatsächlichen von der nach § 5 Abs. 1 WertV maßgeblichen Nutzung.

Eine Wertminderung auf Grund überhoher Geschosshöhen entfällt bei der Wertermittlung von Gebäuden auf der Grundlage von Normalherstellungskosten (vgl. Anlage 6), deren Bezugseinheit die Brutto-Grundfläche ist. In diesen Fällen ist jedoch zu prüfen, ob nicht überhohe Geschosshöhen entsprechend den Gepflogenheiten des allgemeinen Geschäftsverkehrs zu einer Werterhöhung führen können.

3.6.1.1.9.1 Wirtschaftliche Wertminderung (Nr. 1.4.1.12 der Anlage 2)

Ein Abschlag wegen wirtschaftlicher Wertminderung neben dem Ansatz der normalen Alterswertminderung kommt in Betracht, wenn das Bewertungsobjekt seine volle wirtschaftliche Verwendungsfähigkeit auch bei möglicher anderweitiger Verwendung verloren hat.

Für eine wirtschaftliche Wertminderung kommen folgende Umstände in Betracht, die in Vomhundertsätzen als Abschläge zu berücksichtigen sind:

- zeitbedingte oder zweckbedingte Baugestaltung, letzteres vor allem bei gewerblichen oder öffentlichen Zweckbauten,
- unorganischer Aufbau und Grundriss des Gebäudes, unorganische Anordnung der Gebäude auf dem Grundstück und zueinander,
- Strukturänderung, Zweckentfremdung, nicht mehr gewährleistete Funktionserfüllung auf Grund Gestaltung und Alters der Gebäude,
- wirtschaftliche Überalterung (allgemeine Nutzungsmöglichkeit).

Die wirtschaftliche Wertminderung der Außenanlagen ist abhängig von der wirtschaftlichen Wertminderung der Gebäude, wenn sie deren Schicksal teilen.

3.6.1.1.9.2 Erhebliche Abweichung der tatsächlichen von der nach § 5 Abs. 1 WertV maßgeblichen Nutzung (Nr. 1.4.1.13 der Anlage 2)

Besteht ein offensichtliches Missverhältnis zwischen der tatsächlichen Nutzung und der rechtlich zulässigen bzw. lagetypischen Nutzung und wird dadurch die Nutzungsmöglichkeit des Grundstücks tatsächlich eingeschränkt oder wird durch die tatsächliche Nutzung die rechtlich zulässige Nutzung überschritten, so kann hierdurch eine Minderung oder Erhöhung des Gesamtwerts des Grundstücks begründet sein (vgl. § 5 Abs. 1 WertV sowie Nr. 2.3.4.6). Dieser durch die vorhandene

Bebauung bedingten Wertminderung oder Werterhöhung ist durch einen entsprechenden Abschlag oder Zuschlag Rechnung zu tragen. Die Höhe der Wertminderung oder -erhöhung ist insbesondere vom Ausmaß dieses Missverhältnisses und von der Restnutzungsdauer der vorhandenen Bebauung abhängig.

3.6.1.2 Wertder baulichen Außenanlagen (Nr. 1.4.2.1 der Anlage 2)

Die Ermittlung des Wertanteils der baulichen Außenanlagen erfolgt in der Regel auf der Grundlage von Erfahrungswerten.

3.6.1.3 Wert der besonderen Betriebseinrichtungen (Nr. 1.4.2.2 der Anlage 2)

Der Wertanteil der besonderen Betriebseinrichtungen ist nur dann gesondert zu ermitteln, soweit diese nicht bereits mit den nach § 22 WertV angesetzten Normalherstellungskosten berücksichtigt wurden.

Wenn erforderlich, kann der Wert der besonderen Betriebseinrichtungen aus Erfahrungssätzen abgeleitet werden.

3.6.2 Wert der sonstigen Anlagen (Nr. 1.4.2.4 der Anlage 2)

Der Wertanteil der sonstigen Anlagen, wie Gartenanlagen, Anpflanzungen und Parks ist nur dann gesondert zu ermitteln, soweit sie nicht bereits im Bodenwert enthalten sind.

Wenn erforderlich, kann der Wert der sonstigen Anlagen aus Erfahrungssätzen oder aus den gewöhnlichen Herstellungskosten, bei forstlichem Aufwuchs nach dem Abtriebswert (vgl. WaldR 2000) abgeleitet werden.

3.7 Verkehrswert — Marktwert (Nr. 1.5 der Anlage 2)

Der Verkehrswert (§ 194 BauGB, § 7 WertV) ist aus den Ergebnissen der angewandten Wertermittlungsverfahren abzuleiten.

Soweit mit den bei den einzelnen Wertermittlungsverfahren herangezogenen Daten die jeweilige Lage auf dem Grundstücksmarkt nicht hinreichend Berücksichtigung finden kann, ist die Angebots- und Nachfragesituation zu ergründen, darzulegen und ggf. durch entsprechende Zu- oder Abschläge auf die ermittelten Sach- bzw. Ertragswerte zu berücksichtigen. Die Mittelbildung des Sach- und Ertragswerts stellt in der Regel keine geeignete Methode zur Ableitung des Verkehrswerts dar.

Das Ergebnis der Sach- bzw. Ertragswertermittlung ist umso kritischer zu würdigen, je größer die beim Übergang vom Sach- bzw. Ertragswert zum Verkehrswert anzubringenden Marktkorrekturen ausfallen. Hohe Marktanpassungskorrekturen sprechen gegen die Eignung des jeweils angewandten Verfahrens.

3.8 Werterhöhende Investitionen Dritter

Werterhöhende Investitionen Dritter sind gesondert zu bezeichnen, soweit sie nicht abgelöst oder durch verbilligte Miete verrechnet sind.

Es sind dabei in der Regel anzugeben:

- Investitionskosten nach Baujahren getrennt mit Angabe der Art der baulichen Maßnahmen,
- Investitionsförderung,
- Investitionswert.

Sofern vertragliche Regelungen nicht entgegenstehen, ist der Investitionswert gleich der Differenz zwischen dem Wert des Grundstücks mit Berücksichtigung der Investition und dem Wert desselben Grundstücks ohne Berücksichtigung der Investition am gleichen Wertermittlungsstichtag. Dies trifft sowohl für die Ermittlung der Verkehrswerte im Vergleichs-, Ertrags- als auch im Sachwertverfahren zu.

8.4 Anlage 4: Beispielgutachten

Beispielgutachten
Bewertung eines Einfamilienhauses

(Hinweis: Die Angaben zum Bewertungsobjekt und zum Eigentümer etc.
wurden aus Gründen der Anonymität verändert!)

GUTACHTEN

über den Verkehrswert (i.S.d. § 194 Baugesetzbuch)
für das mit einem
**Einfamilienwohnhaus bebaute Grundstück
in 82335 Berg, Salzstraße 24**

Der **Verkehrswert des Grundstücks** wurde zum Stichtag
17.05.2010 ermittelt mit rd.

596.000,00 €

Ausfertigung Nr. 1
Dieses Gutachten besteht aus 32 Seiten zzgl. 7 Anlagen mit insgesamt 13 Seiten.[1]
Das Gutachten wurde in zwei Ausfertigungen erstellt, davon eine für meine Unterlagen.

---

[1] Die Anlagen wurden aus Gründen der Anonymität nicht beigefügt

Anhang

Inhaltsverzeichnis

1 Allgemeine Angaben

1.1 Angaben zum Bewertungsobjekt

Art des Bewertungsobjekts: Grundstück, bebaut mit Einfamilienwohnhaus und unterkellerter Doppelgarage

Objektadresse: Salzstraße 24
82335 Berg

Grundbuchangaben: Grundbuch von Berg, Band 25, Blatt 885, lfd. Nr. 1

Katasterangaben: Gemarkung Berg, Flurstück 376/4 (800 m²)

1.2 Angaben zum Auftraggeber und Eigentümer

Auftraggeber und Eigentümer[2]:   Herr
Dr. Helmut Schulze
Salzstraße 24
82335 Berg

Auftrag vom 21.04.2010 (Datum des Auftragsschreibens)

1.3 Angaben zum Auftrag und zur Auftragsabwicklung

Grund der Gutachtenerstellung: Verkehrswertermittlung zum Zwecke der Vermögensübersicht

Wertermittlungsstichtag: 17.05.2010

Tag der Ortsbesichtigung: 17.05.2010

Teilnehmer am Ortstermin: Herr Dr. Helmut Schulze und der Sachverständige

Herangezogene Unterlagen, Erkundigungen, Informationen:
- Auszug aus der Straßenkarte im Maßstab 1 : 150.000,
- Auszug aus dem Stadtplan im Maßstab 1 : 20.000,
- Auszug aus der Katasterkarte in Maßstab 1 : 1.000,
- unbeglaubigter Grundbuchauszug vom 22.4.2010
- Erforderliche Daten der Wertermittlung aus eigener Bibliothek
- Bodenrichtwertauskunft des zuständigen Gutachterausschusses,
- telefonische Auskunft über planungsrechtliche Gegebenheiten vom 22.4.2010

Vom Auftraggeber wurden für diese Gutachtenerstellung im Wesentlichen folgende Unterlagen und Informationen zur Verfügung gestellt:
- Bauzeichnungen (Grundrisse, Ansichten, Schnitte);
- Berechnung des Bruttorauminhalts und der Wohn- und Nutzflächen.

---

[2] Die Angaben des Auftraggebers und Eigentümers wurden aus Gründen der Anonymität verändert

Anhang

2 Grund- und Bodenbeschreibung

2.1 Lage

2.1.1 Großräumige Lage

Bundesland:	Bayern
Kreis:	Starnberg
Ort und Einwohnerzahl:	Berg (ca. 7.000 Einwohner)
Überörtliche Anbindung / Entfernungen: (vgl. Anlage 1)	Nächstgelegene größere Städte: Starnberg (ca. 6,5 km entfernt)
	Landeshauptstadt: München (ca. 25 km entfernt)
	Autobahnzufahrt: Autobahnanschluß Percha (A95) (ca. 4 km entfernt)
	Bahnhof: Starnberg (ca. 7 km entfernt)
	Flughafen: München (Franz Josef Strauß Flughafen) (ca. 70 km entfernt)

2.1.2 Kleinräumige Lage

innerörtliche Lage: (vgl. Anlage 2)	Ortsrand; die Entfernung zum Stadtzentrum beträgt ca. 400 m; Geschäfte des täglichen Bedarfs in fußläufiger Entfernung; Schulen und Ärzte in unmittelbarer Nähe; öffentliche Verkehrsmittel (Bushaltestelle) ca. 200 m entfernt; gute Wohnlage
Art der Bebauung und Nutzungen in der Straße und im Ortsteil:	ausschließlich wohnbauliche Nutzungen; überwiegend offene Bauweise ein bis zweigeschoßige Bauweise
Beeinträchtigungen:	keine
topografische Grundstückslage:	leicht hängig; Garten mit Südausrichtung

2.2 Gestalt und Form

Gestalt und Form: (vgl. Anlage 3)	Straßenfront: ca. 20 m; mittlere Tiefe: ca. 40 m;

Grundstücksgröße:
Flurst.Nr.:   376/4   Größe: 800 m²

Bemerkungen:
rechteckige Grundstücksform

2.3　Erschließung

Straßenart:	Anliegerstraße;

Straßenausbau:

voll ausgebaut, Fahrbahn aus Bitumen;
Gehweg einseitig vorhanden, befestigt mit
Betonverbundstein;
Parkstreifen ausreichend vorhanden

Anschlüsse an Versorgungsleitungen und
Abwasserbeseitigung:

elektrischer Strom, Wasser aus öffentlicher Versorgung;
Kanalanschluss;
Telefonanschluss

Grenzverhältnisse, nachbarliche
Gemeinsamkeiten:

einseitige Grenzbebauung des Wohnhauses;
eingefriedet durch Maschendrahtzaun

Baugrund, Grundwasser (soweit
augenscheinlich ersichtlich):

gewachsener, normal tragfähiger Baugrund;
keine Grundwasserschäden

Anmerkung:

In dieser Wertermittlung ist eine lageübliche Baugrund-
und Grundwassersituation insoweit berücksichtigt, wie sie
in die Vergleichskaufpreise bzw. Bodenrichtwerte
eingeflossen ist. Darüber hinausgehende vertiefende
Untersuchungen und Nachforschungen wurden
auftragsgemäß nicht angestellt.

2.4　Privatrechtliche Situation

Grundbuchlich gesicherte Belastungen:

Dem Sachverständigen liegt ein Grundbuchauszug vom
22.04.2010 vor.
Hiernach besteht in Abteilung II des Grundbuchs von
Berg, Band 25, Blatt 885 keine wertbeeinflussende
Eintragung.

Anmerkung:

Schuldverhältnisse, die ggf. in Abteilung III des Grundbuchs verzeichnet sein können, werden in diesem
Gutachten nicht berücksichtigt. Es wird davon ausgegangen, dass ggf. valutierende Schulden beim Verkauf
gelöscht oder durch Reduzierung des Verkaufspreises
ausgeglichen werden.

Bodenordnungsverfahren:

Das Grundstück ist zum Wertermittlungsstichtag in kein
Bodenordnungsverfahren einbezogen.

Nicht eingetragene Rechte und Lasten:

Sonstige nicht eingetragene Lasten (z.B. begünstigende)
Rechte, besondere Wohnungs- und Mietbindungen,
Verunreinigungen (z.B. Altlasten) sind nach Auskunft des
Auftraggebers nicht vorhanden.
Auftragsgemäß werden vom Sachverständigen diesbe-
züglich keine weiteren Nachforschungen und Unter-
suchungen angestellt.

2.5　Öffentlich-rechtliche Situation

2.5.1　Baulasten und Denkmalschutz

Baulasten:

Nach Rücksprache mit der Bauaufsichtsbehörde
bestehen keine Baulasten.

Anhang

| Denkmalschutz: | Denkmalschutz besteht nach Auskunft des Auftraggebers nicht. |

2.5.2   Bauplanungsrecht

| Darstellungen im Flächennutzungsplan: | Der Bereich des Bewertungsobjekts ist im Flächennutzungsplan als Wohnbaufläche (W) dargestellt. |

| Festsetzungen im Bebauungsplan: | Für den Bereich des Bewertungsobjektes trifft der Bebauungsplan folgende Festsetzungen:
WR   = reines Wohngebiet;
GRZ = 0,15 (Grundflächenzahl);
GFZ = 0,25 (Geschossflächenzahl);
o = offene Bauweise;
Einzel-/Doppelhausbebauung |

2.5.3   Bauordnungsrecht

Die Wertermittlung wurde auf der Grundlage der übergebenen Pläne durchgeführt.
Das Vorliegen einer Baugenehmigung und ggf. die Übereinstimmung des ausgeführten Vorhabens mit den vorgelegten Bauzeichnungen wurde auftragsgemäß nicht geprüft.

2.6   Entwicklungszustand inkl. Beitrags- und Abgabensituation

| Entwicklungszustand (Grundstücksqualität): | baureifes Land |

| Abgabenrechtlicher Zustand: | Das Bewertungsgrundstück ist bezüglich der Beiträge und Abgaben für Erschließungseinrichtungen nach BauGB und KAG beitrags- und abgabenfrei. |

| Anmerkung: | Diese Informationen zur Beitrags- und Abgabensituation wurden telefonisch erkundet. |

2.7   Hinweise zu den durchgeführten Erhebungen

Die Informationen zur privatrechtlichen und öffentlichrechtlichen Situation wurden, sofern nicht anders angegeben, telefonisch eingeholt.
Es wird empfohlen, vor einer vermögensmäßigen Disposition bezüglich des Bewertungsobjekts zu diesen Angaben von der jeweils zuständigen Stelle schriftliche Bestätigungen einzuholen.

2.8   Derzeitige Nutzung und Vermietungssituation
(vgl. Anlage 2)

Das Grundstück ist mit einem Einfamilienwohnhaus bebaut (vgl. nachfolgende Gebäudebeschreibung).
Auf dem Grundstück befinden sich insgesamt 2 Garagenplätze.
Das Objekt ist eigengenutzt.

3 Beschreibung der Gebäude und Außenanlagen

3.1 Vorbemerkungen zur Gebäudebeschreibung

Grundlage für die Gebäudebeschreibungen sind die Erhebungen im Rahmen der Ortsbesichtigung sowie die vorliegenden Bauakten und Beschreibungen.

Die Gebäude und Außenanlagen werden nur insoweit beschrieben, wie es für die Herleitung der Daten in der Wertermittlung notwendig ist. Hierbei werden die offensichtlichen und vorherrschenden Ausführungen und Ausstattungen beschrieben. In einzelnen Bereichen können Abweichungen auftreten, die dann allerdings nicht werterheblich sind. Angaben über nicht sichtbare Bauteile beruhen auf Angaben aus den vorliegenden Unterlagen, Hinweisen während des Ortstermins bzw. Annahmen auf Grundlage der üblichen Ausführung im Baujahr. Die Funktionsfähigkeit einzelner Bauteile und Anlagen sowie der technischen Ausstattungen und Installationen (Heizung, Elektro, Wasser etc.) wurde nicht geprüft; im Gutachten wird die Funktionsfähigkeit unterstellt.

Baumängel und -schäden wurden soweit aufgenommen, wie sie zerstörungsfrei, d.h. offensichtlich erkennbar waren. In diesem Gutachten sind die Auswirkungen der ggf. vorhandenen Bauschäden und Baumängel auf den Verkehrswert nur pauschal berücksichtigt worden. Es wird ggf. empfohlen, eine diesbezüglich vertiefende Untersuchung anstellen zu lassen. Untersuchungen auf pflanzliche und tierische Schädlinge sowie über gesundheitsschädigende Baumaterialien wurden nicht durchgeführt.

3.2 Einfamilienwohnhaus

3.2.1 Art des Gebäudes, Baujahr und Außenansicht

Gebäudeart:	Einfamilienwohnhaus, ausschließlich zu Wohnzwecken genutzt; zweigeschossig; Das Gebäude ist unterkellert und z.T. hochwertig ausgebaut; Das Dachgeschoss ist vollständig ausgebaut;
Baujahr:	1972
Modernisierungen:	Neue Heizungsanlage Baujahr 1985
Außenansicht:	insgesamt rau verputzt und gestrichen, Edelputz; Sockel verputzt und gestrichen

3.2.2 Nutzungseinheiten, Raumaufteilung

Kellergeschoss:
Bestehend aus einem großen Hobbyraum, Fitnessraum mit Sauna, Waschküche, Bügelzimmer, Arbeitszimmer, Heizraum und Öllager mit 10.000 ltr. Tank

Erdgeschoss:
Bestehend aus einem Wohnzimmer, Küche, Esszimmer, Gästezimmer, Vorratsraum, Garderobe und Gäste-WC.

Der Zugang zum KG und DG erfolgt über eine geradeläufige offene Holztreppe mit Zwischenpodest

Dachgeschoss:
Bestehend aus einem Schlafzimmer, 2 Kinderzimmer, einem Bad und einer Ankleide

3.2.3 Gebäudekonstruktion (Keller, Wände, Decken, Treppen, Dach)

Konstruktionsart:	Massivbau

Anhang

Fundamente:	Streifenfundament, Bodenplatte, Beton
Keller:	Beton; Abdichtung als Außendichtung mit Bitumenbahnen (sog. "schwarze Wanne") ausgeführt; Wärmedämmung durch Perimeterdämmung; Lichtschächte massiv
Umfassungswände:	einschaliges Mauerwerk ohne zusätzliche Wärmedämmung,
Innenwände:	tragende Innenwände Ziegelmauerwerk; nicht tragende Innenwände Ziegelmauerwerk
Geschossdecken:	Stahlbeton
Treppen:	repräsentativ, sehr gepflegt; Kelleraußentreppe: Beton mit Naturstein Geschosstreppe: Holzkonstruktion (Buche); Geländer in Edelstahl mit Holzhandlauf

3.2.4 Allgemeine technische Gebäudeausstattung

Wasserinstallationen:	Zentrale Wasserversorgung über Anschluss an das öffentliche Trinkwassernetz; Wasserleitungen aus Edelstahlrohr; Ausführung als Vorwandinstallation
Abwasserinstallationen:	Ableitung in kommunales Abwasserkanalnetz; Grundleitungen (Erdleitungen) aus Steinzeug; Abflussrohre (Sammel- und Fallleitungen) aus Gusseisen
Elektroinstallation:	hochwertige Ausstattung; je Raum mehrere Lichtauslässe; je Raum mehrere Steckdosen; hochwertige Beleuchtungskörper, hochwertige Fernmelde- und informationstechnische Anlagen und Antennen, Türöffner, Klingelanlage, Alarmanlage, Blitzschutzanlage, Telefonanschluss, Starkstromanschluss
Heizung:	Zentralheizung, mit flüssigen Brennstoffen (Öl), Baujahr 1985; Gussheizkörper, mit Thermostatventilen; Stahltank, Tankgröße ca. 10.000 Liter, Baujahr 1972
Lüftung:	keine besonderen Lüftungsanlagen (herkömmliche Fensterlüftung)
Warmwasserversorgung:	überwiegend zentral über Heizung

3.2.5 Besondere Bauteile/Einrichtungen, Zustand des Gebäudes

Besondere Bauteile:	Balkon, überdachte Terrasse, Markise, Kelleraußentreppe
Besondere Einrichtungen:	Alarmanlage, Blitzschutzanlage, Wasserentkalkungsanlage
Besonnung und Belichtung:	gut
Baumängel und Bauschäden:	Feuchte Flecken im Bereich der nördlichen Außenwand der unterkellerten Doppelgarage
Wirtschaftliche Wertminderungen:	keine
Allgemeinbeurteilung:	Der bauliche Zustand ist gut.

3.3 Nebengebäude

Garage (unterkellerte Doppelgarage, massiv, Stahlschwingtor, Betonboden, Strom- und Wasseranschluss)

3.4 Außenanlagen

Versorgungsanlagen vom Hausanschluss bis an das öffentliche Netz;
Wegebefestigung, befestigte Stellplatzfläche, Terrasse, Gartenanlagen und Pflanzungen;
Standplatz für 2 Mülltonnen an der Grundstücksgrenze zur Straße; Einfriedung (Mauer mit Holzlattenzaun)

Anhang

4   Ermittlung des Verkehrswerts

Nachfolgend wird der Verkehrswert für das mit einem Einfamilienwohnhaus bebaute Grundstück in 82335 Berg, Salzstraße 24 zum Wertermittlungsstichtag 17.05.2010 ermittelt.

Grundstücksdaten:

Grundbuch	Band	Blatt		lfd. Nr.
Starnberg	*25*	*885*		*1*
Gemarkung	Flurstück		Fläche	
Berg	*376/4*		*800 m²*	
Fläche insgesamt:				800 m²

4.1   Verfahrenswahl mit Begründung

4.1.1   Bewertungsrechtliche und bewertungstheoretische Vorbemerkungen

4.1.1.1   Grundsätze zur Wahl der Wertermittlungsverfahren

Nach § 194 BauGB wird der Verkehrswert (Marktwert) "durch den Preis bestimmt, der in dem Zeitpunkt, auf den sich die Ermittlung bezieht, im gewöhnlichen Geschäftsverkehr nach den rechtlichen Gegebenheiten und tatsächlichen Eigenschaften, der sonstigen Beschaffenheiten und der Lage des Grundstücks oder des sonstigen Wertermittlungsobjekts ohne Rücksicht auf ungewöhnliche oder persönliche Verhältnisse zu erzielen wäre."

Ziel jeder Verkehrswertermittlung ist es, einen möglichst marktkonformen Wert des Grundstücks (d.h. den wahrscheinlichsten Kaufpreis im nächsten Kauffall) zu bestimmen.

Zur Verkehrswertermittlung bieten die einschlägige Literatur und die Wertermittlungsvorschriften (insbesondere die Immobilienwertermittlungsverordnung - ImmoWertV) mehrere Verfahren an. Die möglichen Verfahren sind jedoch nicht in jedem Bewertungsfall alle gleichermaßen gut zur Ermittlung marktkonformer Verkehrswerte geeignet. Es ist deshalb **Aufgabe des Sachverständigen, das** für die konkret anstehende Bewertungsaufgabe geeignetste (oder besser noch: **die geeignetesten**) **Wertermittlungsverfahren auszuwählen** und anzuwenden.

Nach den Vorschriften der ImmoWertV sind zur Ermittlung des Verkehrswerts

- das *Vergleichswertverfahren*,
- das *Ertragswertverfahren* und
- das *Sachwertverfahren*

oder mehrere dieser Verfahren heranzuziehen (§ 8 Abs. 1 Satz 1 ImmoWertV). Die Verfahren sind nach der *Art des Wertermittlungsobjekts*, unter Berücksichtigung der *im gewöhnlichen Geschäftsverkehr bestehenden Gepflogenheiten* und den *sonstigen Umständen des Einzelfalls* zu wählen; die Wahl ist zu begründen (§ 8 Abs. 1 Satz 2 ImmoWertV).

Die in der ImmoWertV geregelten 3 klassischen Wertermittlungsverfahren (das Vergleichs-, das Ertrags- und das Sachwertverfahren) liefern in Deutschland - wie in den Abschnitten 2 und 3 noch ausgeführt wird - grundsätzlich die marktkonformsten Wertermittlungsergebnisse.

Die **Begründung der Wahl** der anzuwendenden Wertermittlungsverfahren basiert auf der Beschreibung und Beurteilung der für marktorientierte Wertermittlungsverfahren verfügbaren Ausgangsdaten (das sind die aus dem Grundstücksmarkt abgeleiteten Vergleichsdaten für marktkonforme Wertermittlungen) sowie der Erläuterung der auf dem Grundstücksteilmarkt, zu dem das Bewertungsgrundstück gehört, im gewöhnlichen (Grundstücks)Marktgeschehen bestehenden üblichen Kaufpreisbildungsmechanismen und der Begründung des gewählten Untersuchungsweges. Die in den noch folgenden Abschnitten enthaltene Begründung der Wahl der angewendeten Wertermittlungsverfahren dient deshalb vorrangig der "Nachvollziehbarkeit" dieses Verkehrswertgutachtens.

4.1.1.2   Allgemeine Kriterien für die Eignung der Wertermittlungsverfahren

Entscheidende Kriterien für die Wahl der anzuwendenden Wertermittlungsverfahren sind:

- Der Rechenablauf und die Einflussgrößen der Verfahren sollen den in diesem Grundstücksteilmarkt vorherrschenden **Marktüberlegungen** (Preisbildungsmechanismen) entsprechen.
- Zur Bewertung bebauter Grundstücke sollten **mindestens zwei** möglichst weitgehend voneinander

348

unabhängige **Wertermittlungsverfahren angewendet** werden (§ 8 Abs. 1 Satz 3 ImmoWertV). Das zweite Verfahren dient zur Überprüfung des ersten Verfahrensergebnisses (unabhängige Rechenprobe; Würdigung dessen Aussagefähigkeit; Reduzierung der Risiken bei Vermögensdispositionen des Gutachtenverwenders und des Haftungsrisikos des Sachverständigen).

• Hauptaufgabe dieser Wertermittlung ist es, den Verkehrswert (Marktwert) i.S.d. § 194 BauGB, d.h. den im nächsten Kauffall **am wahrscheinlichsten zu erzielenden Kaufpreis,** möglichst zutreffend zu ermitteln. Die Bewertung inkl. Verfahrenswahl ist deshalb auf die **wahrscheinlichste Grundstücksnutzung** nach dem nächsten (nötigenfalls fiktiv zu unterstellenden) Kauffall abzustellen (Prinzip: Orientierung am "gewöhnlichen Geschäftsverkehr" im nächsten Kauffall). Die einzelnen Verfahren sind nur Hilfsmittel zur Schätzung dieses Wertes. Da dieser wahrscheinlichste Preis (Wert) am plausibelsten aus für vergleichbare Grundstücke vereinbarten Kaufpreisen abzuleiten ist, sind die drei klassischen deutschen Wertermittlungsverfahren (ihre sachrichtige Anwendung vorausgesetzt) verfahrensmäßige Umsetzungen des Preisvergleichs. Diesbezüglich ist das Verfahren am geeignetesten und vorrangig zur Ableitung des Verkehrswerts heranzuziehen, **dessen für marktkonforme Wertermittlungen erforderliche Daten** (i.S.d. § 193 Abs. 5 BauGB i.V.m. § 8 Abs. 1 Satz 2 ImmoWertV) **am zuverlässigsten** aus dem Grundstücksmarkt (d.h. aus vergleichbaren Kauffällen) **abgeleitet wurden** bzw. dem Sachverständigen zur Verfügung stehen.

Für die drei klassischen deutschen Wertermittlungsverfahren werden nachfolgend die den Preisvergleich (d.h. die Marktkonformität ihrer Ergebnisse) garantierenden Größen sowie die in dem jeweiligen Verfahren die Preisunterschiede am wesentlichsten bestimmenden Einflussfaktoren benannt.

• Vergleichswertverfahren:
Marktanpassungsfaktor: Vergleichskaufpreise,
Einflussfaktoren: Kenntnis der wesentlichen wertbestimmenden Eigenschaften der Vergleichsobjekte und des Bewertungsobjekts, Verfügbarkeit von diesbezüglichen Umrechnungskoeffizienten - Vergleichs-kaufpreisverfahren
oder geeignete Vergleichsfaktoren (z.B. hinreichend definierte Bodenrichtwerte oder Vergleichsfaktoren für Eigentumswohnungen) - Vergleichsfaktorverfahren;

• Ertragswertverfahren:
Marktanpassungsfaktor: Liegenschaftszinssätze,
vorrangige Einflussfaktoren: ortsübliche und marktüblich erzielbare Mieten;

• Sachwertverfahren:
Marktanpassungsfaktor: Sachwertfaktoren,
vorrangige Einflussfaktoren: Bodenwerte/Lage und (jedoch nachrangig) ein plausibles System der Herstellungskostenermittlung.

Hinweis: Grundsätzlich sind alle drei Verfahren (Vergleichs-, Ertrags- und Sachwertverfahren) gleichwertige verfahrensmäßige Umsetzungen des Kaufpreisvergleichs; sie liefern gleichermaßen (nur) so marktkonforme Ergebnisse, wie zur Ableitung der vorgenannten Daten eine hinreichend große Zahl von geeigneten Marktinformationen (insbesondere Vergleichskaufpreise) zur Verfügung standen.

4.1.2   Zu den herangezogenen Verfahren

4.1.2.1   Beschreibung des Bewertungsmodells der Bodenwertermittlung

Die Preisbildung für den Grund und Boden orientiert sich im gewöhnlichen Geschäftsverkehr vorrangig an den allen Marktteilnehmern (z.B. durch Vergleichsverkäufe, veröffentlichte Bodenrichtwerte, aber auch Zeitungsannoncen und Maklerexposés) bekannt gewordenen Informationen über Quadratmeterpreise für unbebaute Grundstücke.
Der Bodenwert ist deshalb (auch in den Verfahren zur Bewertung bebauter Grundstücke - dort, getrennt vom Wert der Gebäude und der Außenanlagen) i.d.R. auf der Grundlage von **Vergleichskaufpreisen** (§ 16 ImmoWertV) zu ermitteln, wie er sich ergeben würde, wenn das Grundstück unbebaut wäre).
Liegen geeignete **Bodenrichtwerte** vor, so können diese anstelle oder ergänzend zu den Vergleichskaufpreisen zur Bodenwertermittlung herangezogen werden (§ 16 Abs. 1 Satz 2 ImmoWertV).
Bodenrichtwerte sind geeignet, wenn sie entsprechend
• den örtlichen Verhältnissen,
• der Lage und
• des Entwicklungszustandes gegliedert und
• nach Art und Maß der baulichen Nutzung,
• der Erschließungssituation sowie des abgabenrechtlichen Zustandes und
• der jeweils vorherrschenden Grundstücksgestalt

Anhang

hinreichend bestimmt und mit der notwendigen Sorgfalt aus Kaufpreisen für vergleichbare unbebaute Grundstücke abgeleitet sind (§ 16 Abs. 1 Satz 3 ImmoWertV).

Zur Ableitung und Veröffentlichung von Bodenrichtwerten aus realisierten Kaufpreisen sind die Gutacherausschüsse verpflichtet (§ 193 Abs. 5 BauGB i.V.m. § 196 Abs. 1 Satz 1 BauGB). Er ist bezogen auf den Quadratmeter der Grundstücksfläche (Dimension: €/m² Grundstücksfläche).

Abweichungen des zu bewertenden Grundstücks vom Vergleichsgrundstück bzw. von dem Bodenrichtwertgrundstück in den wertbeeinflussenden Merkmalen - wie Erschließungszustand, spezielle Lage, Art und Maß der baulichen Nutzung, Bodenbeschaffenheit, Grundstücksgestalt -, aber auch Abweichungen des Wertermittlungsstichtags vom Kaufzeitpunkt der Vergleichsgrundstücke bzw. vom Stichtag, zu dem der Bodenrichtwert abgeleitet wurde, bewirken i.d.R. entsprechende Abweichungen seines Bodenwerts von dem Vergleichskaufpreis bzw. dem Bodenrichtwert (§ 15 Abs. 1 Satz 4 ImmoWertV).

Für die anzustellende Bewertung liegt ein i.S.d. § 15 Abs. 1 Satz 2 ImmoWertV i.V.m. § 196 Abs. 1 Satz 4 BauGB geeigneter, d.h. hinreichend gegliederter und bezüglich seiner wesentlichen Einflussfaktoren definierter **Bodenrichtwert** vor. Der vom Gutacherausschuss veröffentlichte Bodenrichtwert wurde bezüglich seiner relativen Richtigkeit (Vergleich mit den Bodenrichtwerten der angrenzenden Bodenrichtwertzonen) und seiner absoluten Höhe (Vergleich mit Bodenrichtwerten von in etwa lagegleichwertigen Bodenrichtwertzonen, auch aus anderen Gemeinden) auf Plausibilität überprüft und als zutreffend beurteilt. Die Bodenwertermittlung erfolgt deshalb auf der Grundlage dieses Bodenrichtwerts, d.h. durch dessen Umrechnung auf die allgemeinen Wertermittlungsverhältnisse zum Wertermittlungsstichtag und die Grundstücksmerkmale des Bewertungsobjekts (vgl. § 15 Abs. 1 Satz 4 ImmoWertV und nachfolgender Abschnitt "Bodenwertermittlung" dieses Gutachtens).

4.1.2.2 Bewertung des bebauten Gesamtgrundstücks

4.1.2.2.1 Anwendbare Verfahren

Zur Bewertung bebauter Grundstücke werden in Deutschland vorrangig das Vergleichswert-, das Ertragswert- und das Sachwertverfahren angewendet. Dies ist insbesondere darin begründet, weil
• die Anwendung dieser Verfahren in der ImmoWertV vorgeschrieben ist (vgl. § 8 Abs. 1 ImmoWertV); und demzufolge
• (nur) für diese klassischen Wertermittlungsverfahren die für marktkonforme Wertermittlungen erforderlichen Erfahrungswerte ("erforderliche Daten" der Wertermittlung i.S.d. § 193 Abs. 5 BauGB i.V.m. ImmoWertV, Abschnitt 2) durch Kaufpreisanalysen abgeleitet verfügbar sind.

   Hinweis: (Nur) Beim Vorliegen der verfahrensspezifischen "erforderlichen Daten" ist ein Wertermittlungsverfahren ein Preisvergleichsverfahren (vgl. nachfolgende Abschnitte) und erfüllt die Anforderungen, die von der Rechtsprechung und der Bewertungstheorie an Verfahren zur Verkehrswertermittlung gestellt werden.

Andere Verfahren scheiden i.d.R. wegen Fehlens hinreichender Erfahrungswerte zur Anpassung deren Ergebnisse an den deutschen Grundstücksmarkt aus.

Vergleichswertverfahren

Für manche Grundstücksarten (z.B. Eigentumswohnungen, Reihenhausgrundstücke) existiert ein hinreichender Grundstückshandel mit vergleichbaren Objekten. Den Marktteilnehmern sind zudem die für vergleichbare Objekte gezahlten oder (z.B. in Zeitungs- oder Maklerangeboten) verlangten Kaufpreise bekannt. Da sich im gewöhnlichen Geschäftsverkehr die Preisbildung für derartige Objekte dann an diesen Vergleichspreisen orientiert, sollte zu deren Bewertung möglichst auch das Vergleichswertverfahren herangezogen werden.

Die **Voraussetzungen** für die Anwendbarkeit des **Vergleichswertverfahrens** sind, dass

a) eine hinreichende Anzahl wertermittlungsstichtagsnah realisierter Kaufpreise für in allen wesentlichen wertbeeinflussenden Eigenschaften mit dem Bewertungsobjekt hinreichend übereinstimmender Vergleichsgrundstücke aus der Lage des Bewertungsgrundstücks oder aus vergleichbaren Lagen und

b) die Kenntnis der zum Kaufzeitpunkt gegebenen wertbeeinflussenden Eigenschaften der Vergleichsobjekte

oder

c) i.S.d. § 15 Abs. 2 ImmoWertV geeignete Vergleichsfaktoren, vom Gutacherausschuss abgeleitet und veröffentlicht (z.B. hinreichend definierte Vergleichsfaktoren für Wohnungseigentum)

sowie

d) Umrechnungskoeffizienten für alle wesentlichen wertbeeinflussenden Eigenschaften der zu bewertenden Grundstücksart und eine Preisindexreihe zur Umrechnung vom Kaufzeitpunkt der Vergleichsobjekte bzw. vom Stichtag, für den der Vergleichsfaktor abgeleitet wurde, auf den Wertermittlungsstichtag gegeben sind.

Die **Anwendung des Vergleichswertverfahrens** zur Bewertung des bebauten Grundstücks ist im vorliegenden Fall **nicht möglich**, weil keine

- hinreichende Anzahl zum Preisvergleich geeigneter **Vergleichskaufpreise** verfügbar ist

und auch

- keine hinreichend differenziert beschriebenen **Vergleichsfaktoren** des örtlichen Grundstücksmarkts zur Bewertung des bebauten Grundstücks zur Verfügung stehen.

Ertragswertverfahren

Steht für den Erwerb oder die Errichtung vergleichbarer Objekte üblicherweise die zu erzielende Rendite (Mieteinnahme, Wertsteigerung, steuerliche Abschreibung) im Vordergrund, so wird nach dem Auswahlkriterium "Kaufpreisbildungsmechanismen im gewöhnlichen Geschäftsverkehr" das Ertragswertverfahren als vorrangig anzuwendendes Verfahren angesehen.[3]

Dies gilt für die hier zu bewertende Grundstücksart nicht, da es sich um **kein typisches Renditeobjekt** handelt. Dennoch wird das Ertragswertverfahren angewendet. Dies ist wie folgt begründet:

- Auch bei mit dem Bewertungsobjekt vergleichbaren Grundstücken kalkuliert der Erwerber die Rendite seines Objekts, z.B. die eingesparte Miete, die eingesparten Steuern oder die möglichen Fördermittel.
- Für mit dem Bewertungsobjekt vergleichbare Grundstücksarten stehen die für marktkonforme Ertragswertermittlungen erforderlichen Daten (marktüblich erzielbare Mieten, Liegenschaftszinssätze) zur Verfügung.
- Die Anwendung eines zweiten Wertermittlungsverfahrens ist grundsätzlich zur Ergebnisstützung unverzichtbar.

Das Ertragswertverfahren (gem. §§ 17 - 20 ImmoWertV) ist durch die Verwendung des aus vielen Vergleichskaufpreisen abgeleiteten Liegenschaftszinssatzes (Reinerträge: Kaufpreise) ein Preisvergleich, in dem vorrangig die in dieses Bewertungsmodell eingeführten Einflussgrößen (insbesondere Mieten, Restnutzungsdauer; aber auch Zustandsbesonderheiten) die Wertbildung und die Wertunterschiede bewirken.

Sachwertverfahren

Mit dem Sachwertverfahren werden solche bebaute Grundstücke vorrangig bewertet, die üblicherweise nicht zur Erzielung von Renditen, sondern zur renditeunabhängigen Eigennutzung verwendet (gekauft oder errichtet) werden.

Dies trifft für das hier zu bewertende Grundstück zu, deshalb ist es als **Sachwertobjekt** anzusehen.

---

3) Vgl. auch BGH, Urteil vom 13.07.1970 - VII ZR 189/68 (WF-BIB); BGH, Urteil vom 16.06.1977 - VII ZR 2/76 (WF-BIB) und BFH, Urteil vom 02.02.1990 - III R 173/86 (WF-BIB).

Anhang

4.2   Bodenwertermittlung

Bodenrichtwert mit Definition des Bodenrichtwertgrundstücks

Der **Bodenrichtwert** beträgt (gute Lage) **450,00 €/m²** zum **Stichtag 01.01.2010.** Das Bodenrichtwertgrundstück ist wie folgt definiert:

Entwicklungsstufe	=	baureifes Land
Art der baulichen Nutzung	=	WR (reines Wohngebiet)
abgabenrechtlicher Zustand	=	frei
Geschossflächenzahl (GFZ)	=	0,3
Anzahl der Vollgeschosse	=	1
Grundstücksfläche	=	700 m²

Beschreibung des Bewertungsgrundstücks

Wertermittlungsstichtag	=	17.05.2010
Entwicklungszustand	=	baureifes Land
Art der baulichen Nutzung	=	WR (reines Wohngebiet)
abgabenrechtlicher Zustand	=	frei
Geschossflächenzahl (GFZ)	=	0,25
Anzahl der Vollgeschosse	=	1
Grundstücksfläche	=	800 m²

Bodenwertermittlung des Bewertungsgrundstücks

Nachfolgend wird der Bodenrichtwert an die allgemeinen Wertverhältnisse zum Wertermittlungsstichtag 17.05.2010 und die wertbeeinflussenden Grundstücksmerkmale des Bewertungsgrundstücks angepasst.

I. Umrechnung des Bodenrichtwerts auf den abgabenfreien Zustand		Erläuterung
abgabenrechtlicher Zustand des Bodenrichtwerts (frei)	= 450,00 €/m²	
abgabenfreier Bodenrichtwert (Ausgangswert für weitere Anpassung)	= **450,00 €/m²**	

II. Zeitliche Anpassung des Bodenrichtwerts				
	Richtwertgrundstück	Bewertungsgrundstück	Anpassungsfaktor	Erläuterung
Stichtag	01.01.2010	17.05.2010	× 1,00	E1

III. Anpassungen wegen Abweichungen in den wertbeeinflussenden Grundstücksmerkmalen				
Lage	gute Lage	gute Lage	× 1,00	
lageangepasster abgabenfreier BRW am Wertermittlungsstichtag			= 450,00 €/m²	E2
GFZ	0,3	0,25	× 0,95	E3
Fläche (m²)	700	800	× 1,00	E5
Entwicklungsstufe	baureifes Land	baureifes Land	× 1,00	
Art der baulichen Nutzung	WR (reines Wohngebiet)	WR (reines Wohngebiet)	× 1,00	
Vollgeschosse	1	1	× 1,00	
angepasster abgabenfreier relativer Bodenrichtwert			= 427,50 €/m²	
Werteinfluss durch beim Bewertungsobjekt noch ausstehende Abgaben			− 0,00 €/m²	
abgabenfreier relativer Bodenwert			= **427,50 €/m²**	

IV. Ermittlung des Gesamtbodenwerts		Erläuterung
abgabenfreier relativer Bodenwert	= 427,50 €/m²	
Fläche	× 800 m²	
abgabenfreier Bodenwert	= 342.000,00 € **rd. 342.000,00 €**	

Der **abgabenfreie Bodenwert** beträgt zum Wertermittlungsstichtag 17.05.2010 insgesamt **342.000,00 €**.

Anhang

Erläuterungen zur Bodenrichtwertanpassung

E1

Nach Auskunft des Gutacherausschusses haben sich die Bodenwerte im Zeitraum des Richtwert- und Wertermittlungsstichtags unwesentlich verändert. Eine Anpassung bezüglich der allgemeinen Wertverhältnisse ist daher nicht erforderlich.

E2

Auf diesen "an die Lage und die Anbauart angepassten abgabenfreien Bodenwert" ist der Marktanpassungsfaktor des Sachwertverfahrens abzustellen (der lageangepasste Bodenwert dient als Maßstab für die Wirtschaftskraft der Region bzw. die Kaufkraft der Nachfrager nach Grundstücken in dieser Lage; die Anbauart bestimmt den objektartspezifischen Sachwertfaktor mit). Die danach ggf. noch berücksichtigten den Bodenwert beeinflussenden Grundstücksmerkmale gehen in den Gesamtbodenwert ein und beeinflussen demzufolge über die Höhe des vorläufigen Sachwerts (Substanzwert) den Marktanpassungsfaktor.

E3

Die Wertbeeinflussung durch die gegenüber dem Richtwertgrundstück höhere GFZ wird mittels der in [1], Kapitel 3.10.1 veröffentlichten bundesdurchschnittlichen GFZ-Umrechnungskoeffizienten berücksichtigt:
GFZ des Bewertungsgrundstücks = 0,25 => GFZ-Umrechnungskoeffizient = 0,55
GFZ des Richtwertgrundstücks = 0,30 => GFZ-Umrechnungskoeffizient = 0,58
Anpassungsfaktor : 0,55/0,58 = 0,948 => rd. 0,95

E5

Die Wertbeeinflussung durch die gegenüber dem Richtwertgrundstück größere Grundstücksfläche wird im Rahmen der Anpassung an die bauliche Ausnutzbarkeit mittels GFZ-Umrechnung berücksichtigt.

4.3 Sachwertermittlung

4.3.1 Das Sachwertmodell der Immobilienwertermittlungsverordnung

Das Modell der Verkehrswertermittlung im Sachwertverfahren ist in den §§ 21 - 23 ImmoWertV gesetzlich geregelt.

Der Sachwert wird demnach aus der Summe des Bodenwerts und den Sachwerten der auf dem Grundstück vorhandenen nutzbaren Gebäude und Außenanlagen sowie ggf. den Auswirkungen der zum Wertermittlungsstichtag vorhandenen besonderen objektspezifischen Grundstücksmerkmale abgeleitet.

Der Bodenwert ist getrennt vom Sachwert der Gebäude und Außenanlagen i. d. R. im Vergleichswertverfahren (vgl. § 16 ImmoWertV) grundsätzlich so zu ermitteln, wie er sich ergeben würde, wenn das Grundstück unbebaut wäre.

Der Sachwert der Gebäude (Normgebäude zzgl. eventuell vorhandener besonderer Bauteile und besonderer Einrichtungen) ist auf der Grundlage der (Neu)Herstellungskosten unter Berücksichtigung der jeweils individuellen Merkmale:

- Objektart,
- (Ausstattungs)Standard,
- Restnutzungsdauer (Alterswertminderung),
- Baumängel und Bauschäden und
- besondere objektspezifische Grundstücksmerkmale abzuleiten.

Der Sachwert der Außenanlagen wird, sofern dieser nicht bereits bei der Bodenwertermittlung mit erfasst worden ist, entsprechend der Vorgehensweise für die Gebäude i. d. R. auf der Grundlage von üblichen Herstellungskosten oder als Zeitwert aufgrund von Erfahrungssätzen abgeleitet.

Die Summe aus Bodenwert, Sachwert der Gebäude und Sachwert der Außenanlagen ergibt, ggf. nach der Berücksichtigung vorhandener und bei der Bodenwertermittlung sowie bei der Ermittlung der (Zeit)Werte der Gebäude und Außenanlagen noch nicht berücksichtigter besonderer objektspezifischer Grundstücksmerkmale, den vorläufigen Sachwert (= Substanzwert) des Grundstücks.

Der so rechnerisch ermittelte vorläufige Sachwert ist abschließend hinsichtlich seiner Realisierbarkeit auf dem örtlichen Grundstücksmarkt zu beurteilen und an die Marktverhältnisse anzupassen. Zur Berücksichtigung der Marktgegebenheiten ist ein Zu- oder Abschlag vom vorläufigen Sachwert vorzunehmen. Die „Marktanpassung" des vorläufigen Sachwerts an die Lage auf dem örtlichen Grundstücksmarkt mittels des sog. Sachwertfaktors (vgl. § 14 Abs. 2 Ziffer 1 ImmoWertV) führt im Ergebnis zum marktkonformen Sachwert des Grundstücks.

Die Marktanpassung ist nicht explizit innerhalb der ImmoWertV-Regelungen zum Sachwertverfahren (§§ 21 – 23 ImmoWertV) genannt. Der Begriff des Sachwertfaktors ist jedoch in § 14 Abs. 2 Ziffer 1 ImmoWertV erläutert. Seine Position innerhalb der Sachwertermittlung regelt § 8 Abs. 2 ImmoWertV. Diese ergibt sich u. a. aus der Praxis, in der Sachwert-(Marktanpassungs)faktoren aus im Wesentlichen schadensfreien Objekten abgeleitet werden. Umgekehrt muss deshalb auch der Bewertung der Sachwert-Marktanpassungsfaktor auf den vorläufigen Sachwert des fiktiv schadensfreien Objekts (bzw. des Objekts zunächst ohne Berücksichtigung besonderer objektspezifischer Grundstücksmerkmale) angewendet werden. Erst anschließend dürfen besondere objektspezifische Grundstücksmerkmale durch Zu- bzw. Abschläge am vorläufigen marktangepassten Sachwert berücksichtigt werden. Durch diese Vorgehensweise wird die in der Wertermittlung erforderliche Modelltreue beachtet.

Das Sachwertverfahren ist insbesondere durch die Verwendung des Sachwertfaktors **ein Preisvergleich**, bei dem vorrangig der Zeitwert der Substanz (Boden + Gebäude + Außenanlagen) den Vergleichsmaßstab bildet.

4.3.2 Erläuterungen der bei der Sachwertberechnung verwendeten Begriffe

Herstellungskosten (§ 22 ImmoWertV)

Die Gebäudeherstellungskosten werden durch Multiplikation des Gebäuderauminhalts (m³) oder der Gebäudefläche (m²) des **(Norm)Gebäudes** mit **Normalherstellungskosten** (NHK) für vergleichbare Gebäude ermittelt. Den so ermittelten Herstellungskosten sind noch die Werte **von besonders zu veranschlagenden Bauteilen** und **besonderen (Betriebs) Einrichtungen** sowie bei Anwendung der NHK 2000 oder der NHK 1995 die **Baunebenkosten** (BNK) hinzuzurechnen.

Normalherstellungskosten

Die Normalherstellungskosten (NHK) basieren auf Auswertungen von reinen Baukosten für Gebäude mit annähernd gleichem Ausbau- und Ausstattungsstandard. Sie werden für die Wertermittlung auf ein

Anhang

einheitliches Index-Basisjahr zurückgerechnet. Durch die Verwendung eines einheitlichen Basisjahres ist eine hinreichend genaue Bestimmung des Wertes möglich, da der Gutachter über mehrere Jahre hinweg mit konstanten Grundwerten arbeitet und diesbezüglich gesicherte Erfahrungen, insbesondere hinsichtlich der Einordnung des jeweiligen Bewertungsobjekts in den Gesamtgrundstücksmarkt sammeln kann.

Die Normalherstellungskosten besitzen überwiegend die Dimension „€/m³ Bruttorauminhalt" bzw. „€/m² Bruttogrundfläche" oder „€/m² Wohnfläche" des Gebäudes und verstehen sich inkl. Mehrwertsteuer.

Normgebäude, besonders zu veranschlagende Bauteile

Bei der Ermittlung des Gebäuderauminhalts oder der Gebäudeflächen werden einige den Gebäudewert wesentlich beeinflussenden Gebäudeteile nicht erfasst. Das Gebäude ohne diese Bauteile wird in dieser Wertermittlung mit „Normgebäude" bezeichnet. Zu diesen bei der Rauminhalts- oder Grundflächenberechnung nicht erfassten Gebäudeteilen gehören insbesondere Kelleraußentreppen, Eingangstreppen und Eingangsüberdachungen, u. U. auch Balkone und Dachgauben.

Der Wert dieser Gebäudeteile ist deshalb zusätzlich zu den für das Normgebäude ermittelten Herstellungskosten (i. d. R. errechnet als „Normalherstellungskosten × Rauminhalt bzw. Fläche") durch Wertzuschläge besonders zu berücksichtigen.

Besondere Einrichtungen

Die NHK berücksichtigen definitionsgemäß nur Herstellungskosten von Gebäuden mit - wie der Name bereits aussagt - normalen, d. h. üblicherweise vorhandenen bzw. durchschnittlich wertvollen Einrichtungen. Im Bewertungsobjekt vorhandene und den Gebäudewert erhöhende besondere Einrichtungen sind deshalb zusätzlich zu dem mit den NHK ermittelten Herstellungskosten (oder Zeitwert) des Normgebäudes zu berücksichtigen.

Unter besonderen Einrichtungen sind deshalb innerhalb der Gebäude vorhandene Ausstattungen und i. d. R. fest mit dem Gebäude verbundene Einrichtungen zu verstehen, die in vergleichbaren Gebäuden nicht vorhanden sind. Diese wurden deshalb auch nicht bei der Festlegung des (Ausstattungs)Standards mit erfasst und demzufolge bei der Ableitung der Normalherstellungskosten nicht berücksichtigt (z. B. Sauna im Einfamilienwohnhaus).

Befinden sich die besonderen Einrichtungen in Geschäfts-, Gewerbe- und Industriegebäuden, spricht man auch von besonderen Betriebseinrichtungen.

Baunebenkosten (§ 22 Abs. 2 Satz 3 ImmoWertV)

Zu den Herstellungskosten gehören auch die Baunebenkosten (BNK), welche als „Kosten für Planung, Baudurchführung, behördliche Prüfung und Genehmigungen" sowie bei Anwendung der NHK 2000 für „die in unmittelbarem Zusammenhang mit der Herstellung erforderlichen Finanzierung" definiert sind.

Ihre Höhe hängt von der Gebäudeart, von den Gesamtherstellungskosten der baulichen Anlagen sowie dem Schwierigkeitsgrad der Planungsanforderungen und damit von der Bauausführung und der Ausstattung der Gebäude ab. Sie werden bei Verwendung der NHK 2000 oder der NHK 1995 als Erfahrungs(Prozent)sätze in der üblicherweise entstehenden Höhe angesetzt. Bei Anwendung der NHK 2010 werden die Baunebenkosten ggf. in Abhängigkeit von den Gesamtherstellungskosten der baulichen Anlagen sowie dem Schwierigkeitsgrad der Planungsanforderungen angepasst.

Alterswertminderung (§ 23 ImmoWertV)

Die Wertminderung der Gebäude wegen Alters (Alterswertminderung) wird üblicherweise nach dem linearen Abschreibungsmodell auf der Basis der sachverständig geschätzten wirtschaftlichen **Restnutzungsdauer** (RND) des Gebäudes und der jeweils üblichen **Gesamtnutzungsdauer** (GND) vergleichbarer Gebäude ermittelt. Grundsätzlich können auch andere Alterswertminderungsmodelle verwendet werden, z. B. das Modell von Ross.

Restnutzungsdauer (§ 6 Abs. 6 ImmoWertV)

Als Restnutzungsdauer (RND) wird die Anzahl der Jahre angesetzt, in denen die baulichen (und sonstigen) Anlagen bei ordnungsgemäßer Unterhaltung und Bewirtschaftung voraussichtlich noch wirtschaftlich genutzt werden können. Sie ist demnach auch in der vorrangig substanzorientierten Sachwertermittlung entscheidend vom wirtschaftlichen, aber auch vom technischen Zustand des Objekts, nachrangig vom Alter des Gebäudes bzw. der Gebäudeteile abhängig.

Gesamtnutzungsdauer

Wie auch bei der Restnutzungsdauer ist hier die übliche wirtschaftliche Nutzungsdauer =

356

Gesamtnutzungsdauer (GND) gemeint - nicht die technische Standdauer, die wesentlich länger sein kann. Die Gesamtnutzungsdauer ist objektartspezifisch definiert, nach der vorherrschenden Meinung, wird z. B. die wirtschaftliche GND von Wohngebäuden auf 60 bis 100 Jahre begrenzt.

Baumängel und Bauschäden (§ 8 Abs. 2 und 3 ImmoWertV)

Baumängel sind Fehler, die dem Gebäude i. d. R. bereits von Anfang an anhaften - z. B. durch mangelhafte Ausführung oder Planung. Sie können sich auch als funktionale oder ästhetische Mängel durch die Weiterentwicklung des Standards oder Wandlungen in der Mode einstellen.
Bauschäden sind auf unterlassene Unterhaltungsaufwendungen, auf nachträgliche äußere Einwirkungen oder auf Folgen von Baumängeln zurückzuführen.
Für behebbare Schäden und Mängel werden die diesbezüglichen Wertminderungen auf der Grundlage der Kosten geschätzt, die zu ihrer Beseitigung aufzuwenden sind. Die Schätzung kann durch pauschale Ansätze oder auf der Grundlage von auf Einzelpositionen bezogene Kostenermittlungen erfolgen.
Der Bewertungssachverständige kann i. d. R. die wirklich erforderlichen Aufwendungen zur Herstellung eines normalen Bauzustandes nur überschlägig schätzen, da

- nur zerstörungsfrei - augenscheinlich untersucht wird,
- grundsätzlich keine Bauschadensbegutachtung erfolgt (dazu ist die Beauftragung eines Bauschadens-Sachverständigen notwendig).

Es ist ausdrücklich darauf hinzuweisen, dass die Angaben in dieser Verkehrswertermittlung allein aufgrund der Mitteilung von Auftraggeber, Mieter etc. und darauf basierenden Inaugenscheinnahme beim Ortstermin ohne jegliche differenzierte Bestandsaufnahme, technischen, chemischen o. ä. Funktionsprüfungen, Vorplanung und Kostenschätzung angesetzt sind.

Besondere objektspezifische Grundstücksmerkmale (§ 8 Abs. 2 und 3 ImmoWertV)

Unter den besonderen objektspezifischen Grundstücksmerkmalen versteht man alle vom üblichen Zustand vergleichbarer Objekte abweichenden individuellen Eigenschaften des Bewertungsobjekts (z. B. Abweichungen vom normalen baulichen Zustand, insbesondere Baumängel und Bauschäden, oder Abweichungen von der marktüblich erzielbaren Miete). Zu deren Berücksichtigung vgl. die Ausführungen im Vorabschnitt.

Außenanlagen (§ 21 Abs. 3 ImmoWertV)

Dies sind außerhalb der Gebäude befindliche mit dem Grundstück fest verbundene bauliche Anlagen (insb. Ver- und Entsorgungsanlagen von der Gebäudeaußenwand bis zur Grundstücksgrenze, Einfriedungen, Wegebefestigungen) und nicht bauliche Anlagen (insb. Gartenanlagen).

Sachwertfaktor (§ 14 Abs. 2 Satz 1 ImmoWertV)

Ziel aller in der ImmoWertV beschriebenen Wertermittlungsverfahren ist es, den Verkehrswert, d. h. den am Markt durchschnittlich (d. h. am wahrscheinlichsten) zu erzielenden Preis zu ermitteln.
Das herstellungskostenorientierte Rechenergebnis „vorläufiger Sachwert" ist in aller Regel nicht mit hierfür gezahlten Marktpreisen identisch. Deshalb muss das Rechenergebnis „vorläufiger Sachwert" (= Substanzwert des Grundstücks) an den Markt, d. h. an die für vergleichbare Grundstücke realisierten Kaufpreise angepasst werden. Das erfolgt mittels des sog. Sachwertfaktors.
Die Marktanpassung ist nicht explizit innerhalb der ImmoWertV-Regelungen zum Sachwertverfahren (§§ 21 – 23 ImmoWertV) genannt. Der Begriff des Sachwertfaktors ist jedoch in § 14 Abs. 2 Ziffer 1 ImmoWertV erläutert. Seine Position innerhalb der Sachwertermittlung regelt § 8 Abs. 2 ImmoWertV. Diese ergibt sich u. a. aus der Praxis, in der Sachwert-(Marktanpassungs)faktoren aus im Wesentlichen schadensfreien Objekten abgeleitet werden. Umgekehrt muss deshalb auch bei der Bewertung der Sachwert-Marktanpassungsfaktor auf den vorläufigen Sachwert des fiktiv schadensfreien Objekts (bzw. des Objekts zunächst ohne Berücksichtigung besonderer objektspezifischer Grundstücksmerkmale) angewendet werden. Erst anschließend dürfen besondere objektspezifische Grundstücksmerkmale durch Zu- bzw. Abschläge am vorläufigen marktangepassten Sachwert berücksichtigt werden. Durch diese Vorgehensweise wird die in der Wertermittlung erforderliche Modelltreue beachtet. Der Sachwertfaktor ist das durchschnittliche Verhältnis aus Kaufpreisen und den ihnen entsprechenden, nach den Vorschriften der ImmoWertV ermittelten „vorläufigen Sachwerte" (= Substanzwerte). Er wird vorrangig gegliedert nach der Objektart (er ist z. B. für Einfamilienwohnhausgrundstücke anders als für Geschäftsgrundstücke), der Region (er ist z. B. in wirtschaftsstarken Regionen mit hohem Bodenwertniveau höher als in wirtschaftsschwachen Regionen) und der Objektgröße.
Durch die sachrichtige Anwendung des aus Kaufpreisen für vergleichbare Objekte abgeleiteten

Anhang

Marktanpassungsfaktors ist das Sachwertverfahren ein echtes Vergleichspreisverfahren.

4.3.3 Sachwertberechnung

Gebäudebezeichnung	Einfamilienhaus
Berechnungsbasis	
• Brutto-Grundfläche (BGF)	388,00 m²
Baupreisindex (BPI) 17.05.2010 (2010 = 100)	99,9
Normalherstellungskosten	
• NHK im Basisjahr (2010)	947,00 €/m² BGF
• NHK am Wertermittlungsstichtag	946,05 €/m² BGF
Herstellungskosten	
• Normgebäude	367.067,40 €
• Zu-/Abschläge	5.000,00 €
• besondere Bauteile	
• besondere Einrichtungen	
Gebäudeherstellungskosten (inkl. BNK)	372.067,40 €
Alterswertminderung	
• Modell	linear
• Gesamtnutzungsdauer (GND)	75 Jahre
• Restnutzungsdauer (RND)	37 Jahre
• prozentual	50,67 %
• Betrag	188.526,55 €
Zeitwert (inkl. BNK)	
• Gebäude (bzw. Normgebäude)	183.540,85 €
• besondere Bauteile	20.000,00 €
• besondere Einrichtungen	7.500,00 €
Gebäudewert (inkl. BNK)	211.040,85 €

Gebäudesachwerte insgesamt		211.040,85 €
Sachwert der Außenanlagen	+	8.441,63 €
Sachwert der Gebäude und Außenanlagen	=	219.482,48 €
Bodenwert (vgl. Bodenwertermittlung)	+	342.000,00 €
vorläufiger Sachwert	=	561.482,48 €
Sachwertfaktor (Marktanpassung)	×	1,07
marktangepasster vorläufiger Sachwert	=	600.786,26 €
besondere objektspezifische Grundstücksmerkmale	–	5.000,00 €
(marktangepasster) Sachwert	=	595.786,26 €
	rd.	596.000,00 €

4.3.4 Erläuterungen zu den Wertansätzen in der Sachwertberechnung

Berechnungsbasis

Die Berechnung des Gebäuderauminhalts (Bruttorauminhalts - BRI) bzw. der Gebäudeflächen (Bruttogrundflächen - BGF oder Wohnflächen - WF) wurde von mir durchgeführt. Die Berechnungen weichen teilweise von der diesbezüglichen Vorschrift (DIN 277 - Ausgabe 1987 bzw. WoWFIV) ab; sie sind deshalb nur als Grundlage dieser Wertermittlung verwendbar. Die Abweichungen bestehen daher insbesondere in

358

wertbezogenen Modifizierungen (vgl. [2], Teil 1, Kapitel 16 und 17);
beim BRI z. B.
- nur Anrechnung von üblichen / wirtschaftlich vollwertigen Geschosshöhen;
- nur Anrechnung der Gebäudeteile a und tlw. b bzw.
- Nichtanrechnung der Gebäudeteile c (z. B. Balkone);

bei der BGF z. B.
- (Nicht)Anrechnung der Gebäudeteile c (z. B. Balkone) und
- Anrechnung von (ausbaubaren aber nicht ausgebauten) Dachgeschossen;

bei der WF z. B.
- Nichtanrechnung der Terrassenflächen.

Herstellungskosten

Die Normalherstellungskosten (NHK) werden nach den Ausführungen in der Wertermittlungsliteratur und den Erfahrungen des Sachverständigen auf der Basis der Preisverhältnisse im Basisjahr angesetzt. Der Ansatz der NHK ist aus [1], Kapitel 3.01.1 (bei NHK 2000 bis 102. Ergänzung) entnommen.

Ermittlung der Normalherstellungskosten bezogen auf das Basisjahr 2010 (NHK 2010) für das Gebäude: Einfamilienhaus
Ermittlung des Gebäudestandards:

Bauteil	Wägungsanteil [%]	Standardstufen				
		1	2	3	4	5
Außenwände	23,0 %			1,0		
Dach	15,0 %				1,0	
Fenster und Außentüren	11,0 %				1,0	
Innenwände und -türen	11,0 %				1,0	
Deckenkonstruktion und Treppen	11,0 %			1,0		
Fußböden	5,0 %				1,0	
Sanitäreinrichtungen	9,0 %				1,0	
Heizung	9,0 %				1,0	
Sonstige technische Ausstattung	6,0 %				1,0	
insgesamt	100,0 %	0,0 %	0,0 %	34,0 %	66,0 %	0,0 %

Beschreibung der ausgewählten Standardstufen

Außenwände	
Standardstufe 3	ein-/zweischaliges Mauerwerk, z.B. aus Leichtziegeln, Kalksandsteinen, Gasbetonsteinen; Edelputz; Wärmedämmverbundsystem oder Wärmedämmputz (nach ca. 1995)

Dach	
Standardstufe 4	glasierte Tondachziegel, Flachdachausbildung tlw. als Dachterrassen; Konstruktion in Brettschichtholz, schweres Massivflachdach; besondere Dachformen, z.B. Mansarden-, Walmdach; Aufsparrendämmung, überdurchschnittliche Dämmung (nach ca. 2005)

Fenster und Außentüren	
Standardstufe 4	Dreifachverglasung, Sonnenschutzglas, aufwendigere Rahmen, Rollläden (elektr.); höherwertige Türanlage z.B. mit Seitenteil, besonderer Einbruchschutz

Innenwände und -türen	
Standardstufe 4	Sichtmauerwerk, Wandvertäfelungen (Holzpaneele); Massivholztüren, Schiebetürelemente, Glastüren, strukturierte Türblätter

Deckenkonstruktion und Treppen	
Standardstufe 3	Beton- und Holzbalkendecken mit Tritt- und Luftschallschutz (z.B. schwimmender Estrich); geradläufige Treppen aus Stahlbeton oder Stahl, Harfentreppe, Trittschallschutz

Anhang

Fußböden	
Standardstufe 4	Natursteinplatten, Fertigparkett, hochwertige Fliesen, Terrazzobelag, hochwertige Massivholzböden auf gedämmter Unterkonstruktion
Sanitäreinrichtungen	
Standardstufe 4	1–2 Bäder mit tlw. zwei Waschbecken, tlw. Bidet/Urinal, Gäste-WC, bodengleiche Dusche; Wand- und Bodenfliesen; jeweils in gehobener Qualität
Heizung	
Standardstufe 4	Fußbodenheizung, Solarkollektoren für Warmwassererzeugung, zusätzlicher Kaminanschluss
Sonstige technische Ausstattung	
Standardstufe 4	zahlreiche Steckdosen und Lichtauslässe, hochwertige Abdeckungen, dezentrale Lüftung mit Wärmetauscher, mehrere LAN- und Fernsehanschlüsse

Bestimmung der standardbezogenen NHK 2010 für das Gebäude: Einfamilienhaus

Nutzungsgruppe: Ein- und Zweifamilienhäuser

Anbauweise: freistehend

Gebäudeart: KG, EG, OG, ausg. DG

Berücksichtigung der Eigenschaften des zu bewertenden Gebäudes

Standardstufe	tabellierte NHK 2010 [€/m² BGF]	relativer Gebäude-standardanteil [%]	relativer NHK 2010-Anteil [€/m² BGF]
1	655,00	0,0	0,00
2	725,00	0,0	0,00
3	835,00	34,0	283,90
4	1.005,00	66,0	663,30
5	1.260,00	0,0	0,00
gewogene, standardbezogene NHK 2010 = 947,20			
gewogener Standard = 3,7			

Die Ermittlung des gewogenen Standards erfolgt durch Interpolation des gewogenen NHK-Werts zwischen die tabellierten NHK.

NHK 2010 für das Bewertungsgebäude   =   947,20 €/m² BGF

                                              rd.   947,00 €/m² BGF

Baupreisindex

Die Anpassung der NHK aus dem Basisjahr an die Preisverhältnisse am Wertermittlungsstichtag erfolgt mittels aus dem Verhältnis aus dem Baupreisindex am Wertermittlungsstichtag und dem Baupreisindex im Basisjahr (= 100). Der vom Statistischen Bundesamt veröffentlichte Baupreisindex ist auch in [1], Kapitel 4.04.1 abgedruckt. Der Baupreisindex zum Wertermittlungsstichtag wird bei zurückliegenden Stichtagen aus Jahreswerten interpoliert und bei aktuellen Wertermittlungsstichtagen, für die noch kein amtlicher Index vorliegt, extrapoliert bzw. es wird der zuletzt veröffentlichte Indexstand zugrunde gelegt.

Zu-/Abschläge zu den Herstellungskosten

Hier werden Zu- bzw. Abschläge zu den Herstellungskosten des Normgebäudes berücksichtigt. Diese sind aufgrund zusätzlichem bzw. mangelndem Gebäudeausbau des zu bewertenden Gebäudes gegenüber dem Ausbauzustand des Normgebäudes erforderlich (bspw. Keller- oder Dachgeschossteilausbau).
Gebäude: Einfamilienhaus

Bezeichnung	Zu-/Abschlag
hochwertige Kellernutzung (pauschal geschätzt)	5.000,00 €

Summe	5.000,00 €

Normgebäude, besonders zu veranschlagende Bauteile

Die in der Rauminhalts- bzw. Gebäudeflächenberechnung nicht erfassten und damit in den Herstellungskosten des Normgebäudes nicht berücksichtigten wesentlich wertbeeinflussenden besonderen Bauteile werden einzeln erfasst. Danach erfolgen bauteilweise getrennte aber pauschale Herstellungskosten- bzw. Zeitwertzuschläge in der Höhe, wie dies dem gewöhnlichen Geschäftsverkehr entspricht. Grundlage dieser Zuschlagsschätzungen sind die in [1], Kapitel 3.01.4 angegebenen Erfahrungswerte für durchschnittliche Herstellungskosten für besondere Bauteile. Bei älteren und/oder schadhaften und/oder nicht zeitgemäßen besonderen Bauteilen erfolgt die Zeitwertschätzung unter Berücksichtigung diesbezüglicher Abschläge.

Gebäude: Einfamilienhaus

besondere Bauteile	Herstellungskosten	Zeitwert (inkl. BNK)
unterkellerte Doppelgarage		20.000,00 €
Summe		20.000,00 €

Besondere Einrichtungen

Die besonderen (Betriebs)Einrichtungen werden einzeln erfasst und einzeln pauschal in ihren Herstellungskosten bzw. ihrem Zeitwert geschätzt, jedoch nur in der Höhe, wie dies dem gewöhnlichen Geschäftsverkehr entspricht. Grundlage sind die in [1], Kapitel 3.01.3 angegebenen Erfahrungswerte der durchschnittlichen Herstellungskosten für besondere (Betriebs)Einrichtungen.

Gebäude: Einfamilienhaus

besondere Einrichtungen	Herstellungskosten	Zeitwert (inkl. BNK)
Einbauschränke		2.500,00 €
Sauna		2.000,00 €
Kaminofen		3.000,00 €
Summe		7.500,00 €

Baunebenkosten

Die Baunebenkosten (BNK) werden in Abhängigkeit von den verwendeten NHK entweder prozentual als Funktion der Gesamtherstellungskosten (einschl. der Herstellungskosten der Nebenbauteile, besonderen Einrichtungen und Außenanlagen) und den Planungsanforderungen bestimmt (siehe [1] , Kapitel 3.01.7) oder sind unmittelbar in den NHK enthalten.

Außenanlagen

Die wesentlich wertbeeinflussenden Außenanlagen wurden im Ortstermin getrennt erfasst und einzeln pauschal in ihrem Sachwert geschätzt. Grundlage sind die in [1], Kapitel 3.01.5 angegebenen Erfahrungswerte für durchschnittliche Herstellungskosten. Bei älteren und/oder schadhaften Außenanlagen erfolgt die Sachwertschätzung unter Berücksichtigung diesbezüglicher Abschläge.

Außenanlagen	Sachwert (inkl. BNK)
prozentuale Schätzung: 4,00 % der Gebäudesachwerte insg. (211.040,85 €)	8.441,63 €
Summe	8.441,63 €

Gesamtnutzungsdauer

Die übliche wirtschaftliche Nutzungsdauer = Gesamtnutzungsdauer (GND) ergibt sich aus der für die Bestimmung der NHK gewählten Gebäudeart sowie dem Gebäudeausstattungsstandard. Sie ist deshalb wertermittlungstechnisch dem Gebäudetyp zuzuordnen und ebenfalls aus [1], Kapitel 3.02.5 entnommen.

Restnutzungsdauer

Als Restnutzungsdauer ist in erster Näherung die Differenz aus "üblicher Gesamtnutzungsdauer" abzüglich

Anhang

"tatsächlichem Lebensalter am Wertermittlungsstichtag" zugrunde gelegt. Diese wird allerdings dann verlängert (d. h. das Gebäude fiktiv verjüngt), wenn beim Bewertungsobjekt wesentliche Modernisierungsmaßnahmen durchgeführt wurden oder in den Wertermittlungsansätzen unmittelbar erforderliche Arbeiten zur Beseitigung des Unterhaltungsstaus sowie zur Modernisierung in der Wertermittlung als bereits durchgeführt unterstellt werden.

Zur Bestimmung der Restnutzungsdauer insbesondere unter Berücksichtigung von durchgeführten oder zeitnah durchzuführenden wesentlichen Modernisierungsmaßnahmen wird das in [1], Kapitel 3.02.4 beschriebene Modell angewendet.

Alterswertminderung

Die Alterswertminderung der Gebäude erfolgt nach dem linearen Abschreibungsmodell.

Wertminderung wegen Baumängel und Bauschäden

Die in der Gebäudebeschreibung aufgeführten Wertminderungen wegen zusätzlich zum Kaufpreis erforderlicher Aufwendungen insbesondere für die Beseitigung von Bauschäden und die erforderlichen (bzw. in den Wertermittlungsansätzen als schon durchgeführt unterstellten) Modernisierungen werden nach den Erfahrungswerten auf der Grundlage für diesbezüglich notwendige Kosten marktangepasst, d. h. der hierdurch (ggf. zusätzlich "gedämpft" unter Beachtung besonderer steuerlicher Abschreibungsmöglichkeiten) eintretenden Wertminderungen quantifiziert.

Sachwertfaktor

Der angesetzte objektartspezifische Sachwertfaktor k wird auf der Grundlage
- der verfügbaren Angaben des örtlich zuständigen Gutachterausschusses unter Hinzuziehung
- der verfügbaren Angaben des Oberen Gutachterausschusses bzw. der Zentralen Geschäftsstelle,
- des in [1], Kapitel 3.03 veröffentlichten Gesamt- und Referenzsystems der bundesdurchschnittlichen Sachwertfaktoren, in dem die Sachwertfaktoren insbesondere gegliedert nach Objektart, Wirtschaftskraft der Region, Bodenwertniveau und Objektgröße (d.h. Gesamtgrundstückswert) angegeben sind, sowie
- der gemeinsamen Ableitungen des örtlich zuständigen Sprengnetter Expertengremium, insbesondere zu der regionalen Anpassung der v. g. bundesdurchschnittlichen Sachwertfaktoren und/oder
- eigener Ableitungen des Sachverständigen, insbesondere zu der regionalen Anpassung der v.g. bundesdurchschnittlichen Sachwertfaktoren und/oder
- des Sprengnetter-Sachwertfaktors

bestimmt.

Ermittlung des Sachwertfaktors

aus Tabelle (kreuzinterpolierter) Wert	=	1,07
Einflussgröße „Region"	+	0,00
ermittelter Sachwertfaktor	=	1,07

Besondere objektspezifische Grundstücksmerkmale

Hier werden die wertmäßigen Auswirkungen der nicht in den Wertermittlungsansätzen des Sachwertverfahrens bereits berücksichtigten Besonderheiten des Objekts korrigierend insoweit berücksichtigt, wie sie offensichtlich waren oder vom Auftraggeber, Eigentümer etc. mitgeteilt worden sind.

besondere objektspezifische Grundstücksmerkmale		Wertbeeinflussung insg.
Bauschäden		-5.000,00 €
• Feuchtigkeitsschaden an der nördlichen Außenwand der unterkellerten Doppelgarage	-5.000,00 €	
Summe		-5.000,00 €

4.4 Ertragswertermittlung

4.4.1 Das Ertragswertmodell der Immobilienwertermittlungsverordnung

Das Modell für die Ermittlung des Ertragswerts ist in den §§ 17 - 20 ImmoWertV beschrieben.

Die Ermittlung des Ertragswerts basiert auf den marktüblich erzielbaren jährlichen Erträgen (insbesondere

Mieten und Pachten) aus dem Grundstück. Die Summe aller Erträge wird als **Rohertrag** bezeichnet. Maßgeblich für den (Ertrags)Wert des Grundstücks ist jedoch der **Reinertrag**. Der Reinertrag ermittelt sich als Rohertrag abzüglich der Aufwendungen, die der Eigentümer für die Bewirtschaftung einschließlich Erhaltung des Grundstücks aufwenden muss (**Bewirtschaftungskosten**).

Das Ertragswertverfahren fußt auf der Überlegung, dass der dem Grundstückseigentümer verbleibende Reinertrag aus dem Grundstück die Verzinsung des Grundstückswerts (bzw. des dafür gezahlten Kaufpreises) darstellt. Deshalb wird der Ertragswert als **Rentenbarwert** durch Kapitalisierung des Reinertrags bestimmt.

Hierbei ist zu beachten, dass der Reinertrag für ein bebautes Grundstück sowohl die Verzinsung für den Grund und Boden als auch für die auf dem Grundstück vorhandenen baulichen (insbesondere Gebäude) und sonstigen Anlagen (z. B. Anpflanzungen) darstellt. Der Grund und Boden gilt grundsätzlich als unvergänglich (bzw. unzerstörbar). Dagegen ist die (wirtschaftliche) **Restnutzungsdauer** der baulichen und sonstigen Anlagen zeitlich begrenzt.

Der **Bodenwert** ist getrennt vom Wert der Gebäude und Außenanlagen i. d. R. im Vergleichswertverfahren (vgl. § 16 ImmoWertV) grundsätzlich so zu ermitteln, wie er sich ergeben würde, wenn das Grundstück unbebaut wäre.

Der auf den Bodenwert entfallende Reinertragsanteil wird durch Multiplikation des Bodenwerts mit dem **Liegenschaftszinssatz** bestimmt. (Der Bodenertragsanteil stellt somit die ewige Rentenrate des Bodenwerts dar.)

Der auf die baulichen und sonstigen Anlagen entfallende Reinertragsanteil ergibt sich als Differenz „(Gesamt)Reinertrag des Grundstücks" abzüglich „Reinertragsanteil des Grund und Bodens".

Der (Ertrags)**Wert der baulichen und sonstigen Anlagen** wird durch Kapitalisierung (d. h. Zeitrentenbarwertberechnung) des (Rein)Ertragsanteils der baulichen und sonstigen Anlagen unter Verwendung des Liegenschaftszinssatzes und der Restnutzungsdauer ermittelt.

Der vorläufige Ertragswert setzt sich aus der Summe von „Bodenwert" und „Wert der baulichen und sonstigen Anlagen" zusammen.

Ggf. bestehende **besondere objektspezifische Grundstücksmerkmale**, die bei der Ermittlung des vorläufigen Ertragswerts nicht berücksichtigt wurden, sind bei der Ableitung des Ertragswerts aus dem vorläufigen Ertragswert sachgemäß zu berücksichtigen.

Das **Ertragswertverfahren** stellt insbesondere durch Verwendung des aus Kaufpreisen abgeleiteten Liegenschaftszinssatzes **einen Kaufpreisvergleich** im Wesentlichen auf der Grundlage des marktüblich erzielbaren Grundstücksreinertrages dar.

4.4.2 Erläuterungen der bei der Ertragswertberechnung verwendeten Begriffe

Rohertrag (§ 18 Abs. 2 ImmoWertV)

Der Rohertrag umfasst alle bei ordnungsgemäßer Bewirtschaftung und zulässiger Nutzung marktüblich erzielbaren Erträge aus dem Grundstück. Bei der Ermittlung des Rohertrags ist von den üblichen (nachhaltig gesicherten) Einnahmemöglichkeiten des Grundstücks (insbesondere der Gebäude) auszugehen.

Weicht die tatsächliche Nutzung von Grundstücken oder Grundstücksteilen von den üblichen, nachhaltig gesicherten Nutzungsmöglichkeiten ab und/oder werden für die tatsächliche Nutzung von Grundstücken oder Grundstücksteilen vom Üblichen abweichende Entgelte erzielt, sind für die Ermittlung des Rohertrags zunächst die für eine übliche Nutzung marktüblich erzielbaren Erträge zugrunde zu legen.

Bewirtschaftungskosten (§ 19 ImmoWertV)

Die Bewirtschaftungskosten sind marktüblich entstehende Aufwendungen, die für eine ordnungsgemäße Bewirtschaftung und zulässige Nutzung des Grundstücks (insbesondere der Gebäude) laufend erforderlich sind. Die Bewirtschaftungskosten umfassen die Verwaltungskosten, die Instandhaltungskosten, das Mietausfallwagnis und die Betriebskosten.

Unter dem Mietausfallwagnis ist insbesondere das Risiko einer Ertragsminderung zu verstehen, die durch uneinbringliche Rückstände von Mieten, Pachten und sonstigen Einnahmen oder durch vorübergehenden Leerstand von Raum, der zur Vermietung, Verpachtung oder sonstigen Nutzung bestimmt ist, entsteht. Es umfasst auch das Risiko von uneinbringlichen Kosten einer Rechtsverfolgung auf Zahlung, Aufhebung eines Mietverhältnisses oder Räumung (§ 19 Abs. 2 Ziffer 3 ImmoWertV u. § 29 Satz 1 und 2 II. BV).

Zur Bestimmung des Reinertrags werden vom Rohertrag nur die Bewirtschaftungskosten(anteile) in Abzug gebracht, die vom Eigentümer zu tragen sind, d. h. nicht zusätzlich zum angesetzten Rohertrag auf die Mieter umgelegt werden können.

Ertragswert / Rentenbarwert (§ 17 Abs. 2 und § 20 ImmoWertV)

Der Ertragswert ist der auf die Wertverhältnisse am Wertermittlungsstichtag bezogene (Einmal)Betrag, der

Anhang

der Summe aller aus dem Objekt während seiner Nutzungsdauer erzielbaren (Rein)Erträge einschließlich Zinsen und Zinseszinsen entspricht. Die Einkünfte aller während der Nutzungsdauer noch anfallenden Erträge - abgezinst auf die Wertverhältnisse zum Wertermittlungsstichtag - sind wertmäßig gleichzusetzen mit dem Ertragswert des Objekts.
Als Nutzungsdauer ist für die baulichen und sonstigen Anlagen die (wirtschaftliche) Restnutzungsdauer anzusetzen, für den Grund und Boden unendlich (ewige Rente).

Liegenschaftszinssatz (§ 14 Abs. 3 ImmoWertV)

Der Liegenschaftszinssatz ist eine Rechengröße im Ertragswertverfahren. Er ist auf der Grundlage geeigneter Kaufpreise und der ihnen entsprechenden Reinerträge für mit dem Bewertungsgrundstück hinsichtlich Nutzung und Bebauung gleichartiger Grundstücke nach den Grundsätzen des Ertragswertverfahrens als Durchschnittswert abgeleitet (vgl. § 14 Nr. 3 Satz 2 ImmoWertV). Der Ansatz des (marktkonformen) Liegenschaftszinssatzes für die Wertermittlung im Ertragswertverfahren stellt somit sicher, dass das Ertragswertverfahren ein marktkonformes Ergebnis liefert, d. h. dem Verkehrswert entspricht.
Der Liegenschaftszinssatz ist demzufolge der Marktanpassungsfaktor des Ertragswertverfahrens. Durch ihn werden die allgemeinen Wertverhältnisse auf dem Grundstücksmarkt erfasst, soweit diese nicht auf andere Weise berücksichtigt sind.

Restnutzungsdauer (§ 6 Abs. 6 ImmoWertV)

Als Restnutzungsdauer wird die Anzahl der Jahre angesetzt, in denen die baulichen (und sonstigen) Anlagen bei ordnungsgemäßer Unterhaltung und Bewirtschaftung voraussichtlich noch wirtschaftlich genutzt werden können. Sie ist demnach entscheidend vom wirtschaftlichen, aber auch vom technischen Zustand des Objekts, nachrangig vom Alter des Gebäudes bzw. der Gebäudeteile abhängig. Instandsetzungen oder Modernisierungen oder unterlassene Instandhaltungen oder andere Gegebenheiten können die Restnutzungsdauer verlängern oder verkürzen.

Besondere objektspezifische Grundstücksmerkmale (§ 8 Abs. 2 und 3 ImmoWertV)

Unter den besonderen objektspezifischen Grundstücksmerkmalen versteht man alle vom üblichen Zustand vergleichbarer Objekte abweichenden individuellen Eigenschaften des Bewertungsobjekts (z. B. Abweichungen vom normalen baulichen Zustand, eine wirtschaftliche Überalterung, insbesondere Baumängel und Bauschäden (siehe nachfolgende Erläuterungen), oder Abweichungen von den marktüblich erzielbaren Erträgen).

Baumängel und Bauschäden (§ 8 Abs. 2 und 3 ImmoWertV)

Baumängel sind Fehler, die dem Gebäude i. d. R. bereits von Anfang an anhaften - z. B. durch mangelhafte Ausführung oder Planung. Sie können sich auch als funktionale oder ästhetische Mängel durch die Weiterentwicklung des Standards oder Wandlungen in der Mode einstellen.
Bauschäden sind auf unterlassene Unterhaltungsaufwendungen, auf nachträgliche äußere Einwirkungen oder auf Folgen von Baumängeln zurückzuführen.
Für behebbare Schäden und Mängel werden die diesbezüglichen Wertminderungen auf der Grundlage der Kosten geschätzt, die zu ihrer Beseitigung aufzuwenden sind. Die Schätzung kann durch pauschale Ansätze oder auf der Grundlage von auf Einzelpositionen bezogene Kostenermittlungen erfolgen.
Der Bewertungssachverständige kann i. d. R. die wirklich erforderlichen Aufwendungen zur Herstellung eines normalen Bauzustandes nur überschlägig schätzen, da

- nur zerstörungsfrei - augenscheinlich untersucht wird,
- grundsätzlich keine Bauschadensbegutachtung erfolgt (dazu ist die Beauftragung eines Bauschadens-Sachverständigen notwendig).

Es ist ausdrücklich darauf hinzuweisen, dass die Angaben in dieser Verkehrswertermittlung allein aufgrund Mitteilung von Auftraggeber, Mieter etc. und darauf beruhenden in Augenscheinnahme beim Ortstermin ohne jegliche differenzierte Bestandsaufnahme, technischen, chemischen o. ä. Funktionsprüfungen, Vorplanung und Kostenschätzung angesetzt sind.

364

4.4.3   Ertragswertberechnung

Gebäudebezeichnung		Mieteinheit	Fläche	Anzahl	tatsächliche Nettokaltmiete		
	lfd. Nr.	Nutzung/Lage	(m²)	(Stck.)	(€/m²) bzw. (€/Stck.)	monatlich (€)	jährlich (€)
Einfamilienhaus			-		-	1.800,00	21.600,00
Summe			-	-		1.800,00	21.600,00

Gebäudebezeichnung		Mieteinheit	Fläche	Anzahl	marktüblich erzielbare Nettokaltmiete		
	lfd. Nr.	Nutzung/Lage	(m²)	(Stck.)	(€/m²) bzw. (€/Stck.)	monatlich (€)	jährlich (€)
Einfamilienhaus			-		-	1.800,00	21.600,00
Summe			-	-		1.800,00	21.600,00

Die tatsächliche Nettokaltmiete entspricht der marktüblich erzielbaren Nettokaltmiete. Die Ertragswertermittlung wird auf der Grundlage der marktüblich erzielbaren Nettokaltmiete durchgeführt.

Rohertrag (Summe der marktüblich erzielbaren jährlichen Nettokaltmieten)		**21.600,00 €**
Bewirtschaftungskosten (nur Anteil des Vermieters) **(18,00 %** der marktüblich erzielbaren jährlichen Nettokaltmiete)	–	**3.888,00 €**
jährlicher Reinertrag	=	**17.712,00 €**
Reinertragsanteil des Bodens **2,17 %** von **342.000,00 €** (Liegenschaftszinssatz × Bodenwert)	–	**7.421,40 €**
Ertrag der baulichen und sonstigen Anlagen	=	**10.290,60 €**
Barwertfaktor (gem. Anlage 1 zur ImmoWertV) bei p = **2,17 %** Liegenschaftszinssatz und n = **37** Jahren Restnutzungsdauer	×	**25,258**
Ertragswert der baulichen und sonstigen Anlagen	=	**259.919,97 €**
Bodenwert (vgl. Bodenwertermittlung)	+	**342.000,00 €**
vorläufiger Ertragswert	=	**601.919,97 €**
besondere objektspezifische Grundstücksmerkmale	–	**5.000,00 €**
Ertragswert	=	**596.919,97 €**
	rd.	**597.000,00 €**

Anhang

4.4.4   Erläuterungen zu den Wertansätzen in der Ertragswertberechnung

Wohn- bzw. Nutzflächen

Die Berechnungen der Wohn- bzw. Nutzflächen wurden von mir durchgeführt. Sie orientieren sich an der Wohnflächen- und Mietwertrichtlinie zur wohnwertabhängigen Wohnflächenberechnung und Mietwertermittlung (WMR), in der die von der Rechtsprechung insbesondere für Mietwertermittlungen entwickelten Maßgaben zur wohnwertabhängigen Anrechnung der Grundflächen auf die Wohnfläche systematisiert sind, sofern diesbezügliche Besonderheiten nicht bereits in den Mietansätzen berücksichtigt sind (vgl. Literaturverzeichnis [2], Teil 1, Kapitel 15) bzw. an der in der regionalen Praxis üblichen Nutzflächenermittlung. Die Berechnungen können demzufolge teilweise von den diesbezüglichen Vorschriften (WoFlV; II. BV; DIN 283; DIN 277) abweichen; sie sind deshalb nur als Grundlage dieser Wertermittlung verwendbar.

Rohertrag

Die Basis für die Ermittlung des Rohertrags ist die aus dem Grundstück marktüblich erzielbare Nettokaltmiete. Diese entspricht der jährlichen Gesamtmiete ohne sämtliche auf den Mieter zusätzlich zur Grundmiete umlagefähigen Bewirtschaftungskosten.
Die marktüblich erzielbare Miete wurde auf der Grundlage von verfügbaren Vergleichsmieten für mit dem Bewertungsgrundstück vergleichbar genutzte Grundstücke
- aus dem Mietspiegel der Gemeinde oder vergleichbarer Gemeinden,
- aus gemeinsamen Mietableitungen im örtlich zuständigen Sprengnetter Expertengremium
- aus der Sprengnetter-Vergleichsmiete für ein Standardobjekt und/oder
- aus anderen Mietpreisveröffentlichungen

als mittelfristiger Durchschnittswert abgeleitet und angesetzt. Dabei werden wesentliche Qualitätsunterschiede des Bewertungsobjektes hinsichtlich der mietwertbeeinflussenden Eigenschaften durch entsprechende Anpassungen berücksichtigt.

Bewirtschaftungskosten

Die vom Vermieter zu tragenden Bewirtschaftungskostenanteile werden auf der Basis von Marktanalysen vergleichbar genutzter Grundstücke (insgesamt als prozentualer Anteil am Rohertrag, oder auch auf €/m² Wohn- oder Nutzfläche bezogen oder als Absolutbetrag je Nutzungseinheit bzw. Bewirtschaftungskostenanteil) bestimmt.
Dieser Wertermittlung werden u. a. die in [1], Kapitel 3.05 veröffentlichten durchschnittlichen Bewirtschaftungskosten zugrunde gelegt. Dabei wurde darauf geachtet, dass dasselbe Bestimmungsmodell verwendet wurde, das auch der Ableitung der Liegenschaftszinssätze zugrunde liegt.

Liegenschaftszinssatz

Der für das Bewertungsobjekt angesetzte Liegenschaftszinssatz wurde auf der Grundlage
- der verfügbaren Angaben des örtlich zuständigen Gutachterausschusses unter Hinzuziehung
- der verfügbaren Angaben des Oberen Gutachterausschusses bzw. der Zentralen Geschäftsstelle,
- des in [1], Kapitel 3.04 veröffentlichten Gesamtsystems der bundesdurchschnittlichen Liegenschaftszinssätze als Referenz- und Ergänzungssystem, in dem die Liegenschaftszinssätze gegliedert nach Objektart, Restnutzungsdauer des Gebäudes sowie Objektgröße (d. h. des Gesamtgrundstückswerts) angegeben sind, sowie
- der gemeinsamen Ableitungen im örtlich zuständigen Sprengnetter Expertengremium, insbesondere zu der regionalen Anpassung der v. g. bundesdurchschnittlichen Liegenschaftszinssätze, und/oder
- eigener Ableitungen des Sachverständigen, insbesondere zu der regionalen Anpassung der v. g. bundesdurchschnittlichen Liegenschaftszinssätze und/oder
- des Sprengnetter-Liegenschaftszinssatzes

bestimmt.
Ermittlung des Liegenschaftszinssatzes

aus Tabelle (kreuzinterpolierter) Wert	=	2,17 %
Einflussfaktor „Objektgröße"	x	1,00
Einflussfaktor „Lage"	x	1,00

Einflussfaktor „Anbauart"	x	1,00
Einflussfaktor „Region"	x	1,00
ermittelter Liegenschaftszinssatz	=	2,17 %

Gesamtnutzungsdauer

Die übliche wirtschaftliche Nutzungsdauer = Gesamtnutzungsdauer (GND) ergibt sich aus der für die Bestimmung der NHK gewählten Gebäudeart sowie dem Gebäudeausstattungsstandard. Sie ist deshalb wertermittlungstechnisch dem Gebäudetyp zuzuordnen und ebenfalls aus [1], Kapitel 3.01.1 entnommen.

Restnutzungsdauer

Als Restnutzungsdauer ist in erster Näherung die Differenz aus "üblicher Gesamtnutzungsdauer" abzüglich "tatsächlichem Lebensalter am Wertermittlungsstichtag" zugrunde gelegt. Diese wird allerdings dann verlängert (d. h. das Gebäude fiktiv verjüngt), wenn beim Bewertungsobjekt wesentliche Modernisierungsmaßnahmen durchgeführt wurden oder in den Wertermittlungsansätzen unmittelbar erforderliche Arbeiten zur Beseitigung des Unterhaltungstaus sowie zur Modernisierung in der Wertermittlung als bereits durchgeführt unterstellt werden.

Zur Bestimmung der Restnutzungsdauer insbesondere unter Berücksichtigung von durchgeführten oder zeitnah durchzuführenden wesentlichen Modernisierungsmaßnahmen wird das in [1], Kapitel 3.02.4 beschriebene Modell angewendet.

Besondere objektspezifische Grundstücksmerkmale

Hier werden die wertmäßigen Auswirkungen der nicht in den Wertermittlungsansätzen des Ertragswertverfahrens bereits berücksichtigten Besonderheiten des Objekts insoweit korrigierend berücksichtigt, wie sie offensichtlich waren oder vom Auftraggeber, Eigentümer etc. mitgeteilt worden sind.

besondere objektspezifische Grundstücksmerkmale		Wertbeeinflussung insg.
Bauschäden		-5.000,00 €
• Feuchtigkeitsschaden an der nördlichen Außenwand der unterkellerten Doppelgarage	-5.000,00 €	
Summe		-5.000,00 €

Anhang

4.5 Verkehrswert

Grundstücke mit der Nutzbarkeit des Bewertungsgrundstücks werden üblicherweise zu Kaufpreisen gehandelt, die sich vorrangig am Sachwert orientieren.
Der **Sachwert** wurde zum Wertermittlungsstichtag mit rd. **596.000,00 €** ermittelt.
Der zur Stützung ermittelte **Ertragswert** beträgt rd. **597.000,00 €**.

Der **Verkehrswert** für das mit einem Einfamilienwohnhaus bebaute Grundstück in 82335 Berg, Salzstraße 24

Grundbuch	Blatt	lfd. Nr.
Starnberg	*885*	*1*
Gemarkung	Flur	Flurstücke
Berg		*376/4*

wird zum Wertermittlungsstichtag 17.05.2010 mit rd.

596.000,- €

in Worten: fünfhundertsechsundneunzigtausend Euro

geschätzt.

Der Sachverständige bescheinigt durch seine Unterschrift zugleich, dass ihm keine Ablehnungsgründe entgegenstehen, aus denen jemand als Beweiszeuge oder Sachverständiger nicht zulässig ist oder seinen Aussagen keine volle Glaubwürdigkeit beigemessen werden kann.

_____   _____

Inning, den 26. Mai 2010   Unterschrift, Sachverständiger XY

Hinweise zum Urheberschutz und zur Haftung

5 Rechtsgrundlagen, verwendete Literatur und Software

5.1 Rechtsgrundlagen der Verkehrswertermittlung

BauGB:
Baugesetzbuch i. d. F. der Bekanntmachung vom 23.September 2004 (BGBl. I S. 2414), zuletzt geändert durch Artikel 1 des Gesetzes vom 22. Juli 2011 (BGBl. I S. 1509)

BauNVO:
Baunutzungsverordnung – Verordnung über die bauliche Nutzung der Grundstücke vom 23. Januar 1990 (BGBl. I S. 132), zuletzt geändert durch Art. 3 des Investitionserleichterungs- und Wohnbaulandgesetzes vom 22. April 1993 (BGBl. I S. 466)

ImmoWertV:
Verordnung über die Grundsätze für die Ermittlung der Verkehrswerte von Grundstücken – Immobilienwertermittlungsverordnung – ImmoWertV vom 19. Mai 2010 (BGBl. I S. 639)

WertR:
Wertermittlungsrichtlinien – Richtlinien für die Ermittlung der Verkehrswerte (Marktwerte) von Grundstücken in der Fassung vom 1. März 2006 (BAnz Nr. 108a vom 10. Juni 2006) einschließlich der Benachrichtigung vom 1. Juli 2006 (BAnz Nr. 121 S. 4798)

SW-RL:
Richtlinie zur Ermittlung des Sachwerts (Sachwertrichtlinie – SW-RL) in der Fassung vom 5. September 2012 (BAnz AT 18.10.2012)

BGB:
Bürgerliches Gesetzbuch vom 2. Januar 2002 (BGBl. I S. 42, 2909), zuletzt geändert durch Artikel 1 des Gesetzes vom 10. Mai 2012 (BGBl. I S. 1084)

EnEV:
Energieeinsparverordnung – Verordnung über energiesparenden Wärmeschutz und energiesparende Anlagentechnik bei Gebäuden i. d. F. der Bekanntmachung vom 24. Juli 2007 (BGBl. I S. 1519), zuletzt geändert durch Artikel 1 des Gesetzes vom 29. April 2009 (BGBl. I S. 954)

WoFlV:
Wohnflächenverordnung – Verordnung zur Berechnung der Wohnfläche vom 25. November 2003 (BGBl. I S. 2346)

BetrKV:
Betriebskostenverordnung – Verordnung über die Aufstellung von Betriebskosten vom 25. November 2003 (BGBl. I S. 2346), zuletzt geändert durch Artikel 4 des Gesetzes vom 2. Mai 2012 (BGBl. I S. 1006)

WMR:
Wohnflächen- und Mietwertrichtlinie – Richtlinie zur wohnwertabhängigen Wohnflächenberechnung und Mietwertermittlung vom 18. Juli 2007 ([1], Kapitel 2.12.4)

DIN 283:
DIN 283 Blatt 2 „Wohnungen; Berechnung der Wohnflächen und Nutzflächen" (Ausgabe Februar 1962; obwohl im Oktober 1983 zurückgezogen findet die Vorschrift in der Praxis weiter Anwendung)

5.2 Verwendete Wertermittlungsliteratur

[1] Sprengnetter (Hrsg.): Immobilienbewertung – Marktdaten und Praxishilfen, Loseblattsammlung, Sprengnetter Immobilienbewertung, Sinzig 2012

[2] Sprengnetter (Hrsg.): Immobilienbewertung – Lehrbuch und Kommentar, Loseblattsammlung, Sprengnetter Immobilienbewertung, Sinzig 2012

[3] Sprengnetter (Hrsg.): Sprengnetter-Bibliothek, EDV-gestützte Entscheidungs-, Gesetzes-, Literatur- und Adresssammlung zur Grundstücks- und Mietwertermittlung sowie Bodenordnung, Version 24.0, Sprengnetter Immobilienbewertung, Sinzig 2012

[4] Sprengnetter / Kierig: ImmoWertV. Das neue Wertermittlungsrecht – Kommentar zur Immobilienwertermittlungsverordnung, Sprengnetter Immobilienbewertung, Sinzig 2010

[5] Sprengnetter (Hrsg.): Sachwertrichtlinie und NHK 2010 – Kommentar zu der neuen Wertermittlungsrichtlinie zum Sachwertverfahren, Sprengnetter Immobilienbewertung, Sinzig 2013

5.3 Verwendete fachspezifische Software

Das Gutachten wurde unter Verwendung des von der Sprengnetter GmbH, Sinzig entwickelten Softwareprogramms „Sprengnetter - ProSa, Version 29.0" (November 2012) erstellt.

Anhang

6   Verzeichnis der Anlagen [4]

Anlage 1:   Auszug aus der Straßenkarte im Maßstab 1 : 150.000 mit Kennzeichnung der großräumigen
                Lage des Bewertungsobjekts

Anlage 2:   Auszug aus dem Stadtplan im Maßstab 1 : 20.000 mit Kennzeichnung der innerörtlichen
                Lage des Bewertungsobjekts

Anlage 3:   Auszug aus der Katasterkarte im Maßstab 1 : 1.000 mit Kennzeichnung des
                Bewertungsobjekts

Anlage 4:   Fotoübersichtsplan und Fotos in Anlage 5
                (Aufnahmestandort, Aufnahmerichtung, Bildnummern)

Anlage 5:   Fotos mit Bildnummern entsprechend Anlage 4

Anlage 6:   Gebäudeansichten, Grundrisse und Schnitte

Anlage 7:   Wohn- und Nutzflächenberechnungen

---

[4] Die Anlagen wurden aus Gründen der Anonymität nicht beigefügt

Abkürzungsverzeichnis

II. BV	Zweite Berechnungsverordnung
BauGB	Baugesetzbuch
BauNVO	Baunutzungsverordnung
BBodSchG	Bundes-Bodenschutzgesetz
BetrKV	Betriebskostenverordnung
BGB	Bürgerliches Gesetzbuch
BGBl.	Bundesgesetzblatt
BGF	Brutto-Grundfläche
BKleingG	Bundeskleingartengesetz
DIN	Deutsche Industrie-Norm(en)
ebf	erschließungsbeitragsfrei
ebp	erschließungsbeitragspflichtig
EFH	Einfamilienhaus
GA	Gebäudealter
GND	Gesamtnutzungsdauer
GrundRBerG	Grundstücksrechtsbereinigungsgesetz
GRZ	Grundflächenzahl
GFZ	Geschossflächenzahl
HOAI	Honorarordnung für Architekten und Ingenieure
ImmoWertV	Immobilienwertermittlungsverordnung
LandR	Entschädigungsrichtlinien Landwirtschaft
LBO	Landesbauordnung(en)
NHK 2010	Normalherstellungskosten 2010
NutzEV	Nutzungsentgeltverordnung
RND	Restnutzungsdauer
SachenRBerG	Sachenrechtsbereinigungsgesetz
SW-RL	Sachwertrichtlinie
SchuldRAnpG	Schuldrechtsanpassungsgesetz
WertR 2006	Wertermittlungsrichtlinien 2006
WertV	Wertermittlungsverordnung
WaldR	Waldermittlungsrichtlinien
WEG	Wohnungseigentumsgesetz
WoFG	Wohnraumförderungsgesetz
WoFlV	Wohnflächenverordnung

Stichwortverzeichnis

Stichwortverzeichnis